A Natural History
of
the Senses

감각의 박물학

A Natural History
of
the Senses

감각의 박물학

다이앤 애커먼 지음

백영미 옮김

작가
정신

contents

◆

◆

청각

시각

공감각

아돌프 폰 멘첼, 마리엔 가의 창에서 본 풍경, 1867, 오스카라인하르트 재단(빈터투어)

모든 감각

◆

세상은 얼마나 황홀하고 감각적인가. 여름철, 우리는 침실 창문으로 스며드는 달콤한 냄새에 이끌려 잠에서 깨어난다. 망사 커튼에 비쳐든 햇빛이 물결무늬를 만들어내고, 빛을 받은 커튼은 바르르 떠는 듯 보인다. 겨울철, 침실 창유리에 새빨간 빛이 뿌려지면 사람들은 동트는 소리를 듣기도 한다. 그래서 잠결에도 그 소리를 알아듣고 절망적으로 고개를 흔들며 잠자리에서 일어나, 서재로 가서 종이에 올빼미나 다른 육식동물을 그려 창문에 붙인 다음, 주방으로 가서 향기로우면서도 조금 쌉쓸한 커피를 끓이는 것이다.

미지근한 물에 몸을 담그면 한두 가지 감각을 일시적으로 마비시킬 수 있다. 하지만 그것은 다른 감각을 예민하게 만들 뿐이다. 감각이라는 레이더망을 통하지 않고 세상을 이해할 수 있는 길은 없다. 현미경, 청진기, 로봇, 위성, 보청기, 안경 등의 도움을 받아 감각을 확대시킬 수 있지만, 감각을 넘어서는 법은 알지 못한다. 감각은 의식의 경계를 규정하고, 인간은 선천적으로 미지의 것에 대한 호기심을 타고났으므로, 우리는 바람이 몰아치는 감각의 경계를 거닐면서 많은 시간을 보낸다. 마약을 하고, 서커스를 구경하고, 정글을 탐사하고, 시끄러운 음악을 듣고, 황홀한 향수를 구입하고, 진귀한 요리에 거액을 지불하고, 새로운 미각을 경험하기 위해 기꺼이 위험을 무릅쓰기까지 하는 것이다. 일본 요리 중에 복어회가 있는데, 복어는 독성이 매우 강해서 세심하게 다루어야 하는 생선이다. 최고의 솜씨를 지닌 요리사들은 복어 살점에 사람들의 입술을 짜릿하게 할 정도의 독을 남겨놓음으로써 손님들에게 죽음이 얼마나 가까이 있는지를 알려준다. 물론, 죽음에 지나치게 가까이 가는 사람들도 있다. 복어 애호가들이 식사 도중 사망하는 일이 해마다 일어난다.

감각을 즐기는 방식은 문화에 따라 큰 차이를 보이지만(머리를 손질할 때 배설물을 이용하는 마사이족 여인들은 박하 향 체취를 풍기고 싶어 하는 미국 여자들이 이상하다고 생각할 것이다), 감각을 이용하는 방식은 정확히 똑같다. 가장 신기한 것은 감각의 지리적, 문화적 양상이 아니라 시간적 양상이다. 감각은 우리를 과거와 밀접하게 이어주는데 이는 아무리 주요한 사상도 수행할 수 없는 일이다. 예를 들면, 고대 로마의 시인 프로페르티우스는 아르노의 제방에서 애인 호스티아가 사랑을 나눌 때 보여준 성적 반응을 아주 자세하게 시로 남겼다. 그리고 나는 그 시를 읽을 때마다 사랑의 유희가 기원전 20년 이후 얼마나 변하지 않았는지 감탄한다. 별로 변한 게 없기는 사랑도 마찬가지다. 프로페르티우스는 여느 연인들과 마찬가지로 맹세하고 그리워한다. 더욱 놀라운 것은 호스티아의 육체가 바로 지금 이곳 세인트루이스에 살고 있는 여성의 육체와 온전히 똑같다는 점이다. 수천 년의 세월 동안 육체는 변하지 않았다. 호스티아의 섬세하고 우아한 몸 '구석구석'은 현대 여성의 육체와 마찬가지로 매력적이고 예민하다. 그녀가 그 감각을 다르게 해석했을지도 모르지만, 감각으로 전달된 그리고 그 감각에 의해 전해진 정보는 똑같다.

인류의 어머니 루시의 화석이 발견된 아프리카의 그 지점으로 가면, 수백만 년 전에 루시가 쓰러졌던 그곳에서 그녀가 보았던 먼 산들을 볼 수 있을 것이다. 루시가 죽기 전에 마지막으로 보았던 것은 그 산들이었을지도 모른다. 루시가 살았던 물리적 세계는 이제 많이 변했다. 별자리는 약간 위치를 바꾸었고, 풍경과 기후가 조금 변했다. 그러나 윤곽은 루시가 살았을 때와 똑같다. 루시는 우리가 보고 있는 그대로를 보았다. 이제 브라질의 작곡가 에이토르 빌라 로보스가 살았던 1940년의 리우데자네이루로 달려가보자. 빌라 로보스의 음악은 정교하면서도 자유분방하다. 그의 음악은 유럽적 관습과 형식에 따라 시작되지만, 곧 아마존 우림의 울부짖고 헐떡거리는 격동의 소리로 폭발한다. 빌라 로보스는 거실의 피아노로 작곡했는데, 창문을 활짝 열고 리우를 둘러싸고 있는 산의 경치를 하나 골라서 오선지에 그 윤곽을 그린 다음, 그 그림을 멜로디로 삼았다고 한다. 산의 모습을 바라보던 아프리카와 브라질의 두 관찰자 사이에는 200만 년의 시간이 가로놓여 있지만, 본다는 그 행위의 과정은 똑같다.

감각은 뚜렷한 혹은 미묘한 사실들을 그대로 분명하고 확실하게 인지하지 못한다. 감각은 현실을 아주 잘게 쪼갠 다음 그것을 다시 모아 의미 있는 형태를 만든다. 감각은 우연한 표본을 받아들인다. 감각은 하나의 예에서 여러 가지 의미를 뽑아낸다. 감각들은 서로 의논하여 그럴듯한 예를 찾아내고, 작고 정밀하게 판단한다. 인생은 모든 것에 빛과 풍부함을 부여한다. 감각은 조각 그림 맞추기의 작은 조각 같은 정보의 단편을 뇌에 입력한다. 충분한 조각들이 모이면, 뇌는 지금 보고 있는 건 '소'라고 말한다. 이러한 판단은 소의 모습 전체를 다 보기도 전에 이루어질 수 있다. 감각의 '그림'은 소의 윤곽일 수 있고, 절반의 모습일 수도 있으며, 두 눈, 두 귀 혹은 코일 수도 있다. 카우보이군. 고개를 돌릴 때 드러난 모자의 윤곽을 보고 뇌는 말한다. 정보가 다리를 한두 개 거쳐 간접적으로 전달되기도 한다. 멀리서 먼지가 피어오른다. 화물차가 달려오는군. 이것을 추론이라고 부른다. 일종의 정신적 양념이다.

한 선원이 옆구리에 수기手旗를 끼고 갑판 위에 서 있다. 갑자기 깃발을 양손에 들고는 치워버리라는 듯 그것을 오른쪽으로 흔든다. 그러고는 돌아서서 쪼그리고 앉아 머리 위로 깃발을 흔든다. 선원은 감각의 발신자다. 그 모습을 보고 의미를 읽어내는 사람은 수신자다. 깃발은 같지만, 깃발을 움직이는 방법은 메시지에 따라 다르다. 이미지를 변화시켜보자. 한 여성이 전신기 앞에 앉아 모스부호를 타전하고 있다. 점과 선 들은 신경 자극처럼 정교하게 통합되어 의미를 전달한다.

자신을 '유정한sentient'(이 말은 라틴어의 sentire[느끼다], 인도·유럽어의 sent[향하다, 가다]에서 온 말이므로, '마음으로 가다'를 의미한다) 존재로 설명할 때, 이는 의식적인 존재라는 의미다. 문자 그대로는 감각 지각이 있다는 말이다. "넋이 나갔어!" 누군가 못 믿겠다는 듯 부르짖는다. 자신의 몸에서 빠져나가 온전히 하나의 그리움으로 세상을 떠도는 사람을 상상할 수 있는가. 감각이 없는 존재는 귀신이나 천사뿐이다. '감각으로부터의 자유'는 긍정적인 어떤 것, 예를 들어 아시아의 종교에서 찾아볼 수 있는 초월적인 평정 상태를 가리킬 때 쓰는 말이다. 죽음과 강렬한 감각은 인간의 공포인 동시에 특권이다. 인간은 감각과 함께 살아간다. 감각은 인간을 확장시키지만, 구속하고 속박하기도 한다. 그러나 그것은 얼마나 아름다운가. 사랑 또한 아름다운 구속이다.

우리는 삶의 결을 다시 느껴야 한다. 20세기를 산다는 것은 대개 직접적인 삶의 감각을 피해 황량하고, 단순하고, 엄숙하고, 금욕적이며, 사무적인 일상으로 찌그러지기 위한 노력이었다. 그러한 일상에 부적절한 또는 심미적인 정열 같은 것은 없다. 역사상 가장 감각적 경험을 즐겼던 사람은 클레오파트라, 매릴린 먼로, 프루스트처럼 육체적 쾌락에 빠진 이들이 아니라 삼중의 장애를 지닌 한 여성이었다. 눈이 보이지 않고, 귀가 들리지 않고, 말을 할 수 없었던 헬렌 켈러는 라디오에 두 손을 올려놓고 음악을 즐길 때면 나머지 감각을 섬세하게 조율하여 관악기와 현악기의 차이를 구분할 수 있었다. 헬렌 켈러는 친구인 마크 트웨인의 입을 통해 미시시피강 근처의 활기 넘치는 남부 생활에 관한 이야기를 들었다. 그녀는 자신이 탐욕스럽게 탐색했던 생의 압도적 향기, 맛, 촉감, 느낌에 대한 긴 글을 썼다. 그녀는 장애에도 불구하고 동시대의 많은 이들에 비해 훨씬 더 살아 움직이는 삶을 살았다.

우리는 자신이, 동굴 생활을 하던 시기에서 수백만 년을 우회하여, 정장에 넥타이를 맨 혹은 스타킹에 속치마를 갖춰 입은 고도로 진화한 생물이라고 생각하고는 하지만, 우리의 육체는 그것을 인정하지 않는다. 인간은 먹이사슬 맨 꼭대기에 있는 존재의 여유를 누리면서도, 실제로 혹은 가상의 포식자를 만나면 감각 신경은 극도로 흥분한다. 원시적인 공포를 다시 체험하기 위해 괴물 영화를 보기도 한다. 그리고 여전히 자신의 땅에 말뚝을 박아 경계를 표시한다. 물론 지금은 일하면서 라디오를 듣기도 하지만 말이다. 또 여전히 인간은 권력과 지위를 위해 남을 속인다. 그리고 여전히 감각을 고양시키기 위해, 감각이 넘쳐나는 세상에 더 많은 감각을 보태기 위해 예술 작품을 창조한다. 그래서 우리는 삶의 구경거리들에 탐닉할 수 있는 것이다. 인간은 여전히 사랑, 욕망, 충성, 열정 때문에 심한 아픔을 겪는다. 그리고 인간은 여전히 넘치는 아름다움과 공포 속에서, 바로 자신의 맥박 위에서 세상을 지각한다. 다른 길은 없다. 의식이라는 찬란한 열병을 이해하기 위해, 우리는 먼저 감각을 이해해야 한다. 감각이 어떻게 진화해왔고, 어떻게 확장될 수 있는지, 그 한계는 무엇이고 인간은 감각에 대해 어떤 금기를 부여해왔는지, 감각은 우리가 살고 있는 이 세계를 한껏 즐기는 데에 어떤 가르침을 줄 수 있는지를 알아야 하는 것이다.

이해하기 위해서는 '머리를 써야' 하는데, 머리는 마음을 의미한다. 사람들은 마음이 머릿속에 자리잡고 있다고 생각하곤 하지만, 최신 생리학 연구에 따르면 마음은 뇌 속에 있는 것이 아니라 호르몬과 효소를 따라 몸 전체를 여행하고 있다. 그러면서 감촉, 맛, 냄새, 소리, 빛이라는 복잡한 경이로움을 분주히 인식하고 있다. 나는 이 책에서 감각의 기원과 진화 과정에 대해 탐구해보고 싶다. 그리고 감각이 문화에 따라 얼마나 다양한지, 그 범위와 평가는 어떤지, 감각과 관련된 민속과 과학 그리고 우리가 사용하는 감각 관련 언어에는 어떠한 것들이 있는지 살펴보고 싶다. 또한 다른 감각적인 인간들을 기쁘게 해주고(내게 그렇게 해주었던 것처럼), 덜 감각적인 마음들도 잠시 쉬면서 감탄할 수 있도록 몇 가지 특별한 주제에 대해서도 이야기하려고 한다. 그래서 이 책은 하나의 작은 축제가 될 것이다.

서문

후각

냄새는 우리를 수천 미터 떨어진 곳에 많은 시간을 건너뛰어 데려다주는 힘센 마술사다. 과일 향기는 나를 남부의 고향으로, 복숭아 과수원에서 장난치던 어린 시절로 둥실둥실 띄워 보낸다. 슬며시 일어났다가 스러지는 다른 냄새들은, 내 마음을 기쁨에 녹아내리게도 하고, 슬픈 기억에 움츠러들게도 만든다. 지금 냄새에 대해 생각하는 동안에도, 내 코는 가버린 여름과 멀리서 익어가는 곡식의 달콤한 기억을 일깨우는 향기로 가득 찬다. ― 헬렌 켈러

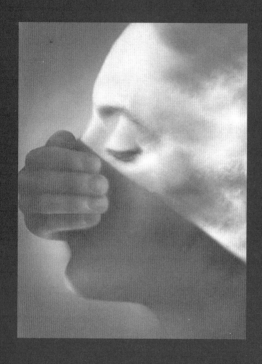

멜리사 스잘코프스키, 냄새.

침묵의 감각

◆

냄새보다 기억하기 쉬운 것은 없다. 어떤 향기가 순간적으로 스쳐간다. 그것은 포코노스의 호숫가에서 보낸 어린 시절의 여름을 떠올리게 한다. 야생 월귤 덤불에는 물기 많은 과일이 가득 달려 있고, 이성異性이 우주여행만큼이나 신비롭게 보이던 때였다. 그것은 또한 달밤의 플로리다 해변에서 보냈던 정열의 시간을 떠올리게 한다. 밤에 피는 선인장은 대기를 진한 향기로 물들이고, 거대한 나방들이 요란스럽게 날갯짓을 하며 선인장을 찾아들었다. 그것은 부모님이 모두 살아 계시던 시절, 은매화가 만발한 8월의 중서부에서 쇠고기 찜, 국수 푸딩, 달콤하게 요리한 감자로 저녁 식사를 하던 시간 역시 떠올리게 한다. 냄새는 오랜 세월 동안 덤불 속에 감춰져 있던 지뢰처럼 기억

속에서 슬며시 폭발한다. 냄새의 뇌관을 건드리면 모든 추억이 한꺼번에 터져 나온다. 수많은 영상들이 덤불 속에서 튀어 오른다.

사람들은 모든 문화에 걸쳐 한결같이 냄새에 집착했고, 나이아가라처럼, 쏟아지도록 향수를 바르기도 했다. 비단길이 서구 세계에 동양의 문을 열어주었다면, 향기의 길은 자연의 가슴을 열어주었다. 옛 조상들은 고향이라는 풍요로운 식품 저장고에서, 계절마다 냄새를 좇아 코끝을 바짝 긴장시킨 채 대지의 과실들 사이를 걸어 다녔다. 인간은 1만 가지 이상의 냄새를 구별할 수 있는데, 이는 냄새의 근원을 일일이 받아 적는다 해도 다 기억할 수 없을 정도로 많다. 셜록 홈스는 『바스커빌가의 개』에서 한 여성을 편지지의 냄새로 알아보며, "일흔아홉 가지 향수가 있는데, 수사관이라면 그 정도는 구분할 줄 알아야 한다"고 말한다. 별로 많은 숫자는 아니다. 결국, 범죄에 대한 '후각'을 가진 사람이라면 누구나 옷, 잉크, 화장 분, 이탈리아 가죽 구두 등 수많은 향내 나는 소지품을 통해 용의자의 냄새를 맡을 수 있어야 하는 것이다. 무엇인지 알지도 못한 채 해독하는, 형언할 수 없이 찬란한 냄새들은 말할 것도 없다. 뇌는 훌륭한 무대장치 담당자다. 우리가 연기하고 있는 동안, 뇌도 제 할 일을 하고 있다. 연구에 따르면, 아이든 어른이든, 냄새만으로도 여자 옷과 남자 옷을 구분할 수 있다고 한다.

　냄새에 대한 감각은 지극히 정확할 수 있지만, 어떤 냄새를 맡아본 적 없는 사람에게 그것을 설명하기란 거의 불가능하다. 예를 들면 반들거리는 새 책의 종이 냄새나, 등사기에서 갓 빠져나와 석유 내가 가시지 않은 인쇄물 냄새, 혹은 사체, 혹은 향수박하나 층층나무, 라일락 같은 꽃이 뿜어내는 냄새의 미묘한 차이. 냄새는 침묵의 감각이고, 냄새에는 언어가 없다. 어휘가 부족한 우리는 말문이 막힌 채, 불명료한 쾌감과 자극의 바다에서 말을 찾을 수밖에 없다. 인간은 빛이 있을 때만 보고, 입속에 뭔가를 밀어 넣어야 맛을 느끼고, 누군가 혹은 무엇인가와 접촉해야 감촉을 느끼고, 일정 정도 이상이 되는 소리만 들을 수 있다. 그러나 우리는 숨 쉴 때마다 냄새 맡는다. 눈을 가리면 보이지 않고 귀를 막으면 들리지 않지만, 코를 막고 더 이상 냄새를 맡지 않는다면 우리는 죽을 것이다. 어원학적으로 말하면, 호흡은 중성적이거나 온화한 것이 아니다. 호흡은 '익은 공기'다. 인간의 몸에서는 끊임없이 불을 때고 있다. 인간의 세포에는 아궁이가 있어서, 숨을 쉴 때 몸을 통해 들어온 세계를 살짝 익힌 다음, 약간 변화된 그것을 다시 내보낸다.

냄새의 지도

◆

인생에서 단 2번(시작할 때와 끝날 때)을 제외하고 호흡은 늘 쌍으로 이루어진다. 태어날 때 처음으로 숨을 들이쉬고, 죽을 때 마지막으로 숨을 내쉰다. 그 사이, 거품 같은 생을 사는 동안, 우리가 호흡할 때마다 공기는 후각기관을 통해 들락거린다. 인간은 매일 약 23,040회 호흡하고, 12입방미터의 공기를 마셨다가 내뱉는다. 한 번의 호흡에는 약 5초가 걸리고(마시는 데 2초, 내쉬는 데 3초), 그때 냄새 분자들이 몸속으로 들어온다. 숨을 들이마시고 내쉬면서 냄새를 맡는다. 냄새는 우리를 뒤덮고, 우리를 둘러싸고, 우리 몸으로 들어온다. 우리는 냄새를 풍긴다. 우리는 끊임없이 냄새를 맡으며 살고 있다. 그러나 어떤 냄새를 설명하려고 할 때, 언어는 거짓말처럼 말을 듣지 않는다. 말은 이 세계의 눈부신 혼돈 속의 작은 형태다. 그러나 말은 형태이고, 세계에 초점을 맞추고, 개념을 그러모으고, 생각을 갈고 닦는다. 말은 지각知覺의 수채화를 그린다. 트루먼 커포티는 『냉혈』에서 두 살인자가 공모하여 끔찍한 범죄를 저지르는 이야기를 연대기적으로 서술하고 있다. 어느 범죄심리학자는 그 사건에 대해, 혼자서는 그러한 범죄 행위를 할 수 없지만, 둘이 합쳐 제3의 인물이 되었을 때 살인을 저지를 수 있다고 설명했다. 나는 그 의미를 화학자들이 자동연소성이라고 부른 것과 연관지어 생각해본다. 자동연소성은 두 가지 물질을 결합시켜 어떤 때는 전혀 다른 것(소금)을, 또 어떤 때는 폭발물(니트로글리세린)을 만들어내는 것이다. 언어의 매력은, 인간이 만든 것인데도 불구하고 인공적이지 않은 감정과 느낌을 포착한다는 점에 있다. 그런데 냄새와 뇌는 언어 중추에 형편없이 약하게 연결돼 있다. 하지만 냄새와 기억 중추, 시공을 초월하여 순간 이동 할 수 있는 통로와의 연결은 그렇지 않다. 다른 감각과 언어의 연결도 마찬가지다. 우리는 어떤 것을 볼 때, 그것을 폭포처럼 쏟아지는 이미지를 통해 넘치도록 자세히 묘사할 수 있다. 그것의 표면을 개미처럼 기어다니며 모든 형태와 감촉을 느끼고 붉다, 푸르다, 밝다, 크다 등과 같은 시각적 형용사를 동원하여 묘사할 수 있다. 그러나 냄새의 형태를 그릴 수 있는 사람이 있을까? 연기 같은, 유황 같은, 꽃 같은, 과일 같은, 꿀 같은 등의 말을 사용하는 우리는 다른 것(연기, 유황, 꽃, 과일, 꿀)과의 관계 속에서 냄새를 묘사한다. 냄새는 가장 가까운 친척이지만, 우리는 그것의 이름을 기억하지 못한다. 대신 냄새의 느낌을 설명하려 들곤 한다. 어떤 냄새를 가리켜 '구역질 난다' '취하게 한다' '메슥거린다' '상쾌하다' '기분 좋다' '가슴 뛰게 한다' '잠이 오게 한다' '자극적이다'라고 말한다.

언젠가 부모님이 플로리다의 인디언 강가 오렌지 숲을 드라이브하고 온 적이 있다. 오렌지 나무에는 꽃이 만발하고 대기는 향기로 가득 차 있을 때였다. 엄마는 말할 수 없이 즐거워하셨다. "냄새가 어땠어요?" 내가 엄마에게 물었다. "아, 아주 상쾌한 냄새였어. 사람을 취하게 만드는 기분 좋은 냄새." "그런데 그게 어떤 냄새였어요?" 나는 거듭 물었다. "오렌지 냄새였어요?" 그렇다면 나는 어머니에게 등화유(오렌지꽃 기름)와 베르가모트유(오렌지 껍질에서 짜낸 기름) 그리고 다른 성분 미량을 첨가해서 만든 향수를 선물할 생각이었다. 18세기에 처음 만들어진 그 향수는 뒤바리 부인이 애용한 물건이었다(등화유자체는 고대 이탈리아의 사비니 부족 시절부터 향수로 쓰인 것 같지만). "아, 아냐. 오렌지 냄새 같지는 않았어. 아주 상쾌한 냄새. 좋은 냄새였어." 어머니는 분명하게 말했다. "설명 좀 해보세요." 난 끈질기게 졸랐다. 엄마는 이제 항복이라는 듯 두 팔을 번쩍 들어 올렸다.

한번 해보자. 애인, 자식, 부모의 냄새를 설명해보자. 눈가리개를 하고 있더라도 냄새로 알아차릴 수 있는 신발 가게, 빵집, 교회, 정육점, 도서관 냄새 같은 흔한 냄새들에 대해 설명해보자. 자기가 좋아하는 의자나 다락방 혹은 차 냄새를 설명할 수 있을까? 소설가 폴 웨스트는 『꽃가루가 쉬는 꽃 속의 방』에서

"피에서는 먼지 냄새가 난다"고 썼다. 냄새에 대한 묘사가 항상 그렇듯, 이는 냄새를 우회적으로 표현한 인상적인 은유법이다. 또 다른 멋진 증인은 소설가 곰브로비치다. 그는 그의 일기 첫째 권에서, 허미티지에서 'A와 그 부인과 함께' 했던 아침 식사를 회상하며 이렇게 말한다. "음식에서는, 실례지만, 아주 호화로운 화장실 냄새가 났다." 식탁에 오른 음식이 그가 좋아하지 않았던 튀긴 콩팥이었을 거라고 추측해볼 수 있다. 값비싼 고급 콩팥이었을 것이다. 냄새의 지도를 그리기 위해서는, 새로운 단어를 지형이나 기본 방위처럼 정확하게 스케치할 줄 아는 감각적인 지도 제작자가 될 필요가 있다. 갓난아기의 머리에서 나는, 분 냄새 비슷한, 생활이나 음식에 오염되지 않은 그런 신선한 냄새를 표현할 수 있는 말이 있어야 한다. 펭귄Penguin에게서는 순전히 펭귄 냄새가 난다. 그것은 아주 독특하고 개성 있는 냄새이므로 간결한 형용사 하나로 그것을 표현할 수 있어야 한다. Penguid, 이것은 '기름진'이라는 뜻으로 냄새를 표현하지 못한다. Penguinine, 이것은 무슨 산맥 이름 같다. Penguin-like(펭귄 같은), 이것은 일반적인 용법이지만 냄새에 대해서는 설명하지 않고 단지 이름을 붙여주고 있을 뿐이다. 색은 같지만 농도가 다른 여러 가지 색조를 나타내는 말들, 예를 들면 라벤더색, 엷은 자주, 자홍, 자두색, 라일락색과 같이 냄새는 같아도 강약과 농도가 다른 냄새들에 대해 이름을 붙여줄 사람은 없는가? 우리는 잊으라는 명령을 받은, 집단 최면에 걸린 사람들 같다. 냄새가 우리의 마음을 그토록 강하게 움직이는 것은, 부분적으로 그 이름을 부를 수 없기 때문인지도 모른다. 언어가 존재하는 세계에서, 경이는 언어의 칼날 아래서 쉽게 해부되고, 냄새는 자주 혀끝에서 맴돈다. 그러나 그뿐, 그것은 신비로운 거리를 유지한다. 냄새는 수수께끼이고, 이름 없는 권력이며, 성스러움이다.

제비꽃과 신경세포

◆

제비꽃에서는 레몬과 벨벳에 담갔던 각설탕을 태운 듯한 냄새가 난다, 고 말하고 싶다. 모두들 항상 하는 대로, 하나의 냄새를 다른 냄새나 다른 감각으로 정의한 것이다. 나폴레옹은 조세핀에게 보낸 유명한 편지에서 "당신의 체취를 맡고 싶으니 다시 만날 때까지 2주일간 목욕하지 말라"고 했다. 나폴레옹과 조세핀은 제비꽃을 아주 좋아해서, 조세핀은 제비꽃 향이 나는 향수를 자주 뿌렸고, 이것은 그녀의 트레이드마크가 되었다. 1814년 조세핀이 죽었을 때, 나폴레옹은 그녀의 무덤가에 제비꽃을 심었다. 그리고 세인트헬레나로 유배를 떠나기 전, 조세핀의 무덤을 찾아가 제비꽃을 꺾어 로켓에 넣은 다음 죽을 때까지 그것을 목에 걸고 다녔다. 19세기 런던의 거리는 제비꽃과 라벤더 꽃다발을 파는 가난한 소녀들로 가득했다. 본 윌리엄스의 〈런던 교향곡〉에는 꽃 파는 소녀들의 외침에 대한 오케스트라적 해석이 들어 있다. 제비꽃으로 향수를 만드는 일은 쉽지 않다. 제비꽃으로 고급 향수를 만들 수는 있지만 상당히 까다롭고 비용이 많이 든다. 부유한 사람들만이 살 수 있는 호사품이었지만 왕비, 멋쟁이, 유행을 선도하는 이들, 호사가들로 인해 향수 제조업자들은 늘 바빴다. 제비꽃 향기에 멀미할 정도로 싫어했던 사람들에게도 그러한 반응은 오래가지 않는다. 셰익스피어가 표현한 그대로다.

코를 찌르지만 영원하지 않고, 달콤하지만 오래가지 않는,

그 향기, 순간의 애원

제비꽃에는 후각을 마비시키는 이오논ionone이 들어 있다. 꽃은 끊임없이 향기를 뿜어내지만, 우리는 그 냄새를 맡는 능력을 잃어버린다. 그러나 1, 2분 뒤 향기는 다시 진동한다. 그러다가 다시 향기가 희미해진다. 조세핀처럼 강한 관능성을 숨기

고 있는 풍만한 여인이 왜 자신의 트레이드마크로, 한순간 봇물 터지듯 향기를 퍼뜨리다가 다음 순간에는 코를 백지 상태로 만들어놓고, 또다시 후각을 유린하는 향기를 선택했을까? 이처럼 사람을 희롱하는 향기는 없기 때문이다. 나타났다 사라지고, 나타났다 사라지고, 향기는 우리의 감각과 숨바꼭질한다. 그래서 그것에 질릴 수가 없다. 고대 아테네인들은 제비꽃 향기에 취한 나머지 그것을 아테네를 대표하는 꽃이자 상징으로 삼았다. 빅토리아 시대 여인들은 특히 술을 마실 때 구중향정口中香錠인 제비꽃 액으로 숨결을 달콤하게 만들곤 했다. 나는 이 글을 쓰면서 '초워드 바이올렛' 사탕을 먹고 있다. "맛 좋은 사탕/활력을 주는 향기"의 달콤하고 얼얼한 제비꽃 향은 나를 깊이 사로잡는다. 언젠가 나는 아마존강에서 사사프라스 나무의 방향성 일족인 카스카 프레시오사casca preciosa를 냄비에 넣고 끓인 적이 있다. 물에 잠긴 수피樹皮는 곧 나의 얼굴, 머리카락, 옷, 방, 영혼을 최고로 섬세한 제비꽃 향기로 물들였다. 그런데 제비꽃이 수 세기에 걸쳐 우리를 매혹시키고, 사로잡고, 욕지기를 불러일으키고, 취하게 해왔다고 할진대, 그것을 직접적으로 설명하는 일은 왜 그토록 어려울까? 우리는 간접적으로 냄새를 맡는가? 천만의 말씀.

냄새는 모든 감각 가운데 가장 직접적이다. 제비꽃에 코를 가져다 대고 냄새 맡으면, 냄새 분자는 코중격 뒤에 자리잡은 비강 속으로 흘러 들어가서 그곳 점막에 흡수되는데, 비강 점막에는 섬모라는 미세한 털이 있는 수용기 세포가 들어 있다. 이 수용기 세포 500만 개가 뇌의 후각 중추에 자극을 보낸다. 이런 세포는 오직 코에만 존재한다. 뇌의 신경세포는 한번 파괴되면 그걸로 끝이다. 다시 자라지 않는다. 눈이나 귀의 신경 세포는 한번 다치면 다시 회복 불가능한 손상을 입지만, 코의 신경세포는 인체의 다른 신경세포와 달리 약 30일을 주기로 재생된다. 그것은 산호초에 달라붙은 말미잘처럼 공기의 흐름 속에 몸을 맡긴 채 흔들리고 있다.

콧구멍 위쪽 끝의 후열은 노란색을 띠고 있고, 축축하며, 지방 성분이 풍부하다. 우리는 유전이라는 것을 키와 얼굴 생김새, 머리카락 색깔을 결정하는 운명으로 생각한다. 그런데 유전은 후열의 노란색 농도를 결정하기도 한다. 노란색이 짙을수록 냄새 감각은 더욱 예민하고 날카로워지는데, 바로 그 때문에 백색증(색소결핍증) 환자들은 냄새 감각이 형편없다. 후각이 발달한 동물들은 후열이 진한 노란색이다(인간은 옅은 노란색). 여우의 후열은 적갈색이고, 고양이는 진한 황갈색이다. 흑인들은 훨씬 더 진한 후열을 가지고 있으므로, 후각이 보다 예민할 것이라는 연구 보고도 있다. 후각기관에서 어떤 냄새를 맡으면

―식사나 섹스 혹은 공원을 산책하는 동안이나 감정적 발작을 일으켰을 때―그것은 대뇌피질에 신호를 보내고 변연계에 곧장 메시지를 보낸다. 변연계는 오래되고 신비한 기관으로 뇌의 대단히 감정적인 부분으로서 그 속에서 우리는 느끼고, 욕망하고, 창조한다. 다른 감각과 달리 냄새는 해석자를 필요로 하지 않는다. 냄새의 효과는 즉각적이며, 언어나 사고 혹은 번역에 의해 희석되지 않는다. 냄새는 강렬한 이미지와 감정을 자극하기 때문에 압도적인 향수를 불러일으키곤 한다. 보는 것과 듣는 것은 단기적인 기억의 쓰레기 더미 속으로 금방 사라져버리지만, 에드윈 T. 모리스가 『향기』에서 지적한 대로, 냄새에 관한 한 단기적 기억은 거의 없다. 냄새에 관한 기억은 아주 오래가고, 게다가 냄새는 학습과 저장을 격려한다. "아이들에게 어떤 문장을 후각 정보와 함께 주었을 때 후각 정보를 주지 않았을 때보다 훨씬 더 쉽게 기억되고 오래간다"고 모리스는 쓰고 있다. 누군가에게 향수를 줄 때, 기억의 액체를 주는 것이다. 키플링의 지적이 옳다. "냄새는 시각이나 소리보다 더 확실하게 심금을 울린다."

후각

냄새의 형태

◆

모든 냄새는 원색과 마찬가지로 다음과 같은 몇 가지 기본 범주로 나뉜다. 박하 향, 꽃향기, 에테르(배), 사향, 곰팡내, 썩은내(썩은 달걀), 신 냄새(식초). 향수 제조업자들이 꽃향기나 사향 혹은 과일 향을 조합하는 데 성공한 것은 바로 이 때문이다. 더이상 자연 성분은 필요하지 않다. 향수는 실험실에서 만들어낼 수 있다. 완전한 인공 향(알데히드)을 바탕으로 만든 최초의 향수는 샤넬 N°5였다. 1922년에 만들어진 이 향수는 관능적 여성미의 고전이 되었다. 기자가 매릴린 먼로에게 밤에 무엇을 입고 자느냐고 묻자 수줍은 듯 "샤넬 N°5"라고 대답했다는 유명한 일화도 있다. 샤넬 N°5의 톱 노트(맨 처음 퍼지는 냄새)는 알데히드고, 그다음에 떠도는 미들 노트는 재스민, 장미, 은방울꽃, 흰 붓꽃, 일랑일랑이며, 마지막으로 오랫동안 떠돌며 향기를 퍼뜨리는 베이스 노트는 베티베리아 향, 백단나무, 삼나무, 바닐라, 호박, 영묘향靈猫香, 사향이다. 베이스 노트는 거의 항상 동물성으로, 우리를 삼림지대나 초원으로 데려다주는 오래된 냄새의 사절들이다.

수 세기 동안, 사람들은 다음과 같은 네 가지 선腺 분비물을 얻기 위해 동물을 살상해왔다. 용연향(향유고래의 위장에서 분비되는 유성 분비물. 오징어나 꼴뚜기를 삼켰을 때 날카로운 등뼈나 이빨로부터 위를 보호하기 위한 것이다), 해리향(캐나다와 러시아 해리의 복강에서 발견되는 물질. 영역을 표시하는 데 사용한다), 영묘향(야행성의 육식 에티오피아 고양이의 생식기에서 분비되는 벌꿀 같은 분비물) 그리고 사향(동아시아 노루의 내장에서 분비되는 젤리 같은 붉은빛 분비물). 사람들은 일부 동물의 항문 주머니에 향기가 있다는 것을 어떻게 발견했을까? 일부 지역에서는 양치기들 사이에 수간이 성행했는데, 그것은 하나의 가능성으로 넘길 일이 아니다. 동물의 사향은 인간의 테스토스테론과 아주 비슷해서 0.0000000000009그램만 있어도 냄새를 맡을 수 있다. 다행히 화학자들은 지금까지 스무 가지의 사향을 합성해냈는데, 그것은 사향노루가 멸종 위기에 처했기 때문이기도 하지만, 자연 물질로는 안정된 향기를 확보하기 어렵기 때문이기도 하다. 한 가지 의문은 노루, 돼지, 고양이 등 동물의 냄새 샘에서 나온 분비물이 왜 인간의 성욕을 자극하는가 하는 점이다. 그러한 분비물의 화학적 조성이 똑같은 스테로이드고, 인간은 그 냄새를 맡을 때 인간의 페로몬에 대해서와 똑같이 반응하기 때문인 듯하다. 사실 세계맛과향주식회사International Flavors and Fragrances Inc.의 실험에 따르면, 사향 냄새를 맡은 여성들은 생리 주기가 빨라지고, 배란이 더 자주 일어나 임신하기 쉬운 상태가 된다는 것이 밝혀졌다. 향수는 중요한가? 모두 포장이 아닐까? 반드시 그런 것은 아니다. 냄새는 우리에게 생물학적으로 영향을 미칠까? 물론 그렇다. 사향은 그 냄새를 맡는 여성에게 호르몬 변화를 일으킨다. 꽃향기가 인간을 흥분시키는 것은 꽃이 왕성한 생식 활동을 하고 있기 때문이다. 꽃의 향기는 온 세계를 향해 '나는 생식 능력이 있고, 준비되어 있으며, 가져볼 만하고, 나의 생식 기관은 축축하게 젖어 있다'고 선언한다. 꽃의 냄새는 임신 가능성, 활기, 생명력, 온갖 낙관주의, 가능성, 젊음의 열정적인 개화를 연상시킨다. 꽃의 진한 향기를 들이마시면 나이와는 상관없이, 욕망으로 불붙은 세계에서 한창 피어오르는 젊음을 느낀다.

햇빛에 탈취 작용이 있다며 곰팡내 나는 이불을 햇빛에 말리는 사람도 있다. 그렇지만 퀴퀴하고 불쾌한 냄새는 남아 있을 것이다. 분자 8개만 있으면 신경 말단이 자극을 받지만, 어떤 냄새를 맡기 위해서는 최소한 40개의 신경 말단이 흥분해야 한다. 모든 것에 냄새가 있는 것은 아니다. 냄새를 발산하는 것은 공기 중에 미세한 입자를 날려 보낼 수 있을 정도의 휘발성이 있는 물질뿐이다. 매일 대하는 많은 것들, 이를테면 돌, 유리, 강철, 상아 등은 실온에서 휘발하지 않으므로 냄새가 나지 않는다. 양배추를 끓이면 휘발성이 더욱 강해져서 갑자기 강한 냄새가 난다. 무중력 상태에 있는 우주인들은 우주에서 맛과 냄새를 잃어버린다. 중력이 없는 상태에서는 입자들이 휘발하지 못하기 때문에, 냄새로 지각할 수 있을 정도로 코로 깊이 들어오는 입자가 거의 없는 것이다. 이것은 우주 음식을 개발하는 데 문제가 된다. 음식 맛의 대부분은 냄새에 의존한다. 그래서 포도주란 대단히 향기로운 무미無味의 액체라고 주장하는 화학자도 있다. 이들은 코감기에 걸렸을 때 포도주를 마시면 물맛밖에 나지 않는다고 말한다. 맛이 느껴지려면, 먼저 액체로 용해되어야 한다(예를 들면 딱딱한 사탕은 침에 녹아야 한다). 그리고 어떤 것의 냄새를 맡을 수 있으려면 기화되어야 한다. 우리는 오직 네 가지 맛, 즉 단맛, 신맛, 짠맛, 쓴맛을 느낀다. 이는 우리가 '맛'이라고 부르는 모든 것이 사실은 '냄새'임을 의미한다. 그리고 냄새 맡을 수 있다고 생각하는 많은 음식들은 사실은 맛만 볼 수 있을 뿐이다. 설탕은 휘발성이 없고, 그래서 우리는 강렬한 맛을 느끼지만 냄새는 맡지 못한다. 맛있는 음식을 한 입 먹고 그 맛을 음미하고 싶을 때, 우리는 숨을 내쉰다. 이때 입 속의 공기가 후각수용기를 지나면서 우리는 그 냄새를 더욱 잘 맡을 수 있다.

그런데 뇌는 어떻게 그렇게 많은 냄새를 구별하고 분류하는 것일까? 냄새에 관한 J. E. 에이무어의 '입체화학' 이론은 분자들의 기하학적 형태와 그것이 만들어내는 냄새 감각 사이의 관계를 밝히고 있다. 어떤 분자가 들어오면, 그것은 그에 맞는 형태의 신경을 찾아 결합한 다음 뇌로 가는 신경 자극을 유발한다. 사향 냄새는 원형 분자를 가지고 있으므로, 타원형이나 사발 모양 신경과 결합한다. 박하 향은 쐐기 모양의 분자를 가지고 있으므로, V자 모양 신경과 결합한다. 둥근 분자를 가지고 있는 장뇌 냄새는 타원형 신경과 결합하는데, 사향 분자보다는 좀 작다. 에테르 냄새는 구유 모양 신경에 맞는 막대 모양 분자를 가지고 있다. 꽃향기는 꼬리가 달린 원반 모양 분자를 가지고 있고, 이것은 사발과 구유 모양의 신경과 결합한다. 음전하를 띠고 있는 부패한 냄새는 양전하와 결합한다. 양전하를 띠고 있는 자극적인 냄새는 음전하를 띤 부분과 결합한다. 어떤 냄새들은 한꺼번에 두 부분과 결합하여 꽃다발 냄새나 뒤섞인 냄새를 풍긴다. 에이무어가 1949년에 발표한 이 이론은 자유로운 정신을 타고난 시인 루크레티우스가 기원전 60년에 『사물의 본질에 대하여』에서 제시한 이론이기도 하다. 열쇠와 자물쇠의 은유는 자연의 많은 측면을 잘 설명하고 있는 듯하다. 세계는 수많은 잠긴 문이 있는 응접실 같기도 하고, 아니면 단순히 자물쇠와 열쇠는 인간이 주변 세계를 이해할 수 있는 몇 안 되는 방법(그중 두 가지는 언어와 수학) 가운데 하나 같기도 하다.

아브람 마즐로의 말마따나 인간의 유일한 도구가 열쇠라면, 인간은 모든 문제를 자물쇠로 상상하게 되는 것이다.

어떤 냄새는 희석되면 환상적이지만, 희석되지 않으면 정말 역겹다. 사향고양이의 분비액에서 나는 배설물 냄새는 속을 뒤집어놓지만, 소량일 경우 그것은 최음제가 된다. 장뇌나 에테르, 정향유 같은 것들은 소량으로도 강렬한 냄새를 풍겨 코를 마비시키고 더 이상 냄새 맡지 못하게 만든다. 아무 관계가 없어 보이는 물질의 냄새를 풍기는 것도 있는데, 그 냄새는 고약스럽기 짝이 없다(먹지 못하는 고인종苦仁種 아몬드는 청산가리 냄새를 풍기고, 썩은 달걀은 유황 냄새를 풍긴다). 많은 정상인들이 맡지 못하는 냄새(특히 일부 사향 냄새)가 있는 반면, 어떤 사람들은 희미하게 스치는 냄새도 분간할 수 있다. 우리는 정상적인 감각 능력을 지나치게 저평가하는 경향이 있다. 그러나 냄새에 대한 사람들의 정상적인 반응은 천차만별이다.

빛의 두레박

◆

삶은 과거가 되지만, 그것은 그늘 속에 빛의 두레박을 던져 삶을 다시 새롭게 만드는 예술의 터전이다. 작가들은 냄새를 예민하게 지각해왔다. 프루스트의 라임 꽃 차와 마들렌 과자. 콜레트를 어린 시절의 정원과 어머니에게 데려다주었던 꽃들. 버지니아 울프의 도시 냄새에 대한 세심한 관찰. 조이스의 아기 오줌과 유포油布, 성스러움과 죄악에 대한 추억. 키플링에게 고향과 군인 시절의 막사 냄새를 일깨워준 비에 젖은 아카시아("향기가 한 번 스치면 온통 아라비아다"). 도스토예프스키의 "페테르부르크의 악취." 콜리지는 일기에 "멀리 있는 퇴비에서는 사향 냄새가 나고, 죽은 개는 오래전에 피어난 꽃 냄새를 풍긴다"라고 썼다. 책상 서랍에 넣어둔 연인의 슬리퍼와 벙어리장갑 냄새에 대한 플로베르의 정열적인 이야기. 들판에서는 수염이 마르는 냄새가 나고, 허클베리 덤불에서는 곰팡내가 흘러나왔으며, 소귀나무는 "작은 제과점 같은" 냄새를 풍기던 달밤, 소로의 산책. 보들레르는 "다른 사람들의 영혼이 음악 위로 높이 비상하는 것처럼, 내 영혼이 향기 위로 높이 솟구칠 때까지" 냄새에 탐닉한다. 밀턴은 신의 성스러운 후각을 즐겁게 해주는 냄새와, 썩은 고기 냄새를 가장 잘 알아채는 사탄이 좋아하는 냄새("학살의 와중에, 헤아릴 수 없는 먹잇감 (……) 살아 있는 시체의 냄새")에 대해 묘사한다. 로버트 헤릭은 페티시스트처럼 애인의 은밀한 곳을 냄새 맡는다. "그녀의 젖가슴, 입술, 손, 허벅지, 다리는 모두/강한 향기를 풍기고 (……) 동양의 모든 향료가/그곳에 뿌려져 있다." 월트 휘트먼은 "기도보다 더 신비한 땀의 향내"를 찬양한다. 프랑수아 모리아크는 『백의白衣』에서 냄새를 통해 청년 시절을 돌아본다. 초서는 〈방앗간 주인 이야기〉에서 문학사상 최초로 구강청정제에 대해 언급한다. 셰익스피어의 놀랍도록 섬세한 꽃의 직유(그는 제비꽃을 향해 이렇게 말한다. "달콤한 도적이여, 너는 그 달콤함을 어디서 훔쳤느냐, 내 애인의 숨결에서가 아니라면?"). 미워시의 "추억의 소리 없는 아우성으로 가득 찬" 옷장. 위스망스의 후각적 환상에 대한 집착, 상상을 초월할 정도로 퇴폐적이고 쾌락주의적인 소설 『거꾸로』를 가득 채운 술 냄새와 여인들의 땀 냄새. 위스망스는 한 등장인물에 대해 이렇게 설명했다. "젖꼭지를 향기로 물들이는 것을 좋아하는 불안하고 신경질적인 여자지만, 빗으로 머리를 간질일 때 말할 수 없는 희열을 느꼈고, 연인의 애무를 받는 동안에는 굴뚝 검댕의 냄새와 비에 젖은 짚 냄새, 여름 폭풍의 먼지 냄새를 풍기기도 했다."

역사 이래로 가장 향기가 넘치는 시 〈솔로몬의 노래〉는 육체, 심지어 자연의 냄새에 대해서조차 말하지 않으면서 향수와 향료를 둘러싼 감미로운 사랑 이야기를 엮어나간다. 이야기 속의 황야에는 물이 귀했고, 사람들은 향수를 자주 뿌렸다. 그리고 결혼을 약속한 커플은 아낌없는 찬사를 주고받으며, 연애시로 대화를 나눈다. 여자의 식탁에서 식사할 때 남자는 "한 다발의 몰약"이거나 "엔게디의 포도밭의 녹나무 열매" 혹은 탄탄하고 날렵한 "젊은 영양"이다. 남자에게, 여자의 건강한 처녀성은 "샘이 솟아나는 (……) 비밀의 정원"이다. 그녀의 입술은 "벌통처럼 젖어 있고, 그대의 혀 밑에는 벌꿀과 우유가 들어 있고, 그대의 의상은 레바논의 냄새와 같구나." 남자는 여자에게 결혼식 날 밤 그녀의 정원에 들어갈 거라며, 그곳에서 찾아낼 모든 과일과 향료, 즉 유향乳香, 몰약, 사프란, 녹나무, 석류, 침향沈香, 계피, 창포를 비롯한 여러 가지 보물의 이름을 열거한다. 그리고 그녀는 그의 몸에 둘러줄 사랑의 옷감을 짜고, 대양처럼 차고 넘치도록 그의 감각을 채워줄 거라고 말한다. 이 사랑의 속삭임에 흥분한 여자는 욕망에 들떠서 그렇게 하겠다고, 그에게 정원 문을 활짝 열어주겠노라고 대답한다. "깨어나라, 오 북풍이여. 그리고 오거라, 너 남풍이여. 내 정원 위로 불어오렴, 그곳에 향기가 넘칠 수 있도록. 사랑하는 이여, 이 정원은 당신의 것이니 어서 들어와, 쾌락의 과일을 드셔요."

파트리크 쥐스킨트의 무서운 소설『향수』의 주인공은 18세기 파리의 남자다. 그는 개인적인 체취라고 할 만한 것을 전혀 갖지 못한 채 태어나지만 경이로운 후각 능력을 갖게 된다. "그는 그냥 나무 냄새가 아니라, 나무 냄새를 종류별로 구분할 줄 알게 되었다. 단풍나무, 참나무, 소나무, 느릅나무, 배나무, 오래된 나무, 어린 나무, 썩은 나무, 이끼 낀 나무, 통나무와 톱밥, 나무 조각 냄새에 이르기까지, 그는 다른 사람들이 눈으로 보고도 구분하지 못하는 것을 후각으로 명확하게 구분할 수 있었다." 매일 우유를 마실 때마다, 그는 우유를 짜낸 소의 기분을 냄새 맡을 수 있었다. 그리고 산책하다가 연기 냄새를 맡으면, 무엇을 태운 연기인지 쉽게 알 수 있었다. 사람들은 체취가 없는 그를 두려워하여 학대하고, 그래서 그는 성격이 비뚤어지게 된다. 그는 결국 자신의 개인적인 체취를 창조해내는데, 다른 사람들은 눈치채지 못하지만 그 덕분에 그는 정상적인 인간으로 느껴진다. 그가 만든 체취는 대단히 섬세한 것으로 "현생 인류의 시큼한 치즈 냄새가 첨가된 평범하고 소심한 일상의 냄새"다. 나중에 그는 향수 제조업자 겸 살인자가 되어 꽃에서 향유를 모으듯 사람들에게서 향기로운 정유精油를 추출하려고 한다.

많은 작가들이 냄새가 어떻게 온갖 기억을 불러일으키는지에 관해 써왔다. 향기의 광휘가 호사스러운 기억의 광야를 지나는 『스완의 집 쪽으로』에서 프루스트는 젊은 시절의 기억의 회오리바람에 대해 묘사한다.

나는 기도대의 의자에서, 올이 촘촘한 우단을 씌운 팔걸이의자 쪽으로 몇 걸음 나아갔다. 붉은 파이를 구울 때처럼 입맛을 돋우는 냄새를 풍겼고, 이 냄새 때문에 방 안의 공기는 완전히 응결되어 있었다. 그리고 그 냄새는 화창한 아침의 상쾌한 습기로 반죽이 되어 부풀었고, 붉은 그런 냄새를 풍기는 이 반죽을 잎 모양의 부푼 과자로 만들어, 거기에 달걀노른자를 바르고, 주름을 만들고, 눈에 보이지 않아도 촉감을 느낄 수 있는 시골 과자, 가령 거대한 퍼프 페스트리 같은 것을 만들고 있는 것 같았다. 그런 냄새 속에서, 벽장이나 찬장, 지엽枝葉 무늬의 벽지가 풍기는 바삭바삭한, 보다 섬세한, 보다 이름난, 그러나 동시에 보다 메마른 향기를 맡으면, 나는 당장, 그 꽃무늬 침대보의 중간쯤 되는, 끈적끈적하고 맛이 간, 소화 안 되는 풋내 나는 올리브유 같은 냄새 속으로, 말 못 할 욕망으로 끈끈이에 붙어버린 것처럼 되돌아가기 일쑤였다 (『잃어버린 시간을 찾아서』 중에서).

찰스 디킨스는 어른이 된 다음에도 병에 라벨을 붙일 때 쓰는 풀 냄새가 스치면, 어린 시절, 파산한 아버지가 자신을 지옥 같은 병 제조 창고에 버렸던 때의 모든 고통이 참기 힘들 정도로 되살아난다고 회고했다. 10세기 일본에서, 눈부신 재능을 타고난 무라사키 시키부 부인이 최초의 본격 장편소설『겐지 이야기』를 썼다.『겐지 이야기』는 광대한 역사적 사회적 배경을 가진 사랑 이야기인데, 개인의 후광과 운명을 바탕으로 향수를 제조하는 향수 제조업자 겸 연금술사가 등장한다. 작가, 특히 시인들에게 매우 어려운 것 중의 하나가 냄새에 대한 묘사다. 시인들이 교회 안의 신성한 향기를 묘사하지 못한다면, 마음을 둘러싼 것들에 대한 그들의 묘사를 믿을 수 있을까?

모나크나비의 겨울 궁전

◆

누구에게나 향기에 얽힌 추억이 있다. 내게 가장 생생한 추억은 증기와 같은 방향芳香에 관한 어떤 냄새다. 어느 크리스마스에 나는 로스앤젤레스 박물관의 모나크나비 프로젝트에 참여하여 캘리포니아 연안을 돌며 수많은 월동 모나크나비를 찾아 꼬리표를 붙이는 일을 했다. 모나크나비는 진한 방향을 풍기는 유칼리나무 숲에서 겨울을 난다. 맨 처음 유칼리나무 숲속에 들어갔을 때, 어린 시절 감기에 걸렸던 일과 박하 마사지를 받던 따뜻한 기억이 떠올랐고, 그다음부터는 유칼리 숲에 들어갈 때마다 그 생각이 났다. 처음에 우리는 숲속 깊이 들어가, 팔랑이는 황금색 꽃다발처럼 매달려 있는 나비 떼를 그물을 던져 생포했다. 그리고 남아프리카 아이스플랜트가 밀생하고 있는 바닥에 쪼그리고 앉았다. 다육질의 잎을 가진 아이스플랜트는 유칼리나무에서 흘러내리는 독한 기름을 견딜 수 있는 아주 드문 식물군에 속한다. 수피에서 흘러나온 기름 때문에 곤충들도 접근하지 못하는데, 가끔씩 울어대는 태평양나무개구리와 모나크나비를 잡아먹으려고 하는 바보스러운 푸른 어치(모나크나비의 날개에는 디기탈리스와 같은 독이 들어 있다)만이 예외였다. 햇빛이 드는 숲은 평온했고, 딴 세상 같았으며, 고요하고, 거대했다. 유칼리나무에서 피어오르는 증기 때문에, 그 향을 맡을 뿐 아니라 코와 목구멍으로도 그것을 느꼈다. 가끔씩 유칼리나무의 수피가 벗겨져 땅으로 떨어지면서 큰 소리를 냈다. 문이 삐걱 열리는 소리처럼 들렸다. 바닥에 떨어진 나무껍질은 곧 파피루스처럼 말리곤 했다. 어디나 고대의 필사가가 남겨놓은 글씨들이 깔려 있는 것 같았다. 그리고 내 코는 1950년대의 일리노이를 떠올렸다. 학교 다닐 때였다. 나는 응석받이가 되어 침대 속에 편안히 누운 채, 박하로 가슴을 문질러주는 엄마의 손을 느끼고 있었다. 그 향기와 추억은, 숲속에 고요히 앉아서 멋진 나비 떼를 만지는 시간에 평온함을 더해주었다. 모나크나비는 아무것도 쫓아다니지 않고, 고대의 신들처럼 꿀만 먹고 사는 생명력과 아름다움이 넘치는 부드러운 생물이다. 그 추억을 두 배로 달콤하게 만든 것은 내 감각 속에 뿌리내린 향기였다. 처음에는 나비에 꼬리표를 달 때 어린 시절의 추억이 떠올랐으나, 나중에는 나비에 꼬리표를 다는 일 자체가 향기를 불러일으키는 추억이 되었고, 나아가 그것은 원래의 추억과 자리를 바꾸었다. 어느 날 맨해튼에서, 나는 거리의 꽃 가게 앞에서 걸음을 멈추었다. 여행할 때면 항상 그러듯, 호텔 방에 가져다 놓을 꽃을 고르기 위해서였다. 두 개의 통에 둥근 은화 모양의 유칼리나무 가지가 담겨 있었다. 여전히 싱싱한 청록색 이파리는 뽀얀 솜털로 덮여 있었다. 몇 개는 부러져서 코를 찌르는 진한 향기를 발산하고 있었다. 3번가의 차량 소음과 작업 중인 도시 정비 팀의 드릴 소리, 거리에서 피어오르는 연기와 우중충한 회색 하늘에도 불구하고, 나는 곧 산타바바라 근처의 너무도 아름다운 유칼리나무 숲에 가 있었다. 나비 떼가 구름처럼 마른 강바닥 위를 날아다녔고, 나는 바닥에 앉아 검정과 황금빛이 섞인 모나크나비 한 마리를 그물에서 꺼내 조심스럽게 꼬리표를 붙이고 하늘로 다시 날려 보냈다. 그리고 나비가 한쪽 날개에 자그마한 견장 같은 꼬리표를 달고 무사히 날아가는 모습을 잠시 지켜보았다. 그 순간의 고요가 물결처럼 밀려와 내 감각을 채웠다. 물건을 진열하던 젊은 베트남 남자가 나를 뚫어지게 바라보는 바람에, 그제야 나는 내 눈에 눈물이 고였다는 사실을 깨달았다. 그것은 겨우 몇 초에 지나지 않는 순간이

후각

었지만, 그 향기와 결합된 추억은 유칼리나무에 마음을 뒤흔드는 격렬한 힘을 부여해주었다. 그날 오후 나는 빌리지에 있는 단골 부티크에 들렀다. 그곳에서는 달콤한 아몬드유로 목욕용 오일을 만들거나 여러 가지 향료로 샴푸나 보디로션을 만든다. 우리 집 욕실에는 프랑스 여인들이 식료품점에 갈 때 들고 다니는 푸른 망사 자루가 걸려 있다. 그 속에 다양한 목욕용품을 넣어두는데, 그중에서 마음을 가장 안정시켜주는 것이 바로 유칼리다. 디킨스가 어쩌다 풀 분자 몇 개와 접했을 때 혹은 내가 유칼리나무와 우연히 마주쳤을 때, 우리는 어떻게 문이 꽁꽁 잠긴 세계로 들어갈 수 있었을까?

우리 안의 바다

◆

여름철 해 질 녘에 시골길을 달리다보면 끊임없이 냄새가 밀려온다. 퇴비, 겨풀, 인동초, 스피어민트, 밀, 골파, 치커리, 포장도로의 타르 냄새 등. 새로운 냄새를 만나는 것은 여행의 큰 즐거움이다. 즐거움을 위해서가 아니라 오직 먹을 것을 위해서 여행했던 인류의 조상들에게 냄새는 필수적이었다. 가만히 자리를 지키며 먹이가 제 몸을 건드리거나, 자신의 촉수가 닿는 범위 안으로 들어오기만을 기다리는 바다 생물도 많다. 그러나 인간은 냄새의 안내를 받는 유목민이 되어 밖으로 나가 먹잇감을 찾고, 사냥하고, 자신이 원하는 것을 고를 수 있었다. 먼 옛날, 인류의 조상이 수생 생물이었던 시절, 우리는 짝을 찾거나 꼬치고기의 접근을 탐색하기 위해 냄새를 이용하기도 했다. 그 것은 한없이 귀중한 기능이었고, 덕분에 우리는 독성물질이 입을 통해 우리 몸의 섬세한, 닫힌 시스템 안으로 들어오는 것을 예방할 수 있었다. 냄새는 인간의 첫 번째 감각이었고, 대단히 유용했으므로 나중에 신경 줄 위에 있던 후각 조직의 작은 덩어리가 뇌로 발전했다. 인간의 두뇌는 원래 후각 줄기에서 발생한 것이다. 우리는 냄새를 맡기 때문에 생각도 하는 것이다.

인간의 냄새 감각은 인체의 다른 많은 기능과 마찬가지로 진화 초기, 아직 바다에 살던 시절의 유물이다. 향은 먼저 물에 용해되어야 점막에 흡수되어 맡을 수 있다. 나는 몇 년 전 바하마에서 스쿠버다이빙을 하며 두 가지 사실을 처음으로 알게 되었다. 우리 안에 바다가 있다는 것과, 우리의 정맥은 조류를 흉내내고 있다는 것. 물고기 알 같은 난자를 난소에 넣어가지고 다니는 인간 여성으로서, 우리 조상이 수억 년 전에 진화해 나온 바다의 부드럽게 물결치는 자궁 속으로 들어가면서, 나는 너무도 감동받아 물속에서 눈물을 흘렸다. 나는 내 눈물의 소금기

후각

를 짠 바닷물에 보냈다. 그런 생각에 정신을 팔다가 주위를 둘러보았지만 배는 찾을 수 없었다. 그러나 그것은 중요하지 않았다. 고향은 어디에나 있었다.

그 신비로운 순간에 코가 먹먹해지는 바람에 물 위로 떠오르는 것이 고통스러워졌다. 마스크를 벗고 코를 풀고 나서야 기분이 가라앉았다. 그러나 나는 그 포근함을 결코 잊지 못한다. 우리의 피는 주로 소금물이고, 눈을 씻거나 콘택트렌즈를 끼울 때도 생리 식염수(소금물)가 필요하다. 그리고 어느 시대에나 여성의 질에서는 '생선 냄새'가 나는 것으로 묘사되어왔다. 프로이트의 제자 페렌치는 『탈라사: 생식기 이론』에서 남성은 오로지 여성의 자궁에서 청어 냄새가 나기 때문에 여성과 섹스를 한다고 주장하기도 했다. 이 주제에 관한 이론 가운데 상당히 관심을 끄는 주장임에 틀림없다. 그러나 그는 여성들이 남성과 성행위를 하는 이유에 관해서는 설명하지 않았다. 어느 연구자는이 '생선 냄새'가 질의 원래 냄새가 아니라, 성행위를 하고 난다음에 제대로 씻지 않아서 나는 냄새이거나 질염 혹은 부패한정자로 인한 것이라고 주장한다. "질에 정액을 넣고 그냥 놓아두면, 거기서 생선 냄새가 나게 됩니다." 이것은 어원학적으로도 설득력이 있다. 유럽어에서 매춘부prostitute를 의미하는 속어들은 부패를 의미하는 인도·유럽어족의 어근 'pu'의 다양한 변형인 경우가 많다. 프랑스에서 매춘부는 'putain'이다. 아일랜드에서는 'old put'이고, 이탈리아에서는 'putta'이다. 스페인과 포르투갈에서는 'puta'라고 한다. 파생어로는 '부패한putrid' '고름pus' '곪다suppurate' '스컹크putorius'가 있다. 16세기와 17세기 영국에서 스컹크는 매춘부를 비하하는 말이었다.

우리의 냄새와 맛에 대한 감각이 바다에서 생겨났을 뿐 아니라, 우리는 바다의 냄새와 맛을 내기도 한다.

땀의 개념과 국적

◆

일반적으로, 인간은 강렬한 체취를 가지고 있다. 그런데 케냐의 인류학자 리키 박사는 인류의 조상에게 육식동물이 피할 정도로 강하고 고약한 냄새가 났을지도 모른다고 했다. 얼마 전, 나는 텍사스에서 박쥐를 연구한 적이 있다. 나는 커다란 인도네시아박쥐를 머리 위에 올려놓았다. 할머니들의 이야기처럼 박쥐가 머리에 달라붙는지 알아보기 위해서였다. 박쥐는 달라붙지 않았을 뿐 아니라 비누와 향수, 소금기, 기름기에 체취가 뒤섞인 냄새 때문에 조그맣게 기침을 터뜨리기 시작했다. 다시 새장에 갖다 넣자, 녀석은 몇 분 동안 고양이처럼 제 몸을 씻어냈다. 인간과의 접촉으로 더러워졌다고 느끼는 게 분명했다. 로즈메리나 샐비어를 비롯한 많은 식물들이 포식자를 물리치기 위해 자극적인 냄새를 만들어낸다. 그런데 동물이라고 그렇게 하지 못하리라는 법이 어디 있는가? 자연은 유익한 전략을 낭비하는 일이 드물다. 물론, 다른 사람들보다 더 강한 체취를 가진 사람들도 있다. 민간에 전해지는 속설에 따르면 황인종과 빨간 머리의 냄새가 다르고, 빨간 머리와 노란 머리의 냄새가 다르다고 한다. 식습관, 관습, 털의 많고 적음에 따라 혹은 인종마다 독특한 냄새가 있다는 주장은 무시하기 어렵지만, 인종주의자라는 비난을 두려워하는 대다수 과학자들은 이것을 쉽게 입에 올리지 않는다.✤ 나라별 혹은 인종별 냄새에 대한 연구는 그다지 많지 않다. 어찌 됐건, 하나의 문화가 다른 문화에 비해 더 좋거나 더 나쁜 냄새를 풍기는 것이 아니라, 그저 다를 뿐이다. 그러나 그 때문에 '냄새난다'는 말이 인종 차별적 맥락에서 자주 쓰이는 표현이 되었는지도 모르겠다. 모낭 밑의 아포크린

✤ 《사이언스》에 실린 한 논문에 의하면 일부 흑인 남성들의 음경이 백인 남성에 비해 휴식하고 있는 동안에도 더 크다고 한다. 이것은 흑인에게 많은 겸상적혈구 빈혈증 유전자가 평상시에도 음경을 반 발기 상태로 만드는 경향이 있기 때문이다. 그 사실을 발견한 연구자들이 그것을 발표하기 전에 한참 동안 망설였고, 발표할 때도 우려와 불안을 떨치지 못했다고 한다.

선이 서양인만큼 많지 않은 아시아인들은 유럽인에게서 강한 냄새를 느끼곤 한다. 일본 남자들은 강한 체취를 가진 사람이 아주 드물기 때문에 과거에는 그것이 군 입대 시 부적격 판정 사유가 되기도 했다. 아시아인들이 몸보다는 주로 방에 향수를 뿌리는 것은 이 때문이다. 자극적인 냄새는 지방에 의해 흡수된다. 냉장고에 뚜껑을 열어놓은 버터 통을 양파나 멜론과 함께 두면, 버터가 냄새를 모두 흡수해버린다. 머리카락은 지방을 함유하고 있기 때문에 베개나 의자 덮개에 기름 얼룩을 남긴다. 머리카락은 담배 연기나 향수 같은 냄새를 흡수하기도 한다. 백인과 흑인은 털이 많은 탓에 아시아인에 비해 땀을 많이 흘리지만, 향수가 몸의 온기와 지방분 속에서 봉헌의 촛불처럼 이글거린다.

체취는 아포크린선에서 흘러나오는데, 이 아포크린선은 태어날 때는 작지만 사춘기 때 크게 발달한다. 겨드랑이, 얼굴, 가슴, 생식기, 항문에는 많은 아포크린선이 흩어져 있다. 어떤 연구자들은 키스할 때 느끼는 기쁨은 주로 향기가 풍부한 상대방의 얼굴을 냄새 맡고 애무하는 기쁨이라고 주장하기도 한다. 서부 아프리카의 갬비아 강 유역에 사는 보르네오족이나 버마, 시베리아, 인도의 어떤 부족들에겐 '키스'가 '냄새'라는 말과 똑같은 의미로 쓰인다. 사실 키스는 연인이나 친척 혹은 친구의 냄새를 오랫동안 맡는 행위인 것이다. 뉴기니의 부족들은 상대의 겨드랑이에 손을 넣은 다음 그 손을 자신의 몸에 문질러 친구의 냄새를 바르는 것으로 작별 인사를 대신한다. 어떤 문화권에서는 서로 냄새를 맡거나 코를 비비는 것으로 인사한다.

사람마다 다른 냄새

◆

육식을 하는 사람과 채식을 하는 사람은 냄새가 다르다. 어린이는 어른과 냄새가 다르고, 흡연자들은 비흡연자와 냄새가 다르다. 사람들은 유전인자, 건강 상태, 직업, 식습관, 약 복용, 감정 상태에 따라 다른 냄새를 풍긴다. 로이 베디체크는 『후각』에서 이렇게 쓰고 있다. "먹잇감의 냄새는 포식자를 흥분시켜 입에 침이 고이게 하고, 온몸의 근육을 팽팽하게 긴장시키며, 모든 감각을 깨어나게 한다. 동시에 먹히는 동물의 콧속에서, 두려움과 증오는 포식자의 냄새와 뒤섞인다.✣ 이렇게 해서 짐승들은 감정 상태에 따라 다른 특정한 냄새를 발달시키게 된

✣ 소설가들은 공포의 냄새에 관해 이야기해왔고, 쥐를 연구한 연구자들은 스트레스를 받은 쥐가 특별한 냄새를 풍긴다는 사실을 발견했다. 스트레스를 받지 않은 쥐들은 이 냄새를 맡고 신체적으로 진통 반응을 나타내는데, 이것은 고통에 대비하는 행위다.

다." 사람들은 누구나 지문과 같은 개인적인 체취를 가지고 있다. 개는 사람의 체취를 쉽게 구분하는데, 주인이 일란성 쌍둥이라 해도 냄새로 분간할 수 있다. 헬렌 켈러는 냄새만으로 사람들의 직업을 알아낼 수 있다고 썼다. "나무, 쇠, 페인트, 약 냄새가 그것을 가지고 일하는 사람들의 옷에 달라붙어 있습니다. (⋯⋯) 사람들이 내 옆을 스쳐갈 때, 나는 냄새로 그가 있었던 곳—부엌, 정원, 병실—의 흔적을 느끼지요."

뛰어난 감각을 가진 이들에게 땀에 젖은 애인의 사향 냄새보다 더 자극적인 것은 없다. 그러나 대개는 자연적인 체취에 별로 매혹되지 않는다. 엘리자베스 시대에 연인들은 '사랑의 사과'를 주고받았다. 여성이 깎은 사과를 겨드랑이에 집어넣어 땀이 배면 그것을 애인에게 주어 냄새를 맡게 하는 것이다. 현대의 산업은 인간의 자연스러운 냄새를 없애고 인공적인 것으로 채워 넣는 데 매진하고 있다. 우리는 왜 우리의 '자연스러운' 냄새인 썩은 박테리아 냄새 대신에 페퍼민트 냄새를 맡고 싶어 하는 걸까? 썩은 냄새가 병이 있음을 나타내기 때문이다. 우리는 건강하지 못한 냄새를 풍기는 사람에게 끌리지 않는데, 썩은 박테리아 냄새를 지나치게 많이 맡으면, 대화하고 있는 상대방이, 예를 들면, 자신을 감염시킬 수 있는 콜레라 환자일지도 모른다고 생각하는 것이다. 그러나 집요한 광고와 얇은 귀

후각

탓에 어떤 향기가 다른 향기보다 더 귀하다고 생각한다. 냄새에 대한 불안 덕분에 이 산업은 크게 성장했다. 그들은 우리가 불쾌감을 주는 존재라고 협박하면서 타고난 체취를 가리기 위해서는 로션과 향수가 필요하다는 생각을 심어주었다.

나쁜 냄새란 무엇일까? 그리고 세계에서 가장 지독한 냄새는 무엇일까? 그 답은 문화와 연령, 개인적 취향에 따라 달라진다. 서구인은 배설물의 냄새를 역겹게 생각하지만, 마사이인들은 머리를 손질할 때 소의 똥을 즐겨 쓴다. 쇠똥을 바른 머리는 오렌지와 갈색의 광채와 함께 강한 냄새를 풍긴다. 학습 경험이 없는 아이들은 냄새를 거의 다 좋아한다. 박물학자이자 사육사인 제럴드 더럴은 과일먹이박쥐를 포획하여 자신이 영국 저지 섬에 만들어놓은 동물원으로 옮길 계획이었다. 그는 마다가스카르 동쪽의 로드리게스 섬에 그물을 쳤다. 미끼로 사용한 것은 그가 '잭프루트'라고 이름 붙인 커다란 갈색 과일이었는데, 그 하얀 과육에서는 "파헤친 무덤과 하수구 냄새가 섞인, 시체 안치소에서 나는 것 같은" 악취가 풍겼다. 너무도 지독한 이 말이 정말인지 알고 싶은 마음에, 나는 언젠가 가보고 싶은 감각의 행선지를 적은 긴 목록에 '잭프루트 철의 로드리게스'를 올렸다.

오래된 그리고 억누를 수 없는 자연스러운 방귀는 일반적으로 불쾌하고 무례한 것으로, 심지어는 악마의 냄새로까지 인식되고 있다. 의학 서적 『메르크 편람』에서는 「장의 기능적 병변」이라는 별 특징 없는 장에서 '방귀'라는 부제를 달아 방귀의 여러 가지 증상과 원인, 치료법에 대해 다음과 같이 설명하고 있다.

배에 가스가 차는 사람들이 뀌는 방귀의 양과 횟수는 놀라울 정도다. 연구에 따르면 한 환자는 온종일 141회의 방귀를 뀌었는데, 그중 70회를 4시간 동안 뀌었다고 한다. 심각한 심리적 사회적 고통을 안겨줄 수 있는 이러한 증상은 그 현저한 특징에 따라 비공식적으로 그리고 재미있게 다음과 같이 분류된다. (1) '슬라이더'형 (붐비는 엘리베이터 안에서 뀌는 방귀). 천천히 소리 내지 않고 뀌는 것인데, 가끔 끔찍스런 결과를 가져오기도 한다. (2) 열린 괄약근 혹은 '피식'형. 온도가 더 높고 냄새도 더 지독한 방귀라고 한다. (3) 스타카토 혹은 드럼 소리형. 사적인 자리에서 기분 좋게 나오는 줄방귀.

대기를 오염시키거나 공기의 질을 악화시킨다는 우려가 제기되었지만, 그에 관한 충분한 연구는 이루어지지 않았다. 그러나 방귀는 불 가까이에서 일하는 사람들에게도 별다른 위험이 없는 듯하고, 어린이들은 방귀 뀌기 시합을 하기도 한다. 고통을 안겨주는 이러한 증상이 전화위복이 되는 경우도 드물게 있는데, 예를 들면 '방귀맨'으로 불리는 어느 프랑스인은 물랭루주의 무대 위에 서 방귀 뀌기 공연으로 큰돈을 벌었다.

악취, 향수, 사교의 역사에 관한 프랑스의 매혹적인 책 『악취와 향기』에서 알랭 코르뱅은 혁명기 파리의 하수구 냄새에 대해 설명하면서, 역사적으로 냄새가 훈증薰蒸에서 얼마나 큰 역할을 해왔는지를 지적한다. 훈증에도 여러 가지 형태가 있다. 건강을 위한 훈증(특히 전염병이 돌 때), 곤충을 이용한 훈증, 심지어 종교적 도덕적 훈증도 있다. 골풀, 라벤더, 백리향 등이 발진티푸스를 예방한다고 생각해, 중세에는 성의 바닥에 깔아놓았다. 향수는 마력을 지녔다고 해서 마술이나 연금술에 사용하는 일이 많았다. 오늘날의 향수 광고가 지나치게 과장되어 보인다면, 16세기의 향수 광고를 들여다보자. 『피에몬테 지방, 메트로 알렉시의 비법』에서, 저자는 자신이 만든 향수를 쓰는 여자들은 하루 저녁의 매력이 아니라 '영원한' 아름다움을 갖게 된다고 말한다. '영원'이란 대단히 진지한 선전이므로, 미래의 고객들은 그 향수를 만드는 법을 들여다보고 싶을 것이다. 그 잔인한 제조법은 다음과 같다. "어린 갈까마귀 한 마리를 둥지에서 꺼내 완숙 달걀을 40일 동안 먹인 다음 잡는다. 그리고 은매화 잎새와 화장 분, 아몬드 오일을 넣고 증류한다." 더할 나위 없다. 그 악취 그리고 에드거 앨런 포를 인용하고 싶은 참을 수 없는 충동을 빼면. 그 향수를 뿌린 이들은 분명 영원의 처마 위에 앉은 탐욕스러운 미인이 될 것이다.

페로몬

◆

페로몬pheromone은 욕망을 나르는 동물이다(페로몬은 그리스어에서 유래한 말로, pherein은 '나르다', horman은 '흥분하다'). 인간을 비롯한 여러 동물은 고유한 냄새뿐 아니라 대단히 효과적인 페로몬을 가지고 있는데, 페로몬은 다른 동물의 배란과 구애 행동을 자극하거나, 힘과 영향력의 질서를 확립한다. 동물들은 자기만의 고유한 방법으로 냄새를 표시한다. 들쥐와 여우원숭이는 발바닥에 오줌을 묻힌 채 자신의 영역을 돌며 땅에 자기 오줌을 묻혀놓는다. 영양은 얼굴에 있는 향선香腺을 이용하여 나무에 냄새를 묻혀놓는다. 뺨에 향선이 있는 고양이는 좋아하는 사람이나 식탁 다리에 뺨을 부비는 일이 많다. 누군가 고양이를 어루만져주면, 고양이는 그의 냄새를 맛보기 위해 제 몸을 핥는다. 물론 그 사람이 고양이의 마음에 들 경우에 그렇다. 그리고 고양이가 주인이 좋아하는 팔걸이의자에 올라가 의자

바닥을 긁거나 몸을 동그랗게 말고 앉아 있는 것은, 쿠션 때문이 아니라 의자에 남아 있는 주인의 체취 때문이다. 스컹크와 오소리는 항문을 끌고 다니며 바닥에 표시를 한다. 제인 구달은『천진한 도살자들』이라는 책에서, 암수 들개는 똑같은 풀잎에 서로의 냄새를 묻혀놓는다고 썼다. 다른 들개에게 자신들이 커플임을 알려주기 위해서다. 내 친구가 독일 셰퍼드 재키를 데리고 산책을 나가면 재키는 길모퉁이, 바위, 나무 냄새를 맡아보고, 어떤 개가 거기에 왔었는지, 그곳을 지나간 개의 나이와 성별, 기분, 건강 상태 그리고 지나간 시간 등을 금방 알아낸다. 재키에게는 조간신문에서 개들의 동정을 읽는 것과 같다. 길은 그 눈에 보이지 않는 흔적을 개 주인이 아니라 개의 코에 드러내 보여준다. 개는 풀밭에 펼쳐져 있는 냄새의 조각 이불에 제 냄새를 보탤 것이고, 그다음에 온 개는 이웃집 개가 남긴 냄새의 상형문자를 판독할 것이다. 재키, 오후 5시. 젊은 암컷. 방광 질환으로 호르몬 치료를 받고 있음. 영양 상태 좋음. 기분 좋음. 친구를 찾고 있음.

오래 보존되어야 할 메시지들도 있다. 그런 메시지들은 지속적인 신호이자, 불확실성을 막아내는 방파제로 동물들을 인도하는 등대 구실을 한다. 대부분의 냄새는 한참 동안 지속되는 반면, 윙크는 보기도 전에 사라질 수 있고, 수축된 근육은 너무나 많은 것을 의미하며, 목소리는 놀래키거나 위협을 줄 수 있다. 동물들에게 사냥꾼의 냄새는 경고가 된다. 사냥꾼에게 동물의 냄새는 유혹적이다. 일종의 자기방어로 냄새를 흘려보내는 동물도 있다. 얼룩 스컹크는 앞다리로 서서 지독한 악취를 공격적으로 쏘아 보낸다. 곤충에게 냄새는 온갖 형태의 의사소통 수단이 된다. 둥지를 틀거나 알 낳는 자리를 가르쳐주는 안내서에서 어서 모이라는 외침, 왕족임을 나타내는 나팔 소리, 적이 숨어 있다는 경고, 고향의 지도까지. 우림에서는 정찰 개미가 뿌려놓은 냄새를 따라 일렬종대로 행진하는 긴 개미 행렬을 볼 수 있다. 개미들이 맹목적으로 부지런을 떨며 사방을 헤매고 다니는 것처럼 보이지만, 사실은 항상 서로 연락을 취하고 있고, 의미 있는 생활 정보를 늘 주고받는다. 왕나비과 수컷 나비는 이 꽃에서 저 꽃으로 날아다니며 양쪽 뒷다리에 붙어 있는 주머니에 향기를 모아 완벽한 향수를 만든 다음 암컷 나비를 유혹한다.✣ 새들은 노래로 세상에 자신의 존재를 알리고, 자신의 영역을 표시하며, 짝을 유인하고, 자신의 상태를 자랑한다. 궁극적으로 새의 노래는 주로 생식 및 짝짓기와 연관된

✣ 나비는 이성을 유인하기 위해 향기를 발산하곤 하는데 장미나 들장미, 향수초를 비롯한 여러 가지 꽃향기를 풍긴다.

것이다. 포유동물은 냄새를 이용하는 것을 좋아하는데, 새들의 노래처럼 복잡하고 독특하며 대기 중으로 퍼져 나가는 냄새의 노래를 퍼뜨린다. 캥거루와 개를 비롯한 많은 포유동물의 새끼는 눈을 감은 채 태어나 냄새로 젖꼭지를 찾는다. 어미 물개는 물고기를 잡으러 바다로 나갔다가, 수많은 새끼들이 우글대는 바닷가로 돌아와 부분적으로는 냄새로 자신의 새끼를 알아본다. 어미 박쥐는 수백만의 어미와 새끼 박쥐들이 있는 육아 동굴 속으로 들어가서 자신의 새끼를 부르거나 새끼가 있는 곳까지 냄새를 맡고 찾아간다. 뉴멕시코의 어느 목장에서, 다른 송아지의 가죽을 등에 덮고 어미 곁에 기분 좋게 붙어 있는 송아지를 많이 보았다. 암소는 새끼를 냄새로 알아보고 그 냄새는 어미 소의 모성 본능을 자극하기 때문에, 사산된 송아지가 있으면 목장 주인은 죽은 송아지의 가죽을 벗겨 그 냄새가 밴 가죽을 어미 없는 송아지에게 둘러주곤 한다.

동물들은 페로몬이 없으면 자신의 영역에 표시를 하거나 생식 능력이 있는 짝을 고를 수 없어 오래 살지 못할 것이다. 그런데 인간에게도 페로몬이 있을까? 인간의 페로몬을 병에 담을 수 있을까? 맨해튼의 멋쟁이 여성들은 28그램에 300달러인 향수 '페로몬'을 뿌린다. 너무 비싼지도 모르겠지만, 그러나 최음제에 얼마의 가격을 매기겠는가? 동물들이 발산하는 성적 유인물질의 성분을 참고해서 만든 이 향수는 여성이 도발적인 냄새를 풍기도록 해주고 건장한 남자들을 욕망의 노예, 사랑의 좀비로 바꿔놓는다고 한다. 이상한 것은 이 향수를 제조한 쪽에서 그 속에 든 페로몬이 어느 동물의 것인지를 명확하게 밝히지 않는다는 점이다. 아직 인간 페로몬을 밝혀내지 못했지만, 수퇘지의 페로몬은 규명해냈다. 젊은 여성들이 수퇘지의 페로몬을 뿌리고 거리를 활보하는 모습은, 아무리 맨해튼이라 해도, 이상하게 보인다. 장난스러운 생각이 떠오른다. 파크가에 한 무리의 암퇘지들을 풀어놓자. 그리고 페로몬 향수를 뿌린 여성들과 잘 섞어놓아보자. 119가 급히 출동해야 할 것이다.

아직도 인간 페로몬을 규명하지 못했다면, 동물처럼 우리의 분비물을 이용해볼 수도 있다. 다양한 시기에 나오는 분비물을 병에 담는 것이다. 그러나 후각 심리학자 에이버리 길버트는 조금 다른 생각을 가지고 있다. 그것은 병 속에 든 심리에 가까운 것이다. 그는 계간《젠틀맨스 쿼털리》에 다음과 같이 썼다. "성교를 하는 동안 여성의 생식선에서 분비되는 물질을 병에 담아 남자의 책상 위에 놓아두자. 그 냄새의 정체를 알아차리면 그는 당황할 것이다. 그것은 때와 장소에 맞지 않는 것이기 때문이다. 남성 소비자들은 여성을 흥분시키는 화학적 성분이 있다는 주장을 믿고 있지만 그것은 너무 단순한 생각이다. 나는 여성을 흥분시키는 것이 어떤 화학물질이라고는 생각지 않는다. 그러므로 남자들이 어떤 특별한 냄새를 발산하는지는 중요하지 않을 수도 있다. 중요한 것은 준비되어 있다는 신호고, 자신감의 자각이다. 이런 표현은 은근히 전달되고 사람의 마음을 움직인다. 사람들이 향수를 뿌리는 것은 기본적으로 그 때문일 것이다."

길버트의 동료 학자인 조지 프레티는 여성 열 명에게 정기적으로 다른 여성들의 땀을 코밑에 바르는 실험을 했다. 세 달 후에는 그 땀을 흘린 여성들과 그것을 바른 여성들의 생리 시기가 일치했다. 땀 대신 알코올을 바른 대조군에서는 생리 주기의 변화가 일어나지 않았다. 땀 속에 든 페로몬이 생리 주기를 일치시킨다는 것은 확실하다. 기숙사에 함께 있는 학생들이나 가까운 친구들끼리는 똑같은 시기에 생리를 하는 일이 많은데, 이러한 현상을 매클린토크 효과라고 한다(최초의 발견자인 심리학자 마사 매클린토크의 이름을 따서). 또 다른 효과도 있다. 남자가 한 여자와 일정한 기간 동안 계속해서 관계를 가지면, 남자의 수염이 전에 비해 더 빨리 자라난다. 남자에게서 격리돼 있는 여자들(예를 들면 기숙학교에 다니는)은, 그렇지 않은 여자들에 비해 사춘기가 늦게 시작된다. 엄마들은 자신의 아기 냄새를 구분하는데, 그것은 아기도 마찬가지다. 그래서 어떤 의사들은 아이들을 수술할 때 마취제와 함께 엄마 냄새를 투여하는 실험을 하고 있다. 아기들은 엄마가 방에 들어오는 것을 보지 못해도 냄새로는 알 수 있다. 『피터 팬』에서 아이들은 잠자는 동안 위험을 냄새 맡는다. 학령기 아이를 둔 엄마들은 자식이 입었던 티셔츠를 냄새로 알아낼 수 있다. 하지만 아버지들은 그렇게 하지 못하며, 자기 아기 냄새도 분간하지 못한다. 그런 남자들도 옷 냄새를 맡고 그것이 여자 옷인지 남자 옷인지는 알아낼 수 있다. 페로몬은 사람들에게 영향을 준다. 그러나 얼마만큼? 페로몬은 나방이나 해리의 경우처럼 우리에게서 격렬한 반응을 이끌어내는가? 아니면 페로몬은 감각 지각의 홍수속에서, 보통의 시각적 혹은 청각적 자극보다 더 의미 있는 역할은 하지 못하는가? 내가 아름다운 푸른 눈을 가진 잘생긴 남자를 보고 마음이 움직였을 때, 그것은 한 연구자가 조롱조로 이름 붙인 '비주얼몬'이 내게 있기 때문인가, 아니면 그저 푸른 눈이 시대와 문화, 나의 개인적 삶의 맥락에서 매력적인 것으로 등록되었기 때문인가? 푸른 눈, 밝은 푸른색은 백인 아기를 연상시키고, 나는 포근함을 느낀다. 그러나 아프리카 문화에서는 잔인하고, 차갑고, 매력 없는 것이다.

과학소설에는, 알 수 없는 힘에 지배당하는 기계와 같은 인간이 등장하여 독자를 두렵게 하곤 한다. 페로몬이 우리에게서 선택하고 결정하는 힘을 박탈한다면? 생각만으로도 끔찍하다. 섹스나 파티를 할 때, 혹은 종교적 신비주의에 빠져 있거나 마약을 할 때처럼 스스로 의도한 상황을 제외하고는 통제력을 상실하기를 원하지 않는다. 앞에 열거한 상황에서도 우리는 통제력을 상실했다기보다는, 자신을 미친 듯이 통제하고 있다고 생각하거나, 아니면 그러한 통제력이 금방 돌아올 거라고 생각한다. 진화는 복잡하고 때로는 재미있기도 해서, 그런 변덕이나 불가피한 속성 가운데 나를 두렵게 하는 것은 별로 없다. 물론 인간의 폭력성은 두려운 것이지만, 페로몬을 통해 미묘하지만 정교하게 의사소통을 할 수 있다는 사실은 그렇지 않다. 자유 의지가 완전히 자유로운 것은 아닐지라도, 자신의 의지가 상당히 발휘되는 것임에는 틀림없다. 인간은 임기응변에 능하고, 거의 모든 주제에 대해서 어떻게 수정할 것인지를 안다. 우리에게 진짜 뛰어난 점이 하나 있다면, 그것은 한계를 돌파하고, 전략을 세우고, 힘겨운 현실을 우회하는 길을 찾고, 인생의 목덜미를 잡고 실컷 흔들 수 있다는 것이다. 삶은 호시탐탐 반격할 기회를 노리지만, 우리를 멈추게 하지는 못한다.

코

◆

인간이 바다에서 엉금엉금 기어 나와 육지로, 육지의 나무로 올라갔을 때, 후각은 그 중요성을 약간 상실했다. 나중에, 직립 보행을 하게 되어 주위를 살피고, 높은 곳에 오르기 시작했을 때, 인간은 세계가 텍사스의 수레국화 들판처럼 눈앞에 펼쳐져 있는 것을 보았다! 인간은 사방으로 몇십 킬로미터를 내다볼 수 있었다. 적이 눈에 보였고, 먹이가 눈에 보였고, 짝이 눈에 보였고, 길이 눈에 보였다. 먼 곳에서 사자가 풀밭 속을 어슬렁 거리는 모습은 어떤 냄새보다 더 쓸모 있는 신호였다. 시각과 청각은 생존하는 데 더욱 중요해졌다. 원숭이의 후각은 개만큼 발달하지 않았다. 새는 대부분 코가 그다지 정교하지 않지만 예외도 있다. 신세계독수리는 냄새로 썩은 고기가 있는 곳을 알아내고, 바닷새들은 냄새를 따라 바다 위를 난다. 그러나 가 장 날카로운 후각을 가진 것은 대개 네발 달린 동물인데, 이들 은 축축하게 젖어 무거운 냄새 분자가 깔려 있는 지면 가까이 에 머리를 늘어뜨리고 다닌다. 뱀과 곤충, 코끼리(몸통이 낮다) 도 후각이 발달한 편에 속한다. 돼지는 15센티미터 땅 밑에 있 는 송로버섯 냄새를 맡고 다람쥐는 몇 달 전에 파묻어놓은 도 토리도 찾아낸다. 블러드하운드는 몇 시간 전에 방을 나간 사람이 남겨놓은 냄새를 맡을 수 있다. 또한 변화가 심한 지형에서, 폭풍이 치는 밤에도, 그 사람이 걸어가며 땅에 남겨놓은 극히 적은 냄새 분자를 추적할 수 있다. 물고기에게도 후각 능력은 필요하다. 연어는 제가 태어난 먼 곳의 산란지를 냄새로 알아내 그곳까지 헤엄쳐 가서 알을 낳는다. 수컷 나비는 몇 킬로미터 떨어진 곳에 있는 암컷 나비의 냄새를 맡을 수 있다. 안타깝게도, 키가 크고 직립보행을 하는 인간의 냄새 감각은 시간이 흐를수록 약화되었다. 인간에게는 500만 개의 후각세포가 있다고 하는데, 그것은 적은 숫자가 아닌 듯하다. 그러나 220만 개의 후각세포를 지닌 양치기 개는 인간보다 44배나 뛰어난 후각 능력을 가지고 있다. 양치기 개가 냄새 맡는 것은 무엇일까? 우리는 무엇을 놓치고 있는가? 우리가 몽유병자처럼 그냥 지나쳐왔을 입체적 냄새의 세계를 상상해보자. 그래도 후각 기관의 크기에 비해서는 아주 정교한 후각을 가지고 있다. 우리의 코는 돌출해 있기 때문에, 냄새가 코 안에서 상당히 먼 거리를 이동해야 그 냄새를 지각하게 된다. 우리가 코에 주름을 잡거나 코를 킁킁거리는 것은 그 때문이다. 냄새 분자를 코의 맨 안쪽에 숨어 있는 후각수용기로 데려가기 위해서다.

재채기

◆

시원하게 재채기를 하는 즐거움만큼 건강한 것도 별로 없다. 몸은 온통 극도의 희열 속에서 물결친다. 그러나 입을 벌리고 재채기를 하는 동물은 인간뿐이다. 개, 고양이, 말을 비롯한 대부분의 동물들은 코로 재채기를 하는데, 이때 공기가 목에서 약간 굴곡한다. 인간은 재채기가 나올 것 같은 간지러움 속에서 숨을 헐떡이며 몸을 떤다. 그러고는 숨을 크게 들이쉬고 늑골과 위장을 잔뜩 수축시킨 다음, 코로 힘껏 공기를 쏘아 보낸다. 공기는 코에 잠깐 갇혔다가 큰 소리를 내며 터져 나오고, 가끔씩은 코와 입을 통해 한꺼번에 지저분한 비말이 튀어나오기도 한다. 만약 재채기를 할 때 폐가 부드럽게 공기를 내보낸다면 그렇지 않을 것이다. 그러나 로체스터대학의 연구자들은 재채기가 음속의 85퍼센트로 공기를 분출한다는 사실을 발견했다. 그 정도는 되어야 몸속의 세균과 이물질을 배출해낼 수 있고, 바로 이것이 재채기의 목적이다. 인간의 코는 비강 뒷부분에서 ㄱ자 모양으로 구부러져 있어서 숨쉬는 과정을 힘들게 만들고, 냄새 분자를 들이마시는 것을 어렵게 한다. 재채기할 때 공기가 직진할 수 있는 길이 없으므로 입을 벌려야 하는 것이다. 입을 다물고 재채기를 하면 공기는 밖으로 나가는 길을 찾

후각

아 비강을 비롯한 머릿속의 여러 강腔과 내이도內耳道 등을 떠돌다가 귀에 손상을 줄 수 있다. 코가 왜 그렇게 형편없이 설계되었는가에 관해서는 여러 가지 이론이 있다. 최근의 분석에 따르면, 진화 과정에서 뇌는 커지고 두개골 속의 공간이 축소되었기 때문이고, 입체적 시각을 보장하기 위해서였다고 한다. 베디체크는 코의 구조가 인간이 '도시'라는 비좁은 지역에서 바글거리며 살기 전까지는 괜찮았다고 생각한다. "도시에서 코는 원래 의도하지 않았던 기능, 즉 현대 도시라는 거대한 화학 실험실에서 나온 참을 수 없는 냄새와 분진에 노출되는 동시에 먼지와 검댕을 걸러내는 일을 하게 되었다." 17세기의 시인 에이브러햄 카울리는 핵심을 찌르는 수사학적 질문을 던졌다.

이성과 후각을 갖추고 있는 사람이라면 누가,
장미와 재스민 속에서 머무르지 않고,
먼지와 연기를 들이마시며
정신 전체를 질식시키려고 하겠는가?

간지럼만 태우면 된다. 아니면 햇빛만 쬐도. 나처럼, 밝은 빛만 쬐도 재채기를 하는 기이한 유전자를 물려받은 이들도 있다. 나는 애취(ACHOO, autosomol dominant compelling helioophthal-

mic outburst. 상염색체우성 광유발성 재채기증)라는 너무나 귀여운
이름이 붙은 이 증상을 두려워한다. 재채기가 나올 것 같은 기
분이 들면, 해를 바라보며 폭발이 일어나기를 기다릴 뿐이다.

냄새로 위장하기

◆

4월인데도 몇 주 동안 눈이 내렸다고 이타카의 이웃들이 말해
주었다. 나는 해양성 기후인 맨해튼에 가 있었다. 지금 나는 자
그마한, 말 없는 사슴 발자국을 따라가고 있다. 그것은 현관에
서 커다란 창문으로, 서리가 반짝거리는 얼어붙은 물웅덩이 위
를 지나 눈밭을 헤치고 사과나무 두 그루와 얼음이 버석거리는
열매에 이르기까지 찍혀 있다. 사슴들은 얼음 위를 걷는 법과
세계의 표면 아래 숨겨져 있는 향기로운 경이로움을 뜯어 먹는
법, 심지어 총탄과 얼음의 계절에 오가는 법까지 배운 것이다.
사슴들은 유리창 안을 들여다보며, 내가 쉬던 곳에서 나를 찾
고 있었을까? 만약 그렇다면, 늦은 봄, 웅덩이의 얼음이 사슴의
발굽 아래에서 꺼져들면서 녀석을 삼켜버린다면 그리고 물속
의 비명 소리를 내가 듣지 못한다면 어떻게 하나? 내가 눈처럼
너무 멀리 날려 가서 여기 없다면? 나는 도시의 방언에 미쳐,

용기를 내어 마당으로 살그머니 숨어드는 연약한 꿈을 가진 사슴을 잊고 있었다. 나는 사슴의 고요하고 여윈 눈을 쫓기 위해, 혹은 녀석이 비틀거리는 발굽으로 쓰는 시를 읽기 위해 여기 온 것은 아니었다.

사슴들이 마당에서 풀을 뜯는 모습을 자주 볼 수 있다. 좀 더 가까이에서 보기 위해 살그머니 밖으로 나가면, 녀석들은 강렬한 사람 냄새를 맡고, 울타리를 향해 주춤주춤 걸어가다 녹색 혼돈 속으로 재빨리 달아나버린다. 이번 여름에는 침엽수나 버섯으로 위장해볼 생각이다.《필드앤드스트림》최근호에서 그 방법을 알려주었다. 사슴이나 토끼를 속이기 위해서는 타닌이 많지 않은 나무(예를 들면 황자작나무, 소나무, 버섯, 솔송나무, 노루발풀 등 방향성 침엽수)를 꺾어서 1, 2주간 말린다. 그런 다음 잘게 잘라 주전자에 반쯤 채우고 보드카를 붓는다. 다시 액체를 걸러내어 분무기에 담는다. 몸에 잔뜩 분무하여 사람 냄새를 가린다. 그리고 자신이 버섯이라고 생각한다.

장미

◆

나는 '천사의 얼굴'이라는 연한 자줏빛 장미를 들고 있는데, 우리 집에 심은 스물다섯 가지 장미 가운데 하나다. 처음 몇 년간은, 우리 집 마당에 자주 드나들던 사슴이 새벽녘에 몰래 들어와 꽃봉오리와 물기 많은 새싹을 모두 먹어치우곤 했다. 한번은 장미나무를 밑동까지 잘라 먹고, 막 돋기 시작한 사슴뿔 같은 작은 돌기만을 남겨놓기도 했다. 나는 침탈자들에게 익숙해졌다. 포도를 심은 첫해 여름에, 두 그루의 포도나무에서 꽃이 피어나 달콤한 즙이 넘치는 향긋한 과일로 변해가는 모습을 볼 수 있었다. 그리고 포도알을 혀에 올려놓으면 얼마나 상큼하고, 달콤하고, 기분 좋을지 상상하며 완전히 익을 때를 기다리며 지켜보았다. 어느 날 포도의 자줏빛 광택은 터질 듯 건강한 무지갯빛으로 변했고, 다음 날 아침이면 따도 좋으리라는 것을 알 수 있었다. 그러나 알고 있는 것은 나뿐이 아니었다. 아침에 일어나보니 누가 포도알을 죄다 빼먹고, 작은 자줏빛 껍질만 바닥에 늘어놓았다. 너구리의 짓이었다. 매년 가을마다 새장, 위낭, 철조망, 기타 '장애물'을 아무리 잘 설치해놓아도 똑같은 일이 벌어졌다. 그리고 솔직히 포도와 너구리는 포기했다. 장미 문제는 해결하기가 쉽지 않았다.

나는 사슴을 장미만큼이나 사랑했으므로 냄새를 무기로 사용하기로 결정했다. 어차피 식물들도 그렇게 하지 않는가 말이다. 나는 장미 넝쿨 주변에 담배와 나프타 냄새를 분무했다. 효

후각

과는 있었지만 덕분에 코를 찌르는 지저분한 냄새가 났다. 껌을 질겅질겅 씹어대는 겨울철 캠프에 참가한 야구 선수 냄새를 좋아할 리가 없다. 그래서 올해는 라벤더를 이용할 계획을 세웠다. 사슴은 라벤더의 강렬하고 자극적인 냄새를 싫어한다. 장미와 원추리 근처에 심으려고 라벤더를 잔뜩 사면서 그것이 사슴으로부터 장미를 지켜주는 냄새의 울타리가 되기를 바랐다. 그래도 나는 여전히 사슴에게 수확물을 나누어줄 것이다. 맛있는 나무딸기와 사과나무 두 그루를 사슴에게 넘겨주었다. 포도는 너구리 것이고, 야생 딸기는 토끼 몫이다. 그러나 천상의 향기로 나의 감각을 적시는 장미는 신성불가침이다. 세계에서 제일 비싼, 고전적인 명품의 반열에 드는 향수는 '조이'다. 이것은 두 가지 꽃향기, 재스민과 여러 종류의 장미를 혼합한 향수다.

　장미는 다른 어떤 꽃보다 사람을 감질나게 만들고, 유혹하고, 중독시킨다. 장미는 예부터 집을 가진 사람, 연인들, 꽃 중독자, 뛰어난 감각의 소유자들을 사로잡았다. 다마스쿠스와 페르시아 사람들은 피지 않은 장미꽃 봉오리를 단지에 넣어 정원에 묻어두곤 했다. 그리고 특별한 행사가 있으면 파내어 요리에 썼는데, 꽃은 접시 위에서 극적으로 피어나곤 했다. 장 콕토가 만든 영화 〈미녀와 야수〉에서, 모든 재난과 마술은 한 남자가 딸의 간절한 소원을 들어주기 위해 장미 한 송이를 꺾으면서부터 시작된다. 옛날에 유럽인들은 화려하고 추위에 강한 잡종 장미를 재배했는데 그 향기는 석상도 취하게 할 정도였다. 그러나 1800년대에, 사람들은 중국의 우아한 월계화tea rose를 들여오기 시작했다. 월계화를 꺾으면 신선한 찻잎 냄새가 났고, 추위에는 약했지만 밝은 노랑에서 빨강까지 사계절 꽃을 피워냈다. 월계화와 유럽의 장미를 경주마처럼 신중하게 교배하여 섬세하고 정교한 장미 종자를 만들어냈는데, 그 색채와 모양, 향기가 무한했다. 사람들은 그것을 '잡종 티로즈'라고 불렀다. 그 후, 2만 5천 가지 이상의 변종이 태어났고, 한때는 지나친 교배로 장미의 향기가 거의 사라진 적도 있었다. 장미에게 향기는 열성 인자인 듯하다. 그래서 향기가 진한 부모 세대가 꽃잎은 완벽해도 냄새 없는 자손을 만들어낼 수 있다. 다행스럽게도 지금은 향기 있는 장미가 대세를 이루고 있다. 세계에 가장 널리 보급된 잡종 티로즈는 '평화'다. 현란하고 다채로운 연한 색을 지닌 장미로, 빛의 변화에 따라 정오에 활짝 피었다가 해질 녘에는 오므라든다. 달걀 모양 꽃봉오리는 연노랑 물결로 활짝 피어나고 투명한 끝부분은 분홍색으로 물들어 있다. 이 꽃은 꿀을 바른 달짝지근한 가죽 냄새를 풍긴다. 내가 심은 장미 가운데, '평화'가 하루의 빛과 습도에 따라 인간과 마찬가지로 얼굴빛과 기분을 달리하는 듯하다. 1945년 5월 2일(베를린이 함락된 날), 패서디나의 태평양장미모임에서 시험적으로 만들어낸 "우리 시대의 가장 위대한 신품종"의 이름은 "세계의 가장 큰 염원에 따라" 평화라고 지어졌다. 대통령의 이름을 딴 장미도 많았고(링컨은 피처럼 붉은빛, 케네디는 순수한 흰빛의 장미), 유명한 영화배우나 명사의 이름을 재치 있게 딴 것들도 있다(꽃송이가 기절할 만큼 큰 돌리 파튼[유달리 큰 가슴이 트레이드마크이던 배우―옮긴이]은 요염하고 자극적이다). 장미가 아름다움과 사랑을 상징하기는 하지만, 그 색깔과 감촉, 모양, 냄새는 뭐라 설명하기 힘들다. '서터스 골드'는 노란색의 꽃잎에 살구와 수령초의 분홍빛이 살짝 물든 납작한 꽃을 피워내고, 촉촉하고 달콤한 깃털 같은 향기를 풍긴다. 신품종 플로리번다는 여름 내내 꽃을 피운다. '요정'은 향은 별로 없지만, 봄부터 겨울철 눈이 약간 날릴 때까지 고운 분홍색 꽃을 쉴 새 없이 피워낸다. 기원전 270년에 "100장의 꽃잎을 지닌 장미"에 대해 글을 쓴 그리스 식물학자 테오프라스토스는 그때 이미 장미를 오래된 식물로 규정했다. 4천만 년 전의 들장미 화석도 있다. 이집트의 장미는 우리가 양배추장미라고 부르는 것으로 꽃잎이 많기로 유명하다. 클레오파트라가 안토니우스를 만났던 침실 바닥에는 장미 꽃잎이 40~50센티미터쯤 깔려 있었다. 둘은 침실 바닥에서, 폭신하고 향기로운 꽃잎의 늪에서 사랑을 나누었을까? 아니면 향기로운 대양에 떠 있는 뗏목 같은 침대를 이용했을까?

클레오파트라는 자신의 손님에 대해 잘 알고 있었다. 고대 로마인치고 장미에 빠지지 않은 사람은 드물었다. 공식적인 의식과 연회석상에는 장미가 넘쳐났다. 황제의 분수에서는 장미수가 샘솟고 공중목욕탕에도 장미수가 흘렀다. 원형 경기장에서, 차양 아래 앉은 사람들은 장미 향수를 흠뻑 뿌리고 있었다. 장미 꽃잎은 베갯속으로 사용되었고, 사람들은 머리에 장미 화관을 쓰고 장미 푸딩을 먹었다. 약, 사랑의 미약, 최음제에는 빠짐없이 장미가 들어 있었다. 로마의 공식적인 축제인 바커스제에는 언제나 장미가 넘쳐났다. 로마인들은 장미에 대한 열정을 공식화하기 위해 로사리아라는 축일을 만들어냈다. 네로는 모든 접시 아래 은제 파이프를 놓아두어 손님들이 식사 중에 향기에 젖을 수 있도록 한 적도 있었다. 로마인들은 천장에 천국의 하늘을 그려 넣었는데, 사람들은 그 하늘이 활짝 열려 꽃과 향수를 비처럼 내려줄 거라 믿었다. 네로는 장미에 요즘 돈으로 16만 달러나 쓴 적도 있는데, 비처럼 내리는 장미 꽃잎에 질식해 죽은 손님도 있었다.

이슬람 문화에서는 장미를 보다 정신적인 상징으로 보았다. 13세기 신비주의자 유누스 엠레에 따르면 사람들은 장미 냄새를 맡을 때마다 "알라, 알라!"라고 속삭였다고 한다. 향수를 찬양했던 마호메트는 꽃 중에서 제비꽃 추출물이 가장 훌륭한 것은 자신이 사람들 가운데 가장 뛰어난 것과 같다고 말하기도 했다. 그럼에도 불구하고, 그의 사원을 짓는 데 쓰인 모르타르에 들어간 것은 장미수였다. 장미는 특이하게 물과 잘 섞여서 훌륭한 아이스크림이나 빵 반죽을 만들어낸다. 그래서 장미는 향수로 쓰였을 뿐 아니라 이슬람 요리에서 섬세한 요리 재료가 되었다. 이슬람 가정에서는 지금도 손님이 오면 제일 먼저 장미수를 뿌려 환대한다.

로사리오(묵주)는 원래 마른 장미 꽃잎(그중 일부는 보존제로 사용된 램프 그을음으로 검게 변해 있다) 165장을 잘 말아서 만든다. 장미는 성모 마리아의 상징이었다. 유럽으로 귀환한 십자군은 이교도의 이국적 향락에 익숙해져 있었다. 그들은 장미유와 백단나무와 향료알을 비롯한 풍부한 향료와 향수뿐 아니라, 관능적이고 나른한, 남자의 쾌락에 봉사하는 하렘 여인들의 추억을 함께 가지고 돌아왔다. 기사들이 들여온 향유는 곧바로 유행을 탔다. 그것은 동방의 부정한 쾌락을 암시했고, 금지되어 있었던 까닭에 그 유혹은 더욱 컸다. 장미만큼이나 자극적인 쾌감.

추락한 천사

◆

냄새는 추억을 불러일으키는 동시에 잠자는 감각을 일깨우고, 욕구를 채워주고, 자아상을 규정하고, 매혹의 가마솥을 휘젓고, 위험을 경고하며, 유혹에 무릎 꿇게 하고, 종교적인 열정을 부채질하고, 이곳을 천국으로 변화시키고, 스타일을 만들어주며, 쾌락에 젖게 해준다. 그러나 세월이 흐르면서 냄새는 가장 필요가 적은 감각, 즉 헬렌 켈러가 극적으로 표현한 대로 "추락한 천사"가 되었다. 일부 연구자들은 인간이 냄새를 통해 하등동물이 지각하는 것과 똑같은 정보를 지각한다고 주장한다. 사업가들은 많은 사람이 모인 곳에서 누가 중요하고, 누가 믿음직하며, 누가 성적으로 개방적이고, 누가 갈등에 빠져 있는지에 대한 정보를 전부 냄새를 통해 얻어낸다. 그러한 정보에 대해 즉각적으로 반응하지 않는다는 점이 하등동물과의 차이다. 우리는 냄새를 지각하지만, 대부분의 동물들처럼 정해진 방식으로 자동적인 반응을 일으키지는 않는 것이다.

　어느 날 아침, 나는 필라델피아행 기차를 타고 드렉셀대학 근처에 있는 모넬냄새연구소에 갔다. 거기서는 수백 명의 연구원들이 화학, 심리학, 치료 성분, 냄새의 특징에 대해 연구하고 있다. 많은 사람들이 관심을 가지는 페로몬 연구는 대부분 모넬이나 그와 비슷한 연구소에서 이루어져왔다. 연구소의 어느 실험실에서는, 아르바이트 주부들을 모아놓고 누군가의 겨드랑이 냄새를 맡게 하고 있었다. 여성청결제 제조업자들이 후원하는 또 다른 실험에서는 한층 더 기이한 광경이 벌어지고 있었다. 모넬연구소의 관심 분야는 인간이 어떻게 냄새를 지각하는가, 후각을 잃어버리면 어떻게 되는가, 나이 들면서 냄새 감각은 어떻게 변화하는가 등의 주제에서부터, 냄새를 통해 해충을 박멸하는 독창적인 방법, 체취를 이용해서 질병을 진단하는 방법(예를 들면 정신분열증 환자들의 땀 냄새는 정상인과 다르다), 체취가 사회적 성적 행동에 미치는 영향 등에 이르기까지 광범위하다. 모넬의 연구원들은 재미있는 냄새 실험을 통해 쥐는 오직 냄새로만 배우자 후보들 간의 유전적 차이를 분별해낼 수 있다는 사실을 발견했다. 쥐는 다른 쥐들의 면역체계를 자세하게 읽어낸다. 강한 후손을 만들려면 자신과 다른 장점을 가지고 있는 이성과 교미하는 것이 최선이다. 그래야 침입자나 박테리아, 바이러스 등을 막아낼 수 있는 전능한 면역체계를 만들어낼 수 있는 것이다. 자연은 잡종 속에서 번창한다. 생명의 구호는 '잘 섞어라'다. 모넬의 과학자들은 1개의 유전자만 다른 특수한 쥐를 키워 이들 쥐의 짝짓기 성향을 관찰했는데, 모두 가장 강한 후손을 만들어낼 수 있는 면역체계를 가진 쥐와 짝짓기를 했다. 게다가 쥐들은 자신의 냄새에 대한 지각을 통해서가 아니라, 자신의 부모 냄새에 대한 기억에 근거해서 배우자를 선택했다. 물론 이런 행동은 전혀 논리에 바탕을 둔 게 아니었고, 숭고한 명령을 의식하지 못한 채 자신의 욕구에 따라 짝짓기를 한 것에 불과했다.

인간도 무의식적으로 그렇게 행동하고 있을까? 우리는 영역을 표시하고, 위계질서를 정하고, 개체를 알아보고, 이성이 발정기에 있는지를 알기 위해 냄새를 이용하지 않는다. 그렇지만 향수에 대한 집착과 향수가 우리에게 미치는 심리적 효과를 살펴보면, 냄새란 우리가 잘 씻겨주고 먹여주면서 놓아 보내지 못하는 진화의 늙은 군마라는 사실이 분명해진다. 냄새는 생존에 필수적이지는 않지만, 우리는 모든 논리를 넘어서 부분적으로는 우리가 자연의 떼려야 뗄 수 없는 일부였던 시절에 대한 향수 때문에 그것을 그리워하는지도 모른다. 진화는 인간의 후각을 약화시켜왔지만, 화학자들은 그것을 복원시키기 위해 노력해왔다. 인간이 냄새에 몸을 담고, 냄새에 탐닉하는 것이 우연은 아닌 것이다. 우리는 자신의 몸과 집뿐만 아니라 자동차에서 화장실 휴지에 이르는 생필품에도 향기를 첨가한다. 중고차 판매업자들은 고객들이 오래된 '똥차'에도 좋은 느낌을 갖도록 '새 차' 스프레이를 뿌린다. 부동산업자들은 고객에게 집을 보여주기 전에 주방에 '빵 굽는 냄새' 스프레이를 뿌려두기도 한다. 상가에서는 공기 조절 장치에 '피자 냄새'를 첨가해 손님들이 식당에 온 듯한 기분을 느끼게 해준다. 옷, 타이어, 매직펜, 장난감 등에도 온통 냄새가 배어 있다. 심지어는 레코드판처럼 돌아가며 향을 방출하는 향수 디스크도 살 수 있다. 똑같은 가구 광택제 두 종류(하나에만 상쾌한 향이 첨가되어 있다)를 주면, 상쾌한 냄새가 나는 쪽이 품질이 더 낫다고 평가한다는 사실이 많은 실험에서 이미 증명되었다. 냄새는 사물과 사람에 대한 평가에 크게 영향을 미친다. 이른바 냄새 없는 상품에도 원료의 화학적 냄새를 가리기 위해 가벼운 사향을 첨가한다. 사실 향수 산업의 20퍼센트만이 바르는 향수가 차지하고, 나머지 80퍼센트는 생활용품에 첨가하는 향기가 차지한다. 향수 생산업체는 나라마다 선호하는 향기가 다르다는 것을 파악하고 있다. 독일인은 소나무 냄새, 프랑스인은 꽃향기, 일본인은 극히 섬세한 향기, 미국인은 시원한 냄새, 남미 사람들은 강한 냄새를 좋아한다. 베네수엘라의 바닥 청결제에는 미국에 비해 10배나 강한 소나무 향기가 첨가된다. 거의 모든 나라에 공통적인 것은 상쾌한 냄새, 특히 소나무 숲이나 레몬 과수원 냄새를 실내에 도배하여 향기 속에서 쉬려는 욕구다.

그래머시 공원 근처에 있는 3번가의 작은 상점에서는, 뉴욕 전역의 비슷한 다른 상점과 마찬가지로, 감각을 즐겁게 하는 온갖 종류의 물건을 팔고 있다. 그곳에는 풀과 꽃이 다양한 색채로 세밀하게 그려진 포트 마이런 도자기가 전시되어 있다. 모두 수제품인 문방구와 포장지에는 나뭇결과 작은 옹이 자국이 선명하게 눈에 띈다. 결이 거칠고, 색색의 얼룩이 표면에 흩어져 있는 제품도 있다. 냄새를 따라가본다. 작은 목욕 오일에는 '봄비' 냄새나 '낸터컷 섬' 냄새가 난다고 씌어 있다. 봄비는 어떤 냄새를 풍길까? 그것은 흔한 냄새다. 그러나 아무리 감각이 예민하다 해도 봄비, 여름비, 가을비의 차이를 알 수 있을까? 상상력을 발휘해서 마음속에 먼저 봄비를 그려보고 그 달콤한 광물성 냄새를 들이마시면, 열 살 때 버크셔에서 본 '영국병정이끼'라는 붉은 모자를 쓴 지의류地衣類가 생각날지도 모른다. 아니면 황갈색 텐트 위에 내리는 비 냄새를 떠올려보거나, 수천 개의 손가락으로 텐트를 두드려대는 듯한 빗소리를 들어보자. 그래머시 공원은 긴 세월 속의 작은 소용돌이처럼 보일 뿐이다. 상점의 선반 하나는 향기를 첨가한 생필품으로 가득차 있다. "이 알루미늄 전등갓으로 당신의 생활 공간에 향기를 더하세요." 어느 상자에는 "환경에 향기를"이라고 씌어 있다. 공기를 향기로 물들이고, 콧속에 향내를 더하고, 이 방 저 방을 돌아다니면서 달콤함에 젖고, 춤으로 향기를 일으키자.

후각

우리는 자연의 냄새를 바르고, 부적처럼 몸에 지니며, 그 광포함과 자성磁性 혹은 풍미를 소유하고 있다고 상상해야 대자연 속에서 살 수 있는 것처럼 보인다. 한편 청결하고 정돈된 집에 살면서, 자연이 집 안에 침입하는 무례를 저지르면, 말하자면 집에 들쥐나 파리가 들어오거나 흰개미가 바닥을 기어다니거나, 다람쥐가 창고에 들어오거나 박쥐가 다락을 날아다니면, 사냥꾼과 같은 정열로 그것들을 쫓아버린다. 그러면서도 우리는 자연을 실내에 들여놓기 위해 끈질기게 노력한다. 벽에 손질을 하여 방 안 가득 햇빛이 넘치게 만들고, 여름이면 소나무나 레몬 냄새 혹은 꽃향기 등 완전히 불필요한 자연의 냄새로 실내를 채운다. 냄새가 생존에 필수적인 건 아니지만, 그것이 없으면 우리는 상실과 고립을 느끼는 것이다.

후각상실증

◆

1976년의 어느 비 오는 밤, 서른세 살의 수학자가 저녁 식사 후 산책을 하러 나갔다. 사람들은 그를 단순한 미식가가 아닌 천재로 생각했다. 왜냐하면 그는 음식의 맛만 보고도 놀랄 만큼 정확하게 모든 재료를 다 맞추었기 때문이다. 그러나 그는 길을 가다가 천천히 달리던 밴에 치였고, 아스팔트로 넘어지면서 머리를 부딪혔다. 퇴원한 다음 날, 그는 후각이 사라졌음을 알고 공포를 느꼈다.

미뢰味蕾는 여전히 기능했기 때문에 음식이 짜고, 쓰고, 시고, 단 것은 알 수 있었지만, 생의 모든 자극적인 향기는 잃어버렸다. 7년 뒤, 여전히 냄새를 맡지 못한 채 우울증에 빠져 있던 그는 밴 운전사를 상대로 소송을 했고 승소했다. 그의 삶이 돌이킬 수 없이 빈곤해졌을 뿐만 아니라, 후각이 없으면 생활이 위험해지기 쉽다는 점에서 그것은 당연한 결과였다. 그 7년 동안, 그는 자신이 살던 아파트에 불이 났을 때 연기 냄새를 맡지 못했고, 상한 음식의 냄새를 맡지 못해 식중독에 걸리기도 했다. 가스가 새는 것도 알지 못했다. 가장 불행한 일은 가슴 설레는 추억을 불러일으키는 향기를 상실했다는 것이리라. "난 망각의 땅에 있는 것처럼 공허함을 느낍니다." 그가 어느 기자에게 한 말이다. 그의 악몽에는 일반적으로 통용되는 이름도 없다. 청각을 상실한 사람은 '귀머거리'라고 하고, 시각을 상실한 사람은 '장님'이라고 하지만, 후각을 상실한 사람은 뭐라고 부르는가? 이름 없는 것에 의해 당하는 고통보다 더 괴로운 일은 없다. 과학자들은 그것을 후각상실증(Anosmia. 그리스어의 '없다'와 '냄새'를 합친 말)이라고 부른다. 그러나 일반적으로 알려진, 정

후각

상에 가깝다는 느낌을 주는 흔한 이름은 없다.

주디스 R. 번버그는 1988년 3월 21자《뉴스위크》에 실린 「내 차례」라는 글에서, 갑작스러운 냄새의 상실로 인한 깊은 슬픔을 토로한다. 그녀는 음식의 감촉과 온도만 구분할 수 있었다. "난 장애인이다. 냄새나 맛을 느낄 수 없는(두 가지 감각은 생리적으로 밀접하게 관련되어 있다) 미국의 200만 후각상실증 환자 가운데 한 사람. (……) 커피의 풍부한 향이나 오렌지의 달콤한 냄새를 당연히 여기다 후각을 잃자 숨 쉬는 법을 잊어버린 느낌이었다." 번버그는 냄새 감각이 사라지기 직전, 1년 동안 재채기를 했다. 원인 불명의 알레르기 때문이었다. "후각상실증은 아무런 전구증상 없이 시작되었다. (……) 지난 3년 동안, 갑자기 냄새가 느껴지기 시작하고 따라서 맛에 대한 감각도 회복되었으리라고 생각되는 짧은 순간이 몇 분 혹은 몇 시간이 있었다. 처음에 무엇을 먹었느냐고? 바나나를 한 입 깨물고 나는 울음을 터뜨렸다. 몇 번은 저녁 식사 시간에 감각이 돌아왔고, 남편과 나는 단골 식당으로 달려갔다. 두세 번은 식사하는 동안 기적과 같은 맛을 온전히 즐길 수 있었다. 그러나 대부분은 식당에 가기도 전에 미각이 사라져버렸다." 후각과 미각의 기능 장애를 치료하는 곳이 있기는 하지만(가장 유명한 곳이 모넬일 것이다), 후각상실증에 대해서는 거의 치료 방법이 없다. "CT

도 찍어봤고, 피 검사, 세균 검사, 알레르기 반응 검사, 알레르기 주사, 장기 아연 치료, 부비동 세척, 생체 조직검사, 비강 코티손 주사를 거쳐 4번의 수술을 받았다. 내 사례는 병원의 의료위원회에 제출되기도 했다. (……) 나는 모든 곳을 다 거쳤다. 알레르기와 감염에 의한 후각상실증이라는 결론이었다. 다른 원인도 있을 수 있다. 선천적인 후각상실증의 사례도 있다. 뇌진탕으로 후각신경이 끊어질 수도 있고 노화나 뇌종양 혹은 독성물질이 원인일 수도 있다. 그러나 무엇 때문이든 나 같은 사람들은 불이 났을 때, 가스가 샐 때, 음식이 상했을 때 위험에 처한다." 결국 그녀는 위험을 무릅쓰고 항염 스테로이드제인 프레드니손을 투여받았다. 후각신경 근처에 있는 부종을 줄이기 위해서였다. "둘째 날, 숨을 깊이 들이쉬었을 때 후각이 잠깐 돌아왔다. (……) 넷째 날, 점심 때 샐러드를 먹으면서 내가 모든 것을 다 맛볼 수 있다는 사실을 깨달았다. 〈오즈의 마법사〉에서처럼 세계는 흑백에서 컬러로 돌변했다. 나는 샐러드의 맛을 음미했다. 콩 한 알, 양배추 한 잎, 해바라기 씨 하나. 닷새째 되던 날 나는 흐느껴 울었다. 냄새와 맛의 경험 때문이라기보다는 미친 시간은 끝났다는 믿음 때문이었다."

다음 날 아침 식사를 하다가 그녀는 남편의 냄새를 맡았다. "나는 기쁨의 눈물을 흘리며 남편에게 달려들어 냄새를 맡기 시작했다. 멈출 수가 없었다. 편안하고 친숙한 냄새를 오랫동안 잃어버렸다가 방금 되찾은 것이었다. 둘 중 하나를 택해야한다면 냄새보다는 맛을 택할 거라고 생각했지만, 그것이 얼마나 잘못된 생각인가를 갑자기 깨달았다. 사람들, 공기, 집, 피부…… 우리는 모든 것에서 다 냄새가 난다는 사실을 의식하지못하고 그것을 당연하게 받아들이고 있다. 나는 취한 것처럼좋은 냄새와 나쁜 냄새를 모두 들이마셨다.” 슬프게도 그녀의기쁨은 겨우 몇 달밖에 가지 않았다. 프레드니손 용량을 줄이자(프레드니손은 부종을 일으키고 면역 능력을 저하시키는 등의 부작용을 일으킬 수 있다) 후각 능력은 다시 한번 쇠퇴했다. 그녀는두 번 더 수술받았고, 냄새가 사라졌을 때와 마찬가지로 신비하게 되돌아왔던 마술적 순간을 그리며, 다시 프레드니손을 투약하기로 결정했다.

많은 사람들이 그렇게 급격하게 후각을 상실하는 것은 아니다. 그리고 감각의 기능장애가 모두 감각 능력의 상실은 아니다. 장애는 이상한 형태를 취하기도 한다. 모넬연구소에서는어딜 가나 끊임없이 악취를 맡는, ‘지속적인 냄새’로 고통받는사람들을 많이 치료해왔다. 어딜 가나 입에 쓴맛이 도는 이들도 있다. 그런가 하면 왜곡되거나 변형된 후각을 가진 이들도있다. 그런 사람들에게 장미를 건네주면 그들은 쓰레기 냄새를 맡는다. 스테이크를 주면 유황 냄새를 맡는다. 인간의 후각은 나이가 들면서 점점 약화되며 정점에 달하는 것은 중년이다. 알츠하이머병 환자들은 기억과 함께 후각을 잃어버리는 일이 많다(그 둘은 밀접하게 연결되어 있다). 언젠가 냄새 반응 검사로 알츠하이머병을 진단할 날이 올지도 모른다.

조지타운대학 감각질환센터의 로버트 헨킨에 따르면, 후각에 이상이 있는 사람들의 4분의 1 정도가 성욕의 상실을 경험한다. 냄새는 성행위에서 어떤 역할을 하는 걸까? 특히 여자들에게 냄새는 큰 의미를 지닌다. 나는 눈을 가리고 있어도 잘 아는 남자의 냄새는 구분할 수 있다. 언젠가 나는 지적이고 교양있고 매력적인 남자와 데이트한 적이 있다. 그러나 그와 키스할 때, 뺨에서 희미한 옥수수 냄새를 맡고 움찔했다. 향수도 비누 냄새도 아닌 그것은 그저 약한 체취에 불과했다. 그러나 그것은 속이 뒤집힐 정도로 충격적이었다. 남자들은 파트너의 체취에 대해 그렇게 시시콜콜 반응하는 일이 드물지만 여성들에겐 그런 일이 많고, 그래서 냄새는 낭만적인 상징이 되었다. 연인이 떠나거나 남편이 죽었을 때, 고통에 빠진 여자는 옷장으로 달려가서 남자의 목욕 가운이나 셔츠를 꺼내 뺨에 대고 그에 대한 사랑으로 몸부림친다. 남자들은 이런 행동을 하는 일이 드물다. 여자들이 냄새에 더욱 예민한 것은 전혀 놀라운 일이 아니다. 여자들은 나이와 상관없이 남자들보다 냄새에 예민하다. 임신한 여성들의 후각이 더욱 예민하다는 사실이 알려지면서 과학자들은 그것이 에스트로겐의 영향이라고 추측했다. 그러나 사춘기 전의 여자 아이들도 비슷한 또래의 소년들에 비해 후각이 더 날카로울 뿐만 아니라, 임신한 여성들이 다른 여자들에 비해 후각이 더 예민하지는 않다는 사실이 밝혀졌다. 일반적으로 여자는 날카로운 후각을 가지고 있다. 아마도 냄새가 구애와 짝짓기 혹은 육아에 필수적이었을 진화 초기의 영향일 것이다. 여자들이 전통적으로 요리와 육아에 더 많은 시간을 보내며 특별한 냄새를 맡아왔기 때문인지도 모른다. 여자들이 짝짓기를 주도한 일이 많았기 때문에, 냄새는 여자들의 무기이자 매력 그리고 단서가 되어왔던 것이다.

냄새의 경이로움

◆

감각의 왜곡이나 상실을 겪는 사람들이 있는가 하면, 그와 대조적으로 날카로운 코를 가진 사람들이 있다. 그중에서 가장 유명한 사람은 헬렌 켈러일 것이다. 그녀는 이렇게 썼다. "나는 후각을 통해 다가오는 폭풍을 일찌감치 알 수 있었습니다. 먼저 폭풍을 예감하는 흥분, 작은 떨림, 콧속의 진한 기운이 느껴집니다. 폭풍이 다가옴에 따라 콧구멍은 커지고, 더 강하고 멀리 퍼지는 대지 냄새의 홍수를 받아들입니다. 그러다 마침내 뺨에 빗방울이 튀는 것을 느끼게 되지요. 폭풍우가 물러가면, 냄새는 점점 희미해지다가 마침내 저 공간 너머에서 소멸합니다." 기상 변화를 냄새 맡을 수 있는 사람들은 그 밖에도 많다. 물론 동물 역시 뛰어난 기상학자다(예를 들면 소는 폭풍이 오기 전에 눕는다). 대지는 습기를 머금고 출렁이면서 커다란 검은 야수처럼 숨을 쉰다. 기압이 높아지면 대지는 숨을 멈추고 증기는 토양의 헐거운 틈새와 갈라진 곳에 머문다. 기압이 낮아지면 대지는 숨을 내쉬고 증기는 다시 하늘로 떠오른다. 농장의 동물들도 이렇게 대지에서 방출되는 이온의 냄새를 맡음으로써 지진을 예측하는지도 모른다.

폭풍 치는 밤에 디너파티에 나가는 사람들은 향수를 많이 뿌릴 필요가 없다. 향은 폭풍이 오기 전에 가장 강렬한 냄새를 발산하기 때문이다. 습기가 후각 능력을 높여주고 저기압이 액체를 휘발성으로 만들어 향수가 훨씬 빠르게 퍼져나가는 것이다. 결국 향수는 98퍼센트의 물과 알코올에 겨우 2퍼센트의 지방과 향수 분자가 첨가되어 있을 뿐이다. 저기압일 때 분자는 더 빠르게 증발하여 사람의 몸에서 방의 구석구석으로 빠르게 퍼

후각

져나간다. 또한 맑은 날이라도, 고도가 높아 기압이 언제나 낮은 멕시코시티나 덴버 혹은 제네바 같은 도시에서는 항상 그렇다. 새로운 향수가 레스토랑을 압도하기 위해서는, 폭풍이 다가오는 날 그리고 그랜드캐니언 끄트머리, 21킬로미터 높이에 있는 산장이 이상적일 것이다.

헬렌 켈러는 생의 향기 나는 모든 갈피들, 대부분의 사람들이 한 덩어리로 읽는 모든 '층'을 낱낱이 해독하는 놀라운 능력이 있었다. 헬렌 켈러는 오래된 시골집을 냄새로 알아보았는데, "거기에는 대를 이어 살아온 가족, 식물, 향수와 커튼이 남긴 여러 가지 냄새의 층이 있기 때문"이다. 태어날 때부터 눈멀고 귀먹은 그녀가 가까이 있는 물건 속에서 그 사람의 성벽性癖뿐 아니라 삶의 질감과 외양까지 어떻게 그렇게 잘 이해할 수 있었는가는 큰 수수께끼다. 헬렌 켈러는 아기에게는 어른들의 독특한 냄새, '개성적인 체취'가 없다는 것을 알고 있었다. 그리고 그녀의 관능성은 냄새를 통해 표현되었으며 오랜 매력을 다음과 같이 설명했다. "일반적으로 남성의 숨결은 여성에 비해 더 강하고, 더 생생하며, 더 다양합니다. 젊은 남자의 냄새에는 자연을 상기시키는 무언가가 있는데, 그것은 불이고 폭풍이며 바다의 소금과 같지요. 그것은 활기와 욕망으로 고동칩니다. 그것은 강하고 아름답고 즐거운 모든 것을 암시하지요. 나는 그 냄새를 맡으며 육체적 행복을 느낍니다."

유명한 코

◆

유난히 날카로운 후각을 가진 사람들은 향수업계에서 일하는
경우가 많으며, 그중에서도 상상력이 풍부하고 용기 있는 이들
이 위대한 향수를 창조해낸다. 꽃, 뿌리, 동물의 분비물, 풀, 기
름, 인공 향의 바다에서, 그들은 사용할 수 있는 수천 가지 향의
성분과 그것을 혼합하는 화학적 방법을 기억해야 한다. 이들에
겐 건축가의 균형감각과 작가의 솜씨가 필요하다. 요즘은 실험
실에서 자연의 향을 모방해내는데, 라일락이나 은방울꽃 혹은
제비꽃 같은 꽃들의 자연 추출물이 안정적이지 않기 때문이다.
그러나 그럴듯한 장미유를 만들어내기 위해서는 오백 가지의
성분을 혼합해야 한다. 뉴욕 10번가의 57번 거리에는 세계적
수준의 코들이 모여 있는 세계맛과향주식회사가 있다. 이곳은
냄새를 필요로 하는 모든 기업들의 메카다. 이곳 사람들은 계
절이 바뀔 때마다 백화점에 진열되는 값비싼 향수와 깡통 수프
에서 고양이 밥에 이르는 모든 상품의 맛과 냄새를 만들어낸
다. 그러나 이들은 익명으로 일한다. 그러면서도 크게 히트한

골프 잡지 광고(종이 골프공을 벗겨내면 금방 깎은 잔디 냄새가 코를 찌르는)를 만들어냈을 뿐 아니라, 놀이공원의 '동굴' 냄새, 뉴잉글랜드 삼림지대와 아프리카 초원 지대, 사모아 그리고 미국 자연사박물관에 전시되는 여러 지역의 냄새를 만들어냈다. 가짜 크리스마스트리에 티롤의 소나무 숲 냄새를 입히는 정도는 가장 간단한 기술에 속한다. 이들은 마음을 움직이는 멋진 향기를 창조하는 감각의 대필 작가며, 황홀의 창조자다. 80퍼센트의 향수가 이곳 실험실에서 만들어진다. 복도에는 겔랑, 샤넬, 디오르, 이브 생 로랑, 할스톤, 라거펠트, 에스티 로더 등 이곳에서 만들어낸 향수들이 진열되어 있다. 어떤 이들은 컴퓨터 책상에 코를 박고 있고, 어떤 이들은 종이와 병으로 가득 찬 방에서 일하고 있다. 이들에게는 획기적이고, 신선하고, 자극적이면서도, 불쾌하거나 튀지 않는, 대중들이 받아들일 만한 향수를 만들어야 한다는 절대절명의 모순된 과제가 주어져 있다. 향기 나는 종이띠는 이들의 작품을 더욱 쉽게 평가받게 해주었다. 요즘은 잡지를 펼치면 롤스로이스의 가죽 쿠션 냄새나 라자냐 냄새, 심지어 새로 나온 향수 냄새가 진동한다. 겨우 10년 전에 3M에서 만든 종이띠에는 미세한 향기 캡슐이 들어 있었다. 그 띠를 긁거나 찢어내면 캡슐이 터지면서 향기가 방출되었다. 조르지오 아르마니는 향기 나는 종이띠로 향수를 광고한 최초의 회사다. 그러나 이제는 냄새나지 않는 잡지를 찾아보기가 힘들 정도다. 지금 내 책상에는 향수 홍보용 종이띠가 마흔 가지 이상 놓여 있다. 슬로건은 각각 이렇다. 에스터 로더의 노잉Knowing은 "노잉이 전부(knowing에는 지식 외에 '멋있는' '세련된'이라는 뜻도 있다─옮긴이)." 리즈 클레이본의 페미니스트는 "나는 나." 펜디의 '로마의 열정'에서는 뺨이 대리석 같은 소녀가 석상과 열렬하게 키스하고 있다. 이브 생 로랑의 오퓸Opium에는 아무런 설명도 없지만, 황금 실로 짠 옷을 입은 아름다운 여인이 '아편'의 황홀경에 취해 난초 침대 위에 죽은 듯이 누워 있는 사진이 모든 것을 말해준다. 이 회사에는 30여 명의 냄새 감식가가 있어 하루에 100여 가지씩 향기를 맡는다. 어느 봄날 오후, 뛰어난 후각을 가진 러시아 태생의 활기 넘치는 여인 소피아 그로즈만을 만났다. 그녀는 짧은 흑발을 진한 감색과 흰색의 줄무늬 머리띠로 묶었다. 생기 넘치는 검은 눈 위에서 푸른 아이섀도가 떨고 있었고, 밝은 빨강 매니큐어에 은빛 지퍼가 달린 면 정장을 입고 있었다. 마감을 눈앞에 둔 세계적인 코의 소유자가 잔뜩 어질러진 책상에 앉아 있는 모습이 편안하면서도 긴장돼 보인다. 책상 한가운데는 '나쁜 것을 보지 않고, 나쁜 것을 말하지 않고, 나쁜 것을 듣지 않음'을 상징하는 작은 원숭이 트리오가 서 있다. '나쁜 것을 냄새 맡지 않음'은 없다.

"후각이 남다르다는 것을 처음에 어떻게 알았나요?"

"어려서 러시아에 살았을 때, 우리 마을 주변에는 꽃이 만발한 넓은 들판이 있었어요." 미소를 지으며 말했다. 눈길이 잠시 허공에 머문다. 그때의 추억이 그녀를 40년 전으로 데려간 것이 틀림없다. "사방에 온통 향기가 가득했지요. 하늘에 냄새가 가득 차 있었어요. 난 항상 꽃을 꺾으면서……."

이때 노크 소리가 들린다. 젊은 여성이 빠른 걸음으로 들어와 길고 가는 팔을 내민다. "내 팔에서 무슨 냄새가 나는지 알 수 있겠어요?" 그녀가 소피아에게 말한다. 소피아는 일어나서 그녀의 왼쪽 팔을 잡는다. 왼쪽 팔은 심장 가까이에 있어서 더 따뜻하기 때문이다. 그리고 코를 가까이 대고 손목 냄새를 맡고 그다음엔 팔꿈치 냄새를 맡는다. 다음에 오른쪽 팔도 똑같이 냄새를 맡는다.

"한번 맡아보겠어요?" 소피아는 내게 말한다.

나는 두 팔의 냄새를 맡아보았다.

"좋은데요."

"어느 냄새가요?"

내 코에는 아주 가볍고 약하게 느껴져서, 그 향기를 개인적인 특징에 따라 네 가지의 다른 냄새로 구분하기는 힘들다. 영화 〈버스 정류장〉에서의 한 장면. 매릴린 먼로가 식당에 앉아 접시 위에 놓인 콩알 2개를 뒤적거리며 더 나은 것을 고르고 있다. 그러면서 친구에게 세상에는 항상 더 나은 것이 있다고 말한다. 즉 항상 고를 수 있다는 얘기다. 그러나 나에게 인생은 복잡미묘하게 매혹적인 순간들이 너무 많고, 그래서 두 가지의 아름다운 물건은 때와 장소에 따라 똑같이 아름다울 수 있다. 도대체 어떻게 고를 수 있겠는가? 그래도 그녀의 왼팔에서는 아주 뚜렷하게 떠오르는 것이 있다. 꽃향기가 바탕에 깔린 희미한 사향 냄새. 두 번째로 뚜렷한 냄새? 그것은 아가씨의 왼쪽 팔꿈치에서 나는 더 희미한 냄새다. 오른팔에는 상큼한 과일 냄새의 흔적이 남아 있다. 나는 소피아에게 말했다.

"우리가 연구해야 하는 것이 바로 그 두 가지입니다." 그녀는 대답했다. 그때 한 연구원이 자연 향과 인공 향을 담은 병이 층층이 쌓인 트레이를 끌고 나타났다. 진짜 마술사의 보물 창고다. "나 H 혼합물이 필요해." 소피아가 말하자 연구원은 트레이를 향해 몸을 돌린다. 소피아는 의자에 몸을 기대고 두 손으로 공중에 색종이를 뿌리는 듯한 시늉을 한다. "여긴 오늘 완전히 미쳐 돌아가고 있어요. 급한 일이 있거든요."

급한 향기? 세상에 그런 게 있을 수 있나? 내가 묻자 소피아는 스핑크스 같은 미소를 짓는다. 이 세계에서 시제품에 관한 모든 것은 이중 삼중의 보안 속에 가려진다. 최종적으로 향기

후각

를 혼합하는 사람들도 자신이 무엇을 섞고 있는지 모른다. 향수의 성분과 혼합물에는 오직 코드가 붙어 있을 뿐이다.

"우리 집은 마을 끝에 있었어요." 소피아는 자신의 추억으로 돌아와 말을 계속했다. "거기엔 라일락 덤불과 수련, 제비꽃 들판이 있었지요. 자연의 냄새의 세계가 사방에 펼쳐져 있었던, 러시아가 심하게 파괴되기 전의 모습이었어요. 나는 어렸을 때 그 들판을 이리저리 헤매곤 했지요. 난 정말 호기심이 많아서 언제나 이곳저곳을 기웃거렸어요. 그때는 전쟁이 끝난 직후라 아이들이 많지 않았거든요. 어른들에게 둘러싸여 있어서, 혼자 이끼랑 작은 나뭇가지랑 나뭇잎을 따서 냄새를 맡아보곤 했지요."

"향기를 만드는 과정은 어떻지요?" 어느 뛰어난 향수 장인이 자신은 꿈에서 아이디어를 얻는다고 했던 말을 기억하며 물었다. 여기저기서 맡았던 모든 냄새를 일기에 기록해두는 사람도 있다고 했다.

"난 항상 머릿속에 어떤 이미지를 갖고 있어요. 그리고 음악의 코드와 같은 화음을 냄새 맡을 수도 있지요. 향수 제조는 음악과 아주 관련이 깊어요. 우선 두세 가지 아이템으로 단순한 향기, 단순한 화음을 몇 가지 만들어내요. 이건 2인조나 3인조 밴드와 비슷하죠. 그다음에는 그 화음들을 합쳐서 하나의 복잡한 화음을 만들어내는 거예요. 그러면 커다란 현대적 오케스트라가 되지요. 생소하게 들리겠지만, 향기를 만들어내는 건 작곡하는 것과 비슷하답니다. '딱 맞는' 화음을 찾아내야 한다는 공통점이 있으니까요. 어떤 것도 지나치게 튀면 안 돼요. 조화를 이루어야 하지요. 향기를 창조하는 데서 가장 중요한 건 조화예요. 어떤 향기에서 여러 가지 냄새의 층을 느낄 수 있더라도 결국은 기분 좋게 느껴져야 해요. 향기가 제대로 혼합되지 않으면 여기저기 튀는 부분이 생기지요. 그건 편안하지 않은, 뭔가 마음에 걸리는 향기예요. 균형 잡히지 않은 향기는 잘 받아들여지지 않아요."

"기억의 창고 속에 냄새가 분류되어 있습니까? 오케스트라에서 목관악기는 이쪽에 있고 현악기는 저쪽에 있는 것처럼요?"

"그렇습니다. 하지만 내가 만든 향수는 대개 어쩌다 떠오른 완전히 추상적인 꽃향기의 화음에서 온 거예요. 일단 어떤 화음이 생각나면 나는 그것에 걸맞은 다른 부분을 찾지요. 먼저 영감이 떠오르고, 그다음에 그걸 수정하는 방법을 찾고, 마지막으로 목표로 했던 것을 손에 넣는 겁니다. 나는 꽃향기를 아주 좋아해요. 그건 아주 여성적인 화음이지요. 난 남성용과 여성용 향수를 다 만들지만 여성용에 더 강해요. 그리고 기능성

상품도 만들지요."

"예를 들면 비누나 세제, 광택제, 인쇄물 같은 거요?"

"바로 그겁니다. 하지만 그런 것들은 쉽게, 빨리 만들죠. 만약 세계적인 차세대 향수를 만든다면, 글쎄…… 시간이 꽤 걸릴 거예요."

"회사에서는 당신이 세계적으로 유명한 향수 몇 가지를 만들어냈다고 하던데요. 하지만 향수 이름에 대해선 입을 다물더군요."

"그건 밝힐 수 없습니다." 소피아는 'MORE'라고 씌인 갑에서 긴 갈색 담배 하나를 끄집어내 불을 붙인다.

"흡연은 코에 영향을 주나요?"

"어느 정도 영향을 주는 건 확실해요. 하지만 난 익숙해졌지요. 이건 내 세계에 있는 일상적인 냄새의 하나에 불과해요."

"코를 보호하기 위한 무슨 특별한 방법이 있나요?"

"아뇨, 전혀. 사실 별로 신경 안 써요. 아프지 않으려고 하는 건 당연하지만. 코가 막히면 정말 힘들거든요. 향수쟁이는 그런 상태로 일하기가 아주 어려워요."

"도시의 거리를 돌아다니면 다른 사람들의 냄새를 더 날카롭게 느끼십니까?"

"글쎄요, 우스운 일이지만 정말 신기한 현상이기도 한데, 일단 회사를 나가면 머릿속의 작은 스위치가 딱 내려져서 아무 냄새도 맡지 못하게 돼요. 심지어 집에서 음식 타는 냄새도 못 맡는다니까요! 머리가 완전히 정지되는 거예요. 하지만 아주 이상한 순간에 사람들의 냄새가 들어와요. 예를 들면 누군가와 키스하면 그 사람의 체취가 들어오는 거예요. 아기의 피부, 아기 머리의 정수리 부분에는 어떤 냄새가 있어요. 남자들보다는 여자 냄새가 많이 들어오지요. 어떤 사람들은 타고난 '섹시한' 냄새가 있어요. 굳이 설명을 하자면 그렇다는 거예요."

소피아가 정확한 설명을 찾고 있는 동안, 들고 있던 담배에서 연기가 향처럼 피어난다.

"난 그것을 호박과 사향의 아주 섬세한 화음이라고 불러요. 내 향수에서 그것을 아주 많이 쓰지요. 모든 향수쟁이가 공통적으로 쓰는 화음도 있어요. 하지만 향기를 맡아보면 개인의 필체 같은 것을 알 수 있지요. 다른 향수쟁이들도 내 작품을 알아보고, 나도 그 사람들 것을 알아봐요. 그 사람들은 새 향수의 냄새를 맡아보고 이렇게 말하지요. 아, 이건 소피아 거구나. 이건 제니 거고. 그 필체를 아는 거예요."

"지난주에 삭스에서 열린 향수 박람회에 갔다 왔어요. 그런데 최근에는 향수에 위험한 것, 금지된 물질, 신경증 등을 암시하는 이름을 붙이는 경향이 있더군요." 나는 판매자들이 편안함과 안전, 사랑과 낭만을 연상시키는 냄새를 선호하면서도, 이름은 데카당스Decadence, 포이즌Poison, 마이 신My sin, 오픔Opium, 인디스크레션Indiscretion, 옵세션Obsession, 터부Tabu로 붙인다고 말했다. 유명 디자이너의 이름과 슈퍼스타 모델의 신비감에 더해, 불법적인 물질과 경고를 제시하는 것이다. 점잖게 차려입은 여자라도, 마음속으로는 아편처럼 중독성을 갖고 싶어 하고, 독처럼 위험해지고 싶으며, 집착의 이유가 되고 싶어 하고, 금기가 될 정도로 매혹적인 사랑의 기술을 배우고, 쾌락을 주는 퇴폐의 주인공이 되고 싶어 하며, 방종한 행동을 하고, 심지어 신의 계율을 어기는 죄를 짓고 싶어 하는 것이다.

"맞아요. 하지만 그 향수들을 자세히 살펴보면, 어느 것이나 고전적인 향기를 기본으로 한다는 것을 알 수 있어요. 고전을 새롭게 해석한 거지요. 금방 성공을 거두는 향수는 많지만, 진정한 고전은 10년 이상 갑니다. 샤넬 N°5는 1920년대 초반에 만들어졌지만 아직도 잘 팔리지요. 오픔은 전혀 새로운 게 아니에요. 오픔의 엄마 격인 유스 듀Youth Dew는 약 30년 됐지요. 오픔은 유스 듀의 변주일 뿐이에요. 시너바Cinnabar하고도 관계있어요. 그 세 가지 향수의 냄새를 맡아보면 알 수 있죠."

"음악의 은유를 사용한다면, 새로운 향기는 기존의 주제에 대한 변주인 경우가 많다는 건가요?"

소피아는 고개를 끄덕인다.

"당신도 향수를 뿌리나요?"

"출근할 때 빼고요. 난 시제품을 많이 뿌리지요. 작업 중인 향수를 뿌려요. 내가 뿌린 향수에 대한 사람들의 반응을 보는 것을 좋아해요. 사람들은 훌륭한 감식가들이니까요. 한번은 향수를 뿌리고 57번가에 갔는데 어느 술 취한 남자가 따라오는 거예요. 난 혼비백산해서 도망치기 시작했어요. 그런데 그 남자가 그러더군요. '아가씨, 도망가지 마세요. 향수 냄새가 아주 기가 막힙니다. 난 향수를 쫓아온 거예요.' 그 향수는 성공작이 되었어요."

"옛날부터 사람들은 몸에 향수를 뿌렸습니다. 이상하지 않나요? 자신의 몸에 꽃이나 과일이나 동물의 분비물을 바르는 거 말이에요. 인간은 왜 그런 일을 할까요?"

"아!" 소피아는 한 줌의 나비를 날려 보내듯 손을 펴며 말한다. "처음에 피카소의 〈게르니카〉를 보았을 때 난 불안을 느꼈어요. 무섭고도 매혹적이었지요. 불안했지만 너무나 감동적이었어요. 향수도 그렇습니다. 충격을 주는 동시에 우릴 사로잡지요. 그건 사람을 불안하게 해요. 우리의 삶은 조용합니다. 그래서 기쁨이 주는 불안을 좋아하지요."

잠시 생각에 잠겼던 소피아가 다시 말을 이었다.

후각

"가장 감사했던 경험은…… 어느 기능성 상품을 만들었을 때였어요. 세제에 첨가된 냄새였지요. 길을 가고 있었는데 할머니 두 분이 신문을 사고 있더군요. 내가 '아, 두 분 다 무슨무슨 세제로 옷을 세탁하셨군요' 하자, 할머니들은 '도대체 그걸 어떻게 알았어?'라고 물으셨죠. '냄새로 알 수 있어요.' 할머니들은 너무 좋아하셨고 나도 그랬어요. 왜냐하면 두 분은 2, 300달러짜리 향수를 살 수 있는 여유는 없었지만 세제는 살 수 있었거든요. 그리고 그분들은 세제에서 나는 좋은 냄새에 만족해했어요. 난 비싼 향수를 살 만한 여유가 없는 사람들과 만나서 기뻤고요."

"여성들이 자신의 몸을 기분 좋게 느낄 수 있는 향기를 만들며 산다는 건 정말 행운 아닐까요."

"가끔은 정말 힘들 때가 있어요. 향수쟁이의 삶은 놀이가 아니거든요. 옛날에는 그렇지 않았어요. 아주 옛날에는, 프리랜서 향수쟁이들이 있었지요. 유명해지면 3, 4년에 하나씩 향기를 만들곤 했는데, 그 사람들한테는 한계가 없어요. 가격 제한도 없고, 마감 시한도 없었지요. 일주일에 하루 정도 두세 번 실험하고, 정말 그 냄새와 함께 사는 거예요. 아무 압력도 없이 몇 주일이건 그걸 바르고 있는 거죠. 지금은 너무 상업화됐어요. 이름을 날리고 싶고, 회사에 돈을 벌어주고 싶으면 빨리 진행해야 해요. 하지만 향수는 하룻밤에 만들어지는 게 아니거든요. 향수쟁이들은 십여 년간 경험을 쌓다보면 누구나 자신의 기억 창고에 작은 화음들을 쌓아두게 되지요. 아, 꽃향기가 필요해, 그러면 몇 년 전에 만들어둔 그 꽃향기를 기억하는 거예요. 하지만 향기는 새로워야 하지요. 잘못하면 복제품이나 파는 바보가 돼요. 표절하면 안 되지요. 처음부터 다시 시작해야 하는 거죠. 하지만 일종의 지름길 같은 화음들이 있어서, 그런 수고를 덜어주지요. 난 1년에 500개에서 700개가량의 혼합물을 만들어내요. 그중에서 큰 거 2개를 골라서 파는데, 그렇다고 해서 나머지 700개가 좋지 않다는 뜻은 아니에요."

"가슴 떨리는 향기를 하나 만들어냈는데 고객들이 좋아하지 않으면 마음 아프지 않으세요?"

소피아는 눈동자를 굴리더니 뭔가에 집중하는 듯한 표정을 지었다.

"물론 그래요. 그리고 그런 일이 실제로 생기지요. 그러면 나는 그걸 어딘가에 써먹으려고 노력하고, 결국 누군가가 마침내 그걸 바르게 되지요. 자신이 만든 향기를 믿고, 그게 널리 보급되리란 걸 믿어야 해요. 그러면 언젠가는, 어떻게든 팔리게 되지요. 난 굉장히 고집이 세거든요. 계속 그것을 생각하면서 그것으로 되돌아가지요. 내가 최근에 만든 게 있어요. 그 이름은 알려드릴 수 없지만, 향기는 하나의 경험이지요. 그걸 바르는 건 하나의 경험이에요. 난 그걸 좋아하게 됐지요. 그 향기의 주요 화음은 내가 '틈새'라고 불렀던 어떤 화음을 가지고 한참 전에 시작한 거였어요. 나는 내가 만든 화음들에 '머리 없음'이니 '바닥 없음'이니 하는 이상한 이름을 붙이지요. 그 틈새는 젊은 여자의 여기죠!" 그녀는 두 손으로 턱과 양 가슴 사이를 가리킨다. "냄새가 나요. 이 화음에는 아주 관능적이고 감각적인 어떤 것이 있어요."

소피아는 기다란 종이 시험지를 오일이 가득한 호박색 병에 담갔다. 향기가 코끝으로 날아오자, 과즙 아이스크림 같은 꽃냄새가 감각의 안테나에 잡힌다. 아주 어린, 소녀 같은, 순진한 냄새, 가벼운 불안과 엷게 분을 바른 살 냄새다.

"이건 단순하면서도 아주 복잡한 냄새예요. 이건 야릇한 방식으로 '날 안아줘요'라고 말하지요. 이건 남자들이 홀딱 반하는 섹시한 분위기를 갖고 있어요. 이걸 만들었을 때 성공하리라는 걸 알았죠." 소피아는 다른 시험지를 건넸다. 이건 더 신선하고 약간 더 활기찬 냄새다. "이게 완성된 향수예요. 처음의 오일은 뼈대였지요. 이건 결과예요. 첫 화음에서 계속 발전해서 완성된 향기가 나온 거죠. 이건 기본적으로 꽃향기지만, 맡을수록 더 섬세해집니다."

"당신이 만든 것 중에서 제일 관능적인 향수는 어떤 거지요?"

"재미있는 질문이군요. 왜냐하면 섹시한 것과 관능적인 것이 반드시 같은 건 아니거든요. 내 느낌에는 이건 관능적인 거지 섹시한 게 아니에요."

"요부 같은 향기는 어떨까요?"

"이걸 한번 맡아봐요."

그녀는 다른 용기를 건네준다. 코에 가져다 대자 강력한 반응이 일어난다. 버터볼을 혀끝에 올려놓은 것처럼, 뭔가 진하고 호박 같은 맛을 느낄 수 있다. 위에는 얇은 비닐이 씌워져 있지만 비등하는 사향 냄새가 사방으로 퍼져나가는 것 같다. 그것은 진하디 진한 쾌락의 냄새다. "이게 뭐지요?" 쾌감에 대한 자동적인 반응으로 얼굴을 찡그리며 물었다.

"이건 기본적으로 샬리마 타입의 혼합물이에요. 아직 시장에 내놓은 건 아니지만요."

"아까 맡은 것, '틈새'와는 달리 이 냄새는 강한 신체 반응을 일으키는데요. 맛이 느껴져요."

소피아는 웃는다. "그래요, 사람들이 내 향수에 대해 하는 얘기가 그거예요, 맛을 느낄 수 있다는 거지요. 난 이 일에 열정을 바치고 있어요. 내 작품이 사람들의 미각과 후각과 감정을 한꺼번에 자극하기를 바랍니다."

"당신이 만들 수 없는 향수에 대해 말해줄 수 있는지요? 열렬히 추구하는 이상적인 형태가 있나요?"

"아, 언젠가는 어떤 여자라도 남자에게 거부당하지 않을 아주 유혹적인 향수를 만들고 싶어요. 내가 살아서 할 수 있는 가장 큰일이 그 일일 거예요. 이건 전문가로서의 느낌은 아니구요, 한 여성으로서의 감정이지요."

"전 세계가 위험해지겠군요."

"그래요!" 소피아는 만족스럽게 말한다.

"그런 향기를 발견하면 연락주세요. 내가 첫 번째 실험 대상이 될게요."

"제일 먼저 실험해볼 사람은 나예요."

신들에게 바치는 공물

◆

새로운 냄새들로 가득한, 냄새 그 자체의 작용처럼 합치고, 나뉘고, 다시 합치는 그 비밀의 복도를 빠져나왔을 때, 밖의 공기는 무겁게 가라앉아 있었다. 도시의 지하에 커다란 땀샘이 있는 것처럼 맨홀에서 증기가 올라온다. 냄새와 전쟁을 치르고 있는 도시에서 직업적으로 냄새를 맡는 사람들은 어떻게 그 예민한 코를 유지할 수 있을까? 이 도시의 하수구와 싸워야 하는 이들이 향수업자들만은 아니다. 의사들은 질병을 진단하기 위해 시각, 촉각, 청각과 함께 후각에 의존해왔는데, 특히 정교한 진단 기술이 발달하기 전에는 더욱 그러했다. 발진티푸스 환자에게서는 쥐 냄새가 난다고 한다. 당뇨병은 설탕 냄새, 페스트는 익은 사과 냄새, 홍역은 막 뽑은 깃털 냄새, 황열은 정육점 냄새, 신장염은 암모니아 냄새가 난다.✢

우리는 인간이 가진 모든 감각뿐 아니라, 그것을 넘어선 새로운 감각을 필요로 한다. 그래서 전자현미경이나 전파망원경, 원자 저울 같은 것들을 만들어냈다. 그러나 냄새 없이는 효과적으로 감각을 확장할 수 없다. 만약 냄새가 유물이라면 그것은 크나큰 열정, 필요, 본능, 환각의 시대, 즉 우리가 자연의 충복이었던 시대의 유물이다. 사실 맛을 볼 때와 위험한 것을 찾아낼 때를 제외하면 더 이상 냄새는 필요 없지만, 그래도 우리는 그것을 놓아줄 수 없다. 우리는 냄새와 분리되지 않을 것이

✢ 냄새로 진단할 수 있는 신기한 질환 가운데는 유아들이 잘 걸리는 단풍나무시럽병이 있다. 의사들도 그 냄새를 만드는 성분이 무엇인지는 알지 못한다. 호흡에서 아세톤 냄새가 나면 당뇨병일 가능성이 높다. 일부 여성의 '월경 호흡(양파 냄새)'은 생리 기간에 체내의 황 화합물이 변화해 생긴다.

다. 우리가 잠들어 있는 동안, 진화는 우리가 껴안고 있는 곰 인형이나 담요를 잡아채듯, 우리의 손에서 냄새를 살그머니 빼내려고 노력해왔다. 그러나 우리는 어느 때보다 더 그것에 매달린다. 우리는 냄새를 통해 생존하는 자연의 영역과 분리되기를 원하지 않는다. 우리가 냄새 맡는 대부분은 우연한 것이다. 꽃들은 성적 유인물질의 역할을 하는 향기와 화려한 색채를 가지고 있다. 잎들은 포식자에 대항하기 위해 냄새의 방어벽을 친다. 자극적인 향기로 인간을 매혹하는 향료는 대개 곤충과 동물을 쫓아낸다. 우리는 식물의 무기를 즐기고 있는 것이다. 아마존 우림에 가보면 금방 알게 되지만, 무기력한 식물은 없다. 수목은 서로에게 구애를 하거나 몸을 움직여서 자신을 방어할 수 없기 때문에, 생존에 대해 지극히 독창적이고 공격적이게 되었다. 어떤 나무들은 수피樹皮 바로 아래에서 스트리크닌(중추신경에 억제 작용을 하는 독성물질 — 옮긴이)나 기타 독성물질을 분비한다. 그런가 하면 식충식물食蟲植物도 있다. 냄새나 색깔로 곤충이나 새, 박쥐를 유인한 다음 이들의 깃털에 꽃가루를 묻히기 위해 꽃을 먼지떨이 모양으로 설계하는 것도 있다. 어떤 난초들은 암컷 벌이나 암컷 딱정벌레의 생식기 모양을 흉내 낸 꽃을 피우고, 수컷들이 찾아와 교미하려는 동안 꽃가루받이가 이루어진다. 바하마에서는 1년 중 단 하룻밤, 셀레니세레우스

선인장의 꽃이 피어나고, 밤새 생식 활동을 한 다음 아침이면 져버린다. 꽃이 피기 전 며칠 동안 커다란 꼬투리를 키운다. 그러다 어느 날 밤, 진한 바닐라 냄새에 잠을 깨면, 무슨 일이 일어났는지 알 것이다. 달빛이 비치는 마당에는 지름 30센티미터의 거대한 꽃들이 피어 있고 스핑크스나방 수백 마리가 이 꽃에서 저 꽃으로 날아다닌다. 공기는 개 짖는 소리와 큰 책장을 넘기는 듯한 나방의 날갯짓 소리, 감각을 흠뻑 적시는 바닐라 향기로 가득 차 있다. 새벽이면 이 모든 것이 사라지고, 선인장은 한 해의 욕망을 충족시켰다.

고대에 향수는 귀한 만큼 신비로웠고, 모험가들은 치료제나 최음제를 찾아 떠났다. 냄새에 대한 인간의 감각이, 교역로가 지나는 곳에서 언어가 전파되는 데 기여한 것이다. 향료, 향수, 약재 그리고 이국의 부적에 대한 갈망으로 사람들은 대륙과 바다를 횡단했고, 목적지에 도착했을 때는 값을 깎고, 기록도 할 수 있어야 했다. 미 건국 200주년이던 1976년, 냄새나 맛에 대한 감각을 기념하는 사람은 아무도 없었다. 콜럼버스의 탐험은 자본주의적이고 모험적이었지만 동시에 감각적이었다는 것을 잊어버리곤 한다. 그가 항해에 적극적으로 나선 것은 부분적으로 이국의 향료와 향수에 대한 강박적인 요구 때문이었다.

메소포타미아에서 신들에게 바치는 향에서 출발한 향수는

제물로 태우는 짐승의 고기 냄새를 향기롭게 하는 목적으로 쓰였고, 또한 축귀逐鬼 의식, 병자의 치료와 성교 후에도 사용되었다. 불 위에 던져진 향은 이 세상의 것이 아닌 듯한 신비로운 연기를 하늘 가득 피워 올렸고, 소란스러운 유령들이 몸속으로 달려드는 것처럼 콧구멍을 들쑤셨다. 향기로운 연기는 세속에서 시작되었지만 재빨리 신들의 영역으로 올라갔다. 저 유명한 피라미드 모양의 바벨탑은 죽음이 예정된 존재가 도달할 수 있는 곳보다 더 높이, 신들 가까이로 뻗어 올라갔고, 사제들은 그 꼭대기에 향을 지폈다. 패션과 사치품의 역사 초기에 향수는 신들에게만 바쳐졌을 것이다. 그다음에는 사제들에게 허락되었고, 그다음에는 신과 같은 지배자들에게, 그다음에는 지도층, 다시 그 아래 계층을 거쳐 마침내 하층계급까지 허락되었다. 선사시대 사람들은 요즘 사람들처럼 몸에 향수를 발랐다. 아마존의 인디언 부족을 연구하는 인류학자 친구에 의하면, 여인들은 샐비어 잎으로 만든 치마 비슷한 것을 허리에 두르고, 남자들은 향기 나는 뿌리를 탈취제 삼아 겨드랑에 문지르는 부족도 있다고 한다.

향수를 규칙적으로, 사치스럽게, 의미를 가지고 사용한 최초의 문명은 이집트였다. 시체를 매장하고 정교하게 방부처리를 하는 과정에서 향료와 연고를 사용했다. 이집트인은 장엄한 의식을 치르며 향을 몇 톤씩이나 피웠다. 향기는 신왕국(기원전 1558~1085년)의 핫셉수트 여왕의 재위 기간에는 국가적인 강박증이다시피 했다. 여왕은 거대한 식물원을 만들었고 자신의 신전에 이르는 테라스에서 향을 태웠다. 이집트인들은 종교의식에서 향수와 향을 아낌없이 사용했는데, 특히 황금기에는 개인들도 일상적으로 향을 사용하기에 이르렀다. 이들은 마법을 피하고 병을 치료하기 위해, 매끄럽고 향내 나는 살결을 위해 미용 화장수로서 몸에 향수를 발랐다. 지성 오일에 향료를 집어넣는 기술을 발견했으며, 꽃무늬 장식의 밀레피오리 유리를 비롯해서 베니스의 유리 장인들이 몇 세기 후에나 사용하게 되는 아름다운 유리 용기를 만들어 향수를 담아두었다. 그들은 정교한 아름다움에 매료되었고 화장술에는 거의 현대인과 같은 관심을 가지고 있었다. 고대 이집트의 여성이 디너파티에 나가기 전 얼굴과 머리를 매만지는 모습을 관찰해보자. 먼저 그녀는 화장대 앞에 앉는다. 화장대에는 풍부한 상상력으로 만들어진 다양하고 우아한 향수 스푼과 연고 용기, 꽃병, 작은 유리병, 아이섀도 상자가 놓여 있다. 그녀의 어깨에는 풍뎅이나 꽃 문신이 되어 있을지도 모르는데, 그만큼 이집트 여성들은 문신을 좋아했다(1920년대에 이집트 무덤이 발굴되었을 때 우아한 문신을 한 미라가 발견되었고, 랜돌프 처칠 여사를 비롯한 여러 사교계의 명사들도 몸에 풍뎅이 문신을 했다). 고대 이집트 사교계의 명사라면 파티에 가기 전 정수리에 밀랍 연고를 얹어놓을 것이다. 그것은 천천히 녹아, 향기를 내뿜는 시럽이 되어 얼굴과 어깨로 흘러내린다. 아마 작은 딱정벌레들이 향기를 뿜으며 몸을 기어다니는 느낌이었을 것이다. 이집트인들은 위생에 집착했으며, 청결하고 창의적으로 사치스러운 사람들이었다. 이들은 사치스러운 목욕 문화(사람의 기분에 따라 피로를 회복시켜주기도 하고 관능적이거나 종교적인, 혹은 고요한 마음을 갖게 해준다)도 개발했다. 목욕할 때는 으레 근육을 이완시키고 마음을 진정시키기 위해 향기 나는 오일로 마사지하곤 했다. 이것은 향기치료라는 것인데, 원래는 미라를 방부처리하는 데 사용된 기술이다. 예일정신생리학연구소에서는 냄새가 어떻게 스트레스를 줄이고 정신 집중을 높이는지 연구하고 있다. 연구원에 따르면 향신료를 뿌린 사과 냄새는 스트레스를 받는 사람의 혈압을 낮춰주고, 공황발작을 피하게 해준다고 한다. 또한 라벤더는 신진대사를 활성화시키고 정신 집중을 높여준다고 한다.《고등교육연보》에 따르면 신시내티대학에서 실험한 결과, 실내에 향기를 첨가하자 일반적으로 타자 치는 속도가 빨라지고 일의 효율도 높아졌다고 한다.

나는 버뮤다 소네스타 비치 온천의 창가에 누워 있다. 창문을 통해 파도가 부서지는 모습이 보이고 그 노랫소리가 들린다. 눈이 커다랗고 푸른 예쁘장한 아가씨가 하얀 미용사 가운을 입고 방으로 들어온다. 요크셔에서 온 지 얼마 안 된 아가씨는 12번의 주말을 이 섬에서 보냈지만 아직 몸이 그을리지 않았다. 아가씨는 버뮤다 해양경찰대에 있는 남자 친구와 어제 크리켓 시합을 보러 갔다. 양쪽 발의 엄지발가락 근처 관절이 옆으로 튀어 나와 있는데, 그것은 집안의 내림이다. 그녀는 자신의 균형 잡힌 자그마한 코가 너무 크다고 생각하고, 금발의 생머리는 숱이 너무 적다고 생각한다. 오늘 아가씨는 나를 똑바로 뉘어놓고 조심스럽게 푸른 수건으로 몸을 덮어주었는데, 마사지를 하는 동안 수건 위치는 계속 변한다. 지난 며칠 동안, 그녀는 내 몸의 결함과 아름다움을 속속들이 알 만큼 보아왔다. 그녀는 연인 못잖게 내 몸을 자주 그리고 잘 만져주었다. 지금 우리는 늙은 부부처럼 나의 벗은 몸에 대해 편안해졌다. 그녀는 다음 치료, 향기치료에 대해 설명해준다. 오랫동안 잊혀져왔던 고대 이집트의 이 기술은, 향기와 약재가 다시 유행을 탄 18세기에 되살아났다. 내가 원하는 것은 방부처리가 아닌 이완 효과이기 때문에, 안마사 아가씨는 라벤더와 등화유, 백단을 달콤한 아몬드 오일에 혼합하여 머리끝에서 발끝까지 립

후각

프계를 중심으로 소용돌이 모양으로 내 몸을 마사지할 것이다. 마사지가 끝나도 샤워는 하지 않는데, 오일이 체내에 흡수되어 진정 효과를 내려면 시간이 필요하기 때문이다. 아가씨는 종아리에서 시작해 부채꼴로, 물결 모양으로, 원형으로 뻗어나가며 손을 굴리다가 시작한 지점으로 되돌아온다. 그리고 부채꼴이나 물결 모양을 대칭을 이루며 그려나간다. 사향 냄새 나는, 진한 중동의 향기가 몸에서 물결치는 것 같다. 다리가 끝나면 엉덩이, 그다음에는 등이다. 아가씨는 척추 양쪽 가장자리를 꾹꾹 누르며 마사지를 계속한다. 그리고 견갑골 위를 부드럽게 안마한다. 치료 효과는 부분적으로, 두 사람의 몸 사이에 흐르는 '기의 흐름'에서 생기는 거라고 그녀는 조용히 설명한다. 향기의 베일이 등 뒤에서 일어나 코를 찌르는 안개가 되어 내 목을 감는다. 아가씨의 손은 계속 원을 그리며 오일을 문지른다. 어렸을 때 아빠가 운전하는 차를 타고 일리노이에서 플로리다까지 갔던 짧은 여름휴가가 갑자기 생각난다. 시카고 외곽에서 플로리다까지는 멀었고, 엄마는 샌드위치와 하와이안 프루트 펀치를 상자에 담고, 버들가지 바구니엔 우리가 좋아하는 장난감과 새로 나온 만화책 등을 넣었다. 그 여행의 기억이 놀랍도록 자세히 떠오른다. 만화에서 요정들이 '네네 잎사귀'를 거둬들였던 것, 지나가는 나무 위의 기생식물, 차에서 노래 부르기를 좋아하던 엄마가 연한 자줏빛 장미 송이가 큼직하게 그려진 회색 원피스를 입었던 것. 엄마는 갈색 생머리를 에바 가드너 스타일로 올리고 있었다. 엄마가 가만히 있을 때, 가끔씩 왼쪽 집게손가락이 빠르게 움직이는 게 몹시 신기했다. 난 너무 어려서 엄마가 혼자 생각을 하고 있다는 것을 이해하지 못했다. 왜 그때 일이 생각나는 걸까? 난 여덟 살이었다. 엄마는 서른 살 때 나를 낳았다. 엄마에겐 두 아이가 있었고, 난 지금 그때의 엄마 나이가 되었다. 이 생생한 추억은 마음속에 머물며 내 몸을 따뜻하게 데워준다. 그리고 안마사는 연한 푸른색 담요로 내 몸을 감싼다. 방의 푸른색 벽에는 작은 나뭇결이 찍혀 있다. 수천 개의 갈색 갈매기 표시들. 갈매기 위에는 회색 따옴표 한 쌍이 비스듬하게 떠 있다.

클레오파트라의 후예

◆

방향의 거장이었던 이집트인들은 미라를 제작할 때나, 향을 내는 데, 또는 파피루스를 곤충들의 습격에서 보호하기 위해서 등 다양한 용도로 삼나무 목재를 사용했다. 안토니우스가 준 삼목을 실은 클레오파트라의 배에는 향기 나는 돛이 달려 있었다. 클레오파트라의 옥좌 주위에는 향로가 타고 있었고, 여왕은 머리끝에서 발끝까지 향기를 풍겼다. 지금 클레오파트라를 언급하는 것은 그녀야말로 진정한 향수의 숭배자였기 때문이다. 그녀는 양손에 장미와 크로커스, 제비꽃 오일을 함유한 키피를 발랐고, 발에 아몬드 오일과 벌꿀, 계피, 오렌지꽃, 헤나로션, 이집티움으로 향기를 입혔다. 사방의 벽은 그물을 씌운 장미의 새장이었고, 제왕의 향기는 향긋한 바람 속에서 하나의 명함처럼 그녀 앞에 도달했다. 셰익스피어가 상상한 대로였다, "거룻배에서 날아온/보이지 않는 낯선 향기가 코끝을 스치네/이웃한 부두에서." 로마는 웅장한 온천으로 유명한데, 사실 그것은 사치스러운 이집트의 목욕 문화를 본뜬 것이다.

고대 세계에서는 왕궁 그 자체가 향기를 풍기는 경우가 많았다. 군주들은 궁전 전체를 삼나무 목재로 짓곤 했는데, 달콤한 수지樹脂 향기와 천연의 방충 효과 때문이었다. 청더承德에 있는 만주 황제들의 여름 궁전에 있는 난무전楠木殿은 대들보와 벽이 모두 삼나무고, 삼목의 향기가 퍼지도록 아무것도 칠하지 않았다. 이슬람 사원을 지을 때는 모르타르에 장미수와 사향을 섞었다. 정오의 태양이 모르타르를 달구면 향기가 스며나온다. 지금 코르사바드에 있는 사르곤 2세의 기원전 8세기 궁전의 문짝에는 향수가 잔뜩 뿌려져 있어서 방문객들이 드나들 때마다 향기를 풍기곤 했다. 파라오의 배는 삼나무로 만들어졌다. 고대 세계의 7대 수수께끼 중 하나인 에페소스의 아르테미스 신전 기둥은 거의 20미터에 달했는데, 세워진 지 200년 만인 기원전 356년에 향기를 뿜으며 불타버렸다. 전설에 따르면 알렉산더 대왕이 태어났을 때 불태워졌다고 한다.

고대의 남자들은 향수를 많이 뿌렸다. 강한 향기는 존재를 넓혀주고, 그들의 영역을 확장해주는 측면이 있었다. 그리스 이전, 크레타 섬에서는 운동선수들이 경기를 시작하기 전에 향기 나는 특수한 오일을 발랐다. 기원전 400년경의 그리스 작가들은 팔에는 민트를, 무릎에는 타임을, 턱과 가슴에는 계피, 장미 혹은 야자 오일을, 손과 발에는 아몬드 오일을, 머리카락과 눈썹에는 마요라나를 바르라고 썼다. 디너파티에 참석하는 이집트 남자들은, 현관에서 화관을 받고 향수를 선택했다. 바닥에는 꽃잎을 깔아놓아 손님들이 그 위를 밟고 다니면 향긋한 바람이 일었다. 이러한 연회에 등장하는 조상彫像들은 몸의 구멍으로 종종 향기로운 물을 뿜어냈다. 남자들은 잠자리에 들기 전에 고형固形 향료를 으깨서 유성 분말을 만든 다음 침대 위에 뿌려, 자면서 그 향기를 호흡할 수 있도록 했다. 알렉산더 대왕은 향수와 향을 아낌없이 사용했고, 튜닉을 사프란 정유精油로 적시는 것을 좋아했다. 바빌론과 시리아의 남자들은 짧은 고수

머리에 향기 나는 로션을 발라 머리를 정돈하는 것은 물론, 진한 화장을 하고 장신구를 달기도 했다. 향수에 대한 열정은 고대 로마에서 최고조에 달해 남녀 모두 향수로 목욕하고, 옷을 향수에 담갔으며, 말과 애완동물에게 향수를 뿌렸다. 검투사들도 싸우기 전에 온몸에 향기 나는 로션(몸의 각 부위에 서로 다른 향기)을 발랐다. 그리고 로마의 다른 선남선녀들과 마찬가지로 비둘기 똥으로 머리를 표백했다. 검투사들은 사자, 악어, 혹은 인간과 피비린내 나는 싸움을 벌이기 전, 탈의실 비슷한 곳에서 입으로는 거친 말을 내뱉으면서도 두 손에는 달콤한 향수를 발랐다. 로마의 여성들도 남성들처럼 몸의 각 부위에 서로 다른 향수를 발랐다. 백단향은 발, 재스민은 가슴, 등화유는 목, 라벤더는 허벅지와 잘 어울리는지 고심하며 시간을 보냈을 것이다. 이후 기독교와 함께 스파르타적 금욕주의가 생겨났다. 사람들은 방종해 보이는 데 대한 두려움 때문에 한동안 향수를 바르지 않았다(그래도 여전히 좋아하는 꽃과 그 향기에 종교적 상징을 부여했다. 예를 들면 사람들은 카네이션을 선호했는데 왜냐하면 그 향기가 정향의 향기와 비슷하고, 정향은 예수의 십자가에 박힌 못을 닮았기 때문이었다). 존 트루먼은 『낭만적인 향기 이야기』에서 "고대인들은 깨끗하고 향기로웠다. 암흑기의 유럽인은 더럽고 향기가 없었다. 중세와 17세기 말에 이르기까지의 근대인들은 더럽고 향기로웠다. (……) 19세기 사람들은 깨끗했지만 향기가 없었다." 그러나 사람들은 좋은 냄새를 그리 오랫동안 멀리하지는 않았다. 십자군은 장미수를 바르고 전장에서 귀환했다. 루이 14세는 방에 장미수와 마요라나를 뿌렸고, 왕의 옷을 정향, 육두구, 알로에, 재스민, 오렌지수, 사향을 섞은 물에 세탁하는 일을 전담하는 하인을 따로 두었다. 그는 매일 새로운 향수를 만들어내라고 명령하기도 했다. 루이 15세의 '향기 나는 궁정'에서, 하인들은 여러 가지 향수에 적신 비둘기를 만찬 석상에 풀어놓아 새들이 손님들 주변을 날아다니며 향기의 융단을 짜도록 했다. 청교도는 향기를 멀리했지만 사람들은 곧 다시 향수를 쓰기 시작했다.

18세기 여성의 몸치장에는 복잡한 준비와 민감한 코가 필요했다. 여인들은 달콤한 냄새를 풍기는 파우더를 머리에 뿌렸고, 향기 나는 화장품을 얼굴에 발랐다. 향수를 뿌린 옷은 향기 나는 옷장에 보관했다. 여인들은 몸에 아낌없이 향수를 뿌렸고, 면을 향수에 적셔 속옷 안에 쑤셔 넣었다. 테이블 위에는 포푸리를 놓아두어 중국제 도자기에서 나온 향기로 방 안을 채웠다(도자기porcelain라는 단어는 흥미로운 역사를 가지고 있다. 그 어원을 추적해보면, 무늬개오지조개cowry shell를 거쳐 암돼지의 생식기까지 거슬러 올라간다. 도자기의 매끄러운 질감이 암돼지의 그곳을 연상시킨 것이 틀림없다). 정오경에 여자들은 향수를 강렬한 다른 것으로 바꾼다. 그리고 저녁 때 다시 바꾼다. 나폴레옹은 등화유를 비롯한 여러 가지 성분으로 만든 향수를 좋아했다. 나폴레옹은 1810년, 향수 장인 샤르댕에게 똑같은 향수 162병을 주문했다. 그는 몸을 씻고 난 다음 목, 가슴, 어깨에 향수를 쏟아부었다. 가장 힘겨웠던 전쟁 기간에도 그는 공들여 장식한 막사에서 장미 향이나 제비꽃 향이 나는 로션, 장갑 등 아름다운 장식품을 고르곤 했다. 나폴레옹 전쟁 때 영국 해군의 함장들은 조세핀 황후에게 장미를 보냈다. 꽃은 말메종에 있는 황후의 정원(조세핀 황후는 그곳에 250종의 장미를 심었다)으로 배달되었다. 새로 나온 개량종 장미를 실은 배들은 영국과 프랑스를 마음대로 오갔다. 엘리자베스 1세는 용연향을 뿌린 장갑을 열렬히 사랑했다. 향수를 뿌린 망토를 둘렀을 뿐 아니라, 조신 朝臣들에게도 향수를 흠뻑 뿌려 그들이 주위에서 움직일 때마다 달콤한 냄새가 풍겨나도록 했다. 엘리자베스 극장의 번영과 셰익스피어를 비롯한 많은 작가들의 활동에 큰 영향을 미친 여왕은 감각적 예술적 활동의 중심에 있는 것을 즐겼다. 여왕은 특히 월터 롤리 경을 총애했는데, 그가 즐겨 바르던 딸기 향수 때문이라는 이야기도 있다. 또한 애완동물을 향수로 씻겼고, 페스트를 피하기 위해 향료알을 가지고 다녔다.

향기에 대한 집착은 이미 오래전에 시작되었다. 아기 예수에게 바쳐진 첫 번째 선물은 향이었고, 11세기에 참회왕 에드워드는 웨스트민스터 사원에 성스럽고 놀랄 만큼 오래가는 기념물을 하사했다. 바로 동방박사가 바쳤던 진짜 유향이었다. 인도에서는 암컷 코끼리의 몸에 사향을 마사지해서 수컷 코끼리를 유혹하게 만드는 기술이 지금까지 전해지고 있다. 일본의 옛 궁정에서는 15분마다 다른 향을 피웠고, 게이샤들은 피운 향의 개수를 계산해서 돈을 받았다. 향수는 모든 문명과 종교를 사로잡았으며, 이슬람교도 마찬가지다. 코란에 나오는 이야기에 의하면, 신심이 깊어 낙원에 가는 이들은 그곳에서 요염한 동반자 하우라('검은 눈의 여인'이라는 의미)를 만나는데, 하우라는 어떤 변덕스러운 요구도 들어주고, 새로운 욕망에 불을 지르는 동시에 그 욕망의 불을 꺼준다고 한다. 궁극적인 기쁨의 샘, 하우라는 온전히 백단향으로 이루어진 존재라고 한다. 순수한 향기이자 순수한 기쁨이다. 얼마나 적절한 비유인가. 하우라들은 우리를 생각과 시각 이전의 세계로, 진화의 침침한 복도에서 우리를 안내해주는 것은 오직 냄새뿐이던 시절로 데려간다.

촉각

그것은 지나치게 따뜻한 손이다.

끊임없이 시원해지기를 원하여

그 사이로 바람이 들어오도록, 손가락을 펴고

자신도 모르게 아무것이든 차가운 물건 위에

그것을 올려놓는다.

그 손으로 피가 솟구쳐 들어간다.

마치 사람의 머리로 피가 용솟음치듯,

그것은 정말, 환상으로 격해진

광인의 머리 같다.

— 라이너 마리아 릴케, 『말테 라우리츠 브리게의 수기』에서

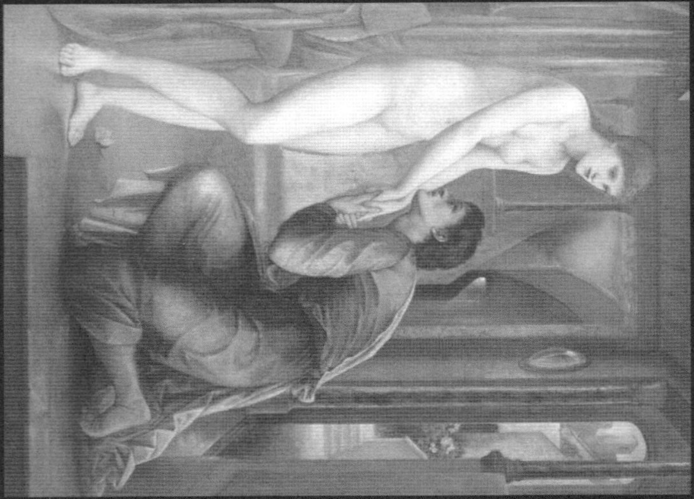

에드워드 번 존스, 피그말리온 이미지 시리즈, 1878, 버밍엄미술관

감각하는 공기 방울

◆

인간의 피부는 우주복과 같다. 우리는 그 우주복을 입고 해로운 기체, 우주선, 태양의 복사에너지 등 온갖 장애물을 뚫고 나간다. 나는 오래전에, 면역체계가 약해서 병에 걸리기 쉬운 한 소년이 나사에서 제작한 기포 속에서 산다는 이야기를 읽은 적 있다. 우리도 그 소년과 다르지 않다. 우리의 피부가 바로 그 기포다. 피부는 살아 있어서 호흡하고 배설하며, 해로운 빛과 세균 침입을 막아주고, 비타민 D를 합성하고, 열과 추위를 막아주고, 스스로를 복구하며, 혈액의 흐름을 조절하고, 촉각을 느끼는 바탕으로서의 역할을 하고, 성적 매력을 갖게 해주고, 개인적 정체성을 규정하며, 우리 내부에 있는 새빨간 잼과 젤리를 유지시켜준다. 우리는 항상 피부를 장식하고 싶어 하는데, 피부는 재생 가능하고 씻을 수 있으므로 그것이 한층 쉬워진다. 정신과 의사 데이비드 헬레스타인은 《사이언스 다이제스트》(1985년 9월호)에서 피부에 대해 간단명료하게 설명하고 있다.

피부는 기본적으로 2개의 층으로 이루어진 막이다. 아래층은 두터운 해면질의 진피다. 두께는 1~2밀리미터고, 주로 결체조직으로 되어 있으며, 단백질의 일종인 콜라겐이 풍부하다. 진피는 쿠션 역할을 하여 몸을 보호해준다. 진피에는 모낭, 신경 말단, 땀샘, 혈관과 림프관이 분포해 있다. 위층인 표피는 두께가 0.07~0.12밀리미터다. 비늘 모양 편평상피세포로 이루어져 있다. 이 세포는 표피의 맨 아래쪽에서 둥그렇고 통통하게 생겨나 15~30일 사이에 위로 밀려 올라오고, 그 밑에서 또 새로운 세포가 만들어진다. 위로 올라오는 동안 접시처럼 납작해지고, 케라틴(각질)이라는 단백질로 가득 찬 생명 없는 껍데기가 된다. 마침내 맨 위로 올라오면 상피세포는 망각 속으로, 이름도 없이 떨어져 나간다.

피부는 우리와 세계 사이에 있다. 피부는 우리를 가로막고 있지만 또한 우리에게 개인적인 형태를 부여해주고, 외부에서 침입하지 못하도록 보호해주며, 필요에 따라 우리를 시원하게도 따뜻하게도 해주고, 비타민 D를 생산하고, 체액을 보존해준다. 가장 경이로운 것은 피부가 스스로를 복구하고, 끊임없이 스스로를 갱신한다는 점일 것이다. 무게가 3~4.5킬로그램에 이르는 피부는 인체에서 가장 큰 기관이자 성적 매력을 부여하는 핵심 기관이다. 피부는 놀라울 정도로 다양한 형태를 취한다. 발톱, 가시, 발굽, 깃털, 각질, 머리카락 등. 피부는 방수가 되고, 물에 씻을 수 있으며, 신축성이 있다. 피부는 나이가 들면서 처지기도 하지만, 놀랍도록 내구성이 강하다. 거의 모든 문명에서, 피부는 색칠하고, 문신하고, 장신구로 치장할 수 있는 이상적인 캔버스가 되어주었다. 그러나 무엇보다도 피부에는 촉각이 있다.

손가락과 혀는 등보다 민감하다. 인체의 어떤 부분은 간지럼을 타고, 어떤 부분은 가렵거나 떨리거나 소름이 돋는다. 일반적으로 몸에서 털이 많은 부분이 압력에 예민한 것은 모근에 많은 감각수용기가 있기 때문이다. 생쥐에서 사자에 이르기까지, 입 주위의 털은 대단히 예민하다. 인체의 털도 예민하지만, 다른 동물에 비해서는 정도가 덜하다. 털이 난 곳의 피부는 아주 얇다. 감각은 피부의 맨 위층이 아니라 그 아래쪽에서 일어난다. 피부의 맨 위층은 죽어 있고 쉽게 떨어져 나간다. 욕조 위쪽에 둥근 때 자국을 만드는 것이 그것이다. 금고 털이범이 손가락 끝을 가끔씩 사포로 문지르는 것은 피부 맨 위층을 얇게 해서 촉각수용기가 표면으로 나오도록 만들기 위해서다. 목수는 덜 다듬어진 부분을 찾기 위해 대패로 밀어놓은 나무 표면을 엄지손가락으로 쓰다듬어본다. 요리사는 반죽이 알맞게 되었는지 보기 위해 엄지와 검지 사이에 반죽을 조금 집어넣고 굴려볼 것이다. 면도를 하다가 살을 베거나 스타킹 올이 풀리기 시작하면, 우리는 보지 않고도 그것을 안다. 우리 몸이 젖지 않아도 젖어 있음을 느끼는데(말하자면, 고무장갑을 끼고 설거지할 때), 이것은 촉각이 복잡한 감각으로 이루어져 있음을 의미한다. 차가운 물속에 들어갈 때 발을 먼저 담그는 것이 더 쉬운 이유는, 발에는 차가움을 느끼는 감각수용기가 적게 분포되어 있기 때문이다. 발보다는 코끝이 차가움에 더 민감하다.

중세에는 법과 신앙 혹은 관습을 어긴 이들을 마녀로 몰아 화형시켰다. 지옥의 유황불을 흉내 낸 화형은 무한한 공포심을 일으켰다. 죽음은 세포 하나하나에, 모든 감각수용기에 찾아왔을 것이다. 생명의 사소한 감각 전부가 불에 타버렸을 것이다. 오늘날 우연한 사고로 화상을 입은 사람들은 피부이식을 위해 큰 병원의 화상 병동으로 후송된다. 화상 부위가 너무 깊어 몸이 스스로 회복하기 힘들 경우 일시적으로 화상 부위를 덮어놓고(죽은 사람의 피부, 돼지 피부, 연고에 적신 거즈 등으로) 피부이식을 준비한다. 인간의 피부는 몸무게의 16퍼센트(약 3킬로그램)고 펼치면 17.5미터가 되는데, 몸의 너무 많은 부분이 타버리면 피부이식이 어려워진다.

1983년, 하워드 그린 박사가 이끄는 하버드대학 연구팀은 화상을 입은 피부를 복구할 혁명적인 방법을 찾아냈다. 제이미와 글렌 셀비 형제는 몸에 묻은 페인트를 씻어내던 중 사고로 페인트에 불이 붙었다. 겨우 다섯 살, 여섯 살이었던 형제는 온몸에 각각 97퍼센트, 98퍼센트라는 끔찍한 화상을 입었다. 보스톤 쉬리너 화상 병동 의사들은 죽은 사람의 피부와 인공 피막으로 화상 부위를 덮었다. 그리고 겨드랑이에서 작은 피부 절편을 떼어내 배양하여 넓은 피부를 만들었다. 그리고 이것을 다섯 달에 걸쳐 서서히 이식했다. 의사들은 두 아이의 몸에서 화상을 입은 부위의 절반을 복구했고, 1년 후 아이들은 와이오밍의 카스퍼에 있는 집으로 돌아갔다. 비록 이식한 피부에 땀샘이나 모낭은 없었지만 유연하고 튼튼했으며, 아이들은 다시 학교에 다니기 시작했다. 의사들은 새 피부를 대량으로 배양할 수 있게 된 것이다.

방법은 이렇다. 의사들은 환자의 몸에서 작은 피부 조각을 떼어내 효소 처리를 한 다음 배양 용기에 얇게 편다. 열흘쯤 지나면 피부 세포의 무리들은 서로 연결되어 넓게 자라는데, 이것을 다시 잘라 좀 더 넓게 만든다. 24일이 지나면 몸 전체를 덮을 만큼 넓은 피부가 생긴다. 바셀린에 적신 거즈를 새 피부에 덮은 다음, 거즈 옆쪽을 살짝 들어올리고 피부를 몸에 봉합한다. 피부는 곧 서서히 안쪽으로 자라나는데 열흘쯤 뒤에는 거즈를 떼어낸다. 이렇게 하면 보통의 피부이식을 했을 때에 비해 훨씬 자연스럽게 보인다. 피부 배양만큼 혁명적인 치료법이 또 있다. 코넬 의대 뉴욕 병원에서는 죽은 사람의 피부로 실험하고 있으며, 의사들은 이것을 대량으로 배양하여 피부 은행에 보관해두었다. MIT에서는 화상 환자에게서 떼어낸 피부 절편을 2시간이 채 안 되는 시간에 4배로 만들어내는 초고속 기술을 개발해냈다. 3주 동안 기다릴 필요 없이 당장 이식수술을 할 수 있다. 2주 후, 화상을 입은 피부는 새로운 피부로 덮인다. 물론 이식된 피부에는 모낭, 땀샘, 색소세포가 없지만 정상 피부와 똑같은 보호 작용을 한다. 이 방법은 가벼운 화상이나, 화상이 심하더라도 범위가 작을 경우에는 사용하지 않는다. 넓은 부위에 심한 화상을 입어 이식할 피부가 거의 없는 환자들에게만 적용한다. 지연, 거부반응, 감염 가능성 등 위험이 따르지 않는 방법은 없지만 장기, 그것도 인체에서 가장 큰 장기를 배양하는 것을 보고 사람들은 눈, 귀, 심장 등의 장기 전체나 일부를 인공적으로 배양하는 데에 생각이 미쳤다. 이러한 장기를 키우는 밭은 접시고 저장 창고는 시험관이다.

촉각과 관련된 말

◆

언어는 촉각의 은유에 젖어 있다. 우리는 감정을 느낌이라고 부르고, 무엇인가 접촉할 때 신경이 곤두선다. 인생에는 가시 돋친 문제, 간지러운 문제, 끈적거리는 문제가 있으며, 때로는 가죽 장갑을 끼고 부드럽게 다루어야 할 문제도 있다. 과민한touchy 그리고 거친 사람들은 신경을 건드린다. 라틴어로 "간섭하거나 끼어들지 마시오"라는 뜻의 Noli me tangere는 직역하면 "내 몸에 손대지 마시오Don't touch me"가 된다. 이것은 부활한 예수가 막달라 마리아에게 한 말이었다. 또한 이것은 루푸스를 가리키기도 하는데, 루푸스 환자에게 흔히 나타나는 보기 흉한 피부 궤양 때문일 것이다. 토카타toccata는 오르간 같은 건반악기를 위한 자유로운 형식의 곡이다. 원래 건반 연주touch 기법을 보여주기 위한 곡이었으며, 토카타란 말은 toccare의 여성형 과거분사에서 나온 말이다. 음악 교사들은 종종 '터치 감각이 없다'고 학생들을 꾸짖는데, 이 말은 표현하기 힘든 연주의 섬세함을 의미한다. 펜싱에서 투셰touché는 가드가 달린 검이 몸에 닿아서 상대에게 패했음을 의미한다. 논쟁을 하다 상대의 치밀한 논리에 패배했을 때도 이렇게 말한다. 시금석touchstone은 표준을 의미한다. 원래 시금석은 금은의 순도를 알아내는 데 사용하는 검은색 규산질 암염이었다. 금이나 은을 시금석에 문지른 다음 돌 위에 남은 흔적을 보는 것이다. "예술의 시금석은 그 정밀함이다." 에즈라 파운드의 말이다. D. H. 로렌스는 접촉을 피상적인 스침이 아니라 존재의 핵심까지 깊숙이 침투한다는 뜻으로 사용했다. 20세기에 유행한 춤은 주로 각자 움직이는 춤인데, 2년쯤 전에 파트너와 몸을 밀착시키고 추는 춤이 유행하자 사람들은 그 춤을 뭔가 다르게 '터치 댄싱'이라고 불렀다. "좀 전에 저기서 아슬아슬했어Touch and go." 우리는 일촉즉발의 위기 상황에 대해 이렇게 말하면서도 이 표현이 말과 마차 시대까지 거슬러 올라간다는 사실은 알지 못하고 있다. 이 말은 사륜마차 2대가 충돌할 뻔하다가 아슬아슬하게 피해 가는 상황을 가리켰다. 현대에서는 차들이 핸들을 급하게 틀어서 범퍼를 스치며 지나가는 것을 말한다. 실질적인 것에 대해 표현할 때, 껍질이 있는 과일을 말하듯이, '만질 수 있는'이라고 한다. 사람이 죽으면, 가족들은 시체를 아기처럼 천으로 싸서 안을 두텁게 댄 관에 넣는다. 대지의 자궁으로 돌아가기 전에 다시 어머니의 품에 눕는 것이다. 프레데릭 작스가 《사이언스》에서 말하는 바와 같다. "촉각은 최초로 점화되는 감각이며, 대개 맨 마지막에 소멸한다. 눈이 우리를 배신한 뒤에도 오랫동안, 손은 세계를 전하는 일에 충실하다⋯⋯. 죽음에 대해 설명할 때, 우리는 촉각의 상실에 대해 말하는 일이 많다."

최초의 접촉

◆

아무 할 일 없는 뚱뚱한 중년 신사는 아니지만, 나는 마이애미에 있는 한 병원에서 아주 작은 아기를 어루만져주고 있다. 밤늦게, 다들 집에서 가족을 돌보거나 일을 마치고 자러 갈 시간에, 퇴직한 남성 자원봉사자들이 조산아 병동으로 온다. 아기들은 안아주고 귀여워해주는 이의 성별을 가리지 않는다. 아기들은 사막의 오아시스처럼 아저씨들의 손길을 반긴다. 이 아기의 팔은 비닐처럼 흐느적거린다. 아기는 너무 약해서 스스로 몸을 움직일 수 없지만 심하게 보채다 구석으로 밀려갈 수 있으므로, 간호사들은 깔개 옆에 부드럽고 긴 베개를 올려놓았다. 아기의 몸은 겨우 카드 한 묶음만 해 보인다. 배를 깔고 엎드려 있는 이 아기는 사내아이다. 언젠가는 올림픽에 나가 농구를 하거나, 아이들을 기르거나, 힘센 용접공이 되거나, 출장을 위해 일본행 비행기표를 예약하게 될까? 믿기 어렵다. 가분수처럼 큰 머리의 정맥이 강줄기처럼 도드라진 작은 생명체가 너무도 약하고 너무도 덧없게 느껴진다. 고립된 삶을 강조하듯 아이솔렛이라는 상표의 인큐베이터에 누워 있는 아기의 몸에는 여러 개의 줄이 연결되어 있다. 아기의 상태를 기록하기 위한 것인데 비상시에는 경보를 울려준다. 나는 꼼꼼하게 손을 씻고, 소독하고, 따뜻하게 한 다음 뜨거운 연민을 느끼며 인큐베이터의 구멍 속으로 손을 집어넣고 아기를 만진다. 고치 속에 손을 집어넣은 기분이다. 먼저 아기의 머리와 얼굴에서 시작한다. 10초에 6번 아주 부드럽게 쓰다듬어주는 것이다. 그리고 목과 어깨를 6번 쓰다듬어준다. 그리고 등을 6번 길게 쓸어준다. 그리고 팔과 다리를 6번 애무해준다. 너무 가볍게 손을 대면 아기는 간지럼을 탈 것이고, 너무 힘을 주면 놀랄 테니까, 두꺼운 천의 주름을 펼 때처럼 약간 힘을 주어 쓸어준다. 옆의 모니터에는 청록색 심전도 그래프와 호흡곡선이 스크린을 달리고 있다. 호흡곡선은 톱니 모양이고, 심전도 그래프는 높이 올라갔다가 툭 떨어지며 끊임없이 새로워지고 있다. 아기의 심장박동은 1분에 153회다. 내가 아주 격렬한 운동을 하면 이렇게 올라갈 수 있지만 아기는 지금 평온한 상태다. 아기들은 어른에 비해 심장박동수가 훨씬 높다. 마사지가 끝나면 아기를 다시 똑바로 눕힌다. 잠이 들긴 했지만 아기는 싫은 듯 얼굴을 찡그린다. 1분도 채 안 되는 동안, 아기는 다양한 표정을 보여준다. 수기手旗 신호 같은 눈썹, 암호 같은 찡그린 이마, 말랑한

촉각

지우개 같은 입과 턱 덕분에 우리는 그 모든 표현을 완전하게 이해한다. 짜증, 평온, 당황, 기분 좋음, 성냄…… 그리고 얼굴에서 긴장이 풀리고, 눈꺼풀이 바삐 움직인다. 꿈의 칠판, REM 수면으로 들어가는 것이다. 간호사들이 와서 세상에 나와 자궁의 잠을 자고 있는 태아, 자그마한 조산아들을 들여다본다. 태아는 무슨 꿈을 꿀까? 나는 아기의 팔다리를 부드럽게 움직여 정해진 운동을 시켜준다. 팔을 쭉 폈다가 확실하게 구부려주고, 다리를 쭉 폈다가 무릎이 가슴에 닿도록 구부려준다. 가만히 있으면서도 그것을 다 느끼고 있는 아기는 내 손길을 즐기는 듯하다. 우리는 아기를 한 번 더 엎드리게 해놓고, 머리와 어깨를 만져주기 시작한다. 이것은 하루 3번으로 정해진 안마 시간 중 첫 번째다. 내가 아기의 깊은, 마약과 같은 잠을 방해하는 것처럼 보이지만, 아기를 쓰다듬어줌으로써 나는 아기에게 생명을 주고 있다.

안마를 받은 아기들은 그렇지 않은 아기들에 비해 체중 증가 속도가 50퍼센트 더 빠르다. 안마를 받은 아기들은 더 활발하고, 또렷하고, 반응을 잘하고, 주변 환경을 더 잘 알고, 소음을 더 잘 참을 수 있다. 또한 적응이 빠르고 정서적으로도 훨씬 안정되어 있다. 1985년《사이언스뉴스》에는 안마를 받은 아기들은 "1분도 안 울고 곧장 잠이 든다. 그리고 훨씬 침착하고 감정적으로 안정되어 있다"는 심리학자의 실험 결과가 발표되었다. 여덟 달 동안 관찰을 계속한 결과, 안마를 받은 조산아들은 대체로 체중이 더 나가고, 머리가 더 크며, 신체적인 문제가 더 적다는 사실이 밝혀졌다. 캘리포니아에서는 의사들이 조산아를 물을 넣어 조금씩 흔들리는 고무 요에 누였는데, 실험 결과 아기들은 덜 보채고, 더 잘 자고, 무호흡이 더 적게 나타났다. 여러 실험을 통해, 다른 사람의 손길이 닿은 아기들은 덜 울고, 정서적으로 안정되고, 부모에게 훨씬 귀여움을 받는다는 것이 밝혀졌다. 이것은 아주 중요한 사실인데, 왜냐하면 조산아로 태어난 아기들은 정상아들보다 훨씬 높은 수치인 7퍼센트가 아동 학대를 경험하기 때문이다. 키우기 어려운 아이들이 학대를 더 자주 받는 것이다. 타인의 손길을 받아보지 못한 아이들은 어른이 되어서도 타인에게 손을 내밀지 않는다. 똑같은 과정이 반복되는 것이다.

1988년 《뉴욕타임스》에는 아동 발달에서 신체 접촉이 얼마나 중요한지에 관한 기사가 실렸다. 영장류와 2차 세계대전 고아들을 비교 연구하여 밝혀낸 사실이다. "신체 접촉 없이 키운 아이들은 아무리 잘 먹이고 잘 보살펴도 심리적 신체적인 발달 지체를 일으킨다. 하루에 3번, 15분씩 안마를 받은 조산아들은 인큐베이터에 그냥 방치해둔 아기들에 비해 체중 증가 속도가

47퍼센트 더 빨랐다. (……) 안마를 받은 아기들은 또한 신경계가 더욱 빠르게 성장했다. 이 아기들은 더욱 활동적이 되었고, (……) 사람의 얼굴이나 움직임에 더욱 잘 반응했으며, (……) 평균 6일 빨리 퇴원했다." 8개월 뒤, 안마를 받은 아기들은 그렇지 않은 아기들에 비해 정신적 능력과 운동 능력의 테스트에서 훨씬 우수한 성적을 나타냈다.

　마이애미 의과대학의 아동 심리학자 티파니 필드 박사는, 여러 가지 이유로 병원 중환자실에 입원한 아기들을 연구하고 있다. 서맥徐脈과 무호흡증으로 카페인을 투여받는 아기, 뇌수종에 걸린 아기도 있다. 또 어떤 아기들은 당뇨병 환자인 엄마에게서 태어나 집중적인 관찰이 필요하다. 어느 인큐베이터 옆에서는 젊은 엄마가 등받이 없는 검은 의자에 앉아 한 손을 인큐베이터에 넣고 부드럽게 아기를 쓰다듬으며 무슨 말인가를 속삭이고 있다. 또 다른 인큐베이터에서는 분홍색 하트 무늬가 그려진 하얀 가운을 입은 여자 아기가 악을 쓰며 울기 시작하고 모니터에서는 알람이 울린다. 방 저쪽에서는 남자 의사가 조용히 앉아서 산소 줄의 끝을 막았다 열었다 하며 아기에게 숨 쉬는 법을 가르치고 있다. 그 옆에서는 간호사가 여자 아기를 엎드리게 해놓고 '자극'을 주기 시작한다. '자극'은 안마를 가리키는 말이다. 조산아들의 얼굴은 얼마나 늙어 보이는지!

잠자면서 표정을 바꾸는 것이 꼭 감정을 연습하고 있는 것처럼 보인다. 간호사는 안마 스케줄에 따라 아기 몸의 각 부분을 10초 동안 6번씩 쓰다듬어주고 있다. 자극을 준다고 해서 아기의 수면 패턴이 바뀌는 것은 아니지만, 아기는 매일 30그램씩 체중이 늘고 있고 예정보다 일주일 더 빨리 집으로 갈 것이다. "아기에게 따로 해주는 건 아무것도 없습니다. 하지만 자극받은 아기들은 더 활발하고 체중이 더 빨리 늘지요. 성장 발달도 더 잘 이루어지고요. 정말 놀라운 일입니다. 신체 접촉을 통해 얼마나 많은 정보가 전달되는지는 모릅니다. 다른 감각은 특정 감각 기관에 집중되지만, 촉각은 온몸에 다 퍼져 있으니까요." 필드 박사의 설명이다.

듀크대학에서 쥐를 가지고 실험했던 신경학자 솔 샨버그는 어미 쥐가 새끼의 몸을 핥아주고 털을 다듬어주면 새끼 몸에서 화학적 변화가 일어난다는 사실을 발견했다. 새끼를 어미에게서 떼어놓으면, 새끼의 성장 호르몬 분비는 저하된다. 모든 세포 안에서 ODC(어떤 화학적 변화를 일으킬 때가 되었다는 신호를 보내주는 효소) 농도가 떨어지고, 단백질 합성이 저하된다. 새끼에게 어미를 돌려주자 성장은 다시 시작되었다. 실험자들이 어미를 돌려주지 않은 채 부정적 효과를 제거하려고 했을 때, 부드럽게 쓰다듬어주는 것만으로는 되지 않는다는 사실을 발견했다. 어미의 혀와 비슷한 붓으로 아주 센 자극을 주었을 때에만 새끼들은 정상적인 발달을 시작했다. 새끼들에게 어미를 돌려주든 아니면 실험자가 붓으로 자극을 주든, 한번 어미를 빼앗겼던 새끼들은 과민반응을 보였고 평상시보다 더 많은 신체 접촉을 해주어야 정상반응으로 돌아왔다.

샨버그는 한 소아과 연구를 계기로 생쥐 실험을 시작했다. 그가 특히 관심을 가졌던 심리사회적 왜소발육증에 관한 연구에 의하면 폭력적인 가정의 아이들은 성장이 멈추기도 한다. 이런 경우 성장 호르몬 주사도 발육 지체아의 성장에는 소용이 없었고, 오직 따뜻한 사랑만이 해법이었다. 병원에 입원하여 간호사들에게 사랑을 받는 것만으로도 정상적인 성장을 시작하는 경우가 많았다. 놀라운 것은 그 과정이 가역적이라는 사실이다. 새끼 쥐 실험이 똑같은 결과를 낳자 샨버그는 삶의 초기에 인간적인 접촉 없이 병원에서 고립되어 있는 조산아들에 생각이 미쳤다. 동물들은 기본적인 생존을 위해서는 어미와 가까이 있어야 한다. 만약 어미의 감촉이 없어지면(쥐의 경우 45분 정도), 새끼는 어미가 돌아올 때까지 생존을 유지하는 데 필요한 영양 요구량을 줄여버린다. 어미가 곧바로 돌아오면 이 문제는 원만히 해결되지만, 어미가 영영 돌아오지 않으면 낮은 신진대사로 인해 성장 지체가 일어난다. 새끼는 신체 접촉을 통해 자신이 안전하다는 사실을 확인한다. 그것은 새끼의 몸에 내리는 정상적으로 발달하라는 진행 신호와 같은 것이다. 세계 각국에서 수행한 많은 실험을 통해, 많이 안아준 아기일수록 더 기민하고, 인지 능력이 더 잘 발달된다는 것이 밝혀졌다. 이는 침몰하는 배에 탄 사람이 택하는 전략과 유사한 데가 있다. 먼저 구명보트에 타고 도움을 요청하는 것이다. 목청 높여 어미를 부른다. 그리고 물과 음식을 비축하고, 많은 에너지가 필요한 활동, 예를 들면 성장 발달을 지연시킴으로써 에너지를 보존하는 것이다.

콜로라도 의과대학에서는 원숭이 새끼를 어미와 격리하는 실험을 했다. 새끼는 무기력, 혼란, 우울 등의 증상을 나타냈고, 어미를 돌려주고 며칠이 지나자 다시 정상으로 돌아왔다. 격리 기간에는 새끼의 심장박동, 체온, 뇌파, 수면 패턴, 면역기능 등에 변화가 생겼다. 어미를 빼앗긴 새끼들의 상태를 관찰한 결과, 신체 접촉의 박탈은 신체적 심리적 장애를 야기한다는 것이 밝혀졌다. 그러나 어미를 돌려주자 심리적 장애만이 사라진 듯했다. 즉 새끼의 행동은 정상으로 돌아왔지만, 신체적 장애, 질병에 대한 민감성 등은 정상으로 회복되지 않은 것이다. 이 실험이 의미하는 것은 새끼에게서 어미를 박탈했을 때의 손상은 가역적이지 않고, 장기적 손상으로 이어질 수 있다는 사실

촉각

이다.

원숭이에 대한 또 다른 격리 실험이 위스콘신대학에서 이루어졌다. 이곳 연구자들은 유리 칸막이를 사이에 두고 새끼와 어미를 떼어놓았다. 이들은 서로 보고, 듣고, 냄새 맡을 수 있었지만 접촉은 할 수 없었다. 그러나 그것은 아주 심각한 결핍을 낳아서 새끼는 끊임없이 울부짖으며 미친 듯이 배회했다. 또 다른 그룹은 유리 칸막이에 구멍을 만들어서 어미와 새끼가 구멍으로 서로 접촉할 수 있도록 했는데, 이것으로 충분했던지 새끼는 심각한 행동 문제를 일으키지 않았다. 잠시 동안 어미를 빼앗겼던 새끼들은 청년기가 되었을 때 독립적이고 자신감 넘치는 개체로 발달하지 않고 서로에게 강박적으로 매달리는 행동을 보였다. 장기간 어미를 빼앗겼던 새끼들은 서로를 피했고, 서로 마주치면 공격적인 행동을 보였다. 좋은 관계를 형성하지 못하는 폭력적이고 외로운 동물이 되었던 것이다.

일리노이대학의 영장류 실험에서, 연구자들은 신체 접촉의 결핍이 뇌 손상을 가져온다는 사실을 발견했다. 우선 세 가지 상황을 설정했다. (1)접촉을 제외하고 모두 가능한 그룹. (2)24시간 중 4시간 동안 유리 칸막이가 치워져 서로 교류할 수 있는 그룹. (3)완전히 고립된 그룹. 소뇌를 해부한 결과, 완전히 고립된 원숭이들은 뇌 손상을 입었다. 부분적으로 격리된 원숭이들도 마찬가지였다. 자연적인 집단 속에서 살았던 원숭이들은 손상을 입지 않았다. 충격적인 것은 신체 접촉만을 비교적 조금 박탈당했던 원숭이도 뇌손상을 입었다는 점이다. 이는 원숭이들의 이상 행동으로 자주 나타났다.

나는 인큐베이터 속 조산아의 자세를 고쳐주면서, 벽에 밝은 서커스 그림이 걸려 있는 것을 보았다. 그림 속에는 광대와 회전목마, 천막, 풍선, "운명의 수레바퀴"라고 씌어 있는 깃발이 있다. 나는 1989년 봄, 존슨앤존슨이 신체 접촉을 주제로 주최한 3일간의 심포지엄에 참석한 적이 있다. 그곳에는 신경생리학자, 소아과 의사, 인류학자, 사회학자, 심리학자 등 신체 접촉의 박탈이 몸과 마음에 미치는 영향에 대해 관심을 가진 사람들이 모여 있었다. 그때 솔 샨버그는 "어떤 감각보다 신체 접촉이 가장 중요하다"고 말했다. 여러모로 신체 접촉은 연구하기 어렵다. 다른 모든 감각에는 핵심 연구 기관이 있다. 촉각 기관은 피부이며 피부는 몸 전체를 감싸고 있다. 촉각을 제외한 모든 감각에는 최소한 하나 이상의 연구소가 있다. 촉각은 감각계이고, 그 영향은 고립시키거나 제거하기 힘들다. 과학자들은 시각에 대해 더욱 자세히 알기 위해 눈이 먼 사람들을 연구할수 있고, 청각이나 후각에 대해 더욱 자세히 알기 위해 귀가 멀거나 후각을 상실한 사람들을 연구할 수 있다. 그러나 촉각에 관해서는 그런 것이 실질적으로 불가능하다. 선천적인 시각장애인이나 청각장애인을 상대로 하는 연구처럼, 선천적으로 촉각을 갖지 않고 태어난 이들을 상대로 실험하는 것은 불가능하다. 촉각은 독특한 기능과 성질을 가진 감각이지만, 다른 감각들과 결합하는 일이 많다. 신체 접촉은 유기체 전체뿐 아니라, 그 유기체의 문화와 접촉하는 개인에게도 영향을 준다. "신체 접촉은 언어나 감정적 접촉에 비해 10배는 더 강합니다. 그리고 그것은 우리의 행동에 영향을 줍니다. 촉각만큼 사람을 자극하는 감각은 없습니다. 우리는 그 사실을 알면서도, 거기에 생물학적 근거가 있다는 것을 깨닫지 못했습니다." 샨버그는 설명했다.

"적응성을 말하는 건가요?"

"그렇습니다. 만약 서로를 만지는 게 기분 좋지 않았다면, 인류도, 자식도, 생존도 없었을 것입니다. 아기를 만지는 것이 기분 좋지 않다면, 엄마는 아기를 제대로 안아주지 않을 것입니다. 만약 서로를 만지고 쓰다듬는 느낌을 좋아하지 않는다면, 섹스를 하지 않았을 것입니다. 본능적으로 몸을 자주 맞대는 동물의 새끼는 살아남아 부모의 유전자를 후세에 물려주고, 몸을 접촉하는 성향은 더욱 강해집니다. 우리는 신체 접촉이 인류의 생존에 핵심적인 역할을 했다는 사실을 잊고 있습니다."

자궁 속에서 양수에 둘러싸여 성장하는 동안, 태아는 양수의 따뜻함, 엄마의 심장박동, 자궁의 출렁임을 느낀다. 엄마가 걸을 때 자궁은 부드럽게 흔들리는 멋진 그물 침대가 되고, 태아는 그 속에 떠 있는 것이다. 탄생은 이러한 평온 뒤의 거친 충격임에 틀림없다. 그래서 엄마는 여러 가지 방법(아기를 포대기로 감싸고, 흔들어주고, 엄마의 심장이 있는 쪽으로 아기를 껴안는 등)으로 자궁의 편안함을 다시 만들어준다. 분만을 한 엄마들은(원숭이 어미도) 아기를 꼭 껴안는다. 원시사회의 엄마들은 아기를 밤낮으로 끼고 있었다. 자이레의 피그미족 아기는 적어도 하루의 절반은 다른 사람과 신체적 접촉을 한다. 부족 사람들 누군가가 끊임없이 아기를 얼러주거나 놀아주는 것이다. 엄마는 아기를 쿠라스라는 띠에 넣어 옆구리에 비스듬하게 끼고 다닌다. 그러면 아기는 옆구리에 매달린 채 엄마 젖도 먹을 수 있고 엄마의 구슬 목걸이를 갖고 놀 수도 있으며, 다른 사람들과 교류도 할 수 있다. 이 아기들은 90퍼센트의 시간을 다른 사람들과 접촉하며 지내는 데 반해 미국에서는 아기를 아기 침대나 유모차, 유아용 카시트에 뚝 떨어뜨려놓는 것이 좋다고 생각한다.

신체 접촉의 특이한 점은 꼭 사람이나 살아 있는 것이 반드시 필요하지는 않다는 사실이다. 잉글랜드의 케임브리지에 있는 머터니티 병원에서는 조산아를 부드러운 양털 담요 위에 눕혀놓기만 해도, 다른 아기에 비해 하루 평균 15그램 더 체중이 증가한다는 사실을 밝혀냈다. 양털 담요 때문에 더 따뜻해서 그런 것은 아니다. 병원은 항상 따뜻하게 유지되기 때문이다. 이것은 오히려 아기를 '강보'에 싸는 전통과 관련이 깊다. 아기를 강보에 싸면 신체 자극이 높아지고, 스트레스는 줄어들며, 아기는 가볍게 안겨 있는 느낌을 받는다. 다른 실험에서는 담요나 옷으로 아기를 아늑하게 싸주면 심장박동이 낮아지고 편안해한다는 사실이 드러났다. 아기들은 자궁 속과 비슷하게 꽁꽁 싸줄 때 더 쉽게 잠이 들었다.

모든 동물은 만지고, 쓰다듬고, 찌르는 것에 반응한다. 그리고 어떤 경우에든, 생명 그 자체는 신체 접촉, 즉 서로를 접촉하고 관계를 맺게 해주는 화학물질 없이는 진화할 수 없다. 신체 접촉을 주고받지 못한다면, 나이와 상관없이 모두가 다 병이 들거나 접촉 결핍증에 걸릴 것이다.✢ 태아에게 가장 먼저 발달하는 감각은 촉각으로, 신생아는 눈을 뜨거나 세상에 대해 알

✢ '접촉 결핍증'인 디온 다섯 쌍둥이는 박탈당한 기이한 삶을 살았다. 다섯 쌍둥이는 캐나다의 온타리오에서 태어났는데, 주정부에 의해 동물원 비슷한 곳에 수용되었다. 이들은 창살이 쳐진 격리실에서 살았다. 아이들을 만지는 것을 허락받지 못한 엄마는 다른 구경꾼 틈에 섞여서 아이들을 바라보기도 했다. 결국 엄마는 소송을 통해서 아이들을 찾을 수 있었다. 그러나 이들 중에서 정상적으로 성장한 아이는 아무도 없었다.

기도 전에 자동적으로 촉각을 통해 느낀다. 우리는 태어나면 보거나 말할 수는 없어도 본능적으로 신체 접촉을 시작한다. 입술의 촉각 수용체 덕분에 젖을 빨 수 있으며, 따뜻한 것을 향해 손을 내밀어 움켜쥘 수 있다. 신체 접촉은 '나'와 '타자'의 차이, 나의 외부에 누군가, 엄마가 있을 수 있음을 가르쳐준다. 엄마와 아기는 신체 접촉을 굉장히 많이 한다. 엄마를 만지고 엄마의 손길을 받는, 최초로 경험하는 따스함은 헌신적인 사랑의 기억으로 평생토록 남는다.

나는 조프리라는 이름의 1.5킬로그램짜리 작은 우주를 오랫동안 부드럽게 쓰다듬어주고 있다. 아기는 괜히 입을 찡그려본다. 다른 인큐베이터에서는 다른 생명들이 꼬물거리고 있고, 다른 자원봉사자들이 인큐베이터에 손을 집어넣고 아기가 삶을 시작하도록 도와주고 있다. 병동의 연구 전문 간호사와 신생아실 소속 간호사가 빨강 딸랑이에 반응을 보이는 남자 아기를 데리고 신생아 감각 실험을 하고 있다. 아기를 안고 딸랑이를 천천히 흔들면 아기의 눈은 딸랑이가 움직이는 방향으로 움직였다가 다시 가운데로 돌아온다. 이것이 정상이다. 다음에는 작은 종을 양쪽에서 10초씩 흔드는 것을 네 차례 반복한다. 무슨 불교도의 의식처럼 보인다. 근처의 아기 침대에서는, 한 조산아가 헤드폰을 쓴 채 청각 테스트를 받고 있다. 헤드폰을 쓴 아기는 전화교환수처럼 보인다. 과거에 조산아에 대한 치료 방침은, 꼭 필요한 경우가 아니라면 아기를 건드리지 않고 격리해두는 것이었다. 그러나 신체 접촉의 중요성을 나타내는 증거가 너무 많이 발견된 지금은 많은 병원에서 신체 접촉을 강조하고 있다. "당신은 오늘 당신의 자녀를 안아주었습니까?" 자동차 범퍼에 붙은 스티커에 씌어 있는 말이다. 그저 지나가며 던지는 질문이 아님은 분명하다. 신체 접촉은 햇볕만큼이나 중요하다.

촉각이란 무엇인가

◆

촉각은 가장 오래된, 필수 불가결한 감각이다. 날카로운 이빨을 가진 호랑이가 발로 내 어깨를 툭툭 친다면, 나는 당장 알아차려야 한다. 어떤 접촉이든 맨 처음 접촉이나 느낌의 변화(가령, 부드러운 느낌에서 쏘는 듯한 느낌으로)는 뇌 활동을 활발하게 만든다. 약하고 지속적인 접촉은 배경이 된다. 뭔가를, 말하자면 연인이나 새 차의 범퍼, 펭귄의 혓바닥 등을 의식적으로 만질 때, 우리는 촉각수용기의 복잡한 그물망을 작동시킨다. 어떤 감각에 노출되면 촉각수용기는 감각 신호를 쏘아 보낸다.

뇌는 모스부호와 감각 신호를 읽어내고 부드러운, 거친, 차가운이라고 해석한다.

감촉이 지루하게 이어지면 사라질 수 있다. 두꺼운 스웨터를 입으면, 그것이 살에 닿는 느낌과 질감, 무게를 느끼지만, 시간이 지나면 그것을 완전히 무시하게 된다. 지속적인 압력은 처음에는 촉각수용기를 자극하지만, 나중에는 멈춰버린다. 그래서 털옷을 입고 있거나 손목시계나 목걸이를 하고 있어도 날씨가 더워지거나 줄이 끊어지지 않는 이상 별로 의식되지 않는 것이다. 어떤 변화가 일어날 때, 감각수용기는 신호를 쏘아 보내고 우리는 그러한 변화를 의식한다. 수용기 연구 결과, 크게 네 가지로 나누어지지만 반응 범위에 따라 다른 형태가 더 존재한다. 결국 촉각이라는 팔레트에는 그저 더움, 차가움, 아픔, 압박만이 아니라 그 이상의 복잡한 느낌이 있는 것이다. 많은 촉각수용기들이 결합해서 우리가 '찌르는 듯한 아픔'이라고 부르는 느낌을 만들어낸다. 고통, 짜증, 초조함의 다양한 변종에 대해 생각해보자. 핥다, 쓰다듬다, 귀여워하다, 애무하다, 따끔하다, 멍들다, 얼얼하다, 스치다, 긁다, 두드리다, 더듬다, 키스하다, 찌르다와 같은 말의 온갖 질감. 균형이 안 맞는 평행봉 위에 올라가기 전에 손에 바르는 가루. 후텁지근한 여름날에 얼음처럼 차가운 연못 물에 뛰어드는 느낌. 발목을 스치고 지나가는 물고기. 클럽 입회식 때 두 눈을 가린 채 과일 젤리 그릇에 손을 넣을 때의 기분. 개펄에서 발을 빼낼 때의 느낌. 발가락 사이의 젖은 모래. 에인젤케이크 누르기. 등줄기를 타고 내리는 오르가즘에 가까운 쾌감, 전율, 고통, 휴식의 행진. 나는 몇 해 전 새끼 낳는 철에 어느 목장에서 목동들의 일을 거든 적이 있다. 소가 힘들어하면 누군가 소의 질에 손을 넣어 상태를 확인했다. "당신은 여자니까, 당신이 해봐요." 목동들은 이구동성으로 말하고는 했다. 소가 인간과 구조가 다른 동물이라 해도, 같은 암컷이 다른 암컷의 안쪽을 더듬어보면 상태를 알 수 있으리라는 말이었다. "손을 쑥 집어넣고 둥근 돌처럼 느껴지는 걸 찾아봐요." 스페인계 목동이 유익한 충고를 해주었다. 소의 몸속에 팔을 어깨까지 집어넣으면, 팔이 온통 뜨뜻해지면서 힘껏 쥐어짜는 힘이 느껴진다. 그러나 무엇보다도 서서히 팔을 뺄 때 마치 줄지어 선 사람들과 악수를 하듯 소의 근육이 차례로 수축했다가 풀리는 것을 느낄 때의 놀라움과 기쁨은 잊혀지지 않는다. 태어날 때의 느낌이 그렇지 않을까. 과학자들은 대부분의 감각수용기가 압력에도 반응한다는 사실을 밝혀냈다. 아주 오랫동안 모든 감각마다 고유한 수용기가 있고, 각각의 수용기는 대뇌에 이르는 고유한 경로를 가지고 있다고 추측해왔다. 그러나 지금은 인체의 뉴런이 전기적 부호에 따라 다른 감각과 연관되어 있는 것으로 여겨진다. 통각수용기는 일정하지 않은 간격으로 불규칙한 신호를 보낸다. 가려움은 빠르고 규칙적인 신경 자극을 만든다. 열이 오르면 온도가 올라갈수록 점점 강한 신호를 보낸다. 약한 압력은 흥분의 물결을 보냈다가 잠잠해지고, 보다 강한 압력은 신경세포의 활동을 자극한다.

앞서 말한 것처럼, 촉각수용기는 시간이 지나면 자극에 '적응'하고 반응을 멈춘다. 그렇지 않으면 우리는 서늘한 여름 저녁에 살에 닿는 가벼운 스웨터의 감촉에 미쳐버리거나, 끊임없이 자극하는 산들바람 때문에 돌아버릴 것이다. 이러한 피로 증상은 우리의 내적 상태에 대한 정보를 제공하는 파치니소체와 루피니 말단(관절) 혹은 골지체(건)에서는 생기지 않는데, 왜냐하면 이러한 기관이 방심하면 우리는 걷다가 쓰러질 수도 있기 때문이다. 이외 다른 감각수용기는 처음에는 각성상태에서 새로운 것에 굶주려 있지만, 시간이 지나면 "아, 또 그거야"를 의미하는 전기적 신호를 방출하고 졸기 시작한다. 그래서 우리는 원만하게 생활할 수 있는 것이다. 우리는 거의 항상 자신을 의식하고 있지만 몸은 자주 의식하지 않는데, 그렇지 않으면 감각의 태풍 속에서 극도의 피로를 느낄 것이다.

신체 접촉의 일부 형태는 우리를 괴롭히면서도 기분 좋게 해준다. 가령 간지러움은 압력과 통증의 신호를 합친 것이다. 축축함은 온도와 압력의 혼합이다. 그러나 촉각을 상실할 때(치과 의사가 노보카인을 주사하거나 팔다리가 혈압 저하로 마비될 때), 이질적이고 기이한 느낌을 받는다. 촉각을 영원히 잃어버리는 게 얼마나 무서운 일인지를 상상해보라. 치과 의사가 마취제를 주사하면 턱은 도자기 조각처럼 벌어진다. 압력과 온도는 느낄 수 있지만, 온도 감각은 거꾸로 된다(얼음물이 뜨거운 물로 느껴진다). 그러나 더 이상 턱에서 통증은 느껴지지 않는다. 간지럽거나 쑤시는 등 통증의 사소한 지표가 없어지자 살은 죽은 것처럼 느껴졌다. 나는 2년 전, 미주리주 세인트루이스에서 오랫동안 다발성경화증을 앓아온 소설가 스탠리 엘킨과 독서 모임에 같이 간 적이 있다. 스탠리는 아직 운전할 수 있어서 우리는 그의 차를 타고 가기로 했다. 그러나 그는 차에 타지 않고 운전석 문 옆에서 끝없이 주머니를 뒤지며 서 있었다. 결국 그는 주머니 속의 내용물을 전부 꺼내 차 위에 올려놓은 다음에야 열쇠를 찾을 수 있었다. 다발성경화증 환자들은 주머니 속에 든 물건(차 열쇠)을 느낄 수는 있어도, 만져서 확인할 수는 없다. 뇌는 형태를 제대로 해독하지 못한다. 청각과 시각을 동시에 상실한 이들에게서 볼 수 있듯이, 촉각에 의지해서 사는 것은 가능하다. 그러나 촉각이 없이 사는 것은 흐릿하고 마비된 세상을 사는 것과 같다. 그 속에서는 다리를 잃어도 모르고, 손에 불이 붙어도 아무 느낌이 없으며, 걸음을 멈춘 곳에서 길을 잃어버리고, 아무 특징 없는 하루를 시작한다.

암호의 송신자

◆

우리가 애무라고 부르는 섬세한 조화를 만드는 데는 여러 가지 수용기가 필요하다. 표피와 진피 사이에는 미세한 타원형의 마이스너소체가 있는데, 이것이 캡슐에 둘러싸인 신경이다. 마이스너소체는 주로 털 없는 부분, 즉 발바닥, 손가락 끝, 클리토리스, 음경, 젖꼭지, 손바닥, 혀 등 대단히 예민한 성감대에 몰려 있어 아주 사소한 자극에도 빠른 반응을 보인다. 마이스너소체 내부에는, 전구 속의 필라멘트처럼 가지가 갈라져 둥글게 말린 신경 말단이 피부 표면과 평행으로 자리 잡은 채 숱한 감각을 받아들이고 있다. 이러한 신경 말단은 평행으로 자리 잡고 있는 까닭에 직각으로 접촉해오는 데에 특히 예민하다. 게다가 마이스너소체의 각 부분이 서로 독립적으로 반응할 수 있기 때문에 기능이 대단히 분화되어 있다. 이렇게 설명하는 연구자도 있다. "말하자면 마이스너소체는 매트리스 속의 스프링처럼 서로 독립된 코일로 이루어져 있다. 다른 코일을 건드리지 않고도 하나의 코일을 누를 수 있는 것이다." 이것은 낮은 주파수의 진동, 말하자면 섬세하게 짠 직물이나 다른 사람의 팔꿈치 안쪽의 부드럽게 접힌 피부가 손끝에 닿는 느낌을 기록한다.

파치니소체는 압력 변화에 아주 신속히 반응한다. 그리고 대체로 관절 가까운 곳의 어느 정도 깊은 조직 속에 그리고 생식기와 유선乳腺 안에 들어 있다. 두꺼운 양파 모양의 감지기인 파치니소체는 무엇이 누르고 있는지, 관절이 어떻게 운동하는지, 우리가 움직일 때 내부 기관이 어떻게 위치를 바꾸는지 뇌에 연락해준다. 파치니소체는 큰 압력이 아니라도 신속하게 반응해서 뇌에 메시지를 전한다. 또한 진동이나 여러 가지 다양한 감각에 대해, 특히 높은 주파수(예를 들면 바이올린 소리)에 대해 예민하다. 서로 다른 진동을 잘 구분하는 것은 양파 껍질과 같은 파치니소체다. 파치니소체가 하는 일은 기계적 에너지를 전기에너지로 바꾸는 것이다. 이는 1950년 런던대학 유니버시티 칼리지의 버나드 카츠가 근육 전기 실험을 통해 보여주었다. 이어진 연구에서 이 과정은 더욱 명확하게 밝혀졌으며, 도널드 카는 『잊혀진 감각』에서 다음과 같이 썼다.

신경학자들은 촉각수용기를 미세한 구멍이 무수히 뚫려 있는 막으로 생각하고 있다. 즉 비닐로 싼 스위스 치즈 같은 모양이다. 휴식 상태일 때는 그 구멍들이 너무 작아서, 아니면 비닐이 너무 두꺼워서 이온이 통과하지 못한다. 기계적인 변형이 일어나면 이 구멍들이 커진다. 핀으로 찌르는 등 강한 압력에 의해 (……) 전류가 생성될 때, 그 전류는 신경충격을 일으킨다. 핀으로 얼마나 강하게 찔렀는지 그 강도를 나타내는 것은 신경충격의 횟수인데, 왜냐하면 이것이 신경섬유가 강도를 표시할 수 있는 유일한 방법이기 때문이다.

여러 가지 촉각수용기에는 또한 접시 모양의 메르켈 디스크가 있어서 피부의 표면 바로 아래에서 지속적인 압력에 반응한다(이것은 지속적으로 메시지를 전해준다). 캡슐로 싸여 있지 않은 다양한 자유 신경 말단은 접촉과 압력에 좀 느리게 반응한다. 루피니 말단은 피부 속 깊은 곳에 자리잡은 채 지속적인 압력을 기록한다. 그 밖에 온도수용기, 원통형 열 수용기가 있다. 그러나 무엇보다 기이한 촉각수용기는 머리카락이다.

털

◆

털은 사람들에게 깊은 영향을 준다. 사람들의 모습을 바꿀 수

도 있고 혐오스럽게 할 수도 있다. 생명을 상징하는 머리카락
은 머리에서 자라난다. 대지에서처럼 그것은 거둘 수 있지만
다시 자라난다. 기분에 따라 머리 색깔이나 모양을 바꾸기도
하지만, 시간이 흐르면 자연이 정교하게 설계된 도시를 잡초밭
으로 바꾸는 것처럼 우리의 머리는 원래의 형태로 되돌아온다.
연인에게 머리카락을 한 줌 주어 작은 로켓에 넣어 목에 걸고
다니게 한 것은 애틋한 행동이지만, 위험한 일이기도 했다. 왜
냐하면 주술사와 마법사, 부두교도, 무당들이 머리카락만 있으
면 그 주인을 해치는 주문을 걸 수 있기 때문이다. 이 주제에
관해서는 여러 가지 이야기가 전해진다. 중세의 한 기사가 사
모하는 귀부인의 음모를 몸에 지니고 전쟁터에 나갔다. 궁정연
애 최고의 교의는 비밀스러움이었던 데다가 귀부인의 머리카
락 대신 거웃을 택한 것은 철학적이기보다는 보다 실제적인 선
택이었을 것이다. 여인의 생명력을 상징하는 그것을 기사는 몸
에 지니고 다녔다. 옛날 남자 지도자들은 남성다움의 상징으로
머리를 길게 길러 늘어뜨렸다(사실 '카이저'나 '차르'는 '긴 머리'
를 의미한다). 삼손은 머리카락이 잘리면서 약해지고 몰락하는
데, 그보다 먼저 태어났던 영웅 길가메시가 겪은 일과 똑같다.
비교적 최근에는 유럽에서, 2차 세계대전 때 적에게 협력했던
여자들이 머리를 짧게 잘리는 수모를 당했다. 일부 보수적인

유대계 여인들은 결혼할 때 머리를 잘라야 했다. 남편이 아내에게 유혹되어 생식보다는 욕정에서 성관계하는 것을 막기 위해서다. 래스터패러언(에티오피아 황제 래스터패리를 신으로 섬기는 자메이카 흑인─옮긴이)은 로프 모양으로 여러 가닥 땋아 내린 자신들의 헤어스타일을 '천국에 이르는 고압 케이블'로 생각한다.

　요즘 젊은이들은 기성세대에게 충격을 주고 자신의 정체성을 확립하기 위해 머리를 자유롭게 연출하고 다닌다. 뾰족하게 세워 헤어스프레이를 뿌리거나 잔디처럼 짧게 깎고, 새 사육장이나 낙서투성이 뒷골목에서 빌려온 색깔로 머리를 물들인다. 한 학생이 '푸른 어치' 헤어스타일로 교실에 들어왔을 때 나는 깜짝 놀랐다. 진보라색으로 물들인 양쪽 머리카락은 빗어올려 스프레이를 뿌려 고정시켰고, 기다란 앞머리는 하얗게 염색해서 롤빵처럼 말아 눈썹 위로 늘어뜨렸다. 반짝거리는 검은색 뒷머리는 빗어올려서 머리통에 찰싹 붙였다. 그리 싫지는 않았지만 그 학생이 나타날 때마다 작은 소란이 이는 것을 알 수 있었다. 할머니는 어머니의 '벌집' 스타일 머리를 보면 분명 깜짝 놀랄 것이다. 그리고 어머니는 내가 숱 많은 긴 고수머리를 부스스하게 늘어뜨리고 다니는 것을 보고 놀랐을 거고. 모두 알다시피 헤어스타일은 한 집단의 상징이다. 군인들의 짧게 깎은 머리나 승려와 수녀들의 머리를 생각해보자. 1960년대에 남자들의 긴 머리를 보고 부모들은 심하게 화를 내곤 했는데, 그 세대를 그토록 아름답게 묘사한 것이 뮤지컬 〈헤어〉다. 당시 경찰들은 머리를 짧고 깨끗하게 잘랐지만 그다음 세대의 경찰은 긴 구레나룻에 콧수염을 길렀다. 나는 1967년 대학 1학년 때 보스턴에서 열린 히피 집회에 간 적이 있다. 한 젊은이가 자신의 말총머리를 조롱하는 어느 남녀에게 "너희들이랑 너희 미용사랑 다 엿 먹어라"고 욕을 퍼부었다. 내가 1950년대에 머리에 스프레이를 뿌려 거대한 양배추 머리를 하고 욕실에서 나오자 아버지는 "너 도대체 머리를 어떻게 한 거니?" 하고 물었다. "그냥 장난 좀 해봤어요." 난 대답했다. "장난이라고? 완전히 산발을 했잖아." 나는 요즘은 고수머리를 대충 커트해서 자연스럽게 늘어뜨리고 다닌다. 그러나 머리카락의 볼륨과 약간 에로틱한 자연스러움이 어머니의 예절 감각에 거슬렸나보다. 어머니 세대의 교양 있는 여성들은 머리에 스프레이를 뿌려서 고정시킨 진지한 머리 모양을 한다. 몇 주 전, 어머니는 전화를 걸어 전문직 여성들이 롤러, 헤어드라이어, 헤어로션, 헤어스프레이로 머리를 '세팅'하지 않는다면 우습게 보일 거라고 경고했다. 어수선한 머리는 어수선한 삶을 나타낸다. 오랫동안 이러한 관점이 지배했던 터라, 여성들은 머리를 길게 길러도 단단하게 쪽을 찌거나, 모자나 스카프로 가리거나, 아니면 헤어스프레이를 뿌리고 다녔다. 그리고 밤에만 머리를 풀어 늘어뜨렸다.

인간의 머리에는 10만 개의 모낭이 있고, 머리를 감거나 빗질할 때 매일 50개에서 100개가량의 머리카락이 빠진다. 머리카락은 1년에 13~15센티미터씩, 약 2년에서 6년가량 자란다. 머리카락의 성장이 끝나면 모낭은 몇 달 동안 휴식하는데 휴식이 끝나 머리카락이 빠지고 나면 다시 새로운 머리카락이 자라기 시작한다. 우리가 보는 아름다운 머리는 성장, 죽음, 재생의 순환에서 서로 다른 단계에 있는 수많은 머리카락이다. 그중 15퍼센트는 휴식 중이고, 나머지 85퍼센트는 성장하고 있다. 내일 죽을 운명인 수십 개의 머리카락의 모낭 깊은 곳에서는 새로운 머리카락이 싹트고 있다.

머리카락에는 표피라고 불리는 거친 외피가 있고, 모피질이라는 안쪽의 부드러운 부분이 있다. 머리털이 거친 사람들은 모낭이 더 크고 얇은 외피(머리카락의 10퍼센트)에 비해 안쪽의 피질이 더 크다(90퍼센트). 머리털이 가는 사람들은 모낭이 더 작고, 표피(40퍼센트)는 모피질(60퍼센트)과 거의 똑같다. 모낭 세포가 고르게 성장하면 머리카락은 똑바로 자라고, 불규칙하게 성장하면 머리카락은 곱슬거린다. 이는 굵은 머리카락에는 잘 붙지 못해서 흑인 아동들은 백인들에 비해 머리에 이를 옮기는 경우가 드물다. 머리카락은 사람들을 섹시하게 만드는 외에도 햇빛이나 자외선으로부터 뇌를 보호하고, 두개골에 단열재 역할을 하며, 충격을 완화해주고, 몸에서 머리카락 한 올 거리만큼 떨어져 있는 세계를 끊임없이 모니터한다. 우리는 극히 소수의 사람들만을 그 위험과 낭만의 세계로 들어오는 것을 허락한다.

물론 우리 몸의 많은 부분에서 털이 자란다. 발가락 위쪽과 콧속과 귓속에서도 털이 자란다. 중국인과 아메리카 인디언들은 얼굴과 몸에 거의 털이 없다. 지중해 연안 사람들은 몸에 털이 많고 무성해서 인류의 원인猿人 조상으로부터 겨우 한 발짝 진보해 나온 듯 보인다. 대머리들은 섹시하다. 탈모가 되는 것은 혈액 속의 테스토스테론 농도가 높기 때문이고, 카스트라토나 환관 중에서 대머리를 볼 수 없는 것은 그 때문이다. 나는 어깨나 등에 털이 무성한 남자들을 무서워했다. 바닷가에서 그런 사람들이 지나가면 '육식동물'이라는 단어가 떠오르곤 했다. 여자는 남자보다 피부가 부드러우므로 여자들이 성적 차이를 강조하기 위해 다리를 면도하고 로션을 바르는 것은 이해할 만하다. 그러나 털을 제거하기 위한 노력에도 불구하고, 여자들의 팔, 얼굴, 머리와 남자들의 가슴, 팔, 다리에는 많은 털이 남아 제 역할을 다하고 있다.

털은 포유류에게만 있다. 털은 모낭 기저부에 있는 작은 돌기에서 자라는데, 이 부근에는 신경 말단이 분포해 있다. 몸에는 평균 약 500만 개의 털이 있다. 털이 난 피부는 더 얇고, 매끈한 피부에 비해 예민하다. 털은 쉽게 자극받는다. 털을 누르거나 잡아당길 때, 그 끝을 건드릴 때, 주변의 피부를 누를 때, 털은 떨리면서 신경을 자극한다. 가장 예민한 것은 솜털인데, 0.001밀리미터만 움직여도 신경에 전기충격을 보낸다. 온몸이 감각 과잉 상태가 될 것이므로 솜털에서 항상 전기충격을 보낼 수는 없다. 아무 일도 일어나지 않는 듯한 무한히 작은 영역, 즉 감각의 사막이 있다. 그러다 아주 미약한 산들바람이 일기 시작하고, 그것이 어떤 전기적 문지방을 넘을 정도로 강해질 때, 신경계로 가는 충격파가 일어난다. 털은 훌륭한 촉각기관이다. 팔뚝의 털 몇 개가 자기도 모르게 일어나면, 우리의 뇌는 조용히 '산들바람'이라고 말한다. 미세한 먼지나 곤충이 눈썹을 스치면 우리는 당장 알아채고 눈을 보호하기 위해 눈을 깜빡인다. 털의 형태는 솜털에서 더듬이까지 다양하지만, 특히 유용한 털로 감각모라는 것이 있다. 이것은 고양이의 입 주위에 난 뻣뻣한 수염과 같은 것으로, 고래와 돌고래를 포함한 많은 포유동물에게서 볼 수 있다. 수염이 없는 고양이는 밤중에 여기저기 부딪히고, 비좁은 틈에 머리가 끼기도 한다. 진화에 대해

촉각

결정권을 행사할 수 있다면, 나는 수염처럼 생긴 감각모를 선택하여 어둠 속에서 가구나 사람들 혹은 너구리와 부딪히는 일이 없도록 할 것이다.

내부 환경

◆

명상이나 선 수행을 하는 사람들이 있다. 나는 여름이면 아침마다 정원의 화단을 거니는 것으로 하루를 시작한다. 화단에는 장미 25종과 라벤더 28종, 황색 원추리, 옥잠화 열댓 가지와 투구꽃 같은 음지 식물류 등 수많은 여러해살이 식물과 한해살이 식물이 피어난다. 나는 화단에서 30분 정도 머물면서 대나물과 분홍색 루피너스의 여린 가지, 블루벨 모양의 캄파넬라(줄기에서 독성이 있는 흰색 즙이 나온다) 가지, '빙 크로스비'라는 이름의 오렌지색 장미, 붉은색과 흰색의 금낭화, 밝은 노란색 큰금계국coreopsis, 커다란 푸크시아 달리아, 흰색과 붉은색이 섞인 데이지 모양의 미니어처 달리아, 원추리와 결혼하고 축제에 참가한 붓꽃처럼 보이는 화려한 반점 무늬의 적황색 티그리디아 파보니아를 꺾어 모으곤 한다. 밤사이나 이른 아침에 무슨 꽃이 피어났는지 알 수 없으므로, 수프 속에서 에메랄드를 건지는 것 같은 날들도 있다. 꽃을 꺾어 모으면 집에 들어가 한 30분 정도, 균형과 모양과 색깔을 열심히 따지며 투명한 구슬을 가득 담은 유리 수반에 그날 꺾은 꽃을 꽃꽂이하는 일에 고요히 몰두한다.

어느 날 아침 꽃다발을 만들면서 나는 이상한 일을 겪었다. 싱크대에 뜨거운 물을 받아 식기를 담가놓았는데 그 옆에는 따뜻한 물을 담은 그릇과 찬물을 담은 그릇이 있었다. 나는 한 손은 차가운 물에 넣고, 다른 한 손은 뜨거운 물에 넣었다. 그리고 두 손을 따뜻한 물에 담그자, 놀랍게도 양쪽 손에서 서로 반대되는 신호가 전해져왔다. 두 손이 지각한 것은 뜨겁다 혹은 차갑다가 아니라 온도의 변화였다. 나는 또한 같은 무게의 물건인 경우 따뜻한 것보다 차가운 것이 더 무겁게 느껴진다는 것을 알았다. 이러한 현상에 간단한 답은 없다. 냉각수용기는 압력도 함께 느끼는 반면 열 수용기는 오직 열만을 감지할 뿐인지도 모른다.

냉각수용기는 대부분 얼굴, 특히 코끝과 눈꺼풀, 입술, 이마에 몰려 있으며, 생식기도 추위에 예민하다. 추위를 가장 두려워하는 듯 보이는 것은 쉬지 않고 경계하고 있는 바깥쪽 껍질이다. 온각수용기는 피부 속 깊은 곳에 있고 수도 많지 않다. 혀가 인체의 어떤 부위보다 열에 민감한 것은 놀라운 일이 아니다. 수프가 혀의 시험대를 통과할 정도라면 목구멍이나 위는 화상을 입지 않을 것이다. 다른 촉각 정보와 달리 온도감각은 온도의 높낮이뿐만 아니라 온도 변화까지 뇌에 보고하며, 보고 내용도 자주 갱신한다. 어머니는 내가 열이 나면 손목에 얼음 조각을 올려놓곤 했다. 이렇게 자극을 받은 냉각수용기는 과도한 활동 상태에 들어가고, 끊임없이 전기충격을 보낸다. 얼음 조각을 치우면, 손목은 한참 동안 차가운 상태로 머물러 있다. 크게 찜질 효과가 있을 것처럼 보이지 않지만, 몸이 따뜻해지는 것을 느끼려면 2~3도를 올려야 하는 반면 차가움을 느끼려면 0.5~1도만 낮추면 된다. 그러면 몸이 상태를 바로잡기 시작하고, 손을 비비고, 몸을 떨고, 손을 겨드랑이에 집어넣어서 몸을 덥힌다. 몸을 식히기 위해서는 얼음물을 마시거나 냉수욕을 하거나 수영을 한다. 지독하게 덥고 습한 여름날, 태양은 양잿물에 빠진 듯하고, 공기는 마실 수 있을 만큼 습하고, 몸은 금방 녹아내린 납처럼 느껴질 때, 우리는 수영장에 뛰어들어 목까지 차는 물속에 서서 뇌간을 식히고 원기를 회복해야 한다. 어떻게 해서 아스피린은 열을 내리면서도 정상 체온에는 영향을 주지 않을까? 체내에서 열을 유발하는 물질인 피로젠pyrogen의 방출을 억제하기 때문이다. 인체의 체온 조절 능력에 관해서는 아직 해명되지 않은 부분이 많다. 아침에 일어날 때는 잠자리에 들기 전보다 체온이 떨어져 있다. 그러나 새벽 4시경에 체온이 가장 낮은 이유는 무엇일까?

우리가 속에서 몸을 냉각시킨 것일까? 저체온수술에서 혈액은 냉각된 다음 재순환되어 체온을 약 섭씨 25도까지 떨어뜨린다. 공상과학소설에서는 우주비행사의 체온을 떨어뜨려, 유리집 속에서 잠자는 벌거숭이 곰처럼 장기간 수면 상태에 들게 하는 이야기가 많이 나온다. 그 가족은 극구 부인하고 있지만, 그의 유언에 따라 죽은 후 사체를 동결시켰다는 말이 그럴듯하게 떠돌고 있다. 월트 디즈니는 마법의 얼음 왕국에 누워 재생을 기다리고 있다는 것이다. 미국저온학협회에 소속되어 있는 트랜스타임주식회사에서는 사망 직후의 사체를 동결 처리하는 일을 한다. 죽음의 수수께끼가 풀리고 병으로 죽은 사람을 되살릴 수 있는 미래가 오면, 그때 생명을 되찾게 해주겠다는 것이다. 〈아이스 맨〉 같은 영화는 수십 년 혹은 수백 년 동안 냉동 상태에 있던 사람들이 새로운 세상에서 깨어난다는 이야기를 소재로 하고 있다. 이런 이야기가 그럴듯하게 들리는 것은 그러한 시나리오(죽어서 이 생을 빠져나간 뒤 다음 생에 태어난다는 것)가 종교적 관점에서 친숙하기 때문 아닐까. 뇌와 육체가 동결되었다가 아무 손상 없이 해동될 수 있다는 주장에 충분한 논거가 있다고 생각하지는 않지만, 저온학의 지지자들은 믿져

촉각

야 본전이라고 강변한다. 조직의 동결이 아닌 극단적인 대사 감소가 가능한 얘기일까? 공상과학소설에 나오는 가사 상태의 수면은? 서로 다른 조직은 서로 다른 성질을 갖고 있지 않을까? 그렇다면 어떤 조직은 과대 냉각시켜야 하는 반면, 다른 조직은 과소 냉각시켜야 하지 않을까? 사람들을 해동시키는 것에 대해 신의 섭리를 주장하는 이들(정자와 난자, 수정란을 동결시키는 것에 대해서도 이미 격렬하게 반대하고 있는 사람들)이나 종교적 광신도들은 어떻게 생각할 것이며, 그를 둘러싸고 어떤 윤리적 논쟁과 사회적 소요가 촉발될 것인가?

온혈동물인 인간은 쉽게 몸이 뜨거워지면서 오랜 두려움이 스멀거리는 것을 느낀다. 우리는 다른 동물을 요리하듯 자신이 요리되고 있다고 신음한다. "난 몸이 익었어." "난 완전히 탔어." "여긴 냄비 속처럼 푹푹 찌는데." 인간은 무거운 모피를 잃어버렸기 때문에 쉽게 몸을 식힐 수 있지만, 기온이 곤두박질치면 두꺼운 옷을 입어야 한다. 겨울철에 옷을 겹겹이 껴입고, 털 스웨터에 퉁퉁한 오리털 코트를 입고 돌아다니는 사람들이 있다. 그들은 걸어다니는 푹신한 침대처럼 보인다. 온혈동물의 탄생은 눈부신 약진이었다. 그것은 환경의 변화에도 불구하고 체온을 유지할 수 있고, 실질적으로 이동할 수 있음을 의미했다. 냉혈동물은 많이 이동하지 못하며(나비, 뱀장어, 바다거북은 빼고),

방울뱀이나 살무사 같은 것들은 대체로 뛰어난 열 감지 능력이 있다. 모기나 나방을 비롯한 곤충도 마찬가지다(그래서 일부 연구자들은 다른 사람보다 자주 모기에 물리는 사람들은 열을 많이 발산하여 모기의 훌륭한 목표물이 된다는 결론을 내렸다). 그러한 열 감지 장치가 없는 인간이 군사적 용도로 만들어낸 것이 독사처럼 공격하는 열추적 미사일이다. 〈울프〉나 〈프레데터〉 같은 공상과학 공포영화에서는 면도날 같은 발톱을 가진 피에 굶주린 괴물이 보이지 않는 세계에서 살고 있다. 그 괴물들은 적외선 감지기로 인간을 쉽사리 찾아낸다. 갑자기 나타나서 누군가를 집어삼키고 사라지는 괴물은 그러한 열 감지 능력 때문에 갑절로 공포스러워진다. 인간을 공격하는 데에 인간의 가장 좋은 특징을 이용하는 것이다. 오랜 세월 동안 인간은 따뜻한 피를 생명력으로 믿어왔다. 그리고 다정하고 자비로운, 즉 따뜻한 사람들을 높이 평가했다. 그런데 여기 그 따뜻함을 찾아 공격하는 괴물이 있는 것이다. 우리의 본질이 파멸의 원인이 된다는 것이 이러한 악몽이 전하는 메시지다.

북슬북슬한 털로 몸을 보호하지 않는 인간은 추위에 민감해져야 했다. 손이나 발같이 드러나 있는 부분은 예민한 촉각이 있어 아주 소중해 보이지만, 추위가 닥칠 때는 소모품이 된다. 손이나 발은 얼어붙어도 몸은 살아남는 것이다. 그러나 혈액의 온도가 떨어지면 끝장이다. 그래서 몸통은 온도 변화에 즉각 반응하고, 인간은 더위보다는 추위를 몸 전체로 감지하는 것이다. 남자보다는 여자가 손발이 차다고 호소하는 경우가 훨씬 많은 것도 놀라운 일이 아니다. 온도가 떨어지면 몸은 먼저 핵심 기관을 보호한다(손발에 동상이 걸리기 쉬운 것은 이 때문이다). 그래서 여자들의 몸은 생식기관을 먼저 보호하는 것이다. 입술이 파랗게 되거나 발에 동상이 걸리면, 혈관은 잔뜩 수축한다. 몸은 손발을 희생시키는 대신 중요한 내부장기로 피를 보낸다.

동물은 해바라기를 좋아한다. 겨울철, 털이 얼룩덜룩한 코커스패니얼이 햇볕이 잘 드는 거실 카펫에 배를 깔고 누워 있는 풍경은 보기만 해도 흐뭇하다. 파충류나 파리 같은 동물은 체온을 조절하기 위해 햇볕을 쬔다. 플로리다의 늪지대에 가면 쾌락주의자의 세심함을 다해서 햇볕 속에 몸을 드러내고 있는 악어를 쉽게 볼 수 있다. 악어는 한쪽 뒷다리와 꼬리를 물속에 담그고, 등 아랫부분과 다른 뒷다리는 덤불의 그늘 속에 집어넣고, 머리와 등과 앞다리는 완전히 햇볕 속에 내놓는다……. 악어들이 너무 까다롭게 구는 걸까? 사실 그것은 우리가 가을날 오후에 스웨터는 입고 모자와 장갑은 벗어버리는 것처럼, 자동온도조절장치를 작동하는 행동이다. 관광산업은 일광욕에 대한 열광 덕분에 번창했으므로 거의 어디서나 일광욕을 할 수 있다. 물론 모험이 가득한 여행을 좋아하는 이들도 있지만, 햇빛을 받으며 돼지고기를 굽듯 일정한 간격으로 소스를 발라주고 양쪽이 골고루 익도록 자주 뒤집으며 태우는 것을 좋아하는 사람도 많다. 일광욕을 좋아하는 이유는 쉽게 이해할 수 있다. 독창적인 패션을 만들어낸 진화라는 의상실에서, 동물들이 건강에 좋은 기후를 찾아낼 수 있도록 햇볕을 즐기는 감각을 마련했을 것이다. 그러나 해바라기가 지나치면 몸은 뜨거워지고, 피부의 작은 모세혈관이 확장되어 열기를 내보낸다. 인간의 얼굴은 달아오른다. 토끼 귀는 빨개진다. 모든 동물이 갖가지 방식으로 땀을 흘리고, 땀은 증발하며 몸을 식혀준다. 푹푹 찌는 여름날, 면옷조차 등에 달라붙을 때 우리가 신음하는 것은 열기가 아니라 습기 때문이다. 대기 온도가 섭씨 37도에 달하면, 몸은 정상 궤도를 이탈하여 괴로워하기 시작한다. 게다가 습도까지 높으면, 이것은 공기 중에 물이 가득 차 있다는 것을 의미하므로, 늘 하던 대로 땀을 흘려 몸을 식히려 해도 아무 효과가 없다. 공기가 너무 축축해서 땀이 증발하지 못하는 것이다. 그래서 끈적끈적한 몸으로 앨라배마의 집 앞 계단에 나른하게 앉아 "도랑을 치워드립니다" 같은 말이 씌어 있는 전단지로 부채질을 하며, 갓 꺾은 페퍼민트 가지나 샐비어 잎으로 향을 낸 아이스티를 홀짝거리는 것이다. 한편 동물은 추우면 대개 몸에 소름이 돋거나 몸을 떨어서 피부 근육을 수축시킨다(바깥에 노출되는 부분을 줄이기 위해). 이렇게 몸을 떨면 체온이 올라간다. 인간은 다른 동물처럼 털을 세워 몸을 커 보이게 하거나 몸을 따뜻이 데울 수는 없지만, 미세한 기모근起毛筋이 있어 춥거나 두려움을 느낄 때면 몸에 난 털의 일부를 일으켜 세운다. 어떤 동물들은 몸을 따뜻하게 유지하기 위해 환상적인 전략을 발전시켰다. 폰 부덴브로크의 보고에 따르면 독일의 한 양봉업자가 벌통이 차가워지지 않는 이유를 발견했다.

그의 설명은 그럴듯하다. 겨울철에 수만 마리의 벌이 벌통 속에 무리 지어 있다. 가운데 있는 벌들은 온도가 떨어져도 따뜻하지만, 바깥쪽에 있는 벌들은 추워진다. 그러면 벌들은 발을 차며 빠르게 날갯짓을 하기 시작한다. 추울 때 우리가 몸을 떠는 것과 같은 행동을 하는 것이다. 외곽에 있는 벌들의 동요는 1만 마리 이상으로 이루어진 무리 전체에 퍼져나간다. 무리 전체의 노력이 조화를 이루면 결국 상당한 양의 열이 발생된다. 그 결과 온도가 올라가고 벌들은 다시 조용해진다. 다시 온도가 떨어지면 똑같은 과정이 되풀이된다.

로스앤젤레스 박물관의 모나크나비 프로젝트에 참가하여 캘리포니아 연안을 돌아다니며, 월동 중인 수천 마리의 모나크나비를 잡아 꼬리표를 붙였던 12월을 다시 떠올린다. 유칼리나무 사이에서 빛나는 오렌지빛 꽃다발로 떠 있는 나비 떼는 가끔씩 태양열 집열판처럼 날개를 활짝 펴거나, 꿀을 찾으러 날아가기 전에 몸을 데우기 위해 빠르게 날갯짓을 하고는 했다. 다른 곤충이 없는 고요한 유칼리 숲에서 기다란 장대 끝에 달린 그물로 간단히 나비를 포획할 수 있었고, 나비들은 그 속에서 조용히 날개를 팔랑거렸다. 그물 속에서 나비를 한 마리씩 꺼내 건강 상태와 성별을 확인하고 임신했는지 여부를 살핀 다음, 작은 우표만 한 꼬리표를 날개 윗부분에 붙여주었다. 모나크나비가 날개 근육을 움직이기 위해서는 온도가 최소한 13도는 되어야 하는데 온도가 10도까지 내려간 적이 있었다. 그날은 날개에 꼬리표를 붙이고 항상 하던 대로 손수건을 던지듯 공중으로 놓아 보내자마자 나비가 땅바닥으로 곤두박질쳐 떨어져버렸다. 그러면 나는 날개를 접고 있는 나비를 살며시 들어올려 근육에 따뜻한 숨을 호호 불어주곤 했다. 잠시 후 나비가 날 수 있을 정도로 충분히 몸이 데워지면 다시 놓아주었다. 그러면 나비는 숲속에서 섬세한 일을 하기 위해 날아가고는 했다.

피부에는 눈이 있다

◆

촉각은 시각과 더불어 우리가 삼차원의 세계에 살고 있다는 것을 가르쳐준다. 시골 마을의 라마 서커스에 갔다가 사랑하는 사람과 함께 찍은 사진을 바라본다. 그리고 그 여름날의 끈적끈적함과, 부드러운 코를 우리의 셔츠 주머니에, 손에, 팔 밑에, 가슴 주위에 갖다대며 끈질기게 먹이를 조르던 라마의 감촉을 기억해낸다. 그 순간, '라마'라는 말은 우리의 사전에서 하나의 동사가 된다. 우리는 인생길을 가는 동안 가끔씩 라마처럼 끈질기게 구해야 하기 때문이다. 우리는 사랑하는 이의 손의 감촉과, 몸의 곡선, 머릿결을 기억한다. 촉각 덕분에 우리는 어둠 속에서, 혹은 다른 감각을 전혀 쓸 수 없는 상황에서 길을 찾아낼 수 있다. 영장류는 시각과 촉각을 결합하여 공간 속에서 물건을 찾는 데 뛰어난 능력을 보인다. 그런 능력을 가리키는 이름은 없지만, 어떤 것을 만져보고 그것이 무거운지 가벼운지, 속이 비었는지, 부드러운지 딱딱한지, 액체인지 고체인지 구분할 수 있다. 스베틀라나 알퍼가『렘브란트의 기상: 스튜디오와 시장』(1988)에서 지적한 것처럼, 렘브란트는 자신의 그림에 맹인을 자주 등장시켰다(〈돌아온 탕아〉 〈눈먼 야곱〉 등).

눈먼 사람을 등장시킨 것은 더 높은 정신적 통찰력을 나타내기 위해서가 아니라, 우리 경험 속의 촉각 활동에 대해 주의를 환기시키기 위해서다. 렘브란트는 촉각을 시각으로 구현해낸다. (……) 시각과 촉각의 유사함은 렘브란트의 채색 방식과 원칙적으로 짝을 이룬다. 그는 명암을 강조하기 위해 두드러진 양각 위로 떨어진 자연광의 반사광을 생략했는데 이는 눈에 보이는 것과 실체를 통일시키는 효과를 낸다.

내가 렘브란트의 초상화에서 전율을 느끼는 부분은 그가 채색하지 않고 남겨놓은 부분이다. 마음은 그런 것도 완전히 재현해낸다. 소년의 모자는 챙의 앞부분만 그려져 있다. 처음 그 그림을 보는 사람들은 렘브란트가 그렸던 것이 하나의 제스처, 극히 미약한 모자에 대한 암시라는 것을 알아채지 못한다. 그림을 보는 사람은 모자에 대한 자신의 경험 속에서 그림을 완성시킨다. 우리는 둥근 것을 만진다. 그것을 보면서 무엇인지를 안다. "아, 저거, 둥근 것이군." 마음은 이렇게 말하고 다른 중요한 것을 찾는다.

자기 감각이란 무엇일까? 넓은 범위에서 그것은 촉각, 즉 우리가 어떻게 느끼는가와 관련된다. 자기수용기自己受容器는 몸의 공간 속의 위치, 위가 비어 있는지 여부, 변을 볼 것인지 여부, 팔과 다리와 머리의 위치, 자신의 움직임, 자신이 순간순간 어떻게 느끼는지에 관한 정보를 제공한다. 자기 감각이 반드시 정확한 것은 아니다. 자신의 신체상에 대해 과장된 생각을 가지고 있기 때문이다. 큰 머리, 큰 손, 큰 입, 큰 생식기에 작은 몸통. 아이들이 머리와 손을 크게 그리는 것은 자신의 몸을 그렇게 느끼기 때문이다. 매 순간 알아야 할 것이 너무 많다. 카프카의 「심판」에서 지나가는 사람이 "안녕하세요?"라고 정중하게 묻자 주인공은 대답할 수 없는 질문을 받은 충격으로 마비되면서 공포를 느낀다. 우리 일상생활은 비슷한 질문으로 가득 차 있다. 심각한 의도는 전혀 없이, 자판기 구멍에 동전을 집어넣듯 대화 속에 끼워넣는 질문이지만, 나는 장난스러운 긴 대답을 들려주고 싶은 유혹을 자주 느낀다. "안녕하세요?" 가까운 사람이 이렇게 물어오면, 나는 나의 신장과 비강 점막, 혈압, 내이, 질벽의 주름, 소화, 불안정한 호르몬의 상태에 대해 자기 수용기로부터 얻은 정보를 숨김없이 보고하는 것이다. 촉각은 우리가 어떤 모습을 하고 있는지에 관한 자세한 정보로 기억을 채운다. 촉각이 없으면 거울은 아무 의미도 없다. 우리는 항상 무의식적으로 자신을 재고 있다. 멍하니 팔을 쓰다듬고, 엄지와 검지로 손목을 잡아보고, 혀가 코에 닿는지 해보고, 발목에서 허벅지까지 스타킹의 줄이 나가는 것을 느끼며, 신경질적으로 머리카락을 꼰다. 그러나 무엇보다도, 촉각은 우리에게 생명은 깊이와 모양을 갖추고 있음을 가르쳐준다. 촉각은 세계와 자신이 삼차원적이라는 것을 인식하게 해준다. 생명에 대한 이런 복잡한 감각이 없다면, 감각과 감정의 지도를 만드는 예술가들은 존재하지 않을 것이고, 손가락을 몸속에 집어넣는 외과의사 또한 없을 것이다.

촉각의 집에서의 모험

◆

샌프란시스코로 가는 길에, 친구가 비행기에서 열어보라며 준 선물을 뜯어본다. 황금색과 푸른색의 우아한 비단 상자 안에는 똑같이 생긴 2개의 크롬 공이 비단 구멍 속에 나란히 박혀 있다. 슬쩍한 딸기에 대해 이야기하면서 강박적으로 2개의 공을 돌리던 미친 퀴그 선장이 생각난다. 상자 안에는 접은 쪽지가 들어 있다.

서기 800년경부터 고대 중국인들은 이 지압구指壓球가 몸의 건강과 마음의 평온을 가져다 준다고 믿었단다. 그래서 이 귀중한 운동기구를 중화인민공화국을 방문한 레이건 대통령 부부에게 선물했지. 중국인들은 이 2개의 공을 손에 쥐고 돌리면 손가락의 경혈이 자극되어 기의 순환을 촉진시킨다고 하더라. 체육인들과 음악가, 컴퓨터 사용자와 건강에 관심이 많은 사람들은 누구나 이 공들이 근육 단련에 큰 도움이 된다는 걸 인정해. 관절염을 앓는 사람들도 이 부드럽고도 힘든 운동을 통해 큰 효과를 본대. 이완과 명상에도 아주 효과적이지. 공을 돌리는 동안 신비스러운 종소리가 조그맣게 들린단다. 이 아름다운 수공품, 속이 빈 이 반짝거리는 크롬 공의 둘레는 45밀리미터고 무게는 딱 알맞지. 누구의 손에든 편안하게 들어갈 거야.

나는 공을 하나씩 꺼낸다. 그리고 그 부드러움과 매끈함, 서로 부딪칠 때 나는 소리, 빛나는 두 개의 공을 한 손에 겹쳐 쥐고 돌릴 때의 편안함에 대해 감탄한다. 사실 이것은 여자들이 질 속에 삽입하고 즐기는 동양의 쾌락의 도구 린 노 탄rin no tan과 비슷하다. 여자들이 그것을 집어넣고 몸을 흔들면 공들이 몸속에서 움직이면서 성행위를 할 때의 기분을 느끼게 해준다고 한다.

이 신비스러운 물건은 샌프란시스코 '촉각의 집Touch Dome'으로 가는 여행길에 적당한 선물이다. 나는 몇 시간 뒤면 그곳에 도착한다. 멋진 체험 과학박물관인 익스플로라토리움의 한쪽 끝에는 사람이 차가운 어둠 속에서 걷고, 오르고, 기고, 미끄러질 수 있도록 3차원의 미로를 설치해놓았다. 휘청거리는 벽 사이를 뚫고 지나가면 경사진 바닥이나 강낭콩 같은 것들이 가득 찬 바다가 나오고, 때로는 로프로 만든 그물 침대 사이에서 나가는 길을 찾아야 한다. 이따금 솔이나 샌들 같은 친숙한 물건 위로 손이 스치면 소스라치게 놀랐다가 다시 해독할 수 없는 어둠으로 돌아온다. 누군가 갑자기 폐소공포증에 사로잡혀 비명을 지르기 시작하면 경비원이 슬며시 들어와 구해준다. 그러나 평소에 폐소공포증과 거리가 멀었던 사람이라도 밝은 세계로 돌아가는 길을 찾을 수 있을까 하는 의문이 드는 순간, 공포에 사로잡히게 된다. 암흑은 단단한 바위처럼 완강하고, 경사면으로 굴러 떨어지는 미로는 너무 좁아 일어나 앉을 수도 없을 지경이다. 사람들은 경사로의 시작과 그 대강의 넓이를 느낄 수는 있어도, 길이나 그것이 앞으로 어떻게 변할지는 알지 못한다. 이 경사진 길이 앞으로 얼마나 더 곤두박질칠 것인가? 머리도 못 들고 팔도 움직이지 못하는 상태에서 중간에 갇히면 어쩌나? 얼마나 더 가야 하는지 보려고 팔을 앞으로 내밀었는데 길은 너무 좁고 뒤로 돌아갈 수도 없는 상황이라면? 밑바닥에 구멍이 있어서 물렁한 바닥으로 거꾸로 떨어진다면? 아래로 떨어진 사람들은 미끄러지다가 손으로 머리를 감싸 쥐고 공중제비를 돈다. 출구가 없는 듯한 방으로 기어 들어가서 팔을 위로 뻗어보니 손잡이가 만져진다. 손잡이를 잡고 더듬더듬 기어 올라가자 또 다른 차원의 미로가 나온다. 가볍고 끈적끈적한 무언가가 얼굴을 스치고, 어둠은 다시 방향을 알 수 없는 막다른 골목으로 가득 찬 순전한 수수께끼가 된다. 그리고 어둠은 발밑에 느닷없이 구슬을 부어놓고, 건조하지만 꿈틀거리는 어떤 것의 수렁에 무릎까지 빠진 채, 비틀거리며 급하게 걸어 나간다. 그리고 쿵쾅거리는 가슴을 다잡으며 두꺼운 고무술을 헤치고 나가다 손잡이를 붙잡고, 경사로를 굴러 떨어져 밝은 빛 속으로 나온다. 순수한 촉각의 짧은 여행을 견뎌낸 것이다.

동물

◆

인간은 촉각에 탐닉하지만, 진정한 촉각의 명수는 동물이다. 해면동물은 놀라운 촉각을 가지고 있어서, 물의 온갖 진동을 다 느낀다. 촌충은 오직 촉각만으로 세계를 지각한다. 식충식물류 역시 촉각에 의지하여 생활한다. 배 끝부분에 있는 감각모는 진동에 아주 예민해서 바퀴벌레는 촉각과 관련된 실험에 자주 쓰인다. 달팽이는 극도로 예민한 더듬이를 가지고 있다.

악어는 머리 주위에 많은 촉각수용기가 분포되어 있어 구애 행동을 하는 동안 정성껏 그곳을 자극한다. 거북의 등껍질에는 감각이 없을 거라고 생각하지만, 커다란 바다거북은 등껍질을 가볍게 긁어주는 것을 좋아한다. 바다거북은 잔가지 같은 섬세한 것이 등을 스치는 것을 느낄 수 있다. 프레리도그나 개미핥기처럼 생존을 위해 땅을 파는 동물이나 야행성 동물은 대개 뛰어난 촉각을 가지고 있다. 에이머 기관(두더지의 주둥이에 있는 파치니소체 비슷한 것)은 근처에 벌레가 있음을 알려주는 토양 속의 아주 미세한 움직임도 감지한다. 표면에 파치니소체와 비슷한 허브스트Herbst소체가 있는 오리의 부리는 물의 진동에 아주 예민하다. 딱따구리는 나무 속의 곤충을 찾기 위해 혀를 사용하는데, 딱따구리의 혀에도 허브스트소체가 들어 있다. 새끼 펭귄은 부모의 발 위에 올라서서 부모의 따뜻한 배에 몸을 밀착시킨다. 이렇듯 살아남기 위해 촉각을 이용해야 하는 펭귄은 신체 접촉을 대단히 좋아하게 되었다. 쥐도 신체 접촉에 집착한다. 상당히 먼 거리에서 오는 물의 진동을 느끼고, 가까운 곳에서 움직이는 물체를 아주 정확하게 탐지해내는 수생동물도 있다. 촉각은 동물들에게 대단히 중요한 감각이므로, 조금이라도 건드리면 즉각 반응한다. 고양이가 주인의 다리에 몸을 비비거나, 기린이 긴 목을 서로 철썩철썩 부딪치며 구애하는 모습을 보라. 혀를 빼물고 서로를 쫓아다니다 잔디 위에서 뒹구는 강아지들이나, 공터에서 '터치' 축구를 하는 십 대 소년들이 아니라 해도, 동물들은 몇 시간씩 몸을 접촉하는 놀이를 즐긴다.

동물들은 지진을 예측할 수 있다고 한다. 지진이 일어나려 하면 가축들은 축사를 뛰쳐나가고, 애완동물은 집에서 뛰어나가 미친 듯이 돌아다니는 등 이상행동을 보인다. 아마 공기 중의 정전기 때문일 것이다. 베를린 자유대학의 헬무트 트리부치는 동물의 피부가 인간의 피부에 비해 훨씬 건조하다는 사실을 발견했다. 지진이 일어나기 전에 전자기장에 큰 변화가 생기는데 이것이 정전기를 발생시킨다. 이 정전기 때문에 동물의 털이 곤두서고 몸을 떠는 것이다. 나는 1975년 케이프 커내버럴에서 바이킹 2호의 발사 장면을 지켜보았다. 우주선이 이륙하는 동안 공기에서 간질거리는 전기가 느껴졌다. 나는 몸이 오싹했는데, 지구의 역사에서 외계의 생명체를 찾기 위해 우주선을 쏘아 올린 것은 그때가 처음이기 때문이었다. 누군가 불침번을 선다는 느낌에 나는 깊은 감동을 느꼈다. 우주선의 발사는 지진과 비슷한 전자기장의 변화를 낳고 공기 중의 정전기는 증가된다. 나는 몸이 스멀거리는 느낌을 받았다. 구경꾼들 중에서 아무렇지도 않은 사람은 없었다. 목의 털은 쭈뼛 일어서고, 충격파는 거대한 주먹처럼 가슴을 두드렸으며, 음이온의 자극적인 춤으로 마음은 동요했기 때문이었다. 그러다 살구색 불꽃이 경련을 일으키며 우주선은 까마득히 치솟았다.

문신

◆

피부를 손상시키는 온갖 기술 가운데 가장 흥미롭고 오래된 것이 문신이다. 문신은 교역로를 따라 대륙을 건너 소문처럼 퍼져나갔다. 신석기시대의 농부들은 푸른 삼지창 모양을 얼굴에 새겼다. 고대 이집트의 여자 가수, 무용수, 창녀 들도 문신을 했다. 1769년, 쿡 선장은 타히티 사람들은 남녀 모두 문신(tattoo, 타히티의 tatau〔때리다〕는 말에서 유래된 것으로 추측된다)을 하고 있다고 일기에 썼다. 조지 5세, 니콜라스 2세, 랜돌프 처칠 여사와 기념물에 미친 미국인, 입술에 영원한 분홍빛을 새겨 넣고 싶어했던 빅토리아 시대의 사교계 여인들이 모두 문신을 했다. 테리 란다우는 『얼굴에 대하여』에서 뉴질랜드 마오리족의 아주 복잡한 문신 기술에 관해 쓰고 있다.

마오리족에겐 모코moko라는 정교한 문신 기술이 있다. (……) 몸에 빈틈없이 새겨진 문신을 자랑하는 족장이 있었다. 입술과 혀, 잇몸. 입천장에까지 문신이 새겨져 있었다.

이레즈미라는 일본 문신은 산수화나 꽃꽂이처럼 본격적인 민속예술이다. 뛰어난 문신 기술자들은 샤갈의 작품 같은 전신 문신을 새긴다. 그것은 섬세하고, 불쾌하고, 신비롭고, 유혹적이고, 관능적이고, 입체적이며, 소름 끼친다. 그것은 많은 생각을 불러일으킨다.

궁극적으로 문신은 사람의 외양을 독특하게 만들고, 그 비밀스러운 꿈을 구현해주며, 육체의 알타미라를 신비로운 상징으로 장식하는 행위다. 또한 자기파괴적 행위기도 하다. 문신을 한 피부는 제대로 숨 쉬지 못하며 문신에 사용하는 잉크에는 독성이 있다. 그래서 전신에 문신을 한 사람들은 수명이 짧다. 얼굴과 손, 머리에 문신을 한 사람들은 정상적인 사회생활을 포기한 것이고, 그래서 일본에서 문신한 사람들은 대부분 암흑가에 속해 있다. 문신 기술자들은 도쿄 경시청에서 하는 시체 확인 작업을 도와주기도 한다. 일관된 내용의 그림을 온몸에 새기는 사람들을 보면 상징주의, 장식, 정체성에 대한 의문이 든다. 『일본인의 문신』이라는 실물 크기 46쪽짜리 폴라로이드 사진집에서, 사진작가 샌디 펠먼은 문신의 매혹을 다음과 같은 역설로 설명한다. "야만적으로 창조된 아름다움" "복종의 대가로 얻은 힘" "정신적인 세계에 이르는 수단으로서의 육체의 미화."

서양인들이 사후에 장기를 기증하는 것처럼, 뛰어난 문신 기술자의 작품을 새긴 일본인들은 자신의 피부를 박물관이나 대학에 기증하기도 한다. 도쿄대학은 그런 걸작 300여 점을 틀에 넣어 소장하고 있다. 인간의 살가죽을 모아놓은 방에 들어간 사람들은 충격과 함께 의문을 느끼지 않을 수 없을 것이다. 그렇게 많은 삶이 바늘과 잉크에 의해 규정되어 펼쳐져 있는 모습을 본다는 것은 얼마나 이상한가. 또 자신의 몸을 텍스트로 삼고자 했던 사람들이 그렇게 많다는 것은 얼마나 이상한가.

고통

◆

모래바람이 휘몰아치는 영화 〈아라비아의 로렌스〉에는 전형적인 남자다움을 묘사하는 장면이 있다. 주인공 로렌스는 살이 타기 시작할 때까지 촛불 위에 손을 올려놓는다. 그걸 본 동료가 로렌스를 흉내 내다 촛불에서 손을 떼며 소리친다. "자네는 아프지 않나?" 그는 화상 입은 손을 어루만지며 묻는다. "아프지." "도대체 비결이 뭔가?" 동료가 묻는다. "비결은 신경을 끄는 거야." 로렌스는 침착하게 대답한다.

생물학의 커다란 수수께끼 중 하나는 고통의 주관성에 관한 것이다. 고통 견디기, 그것은 문화와 전통에 상당히 의존한다. 병사들은 끔찍한 부상을 입고도 고통을 부인한다. 전시가 아니라면 그렇지 않겠지만, 그들은 모르핀을 요구하지도 않는다. 수술을 받으러 병원에 입원하는 사람들은 대개 전적으로 자신의 병과 고통에만 초점을 맞춘다. 반면 병사나 성인 혹은 순교자들은 더 고귀하고 더 중요한 것에 대해 생각하기 때문에 고통의 감각이 흐려진다. 종교에서는 순교자들에게 영혼을 정화하기 위해 고통을 당하도록 격려해왔다. 우리는 외로운 '나'로서 이 세계에 왔지만, 그런 나를 신성한 광란에 바치는 것은 종교에서 요구하는 고통스러운 환희다. 고행하는 수행자가 불붙은 석탄 위를 걸어가 살이 타기 시작해도(살이 타는 냄새도 맡을 수 있다) 그는 그것을 느끼지 못한다. 나의 어머니는 몇 년 전 발리 섬에 갔다가 무아지경에 빠진 남자들이 새빨갛게 달궈진 포탄을 불 속에서 끄집어내 옮기는 것을 보았다고 한다. 명상법과 바이오피드백은 마음이 고통을 정복하는 법을 배울 수 있음을 증명했다. 이것은 특히 위기가 닥쳤을 때나 감정적으로 고양된 순간에 나타나는 사실이다. 이런 때에 외부에 마음을 집중하면 마음은 몸에서 멀어지고, 몸은 고통과 시간에서 멀어진다. 물론 고통을 이겨내기 위해 고통을 당하는 사람들도 있다. 1989년, 캘리포니아에 새로운 유행이 시작되었다. 부유한 사업가들 사이에 뜨거운 석탄을 밟는 법에 관한 주말 세미나가 붐을 일으켰던 것이다. 사람들은 항상 육체를 한계 이상으로 밀어붙이는 행위에 매혹된다. 우리 정신에는 순수한 시간 기록원과 기상 관측인이 있다. 우리는 자신이 얼마나 빨리 달리는지, 얼마나 높이 뛰는지, 물속에서 얼마나 숨을 오래 참는지를 알고 싶어 할 뿐만 아니라, 또한 자신이 그러한 한계를 뛰어넘었는지의 여부를 알기 위해 규칙적으로 자신의 기록을 확인하고 싶어 한다. 왜일까? 그렇게 하는 게 무슨 의미가 있을까? 150킬로그램을 번쩍 들어올릴 수 있든 없든, 영국 해협을 헤엄쳐 건널 수 있든 없든, 지하철을 타고 1년을 버틸 수 있든 없든, 인간의 육체는 놀랍고 아름답다. 환경에 적응하는 방법을 더욱 날카롭게 발전시켜 오늘날에 이르고, 처음부터 우리를 이끈 것은 정교한 보상 체계였다. 우리가 퀴즈 쇼와 복권 추첨, 현금과 보너스에 열광하는 것은 놀라운 일이 아니다. 우리는 항상 자신의 정신적 한계를 탐색해왔고, 쉬지 않고 그 한계를 밀어붙였다. 나는 1980년대 초반에 1년 동안 축구 전문 기자로 일하며 펠레와 프란츠 베켄바우어를 비롯해서 뉴욕 코스모스 팀이 기록적인 액수의 현찰을 지불하고 데려온 거의 모든 전설적인 스

촉각

타들의 현란한 플레이를 쫓아다녔다. 자신이 좋아하는 스포츠에서 세계 최고의 선수들이 전부 한 팀이 되어 뛰는 모습을 상상해보라. 나는 공식적 폭력과 게임의 심리학, 경기장의 흥분한 선수 집단, 인간의 다리로 그려내는 상쾌한 수사, 최소한의 옷만 걸친 22명의 남자들이 햇빛 속에 잔디밭을 내달리며 공이라는 목표물을 좇는 인류학적 구경거리에 흥미를 느꼈다. 축구의 비장함과 우아함은 매력적이었고 나는 내가 쓰고 있던 소설에 그 분위기를 반영하고 싶었다. 놀랍게도 선수들은 휴식 시간이나 경기가 끝난 후에야 심하게 다치거나 몹시 아프다는 사실을 깨달았다. 경기가 진행되는 동안 고통은 그림자도 비치지 않지만, 일단 경기가 끝나면 고통이라는 사치를 누릴 수 있는 여유가 생기고, 아픔은 교도소의 점심시간 종처럼 요란하게 울리는 것이다.

고통에 대한 두려움이 오히려 고통에 기여하는 일이 많다. 현대의 서구 문화에서 출산은 굉장히 고통스러운 경험으로 인식되어 있고, 그것은 분명 사실이다. 그러나 다른 문화권의 여성들은 들판에서 일을 하다가 들어와 아기를 낳고, 아기를 낳은 다음 곧장 들로 다시 나간다. 세계 도처에서 행해지는 입문식과 성인식은 굉장한 고통을 수반하는 경우가 많은데, 자신의 가치를 증명하기 위해 그 고통을 견뎌야 한다. 예를 들어 수족의 태양춤에서, 젊은 전사는 기꺼이 가슴의 살가죽을 쇠막대로 꿰고 기둥에 매달린다. 1970년대에 이스탄불에 갔을 때, 반들거리는 비단 터키모자를 쓰고 반짝이 장식을 단 비단옷을 차려입은 십 대 소년들을 보았다. 포경수술을 받을 준비를 하고 있는 소년들이었다. 터키에서 열다섯 살가량의 소년들에게 그것은 일생일대의 축제였다. 마취제는 사용하지 않고, 대신 젤리를 주어 씹게 했다. 리처드 버튼 경의 저작엔 원시 부족의 신체 절단이나 고문 의식에 관한 이야기가 많은데, 그중에는 무당이 소년의 고추에서 남는 살을 떼어내고, 배에서 허벅지까지 칼로 길게 그어 하얀 흉터를 남긴다는 이야기도 있다.

어떤 문화권의 여성들은 고통스러운 성인식을 치르기도 하는데, 그중에는 클리토리스를 제거하거나 파괴하는 할례가 포함되는 일이 많다. 출산의 고통을 견디는 것은 여성에게 당연한 일이지만, 변형된 고통의 의식, 즉 건강이나 아름다움을 위해 견뎌내는 고통도 있다. 여자들이 다리에 밀랍을 바르는 것은 예로부터 전해지는 유행이다. 나도 최근에 맨해튼의 어느 미용실에서 다리에 밀랍을 발랐는데, 그 고통은 만 마리의 벌이 동시에 쏘는 것처럼 지독했다. 루마니아 출신 미용사는 나치의 게슈타포 요원이 되고, 미용실의 작은 방은 감방이 되었다. 미라는 이름으로 행해지는 고문을 옛날이야기로 여기지만,

도시의 상점에서도 그러한 행위가 여전히 이루어지고 있다. 고통이 아름다움을 창조해내기 때문에 사람들은 아름다워지기 위해 고통을 견딘다. 그래서 아름다움은 희생의 모습을 띤다. 많은 여성들이 매달 생리를 할 때마다 극심한 고통을 겪는다. 하지만 이들은 그 고통이 남이 가한 것이 아니고, 악의적인 것도 아니며, 갑작스러운 것도 아님을 이해하기 때문에 그것을 받아들인다. 여기서 중요한 차이가 생기는 것이다.

또한 사람들이 존재하지 않는 고통을 겪고 있다고 상상하면 시각적 환영만큼이나 생생한 고통도 생겨난다. 어떤 문화권에서는 아버지가 가상 임신을 경험하고 산통을 느끼며, 아기를 낳는 듯한 힘겨운 경험을 하기도 한다. 내부장기에는 통각수용기가 별로 많지 않아서(그래서 피부가 초소 노릇을 하는 것이다) 내장 기관에 문제가 생기면 '연관통referred pain'이 느껴지는 일이 많다. 심장마비가 일어나면 대개 위장, 왼쪽 팔 혹은 어깨에 통증을 느낀다. 이렇게 되면 뇌는 메시지가 어디서 왔는지 정확하게 알지 못한다. 뇌가 잘못된 신호를 받아 이미 절단되어 없어진 부분에서 계속 통증을 느끼는 것이 환지통幻脂痛이다. 물리적으로는 아픈 곳이 존재하지 않으므로 그러한 통증 자체는 악마적이며 사람을 미치게 하는 고문이다.

통증은 인류 역사 내내 사람들을 괴롭혔다. 인생을 사는 동안 우리는 고통을 피하려고 노력한다. 어떤 점에서는 우리가 '행복'이라 부르는 것은 그저 고통이 없는 상태에 지나지 않는지도 모른다. 그러나 고통은 정의하기 쉽지 않다. 통증은 날카로울 수도 있고, 둔할 수도 있으며, 쿡쿡 쑤시거나 찌르는 듯하기도 하고, 상상적인 것일 수도 있으며, 연관통일 때도 있다. 내부에서 솟아나는 뒤틀리거나 쥐어짜는 듯한 통증도 많다. 그리고 감정적인 괴로움도 통증으로 표현한다. 통증은 감정적인 것과 신체적인 것, 신체적인 것과 신체적인 것이 결합된 경우가 많다. 화상을 입으면 피부는 붓고 물집이 잡힌다. 물집이 터지면 또 다른 고통이 온다. 상처는 감염될 수도 있다. 그러면 히스타민과 세로토닌이 방출되어 혈관을 확장시키고 통증반응을 유발한다. 모든 내상內傷이 다 느껴지는 것은 아니다(부분마취로 뇌수술을 할 수도 있다). 그러나 혈액순환을 저해하는 질환은 대체로 잘 느껴진다. 예를 들면 협심증이 그러한데, 협심증은 심장의 관상동맥이 좁아져 혈액순환이 원활하지 않을 때 생기는 질환이다. 버지니아 울프가 수필 「아프다는 것에 대하여」에서 일깨워준 것처럼, 아무리 격렬한 통증도 정확하게 묘사하기 힘들 때가 많다. "햄릿의 사고의 깊이와 리어왕의 비극을 표현할 수 있는 영어에, 오한과 두통을 나타내는 낱말은 없다. (……) 환자는 머릿속의 통증에 대해 의사에게 설명하려 하지만 어휘는 곧 바닥난다."

통증을 진정시키기

◆

많은 형태의 고통이 있고, 그에 대한 치료법도 많다. 노보카인
이나 코카인 같은 마취제는 뇌로 가는 고주파 통증 신호를 차
단하거나 나트륨이 신경세포 안으로 들어가는 것을 막는다. 여
러 단계의 통증 신호를 혼동시키는 약물도 있다. 자연적으로
생성되는 엔돌핀이라는 아편 물질은 수용기 부분을 점령하여,
신경전달물질의 통증 메시지를 받아들이지 못하게 만든다.[＊] 코
카인은 이런 식으로 신경전달물질의 작용을 억제한다. 헤로인
중독자가 점점 더 많은 약을 투여하는 것은 헤로인이 신체의
엔돌핀 생성 작용을 억제하고 엔돌핀의 역할을 대체하기 때문
이다. 이렇듯 역치(閾值. 생물의 감각에 반응을 일으키게 하는 자극
의 최소한의 강도 ―옮긴이)가 증가하는 현상은 관절염 환자를

＊ 기원전 16세기 이집트의 의학서 『치병의 서』에서 아편을 진통제로 언급하고 있다. 고
대인들은 아편이 통증을 완화시킨다는 것을 알았지만, 아편의 작용 기전이 알려진 것은
최근이다. 기원전 5세기의 히포크라테스는 버드나무 껍질을 이용했고, 현대인은 버드나
무 껍질에서 아스피린을 추출했다.

비롯해서 단순한 진통제를 장기간 대량으로 복용하는 이들에게도 일어날 수 있다. 아스피린은 통증 수용기를 자극하는 물질의 흐름을 억제하는데, 그래서 상처를 입어도 많은 통증 신호를 받지 않는 것이다. 어떤 형태의 진통제라도 지속적으로 사용하면 진통 효과가 약해지지만, 단 20분이라도 유산소운동을 하면 신체는 자극을 받아 천연 진통제인 엔돌핀을 더 많이 생산해낸다. 무엇인가 다른 것에 주의를 돌리는 것도 통증을 잊게 한다. 통증은 완전한 주의 집중을 필요로 하는 것이다. 통증을 경감시키는 단순하고 효과적인 방법은 '측면 억제'다. 만약 어떤 뉴런 집단이 한꺼번에 반응하려 하면 그것의 작용이 차단돼버린다. 발로 돌부리를 챘을 때 그 주위를 문질러주면 뉴런 집단의 총체적 혼란 속에서 통증은 가라앉는다. 멍든 부분에 얼음을 올려놓으면 부기가 가라앉을 뿐 아니라, 통증 신호 대신 냉각 신호를 보낸다. 성행위를 하는 동안은 웬만한 통증에는 신경 쓰지 않는 경향이 있는데(사실, 어떤 이들에게 통증은 쾌감을 증가시키는 역할도 한다), 그것은 측면 자극 때문이다. 뇌가 너무 많은 쾌감 신호를 받아들이느라 어느 정도의 통증 신호에는 그다지 신경 쓰지 못하는 것이다. 이완 요법, 최면, 침술 그리고 가짜 약은 몸에서 엔돌핀을 생산하게 만들고, 통증 신호는 억제한다. 물론 우리는 전기가 아니라 감각을 느낀다.

촉각

그러나 통증을 나타내는 전기 신호가 전달되지 않으면 통증은 느껴지지 않는다. 인간은 엄청난 고통도 견뎌낼 수 있지만(여자들의 통증에 대한 역치는 남자들보다 훨씬 높다), 화학물질의 도움이나 마음의 속임수도 필수적이다. 분만 예정일이 다가올수록 임신한 여성의 엔돌핀 분비량은 늘어난다. 임신한 여성들은 산통을 견디는 데 필요한 세로토닌을 생산하는 물질이 많이 들어 있는 음식을 찾는 경향이 있다고 주장하는 학자도 있다.

목소리가 달콤한 싱어송라이터가 있다. 그녀는 펜실베이니아의 나이트클럽에서 기타를 치며 노래했다. 스물여덟 나이에 심한 관절염을 앓았던 그녀는 연주를 하기 전에 따뜻한 밀랍이 들어 있는 장갑을 끼고 굳은 손을 풀어주어야 했다. 결국에는 통증을 참기 힘든 정도가 되어 연주를 그만두고 가르치는 일을 시작했다. 신경과 의사인 러셀 마틴은 『회백색 물질』에서 만성병 환자들에 대해 이렇게 썼다. "통증은 탐욕스럽고, 야비하며, 비열하게 몸을 망가뜨린다. 잔인하고, 사람을 비참하게 만들며, 지속적일 때가 많다. 통증pain의 라틴어 어근 'poena'는 살아 있음으로 해서 고통을 겪는 이들에 대한 신체적인 벌을 의미한다." 통증 전문 클리닉은 통증을 물리적인 동시에 감정적이고 심리적인 것으로 이해하고 있다. 신경과 의사, 정신과 의사, 물리치료사, 통증 연구자가 팀이 되어 만성적인 통증을 겪고 있는 장애인들을 상대로, 환자들의 미친 육체 속에서 길을 찾기 위해 노력하고 있다.

고통의 감각

◆

수 세기 동안 인간이 통증을 느끼는 이유를 둘러싸고 신학적 논쟁이 불붙었고, 철학적 분파가 갈렸으며, 정신분석적 해석이 이루어졌고, 갖가지 주술적 의식이 행해졌다. 통증은 에덴 동산에서 저지른 죄에 대한 벌이다. 통증은 도덕적으로 완전하지 못한 데 대한 대가다. 통증은 성적 억압이 불러온 고통이다. 통증은 복수심에 가득 찬 신들이 내린 것이거나, 자연과의 조화를 상실한 결과다. 사실, 성스러운holy이라는 말은 '치료하는'이라는 뜻의 고대영어 haelan, '전체의' 혹은 '손상되지 않은'이라는 뜻의 인도·유럽어 kailo에서 파생되었다. 통증의 목적은 몸이 손상될 수 있는 위험이 있음을 경고하는 것이다. 수백만 개의 자율신경 말단이 경보음을 울려댄다. 신경에 충격이 가해질 때마다 우리는 통증을 느낀다. 책꽂이에 팔꿈치를 부딪히면 러셀 마틴이 다음과 같이 설명한 과정이 뒤따른다.

프로스타글란딘, 히스타민, 브래디키닌 등, 손상 부위의 신경 말단 근처에 저장되어 있던 여러 가지 물질들이 갑자기 방출된다. 프로스타글란딘은 손상 부위로 가는 혈액의 흐름을 급격히 증가시키고 혈액 속에 들어 있는 백혈구, 항체, 산소의 염증반응 및 치유 기능을 활성화한다. 브래디키닌 등과 함께 미량 존재하는 프로스타글란딘은 신경 말단을 자극하여 전기충격을 내보내게도 한다. 이 전기충격은 감각신경을 따라 척수의 '후각'과의 접합 부위, 척수의 회백질로 간다. 회백질에서는 몸의 각 부분에서 보내오는 감각 신호를 모아 뇌로, 다시 말해 맨 먼저 시상으로 보낸다. 통증은 시상에서 제일 먼저 느껴지고, 다음에는 대뇌피질의 '감각 영역'으로 가서 그 위치와 강도가 지각되면서 통증은 의식된다.

주형이론에 따르면, 신경충격은 모스부호와 같은 통증 신호와 결합한다. 어떤 통증은 척수까지만 가기 때문에 뜨거운 난로를 만지면 손을 움츠릴 수 있게 된다. 이를 반사라고 하는데, 반사란 우리가 알고 있는 그대로, 생각하지 않고 행동하는 것이다. 인대가 찢어지거나 화상을 입으면 급격한 통증이 엄습하면서 손상 부위가 회복될 때까지 몸을 움직이지 못한다. 피부를 콕 찌르는 신호는 초속 30미터로 뇌로 전해져서 가장 빠르게 아픔이 지각된다. 화끈거림이나 쑤시는 아픔은 그보다 느리게 전달된다(초속 약 2미터). 다리의 통증은 시속 467킬로미터로 전달되기도 한다. 무언가 문제가 생겼을 때, 배고픔이나 두통 혹은 갈증을 느낄 때가 아니면 내부의 기능에 대해 주의하지 않는다. 아직도 과학자들 사이에서는 통증이 정확히 무엇인지에 대해 의견이 분분하다. 독성화학물질이나 화상, 자상, 절상, 동상 같은 특별한 위험에 대한 반응이라는 정의가 있는 반면 훨씬 더 모호한 정의도 있다. 즉 통증을 인체라는 섬세한 생태계에서 어떤 것이 지나쳐서 균형이 깨졌을 때 생기는 극단적인 감각 자극으로 생각하는 것이다. 이러한 의미에서 통증은 우리가 자연과의 조화를 잃었다는 증거다. 통증을 느낄 때, 손상을 입은 곳은 부분이어도 반응은 몸 전체에서 일어난다. 땀을 흘리고, 동공이 확장되고, 혈압이 상승한다. 이상한 것은 화를 내거나 두려움을 느낄 때도 똑같은 현상이 일어난다는 사실이다. 통증에는 깊은 감정적 요소가 있다. 심하게 다쳤을 때 우리는 두려움도 느낀다. 그러면 쾌감과 고통을 결합시키는 사도마조히스트들을 어떻게 이해해야 할까?

이반 파블로프는 개들에게 심한 통증을 유발하는 강한 전기 자극 실험을 한 것으로 유명하다. 그는 개들에게 매일 고통스러운 충격을 주고 난 뒤에 먹이를 주어, 전기충격과 긍정적인 면을 결부시켰다. 파블로프가 전기충격의 강도를 높여도, 개들은 먹이를 기대하며 꼬리를 흔들고 침을 흘렸다. 다른 실험에서는 고양이들에게 스위치를 누를 때마다 전기충격을 가하고, 그와 동시에 먹이를 주었다. 그는 고양이들이 먹이를 얻기 위해 기꺼이 충격을 견뎌낸다는 사실을 알아냈다.

카프카는 '단식 광대'나 자해꾼같이 전문적으로 고통을 견디는 사람을 소재로 단편소설을 썼다. 관객들은 돈을 내고 타인의 고통을 지켜보는 수상쩍은 특권을 산다. 고통의 공연자, 자해 예술가들은 항상 있어왔고, 그들에게 고통이란 남다른 의미를 가진다. 20세기 초반의 공연 예술가 에드워드 깁슨은 '인간 바늘방석'이라는 제목의 공연을 했다. 그는 관객들로 하여금 자신의 몸을 핀으로 찌르게 하고, 손발에 못을 박는 십자가형을 실연實演했다. 관객들 가운데 기절하는 사람들이 생기자 관계자들은 공연을 중지시켰다. 독일에는 악명 높은 자해꾼 루돌프 슈바르츠코글러가 있다. 몸을 면도날로 긋고 칼로 찌르는 그의 '공연'은 피에 굶주린 관객들을 무시무시한 공포로 채워주었다. 이들은 전혀 고통을 느끼지 않았을까? 이들의 쾌감과 고통의 중추는 합쳐져 있었던 걸까? 아니면 로렌스처럼 고통과 그 끈적한 공포를 다 느끼면서도 그것에 신경을 끄고 있었던 것일까?

키스

◆

두 마리의 짚신벌레처럼 우리가 서로를 집어삼킬 때, 섹스는 궁극적 친애요 궁극적인 신체 접촉이다. 우리는 희희낙락 서로를 탐닉하고, 서로를 음미하며, 서로를 보듬고, 서로의 체액을 삼키며, 서로의 살 속으로 파고든다. 키스하며 하나로 호흡하고, 연인 앞에 몸의 잠긴 문을 열어젖힌다. 우리는 따뜻한 키스의 그물 아래 숨어 서로의 입의 샘에서 마신다. 우리는 상대의 몸을 키스로 여행하며, 손끝과 입술로 새로운 지도를 그리고, 젖꼭지의 오아시스와 허벅지의 둔덕과 등뼈의 굽이치는 강줄기에서 휴식한다. 키스는 우리를 욕망의 사원으로 안내하는 촉각의 순례 여행이다.

우리는 연인의 생식기를 눈으로 보기 전에 손으로 만져본다. 아직도 남아 있는 청교도 정신 때문인지 키스와 애무를 하기 전에 서로에게 벌거벗은 몸을 내보이지는 못한다. 성급하고 격렬한 섹스에도 에티켓이 있고, 순서가 있다. 그러나 서로를 좋아한다면 키스는 언제라도 할 수 있고, 그래서 그것은 성행위의 전주곡이라기보다는 깊은 친밀감의 표시다. 거칠고 굶주린 키스가 있는가 하면, 장난 같은 키스가 있고, 앵무새의 깃털처럼 부드럽고 가벼운 키스도 있다. 복잡한 사랑의 언어 가운데,

입술이 닿았을 때 입술로만 할 수 있는 말이 있다. 그것은 키스로 봉한 말 없는 계약서다. 섹스는 그것 자체가 핵심이고 뼈대며, 낭만과는 거리가 멀다. 그러나 키스는 욕망의 극치고, 시간이 걸리는 일이며, 연애의 달콤한 수고 가운데 영혼을 확장시키는 행위다. 키스하는 동안 몸은 떨리고, 기대는 점점 높아진다. 그러나 키스는 감정과 정열을 더욱 고조시킬 뿐, 욕구를 채워주지는 않는 아름다운 고문이다.

1960년대 초, 내가 고등학교에 다닐 때 얌전한 여자애들은 끝까지 가지 않았다. 우리는 어떻게 하는지도 몰랐다. 그렇지만 키스는 할 수 있었다! 빌린 쉐보레 자동차의 다 떨어진 앞좌석에 앉아 몇 시간 동안 키스를 하다보면 움직일 때마다 차는 부서진 의자처럼 삐걱거렸다. 우리는 창조적인 방법으로 키스했다. 오토바이 뒤에 타고 남자 친구를 등 뒤에서 끌어안은 채 키스를 하면 오토바이의 진동으로 엉덩이는 젤리처럼 녹신해졌다. 우리는 공원에서 혹은 장미 정원이나 동물원에서 실컷 키스했다. 우리는 입술을 다물고, 살짝, 조금씩 키스했다. 우리는 뜨거운 부지깽이 같은 혀로 열렬하게 키스했다. 어느 시대에나 연인들은 자신의 열망을 알고 있으므로, 우리는 무한히 키스했다. 우리는 거칠게, 거의 고통스럽게, 영혼을 훔치는 격렬함을 가지고 키스했다. 우리는 최초로 키스를 발명해내기라도 하듯 정교하게 키스했다. 우리는 쉬는 시간에 학교 복도에서 만날 때마다 몰래 키스를 나눴다. 우리는 콘서트 장 그늘에서, 라이처스 브라더스 같은 정열적인 음악의 기사들과 그 애인들이 할 것 같은 방식으로, 마음을 다해 키스했다. 우리는 남자 친구의 옷과 소지품에 키스했다. 우리는 자신의 손에 키스하고 길 건너에 있는 남자 친구에게 그것을 날려 보냈다. 밤에는 베개가 남자 친구라도 되는 양 거기에 키스했다. 우리는 건강하고 활기찬 젊음에 넘쳐 부끄러움을 모르고 키스했다. 키스가 우리를 자신으로부터 구해주기라도 할 것처럼 그렇게 키스했다.

여름 캠프를 떠나기 전(펜실베이니아 교외의 열네 살짜리 여자애들은 시간을 벌어야 할 때 여름 캠프를 떠났다), 내 남자 친구는 그저 키스를 하기 위해 매일 저녁 8킬로미터를 걸어와, 내 방 창문을 타고 올라오고는 했다. 부모님은 그 애를 못마땅하게 여겨(종교가 다르다는 이유로) 그 애와 만나는 것을 금지했다. 우리가 했던 키스는 입을 벌리고 하는 '프렌치 키스'가 아니었다. 우리는 그런 건 몰랐고, 키스를 하며 서로의 몸을 더듬지도 않았다. 그것은 그저 지구가 멈추는 듯한, 마음을 뒤흔드는 사춘기 아이들의 키스였다. 입술을 포개고 있으면 너무도 큰 갈망에 정신이 아득해졌다. 내가 캠프에 가 있는 동안 우리는 서로 편지를 썼지만, 가을 학기가 시작되자 연애 감정은 저절로 사그라졌다. 그러나 나는 아직도 그 여름밤을 기억하고 있다. 부모님이나 동생들이 방에 들어오면 남자 친구를 옷장 속에 숨겼던 일, 한 시간 정도 키스를 하고 나서 어두워지기 전에 남자 친구가 집으로 돌아갔던 일. 그러면서 그 애의 결심과 키스의 위력에 대해 감탄했다.

키스는 작디작은 입술의 움직임이지만, 불이 붙듯 격렬하게 감정을 사로잡고, 하나의 약속이 될 수 있다. 키스를 그다지 즐기지 않는 문화도 있다. 크리스토퍼 니롭은 『키스와 그 역사』에서, 핀란드의 한 부족은 완전히 벌거벗고 함께 목욕하면서도 키스는 '불경한' 것으로 생각한다고 썼다. 입술에 장식을 하고, 입술을 절단하거나 늘리는 등 입술을 변형시키는 일부 아프리카 부족들은 키스하지 않는다. 그러나 그런 부족들이 많지는 않다. 어느 곳을 가나 사람들은 대개 서로 얼굴을 맞대고 인사한다. 인사하는 방법도 여러 가지지만, 키스, 코 키스 혹은 코 비비기는 흔한 인사법이다. 키스의 유래에 관해서는 여러 가지 이론이 있다. 우정이나 사랑에서, 상대의 기분과 건강 상태를 알아보기 위해 상대의 얼굴을 냄새 맡는 행위에서 발전된 것이라는 주장이 있다. 오늘날도 서로 머리를 맞대거나 상대의 체취를 맡는 것으로 인사를 대신하는 문화권이 있다. 어떤 곳에서는 서로의 손 냄새를 맡는다. 입술 피부는 유난히 예민해서 코로 냄새를 맡으면서 입을 사용하여 질감을 맛보곤 한다. 동물들은 지도자나 새끼들의 몸을 맛있게 핥으며, 좋아하는 상대의 맛을 음미하는 일이 많다.✢ 누군가를 맛보고 냄새 맡는 방법으로 키스를 시작했는지도 모른다.『성경』에 따르면 이삭은 늙어서 시력을 상실했을 때, 아들에게 키스하고 축복을 내리기 위해 장남 에서를 불렀다. 그러나 야곱이 형 에서의 옷을 입고 나가 눈먼 아버지에게 에서의 냄새를 풍기고 대신 키스를 받는다. 몽골에서 아버지는 아들에게 키스하지 않는 대신 아들의 머리 냄새를 맡는다. 일부 문화권에서는 코를 비비는 쪽을 선호하는데(이누이트, 마오리, 폴리네시안 등), 말레이 부족들은 '냄새'라는 말을 '인사'라는 뜻으로도 사용한다. 찰스 다윈이 말레이 부족의 코 비비는 키스에 대해 설명한 것을 보자. "여자들이 쪼그리고 앉아 고개를 들었다. 내 수행원들은 서서 허리를 굽히고 코를 비비기 시작했다. 악수보다는 시간이 좀 더 걸렸다. 그러는 과정에서 여자들은 만족스러운 소리를 냈다."

어떤 문화권에서는 재빨리 키스하고, 어떤 곳에서는 지나치

✢ 키스는 인간만 하는 것이 아니다. 원숭이와 침팬지들도 화해의 몸짓으로 키스와 포옹을 하는 것이 관찰된다.

게 키스하고, 또 어디에서는 서로의 입술을 깨물거나 빠는 등으로 더욱 무지막지하게 키스한다. J. W. T. 앨런이 편집한 『스와힐리족의 관습』에 의하면, 스와힐리족 부부는 집 안에서는 서로에게 키스하고, 어린 자녀들에게도 마음대로 키스한다. 그러나 남자아이들이 일곱 살이 넘으면 엄마와 숙모, 사촌 누나나 여자 형제들의 키스를 받지 못한다. 아버지는 아들에게 키스할 수 있지만, 아버지의 남자 형제는 조카딸에게 키스해서는 안 된다.

할머니나 숙모 등 여자 친척이 집에 들어오면, 두세 살짜리 아이에게 가서 인사하라고 한다. 아이가 다가오면 여자는 아이에게 뽀뽀하라고 말하고, 아이는 뽀뽀해준다. 그러면 엄마는 아주머니한테 담배를 보여주라고 말하고, 아이는 옷을 들추고 자신의 고추를 내보인다. 여자는 고추를 건드리고 냄새 맡아보고 재채기를 하며 말한다. "아이구, 아주 독한 담배구나." 그런 다음 여자는 말한다. "네 담배를 감춰놓아라." 여자들 네다섯이 모이면 모두들 냄새를 맡아보고 깔깔거리며 즐거워한다.

입을 열고 하는 키스는 어떻게 시작됐을까? 원시인들에게 서로의 입에서 흘러나오는 더운 공기는 신비로운 영혼의 화신이고, 키스는 두 영혼을 하나로 합치는 방법이었을지도 모른다. 날카로운 눈으로 오랫동안 사람들을 관찰해온 동물학자 데즈먼드 모리스는 프렌치 키스의 기원에 대해 다음과 같이 설명했다.

옛날, 이유식이 상품으로 나오기 전에, 엄마들은 아기들이 젖을 뗄 때 음식을 씹어 아기의 입에 넣어주었고, 이때 입술과 입술이 닿으면서 자연스럽게 혀가 섞이고 서로 입이 눌렸다. 이처럼 새가 새끼에게 먹이를 주는 육아 방식은 오늘날의 우리에겐 이상하고 낯설어 보이지만, 인류는 100만 년 이상 그렇게 아기를 길러왔고 오늘날 성인들의 에로틱한 키스는 그러한 행위의 유산임이 거의 확실하다. (……) 그것이 우리에게 대대로 전해 내려온 것인지 (……) 아니면 우리가 기질적으로 그러한 행위를 좋아하도록 타고난 것인지는 알 수 없다. 어느 쪽이 사실이든, 현대 연인들은 혀를 섞는 깊숙한 키스를 통해, 까마득한 과거의, 입으로 음식을 받아먹던 유아기로 되돌아가는 듯하다. (……) 혀로 서로의 입을 탐색하는 연인들이 어린 시절에 부모의 입에서 음식을 받아먹을 때의 편안함을 느낀다면 서로에 대한 믿음은 높아질 것이고 따라서 둘이 한 몸이 될 가능성도 높아진다.

입술은 너무도 부드럽고 민감하다. 입술의 감촉을 담당하는 것은 뇌의 큰 부분이다. 물론 우리가 낭만적인 키스만 하는 것은 아니다. 우리는 주사위에 키스를 한 다음 던진다. 우리는 자신의 혹은 사랑하는 이의 아픈 손가락에 키스하고, 종교적인 상징이나 조상에 키스하고, 조국의 깃발이나 고향 땅에 키스하고, 액운을 막아주는 부적에 키스하고, 사진에 키스하고, 왕이나 주교의 반지에 키스하고, 자신의 손에 키스해서 작별을 알린다. 고대 로마인은 죽음을 앞둔 이들에게 '마지막 키스'를 하는 관습이 있었는데, 그들은 그것이 죽어가는 이의 영혼을 붙들어둔다고 생각했다. 젊은 여인들은 편지 봉투 뒤쪽에 립스틱을 바른 입술을 눌러서, 지문처럼 찍힌 가느다란 선으로 연인에게 키스를 보낸다. 우리는 당구공이 살짝 닿으며 비껴가는 것을 '키스'라고 한다. 허쉬초콜릿에서 만든 '키세스kisses'라는 은박지로 싼 작은 초콜릿을 먹을 때마다 자신에게 혹은 다른 사람들에게 사랑을 전한다. 기독교 예배에서는 성물(성스러운 유물이나 십자가)이나 동료 교인에게 '평화의 키스'를 하는데, 이것을 보다 절제된 악수로 해석하기도 한다. 윌리엄 S. 월시는 1897년에 펴낸 『진기한 관습』에서 딘 스탠리를 인용하여 이렇게 말했다. "카이로의 콥트 교회 목사들은 여행자들의 얼굴을 어루만지며 키스하고, 그동안 교회에 있는 사람들은 서로에게 키스한다고 한다." 고대 이집트, 동양, 로마, 그리스에서는 높은 사람들의 옷자락이나 발, 손에 키스를 했다. 막달라 마리아는 예수의 발에 입을 맞추었다. 술탄은 신민들이 서열에 따라 왕의 다른 부분에 키스하게 했다. 고관들은 왕의 발에 키스할 수 있었고, 그보다 아랫사람들은 왕의 옷자락에, 천민들은 그저 땅에 키스했다. 편지 끝부분에 XXXXX를 일렬로 그려서 키스를 나타내는 습관은 문맹이 많던 중세에 시작되었다. 당시에는 십자가가 공식적인 문서에서 친필 서명의 역할을 하였다. 십자가는 십자가형을 나타내는 것이 아니었고, 마음대로 휘갈긴 낙서도 아니었다. 그것은 '성 안드레아의 표시'를 상징했으므로 사람들은 그의 성스러운 이름을 걸고 정직함을 맹세했다. 사람들은 성실함을 서원하며 자신이 한 서명에 키스하기도 했다. 현재는 오로지 키스를 나타내는 표시가 되었다.

세계에서 가장 유명한 키스는 로댕의 〈키스〉일 것이다. 암반 위에 앉아 부드럽게 서로를 포옹한 채 영원의 키스를 나누는 연인. 왼쪽 팔을 남자의 목에 두르고 있는 여자는 황홀경 속에 있는 것처럼 보인다. 어떻게 보면 남자의 입 안으로 노래를 부르는 것처럼도 보이고. 남자는 오른손을 펴 여자의 허벅지 위에 올려놓았다. 그것은 그가 잘 알고 있는, 찬탄해 마지않는 허벅지고, 그는 여자의 다리가 악기인 양 연주하려는 것처럼 보인다. 감싸안은 둘의 어깨, 손, 다리, 엉덩이, 가슴은 찰싹 붙어 있고, 둘은 서로의 운명을 입으로 봉인하고 있다. 남자의 장딴지와 무릎은 아름답고, 여자의 발목은 강하면서도 여성적이고, 엉덩이, 허리, 가슴은 풍만하고 둥글다. 두 사람은 온몸으로 희열을 표현하고 있다. 두 사람은 몸의 일부가 닿아 있을 뿐인데도 모든 세포가 다 닿아 있는 것처럼 보인다. 무엇보다도 두 사람은 관람객과 조각가가 보기에는, 자신들을 제외한 지상의 무엇에 대해서도 무관심하다. 두 사람은 마치 서로의 샘 속에 빠진 것처럼, 자신에게 몰두해 있을 뿐만 아니라 서로를 빨아들이고 있다. 모델들의 무심한 동작을 몰래 스케치했던 로댕은 청동이 가진 그 육중한 고요함으로는 좀처럼 잡아내기 힘든 생명력과 전율을 이 연인들에게 선사했다. 살아 있는 연인들의 넋 나간 애무와 포옹, 키스만이 그것을 표현할 수 있으리라. 릴케는 로댕이 어떻게 조각품에 '그러한 깊은 내적 생명력, 풍부함, 놀라운 삶의 불안'을 채워넣을 수 있었는지에 대해 이렇게 썼다. "이 조각상에는 고요함이 있는데, 그 고요조차 서로를 평정 상태로 붙들어두는 수백 수천의 운동의 순간으로 이루어져 있다. (……) 그 속엔 깊이를 측량할 수 없는 욕망, 세상의 물을 전부 갖다 부어도 축일 수 없는 목마름이 있다."

인류학자들에 따르면 입술은 흥분했을 때 붉어지고 부풀어올라 음순을 연상시키는데, 여자들이 항상 립스틱을 칠해 입술을 더욱 붉어 보이게 만들려는 것은 바로 그 때문이라고 한다. 요즘은 벌에 쏘인 듯한 얼굴이 유행이다. 그래서 모델들은 거의 항상 분홍색이나 빨간색 계열로 입술을 더 크고 따뜻해 보이게 그리고, 그 위에 립글로스를 덧발라 촉촉한 윤기를 더한다. 그래서 적어도 인류학적으로는, 입맞춤, 특히 혀를 집어넣고 침을 교환하는 키스는 성교의 한 형태인 것이다. 그러니 그러한 입맞춤이 몸과 마음을 아찔한 감각으로 채우는 것은 놀라운 일이 아니다.

손

◆

1988년, 뉴욕 북부의 여름은 눅눅하고 길었다. 이번 주의 큰 행사는 시내의 라마다인에서 열리는 영매들의 집회로, 그곳에서는 점도 치고 소식들도 교환한다. 강의와 특별 행사도 열리기 때문에 일반인도 입장료를 내면 대무도장에 입장하여 U자 모양으로 벽에 붙여놓은 많은 부스를 둘러볼 수 있고, 무도장 중앙의 사각 테이블에 진열된 초심리학 서적들을 뒤적거릴 수도 있다. 이곳에는 수정 구슬과 타로 카드 앞에 자리잡고 앉은 남녀뿐 아니라, 손금 읽는 이, 수점數占 치는 이, 염력과 UFO 전문가들도 있다. 화려한 하와이풍 스커트를 입은 키 크고 삐쩍 마른 여자가 커다란 이젤을 앞에 놓고 파스텔로 작업을 하고 있다. 그녀는 '전생 퇴행'을 할 뿐 아니라, '전생의 안내자'의 도움을 받아 화신을 그린다고 한다. 나는 한참 동안 멀찍이 서서 지켜보다가, 이곳 사람들이 주로 자음으로 된 이름을 가진 인디언 신주를 모신다는 것을 눈치챘다.

나는 웨스턴 컨트리풍의 부풀린 머리에, 심각한 얼굴을 한 중년의 손금 읽는 여인을 선택한다. 전단에는 그녀가 해결한 범죄 사건과 그녀가 한 예언들이 나열되어 있다. 매니저 겸 남편에게 25달러를 내고 테이블 맞은편에 앉는다. 그녀는 토끼털 가죽으로 만든 볼레로 조끼에 풍성한 스커트를 입고 있다. 나는 이들이 왜 공고문을 게시하고 초대장을 돌렸는지가 궁금했다. 이게 심령 모임이라면, 이들은 이 모임이 언제, 어디서 열리는지를 그냥 알아야 하지 않을까?

여인은 내 손을 붙들고 자신의 손가락으로 가볍게 긁어본다. 그리고 한 곳을 자세히 보려는 듯, 내 손을 자신의 얼굴 가까이로 들어 올린다.

"빨간 차를 모는군." 여인은 위엄 있는 목소리로 말했다.

"아뇨, 파란 찬데요……." 여인을 실망시키긴 싫었지만 솔직히 말할 수밖에 없었다.

"아, 언젠가는 빨간 차를 몰게 될 거야. 그때 아주 조심해야 돼." 여인은 경고했다. "12월에 돈이 많이 들어오겠군. 하지만 같이 일하는 사람이 당신을 배신할 거야. 그러니까 주의해야 돼……. 이름이 마리인 사람 알지?"

나는 고개를 흔든다.

"마거릿? 멜리사? 모니카?"

"어머니 이름이 마샤예요." 나는 가르쳐준다.

"아, 바로 그거야. 어머니에 대해서 아주 걱정하고 있군. 하지만 괜찮아. 걱정할 필요 없겠어." 이제 그녀는 내 손바닥의 살이 많은 부분을 잡고 엄지손가락을 젖힌 다음 손가락을 쫙 펴고 자세히 들여다본다. 칸트는 손이 "눈에 보이는 뇌"라고 했다. 여인은 손의 움직임으로 인해 생긴 '굴곡선'과, 주름살처럼 나이가 들면서 생기는 '긴장선' 그리고 지문을 살펴본 다음, 머리선, 감정선, 생명선, 운명선을 찾는다. 원숭이의 감정선과 머리선은 인간과 똑같다. 그러나 대단히 활동적이고 강력한 인간의 검지는 손금을 갈라놓는다. 내 손은 차갑고 건조하다. 흥분할 때면 손바닥에 땀이 나는 것은 까마득한 과거에, 스트레스가 신체적 위험을 의미하던 시절에, 달아나거나 몸이 싸울 준비를 해야 했던 때의 유물이다. 검지 끝의 미세하게 변색된 부분이 여인의 주의를 끌었다. 장미 가시에 찔린 상처다. 가톨릭에서 예수가 십자가에 못 박힌 상처를 재현하여, 사람들의 손발에 저절로 나타나 피를 흘린다고 주장하는 스티그마타가 아니다.

"주위에 유산한 사람 있지?" 손금 읽는 여인이 묻는다.

역사적으로 손금 보는 사람들은 손을 심령 및 영혼으로 통하는 상징적 가교로 선택했다. 결국 손은 행동이다. 손은 길을 파고 도시를 건설하고 창을 던지고 아기에게 기저귀를 채운다. 전화를 하거나 단추를 누르는 등 손의 사소한 움직임만으로 국가의 운명을 바꾸고 원자폭탄을 발사할 수 있다. 마음이 괴로우면 두 손이 서로 다른 사람들인 것처럼 쥐어짜거나, 어루만지거나, 떨거나, 쓰다듬어 서로를 위로한다. 연애를 시작할 때 최초로 나누는 신체 접촉은 대개 손을 잡는 것이다. 오랜 세월을 함께해온 부부는 손을 잡고 세계를 여행하기도 한다. 아픈 사람이나 노인의 손을 잡아주는 것은 큰 위로가 된다. 그것은 감정의 구조 로프를 던지는 일이다. 실험에 따르면 손이나 팔을 잡아주기만 해도 혈압이 떨어진다고 한다. 많은 나라에서 염주 돌리기 같은 것을 열심히 하는데, 이때의 반복적인 접촉과 자극은 마음을 가라앉히고 뇌파의 패턴을 바꿔놓는다.

요즘과 같은 대량생산 시대에, 우리는 '수제품'을 소중히 여긴다. 우리는 대체로 육체노동자들이 사무직보다 더 힘들게 일한다고 생각한다. 장인은 고난도의 기술과 섬세함을 가지고 일하는 사람들이다. 로레인 밀러는 시력을 완전히 상실했지만 펜실베이니아 랭커스터에서 미용사로 일하고 있다. 다섯 아이의 엄마인 로레인 밀러는 항상 미용사가 되고 싶었지만 아이들을 키우느라 미용 기술을 배울 짬이 없었다. 나중에 병에 걸려 시력을 상실하고 난 다음 그녀는 평생의 꿈을 실현하기로 결심했다. 그녀는 한 미용실에서 두상과 머리카락의 층을 세심하게 손으로 만져보면서 머리를 자르는 연습을 했다. 결국 그녀는 손으로 만져서 커트하는 일에 능숙해졌고 미용사로 채용되었다.

손끝의 미세한 융기 덕분에 우리는 쉽게 물건을 집을 수 있다. '지문'이라고 부르는 이 거친 융기는 독특한 소용돌이 무늬를 이루고 있다. 그 소용돌이는 크게 나선형, 고리형, 궁형 등으로 나뉘는데, 사람마다 모양이 다르다. 일란성 쌍둥이조차 다른 지문을 갖고 있기 때문에, 지문은 범죄 사실을 확증하는 데 도움을 준다. 지문이 사람마다 다르다는 것은 최근에 알려진 사실이 아니다. 수천 년 전부터 중국에서는 계약서에 지문을 찍는 것으로 서명을 대신했다. FBI는 사건 현장에서 지문을 찾을 때 레이저를 이용한다. 잔류해 있는 지방 성분이 레이저광을 흡수했다가 좀 더 긴 파장으로 재방출하기 때문이다. 법의학 전문가들이 끼는 황색 안경은 레이저광을 투과시켜 지문을 볼 수 있

촉각

게 해준다. 지문, 그것은 언제나 구별되는 친필 서명이다.

로봇 팔의 설계자들은 손이 무엇으로도 대치할 수 없는 정교한 동작을 수행할 뿐 아니라 설명하기 힘든 섬세한 직관으로 느낀다는 사실을 발견했다. 우리는 손을 수백만 번씩 구부리고, 쥐고, 가리키고, 펴면서 너무도 다양한 목적으로 손을 사용한다. 유타대학 연구소의 엔지니어들은 촉각을 상실한 사람을 위한 장갑을 발명해냈다. 이 장갑은 손이 없는 사람들에게, 전자장치와 음파를 이용하여 물건을 쥐는 데 필수적인 압각壓覺을 제공한다. 장갑에서 나온 전선은 미세한 피스톤과 연결되어 있고 이것은 다시 감각이 살아 있는 몸의 일부와 이어져 있다. 이렇게 해서 손이 없어도 손목이나 팔뚝에서 손의 감각을 느끼고, 그러한 감각을 손의 반응으로 번역해내는 법을 배운다.

손끝의 예민함은 점자의 사용에서 드러나는데, 요즘은 어디를 가나 엘리베이터 패널에서 동전 앞면에 이르기까지 쉽게 점자를 찾아볼 수 있다. 점자는 빨리 읽을 수 있으므로 점자 사용법을 개선하기 위한 노력을 계속 하고 있다. 최근《시각장애자의 교육》에는 점자를 읽는 사람들이 수평이 아니라 수직으로 손가락을 움직일 때, 보다 정확하고 효율적으로 읽을 수 있다는 연구가 발표되었다. 왜냐하면 손끝의 촉각수용기는 수직으로 오는 감각에 보다 예민하기 때문이다.

역사적으로 손을 맞잡거나 악수를 하는 행위는, 자신에게 무기가 없음을 증명함과 동시에 상대를 믿고 있음을 보여주기 위한 수단이었다. 악수가 일상적인 인사법으로 자리 잡게 된 계기는 영국의 산업혁명으로, 이 시기의 사업가들은 협상을 끝낸 뒤 서둘러 악수를 나누었다. 악수는 그 특수한 의미를 상실하고 일상생활로 편입되었다. 그러나 악수는 여전히 '서로를 정직하게 대하는 척이라도 하자'는 제스처다. 어떤 때는 손은 몸 전체를 상징하기도 해서, "내가 손을 빌려주지"라고 말하고, 일꾼을 가리켜 '일손'이라고 한다.

우리가 자신을 어떻게 만지는지 생각해보자. 아이를 달래는 엄마처럼 우리는 두 손으로 어깨를 감싸고 몸을 흔든다. 그리고 기도하기 위해, 혹은 눈물을 감추기 위해 손을 펴서 얼굴을 가린다. 걸을 때 두 손은 힘차게 오르내리고, 깜짝 놀랐을 때는 눈을 둥그렇게 뜨고 손바닥으로 뺨을 누른다. 감정이 복받치는 상황에서 신체 접촉은 아주 중요해서, 우리는 남이 자신을 이렇게 위로해주었으면 하는 방식으로 자신의 몸을 쓰다듬는다. 그리고 로댕만큼 손의 복잡한 임무에 대해 제대로 이해한 사람은 거의 없었다. 릴케가 로댕의 예술을 어떻게 묘사했는지 살펴보자.

로댕은 손만 따로 떼어내어 살아 있는 작은 손을 만들었다. 똑바로 서 있는 분노에 찬 손, 케르베로스(그리스 신화에서 하데스 입구를 지키는 개—옮긴이)의 다섯 개의 목구멍처럼 짖어대는 뻣뻣한 다섯 개의 손가락을 세우고 있는 손, 움직이는 손, 잠자는 손, 깨어나고 있는 손, 죄인의 피가 흐르는 범죄자의 손, 피로하여 모든 욕망을 잃어버린 채, 자신을 도와줄 사람이 아무도 없음을 알고 구석에 웅크려 병든 짐승처럼 누워 있는 손. 손은 복잡한 유기체다. 그것은 먼 곳의 근원에서 온 많은 생명이 합류하여, 커다란 물줄기로 흘러가는 삼각주다. 손에는 자신만의 역사가 있고, 자신만의 문명이 있으며, 특별한 아름다움이 있다. 손에는 스스로 발전할 권리, 자신만의 희망, 느낌, 정서, 좋아하는 일이 있다는 것을 우리는 인정한다.

직업적인 신체 접촉

◆

지푸라기라도 잡고 싶어 하는 사람들을 돌보는 치료사 가운데는, 몸에는 손을 대지 않고 인체의 에너지장 위에서 손을 움직여 환자를 치료한다고 주장하는 '기 치료사'들이 있다. 주말에 TV를 보다보면 '안수' 장면이 심심찮게 나온다. 전도사는 병자나 장애가 있는 사람을 청중 속에서 불러내는데, 묻지 않고도 상대의 문제를 아는 듯하다(사기술의 폭로자 랜디는 여기에 간단한 마술 기법이 이용된다는 것을 보여주었다). 전도사가 아픈 사람의 이마를 만지면 그 힘에 밀려 사람들은 픽픽 쓰러진다. 쓰러졌던 사람들은 종교적 황홀경 속에서 다시 일어나 다 나았다고 소리친다. 세계 어디서나 무당과 주술사들은 비슷한 의식을 통해 사람의 몸에서 악귀를 내쫓고, 주술과 신체 접촉으로 병을 고친다.

신체 접촉의 치료의 힘은 대단히 강하여, 사람들은 신체 접촉을 업으로 삼는 사람들(의사, 미용사, 안마사, 무용 강사, 이발사, 발 전문의, 재단사, 지압요법사, 매춘부, 손톱 전문 미용사)을 찾아다니고, 신체 접촉의 중심지라고 할 만한 디스코텍, 구두닦이 노점, 목욕탕에 드나든다. 병에 걸리면 의사를 찾지만, 그저 관심과 보살핌을 받기 위해 병원에 가기도 한다. 경미한 알레르기나 감기를 앓고 있을 때, 혹은 작은 상처를 입었을 때 의사는 큰 도움을 줄 수 없지만, 그래도 우리는 누군가 만져주고, 쓰다듬어주고, 얘기를 들어주고, 자세히 살펴봐주기를 원하여 의사에게 간다. 원숭이를 비롯한 여러 동물은 털 고르기, 특히 머리의 털 고르기를 한다. 고대 로마, 그리스, 이집트에서는 정교한 두건을 착용했고, 미용사가 끊임없이 시중을 들어야 했다. 그

　　　　　　　　　　촉각

러나 이 관능적인 신체 접촉은 결국 퇴출당했다가 중세가 지난 다음에야 다시 나타났다. 전문적인 미용실은 빅토리아 시대에 재등장했다.

산부인과 의사들은 직업적으로 가장 은밀한 곳과 접촉한다. 한 번도 본 적 없는 남자 산부인과 의사가 진료실에 들어와 시트를 들추고 검사를 시작할 때만큼 여성에게 당혹스러운 순간은 없을 것이다. 그러나 산부인과 의사라는 직업이 항상 이러했던 것은 아니다. 데즈먼드 모리스는 이렇게 설명했다. "300년 전, 의사는 임부의 방에 기어들어가서 검사했다. 그래서 임부는 자신의 은밀한 부분을 만지고 있는 손의 주인공이 누군지 볼 수 없었다. 후에 분만을 할 때면, 의사는 어둠침침한 방에 들어가 시트 밑에 손을 넣고 더듬거리며 아기를 받았다. 17세기의 동판화를 보면 의사가 침대 시트를 냅킨처럼 목덜미에 끼운 채 침대 발치에 앉아 있는 모습이 보인다. 의사는 자신의 손이 하는 일을 볼 수 없었다. 그래서 탯줄을 자르는 일은 극히 위험한 수술이었다."

가장 명백한 신체 접촉은 안마다. 안마의 목적은 혈액 순환을 자극하고, 혈관을 확장시키며, 굳은 근육을 풀어주고, 림프 순환을 활성화시켜 체내에 쌓인 독소를 배출하는 것이다. 흔한 '스웨덴식' 안마는 심장 쪽으로 길게 쓸어주는 동작을 강조한다. 일본의 '지압'은 손가락을 사용하여 압박을 가하는, 침을 쓰지 않는 침술이다. 몸에는 경락을 따라 기혈 혹은 생명 에너지가 흐르는데 지압은 그 생명 에너지의 흐름을 원활하게 해준다. '신독일식' 안마는 정신 치료와 결합하여 시술되는 일이 많다. 시술자는 불안한 에너지를 쫓아내기 위해 심장에서 바깥쪽으로 쓸어 나간다. '반사학'은 발에 초점을 두고 있지만, 지압과 마찬가지로 여러 가지 장기를 나타내는 피부의 압점을 중요시한다. 이러한 압점을 안마하면 각 압점에 해당되는 장기의 기능을 원활하게 하는 데 도움이 된다. '롤프식 마사지'는 격렬하고 고통스럽기까지 하다. 다양한 안마 기법과 정규 교습소, 안마에 관한 많은 이론이 있지만, 건강을 증진시켜주는 안마는 그 방식이 어떤 것이든 오직 사랑을 담은 신체 접촉이다.

오하이오대학에서 토끼들에게 콜레스테롤이 높은 먹이를 주되 특정 그룹만 규칙적으로 귀여워해주는 실험을 했다. 콜레스테롤이 높은 먹이에도 불구하고 귀여움을 받은 토끼는 그렇지 못한 토끼들에 비해 동맥경화율이 50퍼센트 낮았다.

필라델피아의 한 연구소에서는 심장마비를 일으킨 적이 있는 환자들의 생존 확률을 연구했다. 다양한 변수와 그것의 생존에 대한 영향을 관찰한 결과, 가장 강한 효과를 내는 변수는 애완동물의 사육이었다. 기혼이나 독신이냐는 별 차이가 없었고, 애완동물을 키우는 사람들이 가장 오랫동안 생존했다. 친구들과 대화를 나누거나 뭔가 다른 일을 하면서, 무심코 애완동물을 쓰다듬어주는 행위가 치료 효과를 내는 것이다. 한 연구자는 이렇게 말했다. "우리 아이들은 신체 접촉이 결핍된 사회에서 성장하기 때문에 인간 이외의 무언가로 결핍을 보상해주어야 합니다. 처음에는 곰 인형과 담요에서 시작해서 그다음에는 애완동물에 집착하게 됩니다. 신체 접촉이 없을 때 진짜 고립이 시작되지요." 다른 사람을 만져주는 것은 남의 손길을 받는 것과 똑같이 치료의 힘이 있다. 신체 접촉을 제공하는 치료자 자신도 함께 치료받는 것이다.

금기

◆

누군가를 만지고 싶은 열정과 누군가가 만져주기를 바라는 욕망에도 불구하고, 나라마다 금기시하는 신체 부위가 있다. 미국에서는 남자가 허락 없이 여자의 젖가슴이나 엉덩이 혹은 생식기를 만지는 것은 금기다. 보통 여자는 남자보다 키가 작기 때문에 남자가 여자의 어깨에 팔을 두르면 여자의 팔은 자연스럽게 남자의 허리께로 내려간다. 결과적으로 여자가 남자의 허리나 골반에 손을 대는 것이 반드시 성적인 행위는 아닌 것이다. 그러나 남자가 여자의 골반을 건드릴 때 그것은 당장 성적인 것이 된다. 여자들끼리는 남자들보다 서로 머리나 얼굴을 만지는 일이 많고, 일반적으로 남자 머리보다는 여자들의 머리를 많이 만져준다. 일본에서는 여자들의 목덜미를 만지는 게 금기다. 태국에서는 여자의 정수리를 만지는 것이 금기다. 피지에서 누군가의 머리칼을 만지는 것은 미국에서 처음 보는 사람의 생식기를 건드리는 것과 같다. 벌거숭이로 사는 원시 부족에게도 몸에서 건드리면 안 되는 금기가 있다. 사실 금기가 사라지는 상황은 딱 두 가지다. 상대의 몸을 마음대로 만질 수 있는 연인들 그리고 엄마와 아기. 1960년대에 붐을 이루었던 집단감수성훈련그룹('인간성회복운동'의 일환으로 전개된 것으로, 10여 명의 사람들이 지도교사와 합숙을 하며 평소 공적인 자리에서는 잘 이야기하지 않는 개인적인 감정이나 신념을 털어놓음으로써 자기 성장과 대인관계의 발전을 꾀했던 훈련 프로그램—옮긴이)에서도 단체 촉각 훈련 이상의 것은 하지 않았는데, 사람들은 우울함과 소외감을 가져다주는 사회적 제약과 금기를 깨기 위해 약물의 '도움'을 받기도 했다.

성과 지위에 관한 금기도 있다. 우리는 매일 온갖 종류의 사람들을 만나고 대화하지만, 만지는 것은 특별한 경우에 한한다. 누군가를 만지는 것은 존칭을 생략하고 이름만 부르는 것과 같은 행위다. 사무실의 두 사람을 생각해보자. 둘 중 한 사람이 자신의 말을 강조하면서 상대편의 손을 가볍게 건드리거나 상대의 어깨에 손을 올려놓았다. 상관은 누구일까? 지위가 높은 쪽은 거의 항상 신체 접촉을 먼저 시작한 쪽이다. 인디애나의 작은 마을과 동부 연안의 대도시에서 공적 관계를 맺고 있는 수백 명의 사람들을 관찰한 결과, 남자가 먼저 여자를 만지고, 여자들끼리는 남자들에 비해 서로 신체 접촉을 많이 하며, 일반적으로 지위가 높은 사람이 낮은 사람에게 먼저 손을 내미는 경향이 있다는 사실이 밝혀졌다. 지위가 낮은 사람들은 위험을 무릅쓰고 상관과 더 친해지려고 무의식적으로라도 노력하는 대신 상관이 먼저 행동하기를 기다리는 것이다.

무의식적 접촉

◆

퍼듀대학 도서관에서 여자 사서가 사람들에게 책을 대출해주고 있다. 그녀는 무의식적 접촉 실험에 참여하고 있는데, 근무 시간의 절반은 평소대로 일하고, 나머지 절반에는 가능한 한 사람들이 눈치채지 못하게 하면서 신체 접촉을 한다. 사서가 학생에게 도서 카드를 돌려주며 학생의 손을 가볍게 스친다. 조사원이 밖에서 기다리고 있다가 그 학생에게 도서관 이용에 대한 소감을 묻는다. 조사원의 질문 가운데는 사서가 웃었는지, 사서가 그의 몸을 건드렸는지에 관한 것이 있었다. 학생은 사서가 자신의 몸을 건드리지는 않았지만 웃었다고 대답한다. 사실 사서는 웃지 않았다. 이 실험은 하루 종일 계속되었고, 곧 어떤 패턴이 드러난다. 사서가 슬쩍 몸을 만진 학생들은 그렇지 않은 학생들에 비해 도서관 이용에 대해 훨씬 긍정적으로 대답한 것이다.

미시시피, 옥스퍼드의 두 식당에서도 비슷한 실험을 했다. 웨이트리스가 손님들의 손이나 어깨를 눈치채지 않도록 가볍게 만지는 실험이다. 웨이트리스가 신체 접촉을 한 손님들은 음식이나 식당에 대해 더 좋은 평가를 하지는 않더라도, 일관되게 웨이트리스에게 더 많은 팁을 주었다. 보스턴에서 시행한 또 다른 실험에서, 연구자는 전화 부스에 돈을 놓아둔다. 그리고 다른 사람이 전화를 걸러 갔다가 돈을 주머니에 집어넣는 것을 보고는 그에게 다가가 혹시 돈을 보지 못했느냐고 묻는다. 연구자가 말을 하면서 상대방이 눈치채지 못할 정도로 가볍게 몸을 만지면, 돈이 돌아올 확률은 63퍼센트에서 96퍼센트로 높아졌다. 사람들과의 접촉은 자신도 모르는 새에 우리 몸을 따뜻하게 해준다. 그것은 우리에게 마감 시한과 은행이 생기기 이전의 시간, 어머니들이 우리를 얼러주고 우리가 깊이 사랑받는 존재였던 시절을 연상케 해주는지도 모른다. 눈치채지 못하도록 아주 살짝만 몸을 건드려도, 우리의 숨어 있는 마음은 그것을 놓치지 않는 것이다.

미각

자연으로부터 미각이라는 유산을

상속받지 못한 이들은 (……)

긴 얼굴과, 긴 눈매와

긴 코를 가지고 있다.

이들의 키가 아무리 커도

어딘가 비례에 맞지 않게 긴 부분이 있다.

머리는 윤기 없는 검은색, 이들은 결코

통통해지지 않는다.

바지를 발명해낸 것은 이들이었다.

— 브리야 사바랭, 『미각의 생리학』에서

바르톨로메 에스테반 무리요, 과일 먹는 소년들, 1650년경, 알테 피나코테크(뮌헨)

사회적 감각

◆

다른 감각들은 혼자서도 그 아름다움을 온전히 즐길 수 있지만, 미각은 대단히 사회적이다. 혼자 식사하는 것을 꺼리는 인간에게 음식은 대단히 사회적인 구성 요소다. 반투족은 음식을 주고받으면 두 사람 사이에 계약이 맺어지고 이들은 그때부터 '오트밀죽의 씨족'이 된다고 생각한다. 우리는 대개 가족들과 함께 식사하므로 '빵을 함께 나누는 것'은 외부인을 가족과 연결시켜주는 상징적 행위가 된다. 세계 어디를 가나 중요한 사업은 식사를 하는 동안 이루어진다. 결혼식은 피로연으로 끝나고, 친구들은 기념 만찬 자리에서 재회한다. 아이들의 생일을 알려주는 것은 아이스크림과 케이크다. 종교 집회에서는 경외와 봉헌의 음식을 바친다. 길손들은 한 끼 식사를 대접받는다.

브리야 사바랭이 말한 그대로다. "사랑, 우정, 사업, 투기, 권력, 끊질긴 요구, 후원, 야심, 음모 등 모든 사회적 교류가 (……) 식탁 주위에서 이루어진다." 어떤 행사가 감정적 또는 상징적으로 중요하다면, 내온 음식은 그것을 축복하고 기념하기 위한 것이다. 어느 나라에서든 승인이나 축하의 상징으로 음식을 이용한다. 초자연적 힘을 갖고 있다는 음식이 있는가 하면, 순전히 상징적으로 먹는 음식이 있고, 또 의식의 일부로 먹는 음식도 있다. 조리법을 잊거나 행사의 순서를 틀린 어리석은 자나 불신자에게는 재앙이 닥친다는 말도 있다. 유월절 저녁에 유대인들은 선조들이 이집트에서 노예로 일할 때 흘렸던 눈물을 상징하는 쓴 나물을 먹는다. 말레이 사람들은 중요한 행사가 있으면 생명의 중심인 쌀로 축하한다. 가톨릭과 성공회에서는 빵과 포도주의 성찬을 나눈다. 고대 이집트인들은 양파가 여러 겹의 우주를 상징한다고 믿어서, 『성경』을 앞에 놓고 맹세하듯 양파를 놓고 맹세했다. 대부분의 나라에서 멋진 접시와 잔으로 식탁을 장식하고, 식사에는 파티와 음악, 공연, 바비큐를 비롯한 여러 가지 연회가 따른다. 미각은 친밀함의 감각이다. 멀리 있는 것은 맛볼 수 없다. 그리고 사람들의 미각은 지문처럼 천차만별이다.

음식의 신은 사람들의 감정과 생활을 지배했다. 옥수수를 경외하는 호피족 인디언은 힘을 얻기 위해 푸른 옥수수를 먹는다. 일상생활이 옥수수에 얼마나 크게 의지하고 있는지 안다면 우리도 옥수수를 숭배할 것이다. 마거릿 비서는 『정말 중요한 저녁 식사』에서 옥수수의 역사와 그 이용에 관해 진술했다. 가축과 닭은 옥수수를 먹는다. 통조림 국물에는 옥수수가 들어 있다. 대부분의 종이 제품, 플라스틱, 접착제에도 옥수수가 들어 있다. 사탕, 아이스크림을 비롯한 맛있는 음식에는 옥수수 시럽이 들어 있다. 건조된 즉석식품에는 옥수수전분이 들어 있다. 많은 일상 용품이 옥수수를 원료로 하고 있는데, 대표적인 두 가지가 빗자루와 옥수숫대 파이프다. 호피족에게는 옥수수를 먹는 일 자체가 숭배의 한 형태다. 내 앞에는 아름답게 조각된 호피족의 옥수수 카치나 인형이 있다. 미루나무로 만들어진 이 인형은 호피족의 영적 본질을 드러내고 있다. 옥수수 속 모양의 몸통에는 네모난 옥수수 알갱이가 수십 개 그려져 있고, 황토색, 노랑, 검정, 흰색이 칠해져 있으며, 맨 밑에는 추상화된 녹색 이파리가 삐죽삐죽 솟아 있다. 인형의 얼굴에는 길쭉하고 검은 뿌리 모양의 코와 직사각형의 검은 눈이 있고, 토끼털로 만든 검은색 칼라, 흰 옥수수수염 같은 귀, 갈색의 새털로 만든 앞머리가 있다. 녹색, 노랑, 황토색 줄무늬가 그려진 두 개의 뿔에는 생가죽 수술이 덮여 있다. 맛있는 상상력을 담은 정교한 인형 카치나가 나를 쳐다보고 있다.

동서고금을 막론하고 '미각taste'이란 말은 이중의 의미를 가지고 있다. 이 말은 만져보거나 시험해서 검사한다는 뜻을 가진 중세영어 tasten을 어원으로 하고 있는데, 좀 더 거슬러 올라가면 '날카롭게 접촉하다'는 뜻의 라틴어 taxare가 있다. 그래서 맛보는 것은 항상 시험 혹은 평가를 의미했다. 심미안taste을 가진 사람들은 지극히 사적인 취향에 따라 삶을 평가하고, 최고의 요소와 결핍을 가려낼 줄 안다. 심미안이 없는 이들은 천박하거나 상스럽다. 포도주, 음식, 예술 분야 전문 비평가의 감식안이 더 세련되었다고 생각하며 우리를 대신하여 평가하도록 한다. 벗companion은 '함께 빵을 먹는 사람'이라는 뜻이고, 사람들은 평화나 환대의 제스처로 음식을 나누며 함께 둘러앉아 수다 떠는 것을 좋아한다.

아기가 처음으로 맛보는 것은 엄마의 젖이다(맨 처음 나오는 젖인 초유에는 엄마의 몸속에서 만들어진 항체가 풍부하게 들어 있다). 엄마는 젖과 함께 사랑, 안정감, 따뜻함, 건강함을 주고, 아기는 최초로 강렬한 쾌감을 느낀다. 나중에 엄마는 손으로 음식을 떼어주고, 씹어서 반쯤 소화시킨 음식을 아기의 입 안에 밀어 넣어주기도 한다. 그런 강렬한 관계는 쉽게 지워지지 않는다. 우리는 '음식'이 아주 단순한 것인 양, 바위나 비처럼 당연하고 절대적인 것인 양 이야기한다. 그러나 음식은 쾌락의 근원이고, 생리적, 감정적 만족을 주는 복잡한 영역이다. 음식에는 어린 시절의 추억이 깃들어 있다. 음식은 맛있어야 하고, 양분을 공급해주어야 한다. 그렇지 않으면 우리는 세포의 아궁이에 불을 지피지 못할 것이다. 살기 위해 숨 쉬어야 하듯, 살기 위해 먹어야 한다. 그러나 음식을 찾는 일은 무의식적으로 이루어지는 호흡과 다르다. 그것은 열정과 계획이 필요하므로 음식은 우리를 자연스러운 무관심 속에서 끌어내야 한다. 음식이 우리를 유혹할 수 없으면 우리는 아침에 자리에서 일어나 몸에 맞는 옷을 걸치고 서둘러 직장에 나가지 않을 것이다. 우리는 '일용할 양식'을 위해, 아니면 그저 '밥값'을 하기 위해, 좋아하지도 않는 일을 하루에 여덟 시간씩, 일주일에 5일간 한다. 잡식성인 인간은 다양한 맛을 즐기고, 늘 새로운 음식을 맛본다. 아이들은 식사 때마다 규칙적으로 모여 어른들의 대화에 귀 기울이고, 질문하고, 관습과 언어와 세계에 대해 배운다. 언어가 식탁에서 만들어진 것은 아니라 해도, 집단적으로 사냥할 때와 마찬가지로, 식탁에서 발전하고 보다 유창해진 것은 틀림없다.

우리는 과거를 돌아보면서 수렵 및 채취 생활을 짧은 기간으로, '문명적' 생활을 긴 기간으로 생각하는 경향이 있다. 그러나 문명은 인간 생활의 최근 단계에 불과할 뿐 아니라 우리 생각과 달리 그리 대단한 성취가 아닐 수도 있다. 더욱이 문명은 최종 단계가 아닐 수도 있다. 인류가 지구상에 살아온 것은 200만 년쯤이고, 그중에서 수렵 및 채취 생활을 한 것은 지난 2000~3000년 동안이다. 우리는 합창을 할 수도 있고 격정을 억누른 채 책상 앞에 앉아 있을 수도 있지만, 여전히 수렵 및 채취 생활자의 욕망, 동기, 솜씨를 가지고 세계를 누비기도 한다. 이것은 머리로 이해할 수 있는 부분은 아니다. 만약 우리가 외계 문명과 접촉한다면, 외계인들이 우리에게 줄 수 있는 가장 큰 선물은 인류의 생활 모습을 진화 단계별로 찍은 영화일 것이다. 물질의 위대한 시, 의식은 정말 놀랍고도 놀랍지만, 우리는 외로움과 함께 커다란 꿈을 안고 여기에 있다. 우리는 고해성사를 하듯 전화기에 대고 이야기하면서 친구에게 감정을 토로하지만, 대개는 허공에 대고 소리치는 것처럼 비현실적으로 느껴진다. 순간적으로라도 사람들의 감정에 빠져들 수 있다는 듯이 직접 만나서 이야기하는 것을 좋아한다. 친구는 먼저 우리에게 먹을 것과 마실 것을 내준다. 그것은 '내가 네 영혼을 살찌우듯이, 이 음식은 네 몸을 살찌울 것이다'를 의미하는 상징적인 행위다. 어렵거나 힘든 시기에는 또한 '나는 내 목숨이 위태로워지는 한이 있어도 내가 살기 위해 소비해야 하는 일부를 너에게 나눠주겠다'를 의미하기도 한다. 그렇게 절박했던 시절은

　　　　　　　　미각

벌써 옛날에 지나갔는지도 모른다. 그러나 그러한 시련 속에서 단련된 우리의 일부는 마실 것 한 잔, 치즈 한 조각을 받아들고 감사를 표한다.

음식과 섹스

◆

식사 시간이 없다면 가슴 뛰는 구애는 어떻게 되었을까? 필딩의 『톰 존스』에 나오는 관능적이고 상스러운 여인숙 장면처럼, 식사는 완벽한 전희의 무대가 될 수 있다. 음식은 왜 섹시할까? 여자는 왜 잘생긴 남자를 먹음직하다고 얘기할까? 프랑스 여자는 왜 연인을 몽 프티 슈(mon peitit chou, 나의 작은 양배추)라고 부르는 걸까? 미국 남자는 왜 여자 친구를 쿠키라고 부르는 걸까? 영국 남자는 왜 섹시한 여자를 크럼펫(핫케이크의 일종)으로, 아니면 타르트라고 부르는 걸까? 성적 굶주림과 육체적 굶주림은 항상 함께 다녔다. 사나운 이 욕구는 예부터 기근과 전쟁 속에서도 우리를 지배했다.

  적당한 조명 속에서 보면 어떤 음식도 다 최음제로 보인다. 음경과 비슷하게 생긴 당근, 서양부추, 오이, 피클, 해삼(물에 젖으면 부풀어 오른다), 뱀장어, 바나나, 아스파라거스 등은 여성의 생식기를 연상시키는 굴이나 무화과와 마찬가지로 한때 최음제로 각광받은 적이 있다. 캐비어는 여성의 난자를 연상시킨다. 코뿔소의 뿔, 하이에나의 눈, 하마 주둥이, 악어 꼬리, 낙타의 등, 백조의 생식기, 비둘기의 뇌수, 거위 혀같이 희귀하고 이국적인 것에는 마술적인 힘이 있을 것으로 여겨졌다. 말린 자두(엘리자베스 시대에 매음굴에서 제공되었다), 복숭아(엉덩이를 닮은 곡선 때문에?), '사랑의 사과'라고 불렸으며 에덴 동산에서 이브를 유혹했다고 짐작되는 토마토, 황소 고환 요리와 고환을 닮은 양파와 감자, 남자의 넓적다리와 음경을 닮은 맨드레이크 뿌리, 사드 후작이 선호했던 최음제 청가뢰. 사드 후작은 남부 유럽산 딱정벌레를 으깨 만든 최음제를 봉봉 과자에 섞어 매춘부와 친구들에게 먹였다. 그 속에는 위장관을 자극하고 혈액 흐름을 좋게 하는 성분들이 들어 있는데, 이 두 가지 성분이 합쳐져 음경이나 클리토리스를 강하게 자극한다. 그러나 이것은 신장에 치명적일 수도 있다. 사향, 초콜릿, 송로松露도 최음제로 인정받는데, 그것은 충분히 가능한 얘기다. 그러나 현자들이 오래전부터 말해온 것처럼, 가장 섹시한 것 그리고 세계 최고의 최음제는 상상력이다.

원시인들은 창조를 개인적이면서 동시에 우주적인 과정으로 보았다. 대지는 식량을 만들고, 인간(진흙으로 만들어진)은 아이들을 낳는 것이다. 비는 하늘에서 내려와 땅을 수태시켜 대지의 황토색 살에서 과일과 곡식이 태어난다. 대지의 산들은 누워 있는 여인 같고, 샘물은 건강한 남성처럼 솟아오른다. 원시인들은 정교하고 격정적인 다산多産 의식을 치러 자연의 너그러움을 구했다. 요리사들은 생식기 모양, 특히 음경 모양의 고기와 빵을 구웠고, 성기가 과장되게 표현된 남녀 조상彫像 앞에서 성스러운 한 쌍이 공개적으로 교접을 하였다. 그리스 신화에 나오는 대지의 여신 가이아가 짜낸 젖은 은하수가 되었다. 공처럼 둥근 젖가슴과 부푼 배, 거대한 엉덩이와 허벅지를 가진 고대 비너스상은 여성적 생명력, 농작물과 인간을 낳는 어머니를 상징했다. 대지 그 자체는 둥글게 무르익은, 다산으로 빛나는 풍요의 여신이었다. 사람들은 비너스상이 과장된 상상력의 산물이라고 생각하지만, 당시의 여성들은 비너스상과 비슷하게 온통 젖가슴과 배, 엉덩이뿐이었는지도 모른다. 임신한 여자들은 그런 모습으로 부풀어 올랐을 것이다.

식물이나 동물은 생식 활동을 통해 먹을 것을 만들어낸다. 그래서 우리는 음식을 성적으로 느낀다. 사과나 복숭아를 먹는 것은 과일의 태반을 먹는 것이다. 음식과 성을 무의식적으로 관련짓지 않고도, 오직 물리적인 이유만으로도 음식을 성적으로 느낀다. 우리는 입을 여러 가지 용도, 즉 먹는 것은 물론, 말하고 키스하기 위해 사용한다. 입술, 혀, 생식기에는 크라우제 종말이라는, 대단히 민감한 신경 수용기가 분포되어 있다. 여기서 이들 기관의 반응의 유사성이 비롯된다.

불빛이 희미한 식당에서 남녀가 서로 마주 보고 앉아 있다. 붉고 흰 백합꽃 다발이 계피처럼 톡 쏘는 달콤한 향기를 공중에 퍼뜨린다. 웨이터가 몰레molé 소스를 끼얹은 토끼고기 소시지 접시를 들고 지나간다. 옆 테이블에서는 블루베리 수플레가 좋은 냄새를 풍기고 있다. 커다란 얼음 접시 위에 껍질과 함께 놓인 굴이 하나씩 여자의 입 속으로 들어가며 비단결 같은 짭짤함을 혀끝에 전해준다. 남자의 접시에 얹힌 두꺼운 야생 사과 케이크에서는 회향풀 향기가 나는 김이 피어오른다. 갓 구워낸 작은 빵이 달콤한 숨을 내쉰다. 두 사람은 동시에 빵을 향해 팔을 뻗다 둘의 손이 살짝 스친다. 남자는 여자를 녹여버릴 듯이 응시한다. 이 감미로운 전주가 어디에 이를지, 둘 다 잘 알고 있다. "나 너무 배고파." 여자가 속삭인다.

잡식성 동물의 소풍

◆

나는 친구들과 함께 외계인의 집으로 저녁 식사 초대를 받았다. 사려 깊은 외계인들은 먼저 나에게 알레르기나 먹지 않는 음식이 있는지를 물어보고, 어떤 종류의 음식을 좋아하는지 묻는다. 외계인들은 인간은 무엇을 먹느냐고 묻는다. 여러 가지 그림이 마음속을 스쳐간다. 수많은 식물과 동물, 광물질, 액체와 고체, 엄청나게 다양한 조리법. 마사이족은 소의 피를 즐겨 마신다. 동양인은 개고기를 센 불에 볶아 먹는다. 독일인은 지독한 냄새가 나는 양배추(사워크라우트)를 먹는다. 미국인들은 삭힌 오이(피클)를 먹고, 이탈리아인들은 새를 통째로 기름에 튀겨 먹는다. 베트남인들은 발효시킨 생선(느억맘)을 먹고, 일본인을 비롯한 여러 민족이 균류(버섯)를 먹으며, 프랑스인들은 마늘에 담근 달팽이를 먹는다. 아즈텍족 상류층은 구운 개고기(숄로이츠퀸틀이라는 털 없는 종으로 멕시코에서는 아직도 이 개를 사육하고 있다)를 먹었다. 중국의 주나라 사람들은 쥐를 '집사슴'이라고 부르며 좋아했고,✤ 많은 사람들이 설치류와 메뚜기, 뱀, 날지 못하는 새, 캥거루, 바닷가재, 달팽이, 박쥐를 먹는다. 지구상의 거대한 생태계에서 작은 틈을 채우고 있는 다른 동물들과 달리, 인간은 잡식성이다. 지구에는 약 2만 종의 식용

✤   최초로 본격적인 식당을 연 것은 음식을 좋아하는 당나라 시대(618~907) 어느 중국인이었다. 송나라가 당나라를 계승할 무렵에는 많은 사실私室을 갖춘 다용도 건물에서 식당 영업이 이루어졌다. 사람들은 식사와 섹스와 음주와 이야기를 하기 위해 그곳에 갔다.

식물이 있다. 유칼리나무가 없어지면 유칼리 잎만 먹고 사는 코알라는 멸종되고 말 것이다. 그러나 인간은 무엇이든 먹을 수 있다. 다양성은 우리의 기쁨이다. 가뭄이 들면 다른 지역으로 이동하거나, 선인장을 자르거나, 샘을 판다. 메뚜기 떼가 농사를 망치면 야생식물과 풀뿌리를 찾는다. 가축이 죽으면 곤충, 콩, 견과류에서 단백질을 구한다. 잡식성 동물로 산다는 것이 쉬운 일은 아니다. 코알라는 먹이에 독이 있는지 걱정할 필요가 없다. 사실 유칼리나무는 독성이 강하지만, 대단히 튼튼한 장을 갖고 있는 코알라는 조상들이 그랬듯이 유칼리나무를 그냥 먹는다. 소들은 아무 두려움 없이 풀을 뜯고 곡식을 먹는다. 그러나 잡식성 동물은 걱정을 떨치지 못한다. 어떤 것이 먹을 만하고 영양가 있는지 알아보기 위해 위험을 무릅쓰고 끊임없이 새로운 음식을 시험해보아야 한다. 이들은 새로운 음식을 맛보면서, 영양가가 있으면서도 진기하여 보통 때는 끌리지 않을 맛을 요구한다. 예를 들면 칠리 페퍼(콜럼버스가 유럽에 소개한 것)나 담배, 알코올, 커피, 아티초크, 겨자 등이 그렇다. 인간은 사냥 및 수렵 생활을 할 때부터 아주 다양한 음식을 먹었다. 끊임없이 다양한 것을 찾는 이들도 있지만, 자신이 알고 있는 음식 혹은 흔한 음식에 양념을 쳐서, 좋은 말로 '색다르게' 만드는 일도 많다. 단조로움은 우리의 방식이 아니다. 어떤 측면에

미각

서 그것은 안전하지만, 다른 측면에서 그것은 더 위험하다. 대개 금방 잡은 고기를 가열하여 조리하는 것을 좋아한다. 우리에겐 날카로운 육식동물의 이빨이 없지만, 필요하지도 않다. 우리는 날카로운 도구를 만들어냈다. 과일을 자를 수 있는 앞니가 있고, 씨앗과 견과류를 깨물 수 있는 어금니가 있으며, 고기를 뜯을 수 있는 송곳니도 있다. 우리는 한련과 껍질콩을 먹고, 심지어는 소의 유선에서 분비된 젖을 저어서 응고시키거나 딱딱하게 얼려서 막대기에 꽂아 먹는다.

외계인들이 함께 소풍을 가자고 제안한다. 그들의 뒷마당에는 두 개의 태양이 떠 있는 목장이 있다. 일본인 친구는 애피타이저로 회를 선택하는데, 특히 살아서 움직이는 새우를 잊지 말라고 주문한다. 프랑스 친구는 바게트, 아니 크루아상을 선택하며 크루아상의 진기한 역사를 모두에게 들려주겠다고 고집을 부린다. 오스트리아 사람들은 조국이 터키 오스만 제국의 침략을 물리친 것을 축하하기 위해, 터키 국기에 그려진 초승달 모양의 페스트리를 만들어냈다. 그래서 비엔나 사람들은 전장에서 적을 먹어치우듯 식탁에서 적들을 먹어치울 수 있었다. 크루아상은 1920년대에 프랑스로 전파되었고, 다시 미국으로 전해졌다. 아마존강 유역에서 온 친구는 메인 코스로 호두버터 맛이 나는 가위개미와 구운 거북 그리고 식인 물고기 피라냐의 맛있는 살을 택한다. 독일인 친구는 스패츨과 검은 호밀빵pumpernickel을 요구한다. 'pumpernickel'이라는 빵 이름은 '방귀 뀌다'라는 뜻의 동사 'pumpern'과 악마를 의미하는 'nickel'에서 왔는데, 빵이 소화되기 힘들 정도로 딱딱해서 악마도 그것을 먹으면 방귀를 뀔 거라는 뜻이다. 타사다이족 친구는 나텍, 즉 카리요타 야자나무의 줄기 속으로 만드는 전분질 빵을 원한다. 나의 영국 사촌은 소 혓바닥 통조림과 아주 오래된 푸른 치즈, 디저트로는 트라이플(포도주에 적신 카스텔라와 생크림과 아몬드를 얹은 푸딩)을 주문한다.

소풍 가서 점심 식사를 마친 뒤, 터키 친구가 후식으로 터키 스타일 커피를 제안한다. 그것은 커피콩을 가는 대신 절구에 빻아서 내리는 커피다. 그는 주전자에 은제 거름망을 얹어놓고 빻은 커피를 망 위에 얹은 다음 끓는 물을 붓는다. 그리고 이 물을 잠깐 끓여서 다시 망 위에 부은, 두 번 내린 커피를 우리에게 가져다준다. 그것은 여태까지 맛본 것 중 가장 투명하고 밝은 빛깔의 커피다. 그의 설명에 따르면, 커피를 발견한 것은 9세기의 한 양치기였다고 한다. 어느 날 양치기는 염소들이 어떤 열매를 먹기만 하면 흥분한다는 사실을 발견했다. 100년 동안, 사람들은 오직 열매를 씹을 줄만 알았다. 생 열매는 끓여도 무슨 특별한 맛이 나지는 않았다. 그러나 13세기에 누군가 열매를 볶았고, 그 과정에서 지금은 아주 친숙해진, 진한 향이 나는 기름이 배어 나오고 이끼처럼 쌉쌀한 냄새가 풍겨 나왔다. 인디언 친구가 각설탕을 돌리며, 커피를 마시면서 설탕을 혀로 녹이라고 가르쳐준다. 그러자 우리의 마음은 기원전 800년의 힌두교 경전 『아타르바베다』에 기술된 커피에 관한 최초의 기록을 향해 줄달음친다. 성스러운 경전은 반짝거리는 설탕 결정으로 만든 왕관을 묘사하고 있다. 인디언 친구는 고수 씨앗을 한 접시 돌리고, 우리는 몇 개를 집어서 혀끝에 올려놓는다. 톡 쏘는 향기가 입 안을 개운하게 만드는 것이 느껴진다. 즐거운 소풍이었다. 우리는 이렇게 멋진 잔치를 베풀어준 데 대해 외계인에게 감사하고, 그들을 지구에서의 저녁 식사에 초대한다. "주주바리아 행성인들은 무엇을 먹나요?"

식인과 성스러운 소

◆

솔제니친의 『이반 데니소비치의 하루』에 따르면 러시아 강제 노동 수용소의 주식은 채소 수프였다. 그러나 사람들은 나무나 나뭇잎 혹은 풀을 그리 좋아하지 않는다. 섬유소는 소화되지 않기 때문이다. 또한 배설물(이것을 몹시 좋아하는 동물도 있지만)

이나 분필이나 석유는 도저히 먹지 못한다. 그런가 하면, 문화적 금기 때문에 영양이 풍부하고 건강에도 좋은 음식을 거절하기도 한다. 유대인은 돼지고기를 먹지 않고, 힌두교도는 쇠고기를, 미국인은 일반적으로 개나 쥐, 말, 메뚜기, 벌레 등 다른 나라 사람들이 귀하게 여기는 많은 맛있는 음식을 먹지 않는다. 인류학자 레비 스트로스는 원시 부족들이 음식을 가리켜 '생각하기 좋다' 혹은 '생각하기 나쁘다'고 말했다는 사실을 발견했다. 행동 법칙은 발명의 어머니인 필요에 따라 만들어진다. '성스러운 소'라는 말을 생각해보자. 이 말이 우리의 어휘 속에 들어왔을 때 그것은 정말 충격적이었다. 인구가 7억쯤 되는 인도는 단백질을 끊임없이 필요로 하고 있고 많은 사람들이 굶주리고 있지만 200만 마리 이상의 소들은 신으로서 거리를 돌아다니고 있다. 힌두교에서 소는 더할 수 없이 중요하다. 그것은 마빈 해리스가 『성스러운 소와 혐오스러운 돼지』에서 설명한 그대로다.

소 보호와 소 숭배는 인간의 어머니에 대한 보호와 공경을 상징하기도 한다. 나는 보석으로 장식된 소들의 사진이 실려 있는 크고 화려한 인도 달력을 수집해두었다. 사진 속의 소들은 불룩한 젖통과 아름다운 성모의 얼굴을 하고 있다. 힌두교 소 숭배자들은 이

미각

렇게 말한다. "소는 우리의 어머니다. 소는 우리에게 젖과 버터를 준다. 황소는 밭을 갈아서 우리가 농사를 지을 수 있게 해준다." 늙어서 새끼도 못 낳고 젖도 짤 수 없는 소들에게 먹이를 주는 관습에 반대하는 이들에게, 힌두교도는 이렇게 대꾸한다. "그러면 당신은 어머니가 늙었다고 도살장으로 보내는가?"

인도에서 성스러운 것은 소뿐만이 아니다. 소 발자국 속의 먼지조차 성스럽게 여긴다. 힌두교 신학에 따르면, 한 마리의 소 안에는 3억 3000만의 신들이 살고 있다. 소에 대한 이러한 숭배가 생겨난 원인은 여러 가지지만, 그중 하나는 인도처럼 인구밀도가 높은 나라에서는 가축을 키워 식량으로 삼는 것이 불가능하다는 데 있을지도 모른다. 가축을 식량으로 삼는 것은 극단적으로 비효율적인 시스템이다. 사람들이 곡식을 먹고 자란 동물을 먹을 때, 칼로리 10 중에서 9가, 단백질 5 중에서 4가 낭비된다고 한다. 동물이 영양소의 대부분을 소비해버리는 것이다. 그래서 이에 대한 대안으로 채식주의가 넓게 퍼지고, 그것이 종교를 통해 의식으로 굳어진 것인지도 모른다. "나는 불교의 발생이 대중의 고통 및 환경자원의 고갈과 관련 있다고 확신한다. 왜냐하면 인도에서 똑같은 시기에 몇 가지 비슷한 불살생의 계율을 가진 종교가 발생했기 때문이다." 해리스의 주장이다. 그중 하나가 자이나교인데, 자이나교의 사제들은 집 없는 개와 고양이를 돌봐줄 뿐만 아니라, 곤충을 위한 방까지 따로 마련해놓는다. 이들이 길을 걸을 때는 수행자가 앞장서서 어떤 곤충도 밟지 않도록 길을 쓸며 나아간다. 또 이들은 얇은 마스크를 씀으로써 날파리 같은 곤충이 입 속으로 들어오지 못하게 한다.

또 하나의 강력한 금기가 있다. 사람을 먹는 것은 문명 생활과는 너무 거리가 멀기 때문에, 우리는 '먹는다'는 우회적 표현을 안심하고 성적인 의미로 사용한다. 이것을 글자 그대로 먹어치운다는 뜻으로 해석할 사람은 없을 것이다. 그러나 잡식성 동물은 무엇이든, 심지어 서로를 먹어치울 수도 있다. 어쨌거나 인육은 양질의 단백질 공급원 가운데 하나다. 세계 도처에서 원시 부족은 의식의 일부로, 가끔은 부족한 단백질을 보충하기 위해 식인풍습에 빠져들었다. 그들은 주술과 과시를 위해 적의 머리를 전시했다. 그리고 낭비를 막기 위해 몸뚱이는 먹었다. 철기시대 영국에서 켈트족은 인육을 대량으로 소비했다. 일부 아메리카 인디언 부족들은 포로를 고문하고 먹었는데, 그 생생한 묘사(인육을 먹는 의식을 목격한 기독교 선교사들의 증언)는 머리털을 쭈뼛 서게 한다. 1487년, 나흘 밤 동안 치러진 어느 의식에서 아즈텍인들은 약 8만 명의 죄수들을 희생시켰다. 신들에게 인육을 바쳤지만, 주로 고기에 굶주린 수많은 인구가 인육을 먹어치웠다고 한다. 여러 문화권의 사고와 관습을 관찰했던 조셉 캠벨은『신화의 힘』에서, 뉴기니의 식인 의식에 관해 "농경사회의 죽음과 부활, 식인 소비를 행동으로 나타냈다"고 설명했다. 부족민들은 성스러운 들판에 나가 나흘이나 닷새 동안 노래하고 북을 치며 모든 규칙을 깨고 난교를 한다. 이 성인 의식에서 어린 소년들이 난생처음으로 성을 경험한다.

큰 기둥 두 개에 커다란 통나무들을 걸쳐놓아 커다란 통나무집을 만든다. 그리고 어린 소녀를 여신처럼 장식한 다음 큰 지붕 아래에 누인다. 북을 두드리고 노래를 부르는 가운데, 예닐곱 명의 소년들이 차례로 나와 난생처음으로 성교를 한다. 그리고 맨 마지막에 들어간 소년과 소녀의 행위가 절정에 달했을 때 버팀목을 뺀다. 통나무는 무너져내리고 두 남녀는 깔려죽는다. 처음에 그랬듯이 남자와 여자의 결합 (……) 탄생과 죽음의 결합. 그것은 모두 같은 것이다.

사람들은 두 남녀를 끌어내 그날 저녁에 구워 먹는다. 이 의식은 신의 살해와 죽은 구원자를 음식으로 삼는다는 원형적 행위의 반복이다.

아프리카에서 리빙스턴 박사가 죽었을 때, 원주민 추종자 둘이 그의 힘과 용기를 받아들이기 위해 그의 장기를 꺼내 먹었다. 가톨릭교회에서 성체를 받는 것은 그리스도의 살과 피를 상징적으로 먹는 행위다. 더 유혈이 낭자한 식인풍습도 있다. 필리파 풀러에 따르면, 고대 켈트족의 드루이드교 사제들은 "사람의 횡경막 윗부분을 칼로 찔러서, 사지가 경련하고 피가 분출하는 모양을 보고 앞일을 예언했다. (……) 그리고 죽은 자는 먹어치웠다." 식인풍습이 만연하지 않는 것은, 우리가 인간의 삶이 성스럽다는 것을 알 뿐만 아니라, 그러한 행위를 억제하는 사회적 금기가 있기 때문이다. 해리스는 이렇게 말한다. "정말 의문스러운 것은, 전쟁터에서 인간을 대량살상하는 기술을 지속적으로 발전시켜온 이 사회가, 왜 인간이 죽이기에는 좋지만 먹기에는 나쁘다고 생각하게 되었는가다.✤

✤ 식인풍습과, 다양한 문화권, 즉 아즈텍, 피지, 뉴기니, 아메리칸 인디언을 비롯한 많은 종족에서 식인 행위를 만연케 한 영양학적 요구에 관해서는 해리스가 '인육의 섭취'라는 장에서 설명하고 있다. 또한 생생하고 소름 끼치는 목격자들의 증언도 실려 있다.

미뢰

◆

전자현미경으로 보면 인간의 미뢰는 화성의 화산처럼 거대해 보이지만, 상어의 미뢰는 파스텔 색조의 얇은 종잇장으로 이루어진 아름다운 언덕처럼 보인다. 어쨌든 상어의 미뢰가 어떤 용도로 쓰이는지 떠올리기 전까지는 그렇게 보인다. 사실, 미뢰는 굉장히 작다. 성인에게는 입의 다양한 부위에 주제별로 분류된(쓴맛, 신맛, 단맛, 짠맛) 1만 개가량의 미뢰가 있다. 각각의 미뢰 안에는 약 50개의 미각세포가 있어서 뉴런으로 바쁘게 정보를 전달한다. 대개의 맛이 혀 중앙에서는 느껴지지 않지만, 동굴의 축축하고 미끄러운 석회암 벽에 박쥐가 매달려 있듯 입천장, 인두, 편도선에는 미뢰가 매달려 있다. 토끼에게는 1만 7,000개의 미뢰가, 앵무새에게는 겨우 400개가량이, 소에게는 2만 5,000개가 있다. 이들은 무슨 맛을 느낄까? 소에게 그렇게 많은 미뢰가 필요한 것은 엄청난 양의 풀을 먹어치우는 것을 즐기기 위해서인지도 모른다.

우리는 혀끝에서 단맛을 느낀다. 쓴맛은 혀 뒤쪽에서, 신맛은 혀 옆쪽에서 느낀다. 짠맛은 혀 전체에 골고루 분포되어 있지만 주로 앞쪽에 몰려 있다. 혀는 무슨 맛을 느끼느냐에 따라 몇 개의 지방 정부로 분할된 왕국과 같다. 볼 수 있는 이들은 동쪽에, 들을 수 있는 이들은 서쪽에, 맛볼 수 있는 이들은 남쪽에, 감촉을 느낄 수 있는 이들은 북쪽에 사는 것과 같다. 이 왕국을 통과하는 맛은 부위에 따라 다르게 느껴진다. 아이스크림, 막대 사탕, 손가락 끝에 묻은 케이크를 단맛에 대한 미뢰가 있는 혀끝에 갖다 대면 더 큰 쾌감이 밀려온다. 혀 밑에 밀어 넣은 각설탕은 혀 위에 올려놓은 것만큼 달지 않다. 미각 가운데 가장 예민한 것이 쓴맛인데, 그것은 쓴맛의 미뢰가 혀 뒤쪽에 마지막 방어선으로 존재하기 때문이다. 이 쓴맛의 미뢰 덕분에 위험한 것이 넘어오면 구역질을 일으켜 목구멍 속으로 밀려 들어가는 것을 막는다. 말라리아 치료제인 퀴닌을 먹을 때, 난생처음으로 커피를 마실 때, 올리브를 맛볼 때 구역질을 하는 사람이 있다. 인간의 미뢰는 어떤 것 200개 가운데 하나가 달아도 그 단맛을 느낄 수 있다. 나비와 검정파리는 대부분의 미각 기관이 앞다리에 있어서, 달콤한 액체에 발을 담그기만 해도 그 맛을 느낄 수 있다. 개와 말을 비롯한 많은 동물들이 인간과 마찬가지로 단맛을 좋아한다. 우리는 400개 가운데 하나의 맛이 짤 때 그것을 느낄 수 있고, 13만 개 가운데 하나가 신맛이 날 때 그 맛을 느낄 수 있지만, 쓴맛은 200만 개 가운데 하나일 때도 느낄 수 있다. 유독한 것을 서로 다른 맛으로 구별할 필요는 없다. 독성이 있는 것들은 그저 쓰게 느껴진다. 쓴 것과 단 것의 구분은 살아가는 데 필수적이고, 그래서 그것은 우리의 언어를 통해 표현된다. 아이, 기쁨, 믿음직한 친구, 연인은 모두 '달콤한' 것이다. 후회, 적, 고통, 실망, 추잡한 논쟁은 모두 '쓰디쓴' 것이다.

미뢰taste bud라는 이름은, 미각세포들이 꽃잎처럼 겹쳐져 있는 봉오리를 발견한 19세기 독일의 과학자 게오르크 마이스너와 루돌프 바그너가 만든 것이다. 미뢰는 1주일에서 10일 정도에 닳아 없어지고 다른 것으로 대치되는데, 45세까지는 이러한 활동이 활발하게 일어나며, 입천장은 나이가 들수록 점점 닳는다. 그래서 똑같은 수준의 감각을 느끼기 위해서는 더욱 강렬한 맛이 필요하게 된다. 미각이 가장 예민한 층은 아이들이다. 아기의 입에는 어른들보다 훨씬 더 많은 미뢰가 있고, 일부는 볼에도 분포되어 있다. 아이들이 단맛을 좋아하는 이유는, 아직 설탕에 민감한 혀끝이 오랜 세월 갖가지 진미를 맛보는 과정에서, 혹은 뜨거운 수프를 식히지 않고 마시다가 닳아버리지 않았기 때문이기도 하다. 선천적으로 혀가 없거나 혀를 절단당한 사람도 여전히 맛을 느낄 수는 있다. 브리야 사바랭은 탈옥을 시도했다가 "혀 앞부분을 (……) 인대까지 깨끗이 잘리는" 벌을 받은 알제리의 어느 프랑스인에 대해 말하고 있다. 그는 음식을 삼키는 것은 힘들고 어려웠지만 맛에 대한 감각은 여전했다고 한다. "그러나 아주 시거나 쓴 것은 참기 힘든 고통을 주었다."

　물질이 증발해야 냄새를 맡을 수 있는 것과 마찬가지로, 물질이 녹아야 맛을 볼 수 있고, 그래서 침이 없으면 맛을 느끼기 힘들다. 망고에서 100년 묵은 달걀에 이르기까지, 우리가 상상할 수 있는 모든 맛은 네 가지 기본적인 미각에 한 가지나 두 가지의 미각이 합쳐진 맛이다. 그래도 우리는 포도주나 차, 치즈를 비롯한 여러 가지 음식 전문 감식가와 마찬가지로, 훌륭하게 맛을 구별할 줄 안다. 생선의 미묘한 맛까지 볼 줄 알았던 그리스인과 로마인은 생선의 맛만 보고 그것이 어느 바다에서 잡은 것인지 알아냈다. 미각이 정확하긴 하지만, 환각 또한 놀라울 정도다. 예를 들면 글루탐산나트륨은 소금에 비해 별로 짠맛이 나지 않지만 나트륨 함유량은 훨씬 높다. 글루탐산나트륨의 한 성분인 글루탐산염은 짠맛을 느끼는 능력을 차단한다. 언젠가 앨버트 아인슈타인 의과대학의 한 신경학자가 맨해튼의 중국집에서 만둣국 한 그릇에 들어 있는 글루탐산나트륨의 양을 측정해본 일이 있었다. 1일 평균 나트륨 섭취량을 훨씬 넘는 7.5그램의 글루탐산나트륨이 발견되었다.

　양치질을 한 뒤 오렌지주스를 마시면 왜 쓴맛이 날까? 미뢰를 덮고 있는 점막에는 지방과 비슷한 인지질이 들어 있는데,

치약 속에 든 세정제가 지방과 유지를 분해하기 때문이다. 치약의 세제 성분으로 점막을 걷어내면, 포름알데히드, 백악, 사카린과 같은 화학 성분이 오렌지주스의 구연산이나 비타민 C와 섞이면서 신맛을 내는 것이다. 박주가리의 잎을 씹으면 단맛을 느끼는 능력이 사라져 설탕은 밍밍하고 껄끄러운 맛이 난다. 아프리카인들은 '기적의 열매'라고 부르는 장과류를 씹는데, 그것은 신맛을 도통 느끼지 못하게 한다. 레몬은 단맛이 나고, 시큼한 포도주도 단맛이 나고, 신 대황류도 달게 느껴진다. 지독하게 신맛이 나던 모든 것이 갑자기 맛있어진다. 약간 짠물도 단맛이 나는데, 단맛을 높이려고 멜론에 소금을 치기도 한다. 납과 베릴륨염은 독성이 있어 쓴맛이 나야 하는데도 불구하고, 위험천만하게 단맛이 날 수 있다.

똑같은 자두를 먹더라도 사람들마다 다르게 맛을 느낀다. 어떤 사람들은 유전적으로 아스파라거스를 먹고 나면 향기로운 소변을 보고(프루스트가『지나간 것들의 기억』에서 묘사한 대로), 아티초크를 먹으면 심지어 물도 달게 느끼는 사람이 있다. 다른 사람보다 쓴맛에 더 예민한 사람은 남들이 벌컥벌컥 마시는 사카린이 든 다이어트 탄산음료를 질색한다. 짠 것을 좋아하는 사람들의 침은 더욱 짠맛이 난다. 이들은 높은 나트륨 함량에 익숙해져 있으므로 짠맛을 느끼기 위해서는 음식에 간을 더욱 세게 해야 한다. 물론 사람마다 침은 각각 다르고, 식습관과 흡연 여부, 유전, 심지어 기분에 따라서 다른 맛을 낸다.

사람들이 성장하면서 맛을 요구한다는 건 얼마나 이상한가. 아기는 올리브나 겨자, 매운 후추, 맥주, 신맛이 강한 과일, 커피를 좋아하지 않는다. 커피는 쏩쓸한 맛이 나는데 그것은 금지된, 위험한 영역의 맛이다. 피클을 먹기 위해서는 상식에 반하여, 순전히 이성으로 육체의 경고를 넘어서야 한다. 진정해, 이건 위험한 게 아니라고, 뇌는 말한다. 이건 새롭고 진기한 음식이야. 이건 변화고, 기쁨이라고.

냄새는 맛에 크게 기여한다. 냄새가 없더라도 포도주는 여전히 우리를 달래주고 취하게 만들겠지만, 그 매력은 대부분 사라져버릴 것이다. 맛을 보기 전에 냄새를 먼저 맡기만 해도 입에 군침이 돈다. 냄새와 맛은 같은 통풍구를 사용하는 고층아파트 사람들과 같다. 이웃이 카레를 하는지 라자냐를 하는지 훤히 알고 있는 것이다. 무엇인가 입 속에 남아 있으면 그 냄새를 맡을 수 있고, 코로 마시는 쓴 약을 흡입하면 목구멍 끝에서 금속성 맛이 느껴지곤 한다. 냄새는 더 빠르게 느껴진다. 체리 파이의 맛을 느끼기 위해서는 냄새를 느낄 때보다 2만 5,000배 많은 체리 파이 분자가 있어야 한다. 코감기에 걸리면 냄새뿐 아니라 맛에 대한 감각도 무뎌진다.

미각

우리는 보통 1분에 100번 정도 씹는다. 그러나 만약 음식을 입 안에 넣고 그 질감을 느끼고 냄새를 맡으면서, 혀끝으로 굴리며 소리가 들릴 정도로 천천히 씹는다면, 동시에 몇 가지 미각을 동원하여 그것을 맛보게 된다. 음식의 풍미에는 씹히는 느낌, 냄새, 온도, 색깔, 자극성(향신료를 썼을 때) 등의 특성이 있다. 소리 동물인 인간은 무엇보다 청각을 자극하는 음식을 좋아한다. 신선한 당근을 와삭와삭 씹는 기분 좋은 소리, 고기 구울 때 맛있게 지글거리는 소리, 수프가 보글보글 끓는 소리, 시리얼을 먹을 때 들리는 상쾌한 바삭거림. 사람들을 교묘하게 끌어당기는 '식품공학'의 마술사들은 가능한 한 많은 감각을 자극하는 제품을 생산한다. 패스트푸드를 개발할 때도 여러 조직에서 수많은 고려를 한다. 데이비드 보더니스는『비밀의 집』에서 포테이토칩에 관해 아주 재미있게 묘사하고 있다.

포테이토칩은 완전히 파괴적인 음식이다. 제조업자는 먼저 소비자가 비닐 포장을 거칠게 잡아 뜯어버리기를 바란다. 바삭거리는 음식의 특징은 그렇지 않은 음식에 비해 큰 소리를 낸다는 것이다. (……) 포장지를 잡아 뜯으면 기분이 좋아진다. (……) 바삭거리는 음식은 높은 음역의 소리를 내야 한다. 진동수가 높은 소리를 내며 부서져야 하는 것이다. 진동수가 낮은 소리를 내는 음식은 우둑우둑, 쩝쩝 소리가 나지만 바삭거리지는 않는다.

공장에서는 포테이토칩을 한입에 들어가기 힘들 정도로 크게 만드는데, 높은 진동수의 바삭거리는 소리를 내기 위해서는 입을 벌려야 하기 때문이다. 포테이토칩의 80퍼센트는 공기이므로 씹을 때마다 공기가 가득 찬 방들을 부수어 '바삭거림'이라는 시끄러운 소리를 내게 된다. 보더니스는 이렇게 묻는다.

단단한 방 벽이 어떻게 이런 조화로운 소리를 내며 무너지게 했을까? 비결은 전분을 입히는 것이다. 감자 속의 전분 입자는 빳빳하게 풀 먹인 셔츠 칼라 속의 전분과 똑같고 (……) 포테이토칩은 모두 기름에 젖어 있다. (……) 그래서 포테이토칩을 우적우적 씹을 때, 윗뿔 모양의 기압파를 만드는 것은 전분과 지방의 조각들이다.

물론 이것은 첨단기술이 만든 포테이토칩이다. 최초로 포테이토칩을 만든 것은 뉴욕 사라토가 스프링스에 있는 문 레이크 로지의 요리사 조지 크럼이었다. 1853년, 어떤 손님이 프렌치프라이를 아주 얇게 해달라고 요구하자 화가 난 그는, 감자를 웃음이 나올 정도로 얇게(그의 생각에는) 저미면서 갈색이 되도록 튀겨냈다. 그 손님은 아주 좋아했고, 그것을 본 다른 손님들도 다투어 같은 것을 주문했다. 소문은 점점 퍼졌고, 크럼은 마침내 포테이토칩을 전문으로 하는 식당을 개업하기에 이르렀다.

입은 육체라는 감옥을 단단히 봉하고 있다. 입을 통하지 않고서는 아무것도 도움을 주거나 해를 끼치지 못하고, 그래서 진화 과정에서 입이 제일 먼저 생긴 것인지도 모른다. 굼벵이, 곤충 등 모든 하등동물에게도 입이 있다. 짚신벌레 같은 단세포동물에게도 입이 있고, 인간의 태아도 입은 초기에 생성된다. 입은 항문에 이르는 기다란 파이프라인의 시작 이상의 것이다. 입은 육체에 이르는 문이고, 우리가 세계와 만나는 지점이며, 대단히 위험한 응접실이다. 우리는 입을 다른 것들을 위해 사용한다. 인간은 언어에, 딱따구리는 나무줄기를 뚫는 일에, 모기는 피를 빠는 일에 입을 사용한다. 그리고 입에는 혀가 있다. 그것은 점액을 분비하는, 미세한 돌기가 나 있는 두꺼운 근육 판이다.

궁극의 만찬

◆

로마인들은 음식의 관능적인 느낌을 숭배했다. 후추의 톡 쏘는 맛, 새콤달콤한 요리의 쾌감과 고통, 카레의 후끈한 도발, 먹으면서 그 진기한 생활에 대해 상상할 수 있는 흥미로운 희귀 동물, 정사의 냄새와 맛을 연상시키는 소스. 거짓말 같은 부유함의 시대이자 위험할 정도로 힘겨운 빈곤의 시대였다. 부자에게 봉사하는 가난뱅이는 조심성 없는 말 한마디에 매질을 당했으며, 타인의 즐거움을 위해 죽음을 당하기도 했다. 권태는 혐오스러운 친척들처럼 부자들을 찾아다녔고, 부유한 사람들은 그것을 즐거움으로 만드는 데에 삶을 바쳤다. 주연과 만찬은 중요한 기분 전환의 기회였고, 로마인들은 죄악이라는 귀찮은 관념에 물들지 않고 무절제를 마음껏 즐겼다. 로마의 문화에서 쾌락은 그 자체가 선이고, 긍정적인 성취였다. 뉘우칠 것은 전혀 없었다. 에피쿠로스는 완벽한 사회를 대변하여 다음과 같이 말했다.

그렇다면 인간은 자연의 선물을 거부해야만 하는가? 인간은 가장 쓴 과실을 따기 위해서 태어났단 말인가? 누구를 위하여 꽃들은 피어나고, 신들은 누구를 위하여 만물을 번창하게 하는가? (……) 신이 내린 다채로운 기쁨에 몰두하는 것이야말로 신을 기쁘게 하는 길이다. 우리의 필요는 신의 법칙에서 솟아나고, 우리의 욕망은 신의 영감에서 태어나는 것이다.

미각

권태라는 적과 싸우던 로마인들은 철야로 만찬을 열고 진기하고 독창적인 요리를 경쟁적으로 선보였다. 어느 만찬에서는 요리 재료를 크기에 따라 다른 동물의 배 속에 집어넣은 요리를 내놓았다. 송아지 배 속에 돼지, 돼지 속에 양, 양 속에 닭, 닭 속에 토끼, 토끼 속에 겨울잠쥐 등. 모양은 완전히 다르지만 실제로는 똑같은 재료로 만든 요리들을 선보이기도 했다. 테마 파티가 유행했고, 비둘기 뇌나 홍학의 혓바닥을 찾아낸 손님들에게 상을 주는 보물찾기도 있었다. 기계장치를 사용해서 다음 코스의 요리와 함께 곡예사가 천장에서 내려오기도 했고, 알밴 칠성장어를 뱀장어 모양의 트롤리에 담아 내오기도 했다. 노예들은 식사하는 손님들에게 꽃다발을 걸어주었고, 손님들의 몸을 향수로 문질러 기분을 풀어주었다. 바닥에 장미 꽃잎을 무릎 높이까지 깔아두기도 했다. 끊임없이 요리가 날라져 왔다. 어떤 요리에는 미뢰를 자극하는 매콤한 소스를 끼얹었고, 어떤 요리에는 미뢰를 진정시켜주는 벨벳처럼 부드러운 소스를 끼얹었다. 노예들은 방 안으로 통하는 관으로 이국적인 향기를 불어넣었고, 손님들에게 사향이나 용연향 같은 진한 동물성 향수를 뿌려주었다. 어떤 때는 음식 그 자체가 사프란이나 장미수 같은 미묘한 향수를 내뿜어 손님들의 얼굴을 적셔주기도 했으며, 새들이 음식 속에서 날아오르기도 했다. 어떤 때는 먹지 못하는 음식이 나오기도 했다(왜냐하면 순금으로 만들어졌으니까). 로마인은 다른 사람의 불행에서 더할 나위 없는 쾌감을 느꼈다. 이들은 난쟁이나 장애인, 기형아 들을 가까이 두어 파티석상에서 이들에게 성행위를 시키거나 나이트클럽에서 하는 것 같은 쇼를 벌이게 했다. 칼리굴라는 만찬 테이블 위에 검투사들을 불러 올려 싸우게 했다. 손님들에게 피가 튀었다. 로마 시민이 모두 사디스트는 아니었지만, 부유층과 황제들 다수는 그랬다. 이들은 노예를 원하는 만큼 소유하고, 고문하고, 학대하거나 살해할 수 있었다. 기록에 의하면 로마의 상류층 가운데는 뱀장어에게 노예 고기를 사료로 준 사람도 있었다. 기독교가 노예 계급의 운동으로 시작된 것, 자기부정과 절제를 강조하며 가난한 자는 사후에 풍족하고도 자유로운 삶을 누리고, 사치를 즐기는 부자는 지옥에서 영원히 고문당하리라고 주장한 것은 놀라운 일이 아니다. 필리파 풀러가 『소진하는 열정』에서 갈파한 대로, 계급의식과, 가난과 단순함에 대한 자랑과, 육체에 대한 증오가 태어난 곳은 바로 기독교였다. "맛, 냄새, 소리, 빛, 느낌의 조화, 모든 유쾌한 감각은 저주받았고, 하늘나라에 가고자 하는 사람은 이 모든 것을 거부해야 했다. 쾌락은 죄악의 동의어였고, 죄악은 지옥의 동의어였다. (……) '금식으로 창백하고 여윈 여자를 너의 동반자로 삼으라'고 제롬은 가

미각

르쳤다." 또한 기본은 "인간에게 불쾌하게 느껴지는 모든 감각이 신에게는 기꺼운 것으로 여겨진다"고 말했다. 그래서 감각의 부정이 기독교 구원의 교리의 일부가 되었다. 나중에 셰이커교도는 순전히 나무로만 짠 긴 벤치와 의자, 단순한 모양의 상자 등을 만들어냈지만 요즘 사람들은 셰이커의 물건을 단순한 생필품이 아닌 예술품으로, 전원주택이나 현관을 장식하는 값비싼 사치품으로 즐기고 있다. 이에 대해 그들은 뭐라고 말할 것인지? '대리의vicarious'라는 말은 '교구 대리 목사vicar'에서 온 것이다. 교구 대리 목사는 시골 지역에 파견된 신의 영사였는데, 살아 움직이는 삶의 흐름 속에서 홀로 높은 절개를 지키며 섬처럼 살았다. 혼외의 관계에서 아기들이 태어나고, 황소가 죽고, 곡식은 꼬챙이처럼 말라가거나 홍수에 잠기는 와중에도, 지방의 여자 가정교사들은 교구 대리 목사, 귀부인, 도발적인 젊은 여성들(이들은 가장 성스러운 사람도 견디기 힘들 만큼 풍만했다)을 위해 음악회를 열었다. 교구 대리 목사들이 남의 일을 제 일처럼 여겨 자신의 본분을 잠시 망각했던 것, 가끔 동맥경화가 되거나 식탐에 빠지거나 죄악에 물들었던 것은 놀라운 일이 아니었다. 청교도는 향신료가 지나치게 성적으로 자극적이라고 비난했다. 그 뒤를 이은 퀘이커파는 모든 사치를 금기로 만들었고, 그러자 곧 이러한 반항에 대한 반항이 다시 일어났다. 음식은 항상 성性, 도덕적 방종함, 도덕적 절제, 다시 성으로의 복귀라는 사이클을 밟았다. 그러나 고대의 로마인들과 같은 악명 높은 취향을 가진 사람들은 없었다.

로마제국은 유산, 불임, 여러 가지 질환, 정신병을 일으키는 납 중독으로 붕괴했을 가능성이 크다. 수도관에서 냄비, 식기, 화장품에 이르기까지 납이 로마인의 생활을 뒤덮고 있었다. 그러나 납에 중독되기 전, 로마인들은 역사상 유례가 없을 정도로 사치스러운 광란의 만찬을 열었고, 사람들은 누워서, 혹은 긴 의자에 둘, 셋, 넷이 앉아서 식사했다. 카툴루스 같은 재기 넘치는 로마의 시인들은 남녀 양성과 나눈 정사에 대해 대단히 성적인 시들을 썼고, 오비디우스는 여자들에 대한 뜨거운 사랑과 여자들이 자신의 영혼을 고문한 것, 만찬 파티에서 목격한 위험스러운 사랑의 불장난에 대해 읊었다. "내게 섹스 없는 천국으로 들어가라고 한다면, 사양하겠습니다라고 말하리라. 여자는 그토록 달콤한 지옥이니." 그는 한 유부녀에게 우리가 같은 만찬에 초대받았으니 그곳에서 당신이 남편과 함께 있는 모습을 보게 되리라고 하면서, "남편이 당신 목에 키스하지 못하게 해요. 그것을 보면 난 미쳐버릴 테니까"라고 썼다.

무시무시한 음식

◆

멋지고 세련된 로마인들이 영국의 황무지를 정복했을 때, 영국인의 요리법 또한 정복당했다. 풀러의 지적대로 '요리사cook'와 '부엌kitchen'은 라틴어에서 온 것이다. 그러니 로마인들이 요리와 부엌이라는 두 세계의 수준을 향상시키는 데 지대한 공헌을 한 것만은 틀림없는 사실이다. 중세의 미각은 여전히 로마의 미각이었다(새콤달콤한 소스와 자극성이 강한 카레 같은 요리들). 십자군은 향수와 비단, 염료, 현란한 방중술과 여러 가지 진미를 소개했을 뿐만 아니라, 동방의 향료(계피, 육두구, 카르다몸, 클로브, 장미유)에 대한 미각을 갖게 해주었다. 가난한 영국인들은 비참하게 살았고, 부자들은 결혼식을 비롯한 많은 축일에 보란 듯이 성대한 향연을 베풀며 살았다. 여러 기록에 따르면 중세의 요리사들은 반쯤 상한 고기의 냄새를 가리기 위해 향신료를 엄청나게 썼다고 하는데, 향신료는 로마와 십자군의 유산이었다.

가장 기이한 요리법은 18세기 영국에서 생겨났다. 당시의 권태로운 도시 거주자들은 사디즘, 마술, 지하 감옥과 해골바가지라는 유희에 푹 빠져 있었다. 동물을 고문하면 고기의 영양가가 더 높아지고 더 맛있어진다는 말이 퍼졌다. 포프와 램을 비롯한 저술가들은 그러한 행위를 역겨운 것으로 비판했지만, 사람들은 부엌을 도살장으로 변화시킨 잔인한 요리법에 빠져들었다. 그들은 생선 살을 더 단단하게 해준다고 주장하며 살아 있는 생선을 다졌고, 고기의 영양가가 높아진다며 황소를 고문 끝에 죽였다. 그리고 돼지와 송아지를 매듭지은 밧줄로 죽도록 채찍질해 고기를 연하게 만들었고, 닭이나 오리는 거꾸로 매달아 천천히 피를 흘려 죽게 만들었다. 또한 살아 있는 동물의 껍질을 벗겼다. 당시의 조리법은 예를 들면 "너무 늙지 않은 붉은 수탉을 붙잡아 죽을 때까지 때린다"는 식이었다. 이러한 조리법을 뒷받침하는 것은 짐승에게 먼저 지옥의 맛을 보여주면 고기 맛이 훨씬 좋아진다는 기이한 발상이었다. 윌리엄 키치너는 『요리사의 신탁』에서 미잘드라는 요리사의 그로테스크한 요리법을 소개했다. 거위를 산 채로 요리해서 먹는 방법이다.

거위나 오리 등 살아 있는 가금의 털을 뽑되, 머리와 목의 털은 남겨둔다. 그리고 주위에 불을 지피는데 연기에 질식하거나 빨리 타지 않도록 지나치게 가까이 피우지 않는다. 또한 도망칠 수 있으므로 너무 멀리에 불을 피워서도 안 된다. 모닥불 안쪽에 작은 컵과 단지를 갖다놓고 소금과 벌꿀을 섞은 물을 따라놓는다. 사과는 잘게 썰어 물에 적셔서 접시에 담아놓는다. 거위 몸통에 돼지기름을 칠한 다음 버터를 바른다. 그런 다음 거위에게 불을 붙인다. 거위가 구워지기 시작할 때 너무 서두르지 않는다. 거위는 불 속에 갇힌 채 지칠 줄 모르고 여기저기로 움직이거나 날아다닌다. 그러다 갈증을 없애고 몸을 식히기 위해 물을 마신다. 애플 소스를 먹은 거위는 배설물을 지리게 되어 속이 깨끗이 비워진다. 거위가 좀 더 구워지면서 힘이 소진되면, 머리와 가슴을 반드시 젖은 스펀지로 적셔준다. 거위가 날뛰기에 지쳐 비틀거리기 시작하면 충분히 구워진 것이다. 거위를 가져다가 손님들 앞에 내놓고 고기를 자르는 동안 거위는 꽥꽥 울부짖을 것이다. 거위의 숨이 끊어지기 전에 고기를 거의 다 먹을 수 있다. 옆에서 구경하는 것도 정말 큰 즐거움이다!

열망하는 가슴

◆

그건 내 입맛에 안 맞아. 이 말은 갈망이나 기호를 의미한다. 생존이 문제 되지 않는 상황에서 사람마다 입맛이 얼마나 다른지는 놀라울 정도다. 뉴멕시코의 목장에서 일할 때, 나는 다른 목동들과 함께 취사장에서 식사를 하고는 했다. 멕시코계 미국인이었던 목동들은 대부분 무학이었고 그래서 영양에 대한 지식이라고는 전혀 없었다. 일은 몹시 고됐으므로 몸은 알아서 육체노동과 대낮의 불볕더위를 이겨내는 데 필요한 것을 챙겼다. 아침마다 사람들은 순수한 단백질인 달걀 여섯 개와 우유 두 잔, 베이컨을 먹었다. 그리고 물과 레모네이드는 많이 마셨지만, 커피와 차를 비롯한 카페인 음료는 마시지 않았다. 디저트는 거의 먹지 않았고 설탕도 아주 조금씩 섭취했지만, 식사 때마다 가장 매운 후추는 잊지 않았다. 그들은 매번 빵에 후추를 쳐서 입이 얼얼할 정도인 할라페뇨 후추 샌드위치를 만들었다. 저녁에는 주로 탄수화물로 구성된 가벼운 식사를 했다. 식사에 대해 물어보면 그들은 그저 맛있는 것, 먹고 싶은 것을 먹는다고 대답했는데, 그들의 입맛은 힘든 삶에 연료를 공급할 수 있게 발전해온 것이 분명했다.

이 자기 보호적 입맛은 보다 큰 범위에서도 다르지 않다. 나라마다 몸을 시원하게 해주는 요리(중동 지방), 진정시켜주는 요리(열대지방), 풍토병으로부터 보호해주는 요리 등 즐기는 요리가 다르다. 피트 팝과 조지 아멜라고스는 풀러의 책과 똑같은, '소진하는 열정'이라는 제목을 붙인 책에서 "에티오피아의 음식에는 칠리를 비롯해서 최고 열다섯 가지의 향신료가 들어 있는데, 이러한 향신료는 포도상구균과 살모넬라 등의 미생물을 거의 완전히 억제할 수 있다"고 썼다. 매운 후추에 들어 있는 다량의 베타카로틴(체내에서 비타민 A로 바뀐다)은 항암 역할을 하는 산화방지제며, 그 속에 들어 있는 캡사이신은 땀을 흘리게 만들어 체온을 떨어뜨린다. 차에 우유를 타서 마시는 영국의 오랜 관습을 생각해보자. 차에는 독성이 있는 암유발물질인 탄닌이 많이 들어 있는데, 우유의 단백질은 인체가 탄닌을 흡수하는 것을 억제한다. 식도암은 차에 우유를 첨가해서 마시는 영국보다 그냥 마시는 일본 같은 나라에서 훨씬 높게 나타난다. 팝과 아멜라고스는 그 밖에도 몇몇 나라의 흥미로운 입맛에 대해 설명하고 있다.

멕시코의 농부들은 토르티야를 만들기 위해 옥수수를 미리 석회푼 물에 담가놓는다. 그런데 (……) 이 특이한 요리법은 옥수수의 칼슘 함량을 최소 스무 배 이상 높여주고, 아미노산의 이용률을 증가시켜준다. 이는 동물성 음식이 귀한 환경에서 거주하는 농부들에게 매우 중요한 것이다. (……) 아프리카에서는 생선을 바나나 잎으로 싸서 먹는데, 바나나 잎의 산성 성분이 생선뼈를 녹여서 칼슘을 흡수되기 쉬운 형태로 만들어준다. 프랑스에서는 똑같은 효과를 내는 꽹이밥을 생선 요리에 쓴다. 여러 나라에서 즐겨먹는 (……) 발효 음식은 발효를 일으키는 박테리아가 B1과 같은 비타민을 만들어서 영양가를 높여준다.

　특정 영양소를 절실히 필요로 할 때는, 입맛이나 몸의 지혜가 스스로 그것을 찾는다는 것은 틀림없는 사실이다. 애디슨병은 부신겉질호르몬의 결핍으로 인한 질환이다. 이 병을 앓는 환자들은 소금을 많이 찾을 뿐 아니라, 소금이 자신의 병을 치료해준다는 믿음을 갖고 있는 것으로 알려졌다. 나트륨 보존 물질인 글래소리스산을 함유한 민감초를 먹는 것이 한 방법이다. 의사들은 민감초를 처방하지는 않는데도 애디슨병 환자들은 민감초를 많이 먹으면 훨씬 좋아진다는 것을 알고 있다.

　페루의 케추아 인디언들은 감자가 주식인데, 감자의 생육 기간이 짧기 때문에 부분적으로 덜 익은 감자를 먹어야 할 때가 많다. 그런데 감자에는 쓴맛이 나는 독성 알칼로이드 솔라닌이 들어 있다. 케추아족은 감자에 고령토를 바르면 쓴맛이 없어지면서 속쓰림도 사라진다는 사실을 발견했다. 고령토는 감자 속에 든 알칼로이드를 해독하는 역할을 할 뿐 아니라 감자를 더 맛있고 더 영양가 있게 만들어준다.

　흙을 먹는 사람들은 생각만 해도 이상하다. 실제로 우리가 즐기는 유일한 암괴는 소금인데, 그것은 인간이 혈액, 소변, 살, 눈물 속에 소금을 가지고 있는 움직이는 작은 바다이기 때문이다. 미국 남부의 노천 시장에서는 아직도 점토를 판다. 임부들이 이것을 산다. 아프리카 임부들은 흰개미를 먹기도 하는데, 이는 식사에서 모자라는 칼슘과 무기질을 섭취하기 위한 것으로 이해된다. 가나에는 칼륨, 마그네슘, 아연, 구리, 칼슘, 철, 무기질이 풍부한 달걀 모양의 점토 공을 팔아 생활을 유지하는 사람들도 있다. 임부가 유제품을 많이 찾는 것은 영양이라는 면에서 이유 있는 행동인데, 왜냐하면 태아는 칼슘을 충분히 얻지 못하면 모체의 뼈와 이에 든 칼슘을 흡수해가기 때문이다. 나라마다 임부에 대한 금기가 있다. 대개 특정 생선이나 버섯 혹은 향신료를 먹지 말아야 한다는 것이다. 그러나 실제로 임부들이 이런 음식을 찾는 일은 드물다. 임신한 여성들은 혈액의 양이 증가되어 혈중 나트륨 농도가 떨어지고, 임신하지 않았을 때에 비해 짠맛을 쉽게 느끼지 못한다. 그래서 오이지 같은 매우 짠 음식에 입맛이 당기기도 한다. 임신한 여성이 아이스크림 같은 단것을 찾는 이유에 대한 가장 흥미로운 설명은, 그들이 출산의 고통을 견디는 데 도움을 주는 신경전달물질 세로토닌을 생성해주는 음식이 필요해서라는 것이다.

뇌에서 생성되는 모르핀과 같은 진통제인 엔돌핀 생성을 자극하여 편안함과 안정감을 주는 음식도 있다. 짠 음식, 기름진 음식, 사탕 같은 단 음식이 몸에 좋지 않다는 사실을 알면서도,

그런 음식이 '당기는' 것은 그 때문이다. 신경생물학자들은 엔돌핀을 비롯한 신경화학물질이 특정 음식에 대한 우리의 입맛을 지배할 수도 있다고 주장한다. 이들에 따르면, 단것을 먹을 때 우리 몸에는 엔돌핀이 흘러넘치고 평온을 느낀다. 스트레스를 받으면 엔돌핀에 대한 요구가 높아지고, 과자가 먹고 싶어진다. 지방과 단백질, 탄수화물에 대한 '입맛'을 결정하는 것은 특정한 신경전달물질인데 이것은 쉽게 균형을 상실할 수 있다. 그래서 우리는 실컷 먹고 신경전달물질이 왕창 분비되게 만들지만 이는 더 심한 과식, 더 심한 불균형으로 이어진다. 실험에 의하면, 아침밥을 못 먹은 쥐들은 신경전달물질을 다량으로 분비했고 이 쥐들은 나중에 엄청나게 과식했다.

기분은 음식과 관련이 있을까? 생화학자 주디스 부르트만은 음식이 기분에 어떤 영향을 미치는가에 관해 대단히 논쟁적인 이론을 발표했다. 그녀는 체내의 세로토닌 농도를 높이려는 '탄수화물에 굶주린 사람들'이 있다는 결론을 내렸다. 통제된 실험에서 약물로 세로토닌 농도를 높이자 그들은 탄수화물에 대한 욕망을 상실했다. 모넬연구소의 과학자들은 그녀의 이론이 인체의 기능을 지나치게 도식적으로 단순화했다고 비판하지만, 나는 그 이론이 부분적으로 설득력이 있다고 생각한다. 나는 저녁 식사 후에는 절대 커피를 마시지 않지만, 밤늦은 시간에는 단백질보다 잼 바른 토스트 같은 탄수화물을 먹을 때 잠이 훨씬 잘 온다는 사실을 우연히 발견했다. 또 오후 3시 30분 쯤, 에너지는 바닥나기 시작하는데 아직도 할 일은 많을 때, 나는 치즈 같은 단백질 식품을 먹고 기운을 보충한다. 나의 습관은 부르트만의 실험 결과와 배치된다. 그녀가 진짜 힘을 줄 수 있는 점심 식사로 추천한 것은 간단한 단백질 앙트레와 가볍게 조리한 채소, 과일 디저트였다. 술은 추천하지 않았다. 탄수화물은 진정 효과를 낸다. 점심 때 누굴 만나서 초롱초롱한 눈매를 유지하고 싶으면 나는 새우나 굴, 혹은 바질과 토마토를 얹은 모차렐라 치즈 같은 고단백 전채 요리를 주문하고, 빵에는 입도 안 댄다. 파스타와 그 뒤에 디저트로 따라 나오는 초콜릿 무스는 좋아하는 음식이지만, 그것을 먹고 나면 몸이 나른하게 풀려 일하기가 힘들다. 내가 아무리 초콜릿 자체가 아닌 초콜릿 속의 특정 성분(카페인—옮긴이)을 갈망하는 것이라 해도, 사람들이 초콜릿을 좋아하는 이유에 대한 부르트만의 해석에는 동의하지 않는다.

　국립정신건강연구소의 한 연구원은, 겨울에 우울해지는 계절성 우울증을 앓고 있는 사람들이 겨울에 탄수화물을 많이 먹는다는 사실을 발견했다. 탄수화물이 기분을 고조시키는 데 도움이 되는 것이다. 또 다른 연구에서는 담배를 끊은 사람들이 탄수화물을 많이 찾는다는 사실이 밝혀졌다. 탄수화물에 대한 요구와 세로토닌, 감정적 균형을 되찾고자 하는 욕망 간의 연관관계는 부정할 수 없을 듯하다. 뇌는 화학 공장이고, 음식은 대단히 복잡한 화학물질이다. 그리고 음식의 섭취가 기분에 영향을 미치는 범위에 관해서는 아직도 논란이 분분하다.

인간은 음식의 15퍼센트 정도를 단백질로 섭취할 필요가 있고 사람들은 무의식적으로 그만큼의 단백질을 공급해줄 수 있는 음식을 선택하지만, 토론토 의과대학의 과학자들은 일란성 쌍둥이와 이란성 쌍둥이에 대한 연구를 통해 음식에 대한 그러한 요구가 유전과 관계 있다는 사실을 밝혀냈다. 일란성 쌍둥이들은 서로 떨어져서 자라도 단백질과 탄수화물의 섭취 비율이 똑같았지만, 이란성 쌍둥이들은 달랐다. 음식의 섭취는 어느 정도까지는 유전적으로 결정되는 것이다. 행동 과잉 어린이들은, 애디슨병이나 당뇨병 같은 질환을 앓고 있는 이들이 그렇듯, 음식을 바꿀 때 바람직한 반응을 보이곤 한다. 그러나 기억이 어디에서 그치고 영양적 요구나 유전적 명령이 어디에서 시작되는지는 알기 힘들다. 우리가 단것을 찾는 것은 어린 시절에 받았던 상이나, 아기 때 달콤한 액체를 먹었던 기억 때문인지도 모른다. 아니면 그것이 세로토닌의 분비를 자극하여 평온함을 가져다주기 때문일 수도 있다. 둘 다일 수도 있고.

보수적인 영양학자들은 대개 기적의 음식은 없으며 우리는 가능한 한 음식을 골고루 섭취해야 한다고 주장한다.✣ 음식이 사람의 기분을 바꾸는 이상의 일을 하는 경우도 있다. 사람을 죽게 할 수도 있는 것이다. 임신한 여성이나 철 결핍증을 앓고 있는 사람에게 과거에는 생간을 처방했지만, 지금은 간이 체내의 노폐물을 모으는 기관이며 먹으면 안 될 경우도 있다는 사실이 알려졌다. 북극곰의 간에는 사람에게 독성을 나타낼 만큼 고농도의 비타민 A가 들어 있다. 영국의 알렉산더 포프와 헨리 1세는 뱀장어를 먹고 죽었다는데, 뱀장어의 유독한 섬유를 요리사가 깜빡 잊고 제거하지 않았다고 한다. 하루에 50잔이 넘게 커피를 마셨던 발자크는 카페인 중독으로 사망했다. 버섯 따는 사람들은 독버섯을 섭취할 위험에 지속적으로 노출되어 있다. 해마다 살모넬라에 희생되는 사람들이 나온다. 최음제라는 물질에 희생되는 사람들도 적지 않다. 식물이 포식자로부터 도망칠 수 없기 때문에 공격적이라고 생각하지 않지만, 식물은 스

✣　그 이유는 확실히 밝혀지지 않았다. 면역체계에 대한 영향 때문일 수도 있고, 물질대사에 대한 영향 때문일 수도 있으며, 완전히 다른 어떤 것에 대한 영향 때문일 수도 있다. 어쨌든 영양 결핍이 아니라, 그저 정상에 비해 훨씬 적은 음식을 먹고 비타민제를 복용하는 게 중요하다. 현재 인간의 가장 가까운 친척 영장류에 대한 연구가 시작되었는데, 다른 동물들에 대한 연구에서는 몸이 마를수록 수명이 길다는 결과가 나왔다. 한 가지 예외. 소식하는 동물들의 수명이 더 길다.

트리크닌 같은 무서운 방어 무기를 만들어 야생에서 자신의 몸을 지킨다. 그리고 이것은 가끔 인간의 식탁에 오르기도 한다.

초콜릿의 신경약리학

◆

당신은 어떤 음식이 당기는가? 그 답은 초콜릿이기 쉽다. 초콜릿을 처음으로 식용한 것은 중앙아메리카와 남아메리카의 인디언이었다. 아즈텍인들은 그것을 흰 수염을 기른 지혜와 지식의 신 케트살코아틀Quetzalcoatl이 준 선물, 호코아틀xocoatl이라고 불렀다. 궁중 음료였던 초콜릿은 오로지 지배자와 군인들만이 즐길 수 있었다. 톨텍족은 신이 내린 음료를 찬양하기 위한 의식을 거행했고 초콜릿 빛깔의 개들을 제물로 바쳤다. 이트자의 인간 제물에게는 성스러운 여행을 기원하며 초콜릿을 제공했다. 에르난 코르테스(멕시코를 멸망시킨 스페인의 정복자─옮긴이)는 멕시코의 마지막 황제 몬테수마의 백성들이 초콜릿 숭배자라는 것을 알았다. 이들은 초콜릿을 황금 잔에 담아 칠리 페퍼와 피망, 바닐라콩 혹은 향신료를 첨가한 다음 벌꿀처럼 진하게 거품을 내서 먹었다. 설사병이 났을 때는 초콜릿에 조상들의 뼈를 갈아 넣어 마셨다. 몬테수마의 궁정에서는 매일

2,000주전자의 초콜릿이 소비되었고, 몬테수마 황제 자신은 초콜릿을 얼음 위에 부어 만든 초콜릿 얼음을 즐겼다. 주자走者들이 산에서 초콜릿 얼음을 날라 왔다. 초콜릿의 풍부함과 회복력에 깊은 인상을 받은 코르테스는 16세기에 그것을 스페인에 소개했다. 초콜릿은 마약처럼 유럽인의 의식을 강타했다. 샤를 5세는 그것에 설탕을 넣어 마셨고, 부자들은 차고 진하게 마셨다. 오렌지나 바닐라를 비롯한 여러 가지 향신료를 첨가하기도 했다. 브리야 사바랭은 "신세계의 스페인 귀부인들은 초콜릿에 열광했다. 이들은 집에서 매일 몇 잔씩 마시는 것에 만족하지 않고 교회에까지 가져오게 해서 마실 정도였다"라고 말했다. 오늘날 도시의 거리에는 초콜릿 귀신들이 출몰한다. 이들은 온종일 퇴근길에 마시는 한 잔의 초콜릿만을 꿈꾼다. 비엔나에서, 가장 풍부한 초콜릿케이크는 먹을 수 있는 황금 잎으로 장식되어 있다. 나는 핫초코에 초콜릿 바를 통째로 녹여서 내놓는 파리의 식당 안젤리나에 가기 위해 잠깐이라도 그곳에 날아가고 싶은 유혹을 느낀 적이 한두 번이 아니었다. 초콜릿을 함유하지 않은 사탕이 얼마나 될까? 상류층의 음료로 출발한 초콜릿은 추락을 경험했고, 유행을 탔고, 부당하게도 초라한 모습이 되었다. 예를 들면, 《초콜릿 매거진》에는 플로피디스크 모양 초콜릿 광고가 실려 있다. 그 회사에서는 초콜릿 단말기와

초콜릿 키보드, 초콜릿 칩과 초콜릿 바이트로 이루어진 초콜릿 컴퓨터를 만들 수 있다고 한다. 그들은 "당신의 입에 부팅시키세요"라고 말한다. 1984년 9월의 어느 주말, 마이애미의 퐁텐블로 호텔에서는 특별 가격, 특별 메뉴, 특별 행사로 주말 초콜릿 축제를 열었다. 사람들은 초콜릿 시럽으로 핑거프린트를 하고, 초콜릿 강연에 참석했다. 여러 회사에서 나온 초콜릿을 시식하고 요리법을 배웠으며, 코미디언이 2,300리터의 초콜릿 시럽에 풍덩 빠지는 모습도 지켜보았다. 이 행사에는 5,000여 명이 참석했다. 초콜릿 축제가 미국 전역의 도시로 퍼져나갔고, 유럽에서는 초콜릿 관광 붐이 일었다. 나는 지난달 맨해튼에서 한 여자가 다른 여자에게 "초콜릿 좀 할까?"라고 말하는 것을 들었다. 마약중독자의 세계에서 초콜릿은 마약을 의미한다.

초콜릿은 기분이 우울할 때, 애인에게 버림받았을 때, 생리 전에 많이 당기는, 감정 상태와 매우 관계가 깊은 식품이다. 그래서 과학자들이 그 화학적 성분에 대해 연구 중이다. 1982년, 신경약리학자 미하엘 리보위츠 박사와 도널드 클라인 박사는 상사병을 앓는 사람들이 초콜릿을 게걸스럽게 먹어대는 이유에 대해 나름대로의 설명을 시도했다. 두 사람은 열정적인 기질을 가진 여성들을 대상으로 한 연구를 통해, 그들이 흥분이 가라앉은 뒤 우울증에 빠졌을 때 공통적으로 초콜릿을 많이 먹는다는 사실을 발견했다. 두 사람은 그러한 증상이 뇌의 화학물질 페닐에틸아민PEA과 관련이 있을지도 모른다고 생각했다. 이것은 연애를 할 때처럼 정열이 용솟음치는 느낌을 맛보게 해주는 물질이다. 연애가 끝나면 뇌에서는 더 이상 PEA를 만들지 않지만, 우리는 그 자연적인 고양 상태와 감정적 속도감을 계속해서 갈구한다. 그러면 기분을 띄워주는 이 감미로운 PEA를 어디서 구할 수 있을까? 그것은 초콜릿이다. 그래서 연애할 때의 그 고양된 기분을 다시 경험하기 위해 초콜릿을 먹는 사람도 있는 것이다. 한번은 영리한 남자가 우리 집에 드로스테 초콜릿을 세 상자 갖다놓은 적이 있다. 나는 그 후 2주 동안 그 초콜릿을 먹으면서, 입 안에서 달콤하게 초콜릿이 녹을 때마다 그 남자에 대한 연애 감정이 뭉클뭉클 피어오르는 것을 느꼈다.

모두가 PEA 이론에 찬성하는 것은 아니다. 초콜릿 제조협회에서는 이렇게 반박한다.

초콜릿 속의 PEA 함량은 다른 음식과 비교해보면 미미한 편이다. 훈제 살라미 소시지는 일반적으로 100그램씩 서빙되는데, 그 속에는 6.7밀리그램의 PEA가 들어 있다. 똑같은 크기의 체다 치즈에는 5.8밀리그램 PEA가 들어 있다. 초콜릿은 일반적으로 43그램씩 서빙되는데(보통 크기의 초콜릿바 하나의 무게) 그 속에는 1밀리그램이하의 PEA가 들어 있다. 리보위츠 박사의 이론이 맞다면, 사람들은 살라미 소시지와 치즈를 훨씬 더 많이 먹어야 할 것이다.

리보위츠 박사는 후에 『사랑의 화학』에서 초콜릿에 탐닉하는 현상에 대해 다음과 같은 질문을 던졌다.

체내의 PEA를 높이기 위한 시도일까? 문제는 음식 속에 든 PEA는 체내에서 신속하게 파괴되어 뇌는 말할 것도 없고 혈액에도 도달하지 못한다는 점이다. PEA 섭취 효과를 시험하기 위해, 국립정신건강연구소의 학자들은 몇 그램의 초콜릿을 먹고 그다음 며칠 동안 소변 속의 PEA 농도를 측정했다. PEA 농도는 조금도 달라지지 않았다.

나는 초콜릿광이기도 하지만 치즈 또한 정말 많이 먹는다. 그러나 훈제 살라미 소시지는 건강에 좋지 않아 생각도 하지 않는다. 암협회에서는 훈제하거나 아질산염을 함유한 식품은 먹지 말라고 권고하고 있다. 그래서 나의 PEA 요구량을 치즈가 일부 채워주고 있다. 그러면 초콜릿광들은 치즈 말고 또 무엇을 먹을까? 다른 말로 하면, 온갖 음식에서 섭취하는 PEA는 전부 얼마나 될까? 초콜릿은 작기는 하지만, 쾌감으로 보상해주므로 보다 매력적인 PEA 공급원인지도 모른다. 국립정신건강연구소는 일반인들을 대상으로 실험했는데, 초콜릿광들이 일반인이면 어떻게 될까? 리보위츠는 PEA가 지나치게 빨리 파괴되어 뇌에 영향을 미치지 못한다고 말하고 있다. 그러나 약물의 비밀스런 작용기전에 대해 아직 정확히 밝혀지지 않았기 때문에, 초콜릿과 PEA와의 연관을 완전히 부정해버릴 수는 없다.

부르트만과 일부 과학자들은 초콜릿에 빠져드는 것은 그 속의 탄수화물 때문이라고 주장한다. 초콜릿 속의 탄수화물은 췌장의 인슐린 분비를 자극하고, 그 결과 마음을 평정 상태로 만드는 신경전달물질인 세로토닌이 증가된다는 것이다. 이것이 사실이라면 국수나 감자, 빵도 똑같은 효과를 내야 한다. 초콜릿은 또한 테오브로민('신들의 음식')을 함유하고 있는데, 이것은 약한 카페인 같은 물질이다. 우리가 갈망하는 것이 세로토닌과 카페인 비슷하고, 거의 어느 식품도 제공해주지 못하는 '고요한 자극'이라고 해보자. 밀크초콜릿바 43그램에는 약 9밀리그램의 카페인(살충제로도 쓰일 수 있는 양이다)이 들어 있다. 커피 한 잔(약 142그램)에는 약 115밀리그램의 카페인이, 콜라 340그램에는 32~62밀리그램의 카페인이 들어 있다. 여자들이 월경을 앞두고 초콜릿을 찾는 이유도 여기서 찾을 수 있다. 생리전증후군을 겪는 여자들은 세로토닌 농도가 저하되어 있으므로 생리를 앞두고는 보통 때에 비해 탄수화물을 30퍼센트 이상 더 섭취한다. 그러나 문제가 그렇게 간단하다면, 도넛과 커피 한 잔도 똑같은 역할을 해야 한다. 게다가 초콜릿을 즐기는 사람들과 특정한 시기에만 초콜릿을 먹어대는 여자들과 지독한 초콜릿광 사이에는 뚜렷한 차이가 있다. 초콜릿광들은 포테이토칩이나 파스타에 죽자 사자 매달리지 않는다. 그들은 초콜릿에만 미쳐 있다. 어떤 음식도 초콜릿을 대신할 수 없다. 오직 초콜릿광들만이, 걸어다닐 수 없을 정도로 눈이 쌓인 밤에 초콜릿을 구하러 용감히 길을 나선다. 이들은 입맛이라는 것이 얼마나 편협한 것인지를 알고 있다. 사람들이 초콜릿에 빠지는 이유를 확실히는 알 수 없지만 그것은 특별한 욕구라는 것 그리고 언젠가는 특별한 화학물질의 수수께끼가 풀리리라는 것을 확신한다.

맨해튼의 포시즌 식당에서는 초콜릿 디저트의 결정판이라고 할 만한 초콜릿 봄브를 내놓는다. 그러나 이 초콜릿 봄브 두 조각을 다 먹는 사람은 드물다. 입이 얼얼할 정도로 진하기 때문이다. 세인트루이스 해변에서 '초콜릿 자살'이라는 이름의 무스를 먹어본 적이 있는데 그것은 초콜릿이라기보다는 약에 가까웠다. 머리가 훈연실 안에 떠 있는 느낌이었다. 친구네 집에서 고디바 초콜릿을 처음 맛보았을 때의 느낌도 아직 기억하고 있다. 브뤼셀 본사에서 만들어진 그 초콜릿은 완벽한 광채에 물씬 피어오르는 향기가 정신이 아뜩해질 정도였고, 혀 위에 올려놓으면 사르르 녹았다. 벨기에, 비엔나, 파리와 미국의 몇몇 도시에서 생산되는 초콜릿의 품질이 최고인 이유는 유제품이 초콜릿에서 상당한 비중을 차지하기 때문이다. 초콜릿의 향은 카카오에서 오는 것이지만, 부드럽게 녹아내리는 그 맛은 우유, 크림, 버터에서 오는 것이므로 유제품이 신선해야 한다. 명품 초콜릿을 생산하는 이들은 자신이 만든 제품으로 고객을 사로잡기 위해서는 제대로 된 녹는 감각만이 아니라, 껄끄러움이나 뒷맛이라고는 전혀 없는 부드럽고 달콤한 맛을 내야 한다는 사실을 알고 있다. 조지 오웰의 『1984』에서 섹스는 금지되었고 초콜릿은 "쓰레기 태우는 연기 비슷한 (……) 맛이 나는 연한 갈색의 무른 물질"로 존재한다. 줄리아와 윈스턴은 위험을 무릅쓰고 몸을 섞기 전에 "검게 빛나는" 진짜 초콜릿을 통째로 먹는다. 이들의 애정 넘치는 향연에 전례가 없었던 것은 아니다. 몬테수마는 후궁들에게 가기 전에 초콜릿을 한 잔씩 마셨다. 진 할로 같은 매력적인 영화배우들은 초콜릿을 박스째 먹고는 했다. 뛰어난 요리사인 M. F. K. 피셔는 어머니의 주치의가 상사병 치료제로 초콜릿을 처방했었다고 털어놓았다. 한편 아즈텍 여인들에게 초콜릿은 금지된 음료였다. 사람들은 그 속에서 어떤 비밀스러운 공포를 보았던 것일까?

바닐라 예찬

◆

바닐라가 생각나면 목욕물을 받으면서 앤 스티거의 바닐라 목욕 크림의 묵직한 유리병 뚜껑을 연다. 유리병 안에 손을 집어넣고 걸쭉한 로션을 한 줌 퍼내 목욕물에 섞노라면, 강렬한 바닐라 향기가 코를 스친다. 향기로운 거품이 욕조에 가득 찬다. 고풍스러운 자기 접시 위에 놓여 있는 커다란 바닐라 목욕 비누가 향기의 봉홧불 구실을 하고 있다. 내가 바닐라의 물결 속에 몸을 담그고 있는 동안, 친구가 바닐라 크림 탄산수와 마다가스카르산 바닐라콩으로 만든 커스터드를 한 조각 가져다준다. 작은 갈색 조각들이 노란 크림 위에 떠 있다. 세이셸, 타히티, 폴리네시아, 우간다, 멕시코, 통가 제도, 자바, 인도네시아, 코모로 제도 등에서 생산된 바닐라콩을 선택할 수도 있지만, 마다가스카르산 바닐라콩의 길쭉하고 감각적인 생김새와, 정성스레 빗질한 머리단처럼 보이는 검은빛의 풍부하고 유연한 껍질을 좋아한다. 사람에 따라서는 지방과 수분이 풍부하고 뭉툭하게 생긴 타히티산 바닐라콩을 선호하기도 하고(그러나 바닐린이 덜 들어 있고, 그 촉촉함은 향기로운 유지가 아니라 그저 물일 뿐이다), 자바산 바닐라콩의 그을은 향내(가공 과정에서 나무로 불을 땐다)를 좋아하기도 하며, 코모로 제도산 바닐라콩의 엿기름 내 나는 향을 좋아하기도 한다.

　세계의 바닐라는 대부분 인도양의 섬들(마다가스카르, 레위니옹, 코모로)에서 나는데, 이들 지역에서는 매년 1,000톤의 바닐라콩을 생산한다. 그러나 진짜 바닐라를 맛보는 것은 쉽지 않다. 식품점의 향신료 코너에서 판매하는 바닐라 향이나 샴푸, 향수는 말할 것도 없고 아이스크림, 케이크, 요구르트 같은 음식 속에 들어 있는 바닐라는 실험실에서 만들어낸 인공 향에 알코올 등의 성분을 섞은 것이다. 마셜 매클루언은 우리가 삶의 진정한 미각에서 동떨어진 채 인공적인 것을 더 좋아하고, 음식보다 메뉴 설명을 즐기는 것에 만족하는 단계에 이르렀다고 경고한 적이 있다. 대부분의 사람들은 너무도 오랫동안 약 냄새 나는 인공 바닐라 향에 익숙해졌기 때문에, 진짜 바닐라 추출물의 맛과 냄새가 어떤 것인지 모른다. 복잡한 향기의 베일과 깊은 맛을 지닌 진짜 바닐라에 비해 합성된 바닐라는 형편없는 모방으로 느껴진다. 바닐린이 진짜 바닐라의 유일한 맛은 아닐 텐데 인공적으로 합성되는 성분은 바닐린뿐이다(원래 인공 바닐라는 클로브유와 콜타르, 그리고 바닐라와는 거리가 멀어

보이는 여러 가지 물질로 만들었지만, 지금은 제지 과정에서 나오는 아황산염 부산물로 만든다). 사실 세계 최대의 인공 바닐린 생산자는 온타리오 제지 공장인 것이다! 진짜 바닐라는 바닐라콩의 종류, 신선도, 원산지, 가공 방법과 기간 및 햇빛의 세기에 따라 단맛과 먼지 맛에서 습기의 맛과 흙 맛에 이르기까지 다양한 맛을 낸다.

바닐라콩이 선반에 놓여 있거나 커피잔 속에 담겨 있으면 그 방에는 고고한 향기가 감돌고 이국적 분위기가 난다. 나는 1970년 이스탄불에서 어머니와 함께 진한 바닐라 향을 풍기는, 캐러멜을 바르고 맨 위에 시럽을 얹은 터키식 페이스트리를 먹은 적이 있다. 그날 오후, 우연히 만난 잘생긴 대학생 2명과 함께 시장통을 걷다가 우리가 먹은 페이스트리가 진열되어 있는 것을 보았다. 설탕 냄새에 이끌려 날아온 수백 마리의 벌들이 놋쇠 접시에 쌓여 있는 페이스트리에 덤벼들었다가 시럽에 발이 달라붙어서, 결국은 발을 한 쪽씩 남겨둔 채 날아가버렸다. "저 벌들의 다리 좀 봐!" 어머니는 얼굴이 굳어지며 비명을 질렀다. "우린 벌의 다리를 먹었어!" 동행했던 두 학생은 영어를 거의 못했고, 우리는 터키어를 못했다. 그들은 페이스트리를 보고 흥분하는 미국 여자들을 이상하게 여겼을 것이다. 그들은 우리에게 빵을 사주겠다고 했고 어머니는 질색을 했다.

바닐라콩이 형언하기 힘든 강렬한 향기를 내뿜고 있는 부엌을 지나다보면, 사람들은 자신도 모르는 새에 입맛을 다시게 된다. 바닐라는 맛뿐 아니라 냄새도 강하다. 반짝이는 영혼이 깃든 바닐라가 콧속을 채우면, 우리는 그 맛을 느낄 수 있다. 그저 제과점을 지나는 느낌이 아니라 좀 더 은밀하고 좀 더 야성적인 느낌이다. 다루기 힘든 야생동물, 사람의 감각을 쥐어뜯는 가공되지 않은 바닐라다. 그러나 저장 상태의 바닐라콩은 정글에서처럼 그렇게 맛있는 냄새를 풍기지는 않는다. 바닐라만큼 힘든 노동을 요구하는 식용작물도 없을 것이다. 바닐라난蘭은 오랫동안 힘들게 보살펴야 열매를 맺고 익는다. 바닐라는 덩굴난의 콩꼬투리를 말한다. 바닐라난은 향기 없는 녹색과 흰색의 꽃을 잠깐 피우는데, 꽃은 겨우 하룻밤에 가지 않기 때문에 시기를 놓치지 않고 제때 꽃가루받이를 해주어야 한다. 바닐라콩은 수정이 된 후 성숙해지기까지 6주가 걸리지만, 수확하기 위해서는 몇 달을 더 기다려야 한다. 바닐라콩이 완전히 성숙하면, 그것을 끓는 물에 집어넣어 숙성을 멈춘다. 그런 다음 건조시켜 가공 처리를 한 뒤, 햇볕 속에서 천천히, 6개월에서 9개월간 건조시킨다. 성장이 덜 끝난 바닐라난에는 그 독특한 맛과 냄새가 없다. 바닐라콩이 쭈글쭈글한 갈색 꼬투리가 될 때까지 발효시켜야 바닐라콩 꼬투리의 바깥쪽에 바닐린의 달콤한 하얀 결정이 생기고, 그 유명한 진한 향기가 진동하기 시작하는 것이다.

1518년, 코르테스는 아즈텍인이 틀릴크소치틀('검은 꽃')이라고 부르는 바닐라 가루를 초콜릿에 첨가하여 향을 내는 것을 보았다. 아즈텍인은 바닐라를 대단히 귀중히 여겼는데, 바닐라 우린 물을 마셔본 몬테수마 황제는 신하들에게 바닐라콩을 공물로 바칠 것을 명했다. 스페인 사람들은 그것을 라틴어의 버자이너(vagina, 질)를 따서 바닐라(vanilla, 작은 막)라고 불렀다. 바닐라콩의 길쭉한 생김새와 맨 위의 작은 틈새가 외로운 스페인 남자들에게 자신에게 없는 것을 연상시켰음이 틀림없다. 작은 버자이너로 초콜릿을 휘젓는 몬테수마에 관한 우스갯소리도 많이 전해진다. 바닐라의 가치를 높이 평가한 코르테스는 아즈텍의 황금, 은, 보석 및 초콜릿과 함께 바닐라콩 몇 포대를 유럽으로 가져갔다. 초콜릿에 넣은 바닐라는 유럽을 휩쓸었다. 유럽에서 그것은 최음제로 환영받았다. 토머스 제퍼슨은 파리의 친구에게 편지를 보내 바닐라콩을 좀 보내달라고 부탁했다. 주불 대사 시절에 바닐라에 입맛을 들였지만 미국의 약초상에서는 찾아내지 못했던 것이다.

사람들은 바닐라의 가치를 충분히 인정했지만, 멕시코 이외의 지역에서 재배하는 방법은 알지 못했다. 문제는 우림의 섬

미각

세한 생태계였다. 열대우림의 울창한 녹색 숲이 얼마나 약한지를 보여주는 좋은 예인데도 아무도 그것을 깨닫지 못했다. 열대지방의 식물은 곤충, 새, 박쥐가 꽃가루받이를 해주지만, 바닐라난의 꽃가루받이를 하는 것은 오직 한 종의 벌, 자그마한 멜리포나다. 1836년, 어느 벨기에인이 윙윙거리며 날아다니는 멜리포나를 보고 바닐라난의 생식의 비밀을 이해하게 되었다. 그다음에는 프랑스인이 바닐라난을 인공수정하는 방법을 찾아냈고, 그는 동인도와 서인도는 물론, 인도양의 여러 섬에 바닐라난을 심어 키우기 시작했다. 네덜란드인은 바닐라를 인도네시아와 영국, 인도에 옮겨 심었다. 미국에는 1800년대가 되어서야 '바닐라 향'이 등장했고, 그것은 '편리함'을 모토로 삼은 성질 급한 미국인들을 사로잡았다. 유럽인들은 바닐라콩의 질감, 맛, 향에 탐닉했지만 미국인들은 병에 담아놓은 바닐라 추출액을 선호했다. 19세기가 되어 바닐라의 소비량이 늘자 바닐라 향이 인공적으로 합성되었고, 세계는 싸구려 향의 지각 위를 둥실 떠다녔다. 지금 바닐라는 대부분의 구운 식품과 향수, 세척제, 심지어 장난감에 쓰이면서 전 세계 사람들의 미각을 사로잡고 요리에까지 침투하고 있다. 바닐라보다 더 비싼 향신료는 사프란뿐이다.

나는 이제 욕조에서 나와 앤 스티거의 바닐라 보디로션을 바른다. 연기처럼 진한 냄새 때문에 보디로션이 음식처럼 느껴진다. 그런 다음 장 라포르테의 바닐라 향수를 뿌린다. 강렬하게 쏘는 바닐라 향이다. 바닐라콩 안쪽에는 무화과 같은 속이 들어 있는데 그것을 벗겨내면 식탁에 향이 강한 바닐라 비스크(진한 크림 수프의 일종—옮긴이)를 올릴 수 있고, 바닐라 글레이즈를 바른 닭, 바닐라 비니그렛 소스를 뿌린 샐러드, 바닐라 마리네이드에 담근 밤 소스를 뿌린 바닐라 아이스크림, 다진 바닐라콩으로 향을 낸 따뜻한 브랜디를 준비할 수 있다. 이 요리를 다 먹고 나면 성스러운 바닐라의 혼미에 빠져 침대 속으로 기어 들어가 무거운 난 같은 잠에 떨어질 것이다.✤

✤ 진짜 바닐라 추출액 만드는 법. 바닐라콩 꼬투리를 세로로 길게 쪼개 유리병에 넣은 다음, 보드카 4분의 3컵을 채운다. 뚜껑을 덮고 최소 6주 정도 그대로 둔다. 추출액을 이용할 때는 보드카를 더 섞는다. 바닐라콩은 한참 동안 계속 향기를 내뿜을 것이다. 바닐라 추출액 1티스푼을 프렌치토스트 반죽에 섞으면 뉴올리언스식 빵이 된다. 커피에 바닐라 설탕을 넣으면 기막힌 맛이 난다. 바닐라콩 꼬투리를 길게 쪼개서 잘게 다진 다음 설탕 두 컵과 섞는다. 뚜껑을 덮고 6주간 그대로 둔다. 바닐라 설탕은 오래될수록 향이 강해진다.

송로의 진실

◆

송로버섯은 "세상에서 가장 못생긴 채소"라고 불리지만, "신의 관능성"과 "세상에서 가장 퇴폐적인 향"을 지니고 있다고도 한다. 캐비어만큼 비싼 송로는 요즘 맨해튼에서 450그램에 500달러 이상의 가격으로 팔리는데 이것은 지상에서, 아니 지하에서 가장 비싼 채소다. 송로는 검은색(멜라노스포룸)도 있고 흰색(마그나툼)도 있다. 통째로 요리하지만 사람들은 파스타나 달걀 등의 요리에 얹힌 송로의 가느다란 섬유는 떼어버린다. 2000년 동안 그것은 최음제 노릇을 했다. 발자크, 위스망스, 콜레트를 비롯한 여러 문필가들은 남자의 사타구니를 날뛰는 사자의 그곳처럼 뜨겁게 만드는 송로의 능력을 찬탄했다. 브리야 사바랭은 오를레앙의 공작의 식습관에 대해 설명하며, 공작의 송로 요리에 관해 느낌표를 세 개나 찍어가며 흥분했다.

송로를 얹은 칠면조 요리!!! 그 명성은 가격만큼이나 빠르게 상승한다! 그것은 행운의 별이고, 그것이 나올 때면 미식가들은 눈을 빛내며 기쁨을 감추지 못한다.

송로 냄새를 "열대의 오후에 사랑을 나누고 난 뒤, 구겨진 침대에서 나는 사향 냄새"로 표현한 작가도 있다. 그리스인들은 송로가 천둥에서 생겼다고 믿었다. 프랑스 남서부의 페리고르 지방에서 생산되는 진한 향을 풍기는 검은 송로는 유명한 페리고르 거위 간 파테에 쓰이는 최고급 송로로 격찬받고 있다. 최고의 흰색 송로는 이탈리아 알바 근처의 피에몬테 지방에서 난다. 나폴레옹은 송로를 얹은 칠면조 요리를 먹고 난 뒤 하나뿐인 적자嫡子를 얻었다고 한다. 일찍이 여자들은 남자의 욕망을 불러일으키기 위해 송로를 먹었다. 사람들은 개를 훈련시켜 피나무, 참나무 관목, 개암나무의 뿌리 근처에서 자라는 송로를 찾기도 한다. 그러나 몇 세기에 걸쳐 꾸준한 사랑을 받는 송로 사냥꾼은 암퇘지다. 암퇘지 한 마리를 송로가 자라는 들판에 풀어놓으면 암퇘지는 블러드하운드처럼 코를 킁킁거리며 미친 듯이 땅을 파대기 시작한다. 암퇘지는 무엇 때문에 송로에 집착할까? 독일 뮌헨 공대와 뤼벡 의대의 연구자들은 송로에 수컷 돼지의 호르몬인 안드로스테놀이 돼지 한 마리 속에 들어 있는 것보다 2배 가량 더 함유되어 있다는 것을 발견했다. 수퇘지의 페로몬은 인간의 남성호르몬과 화학적으로 유사한데, 그래서 송로가 인간을 자극하는지도 모른다. 실험에 따르면 여자가 남자 사진을 보고 있는 방에 약간의 안드로스테놀을 뿌려놓으면, 여자는 남자를 더욱 매력적으로 느낀다.

송로 채집자와 암퇘지에게, 지하의 송로 농장 위를 걷는 것은 우습고도 슬픈 일이다. 아름답고 건강한 암퇘지는 여태까지 만나본 중에서 가장 섹시한 수퇘지의 냄새를 맡는다. 왠지 모르지만 수퇘지는 지하에 있는 듯하다. 암퇘지는 흥분해서 미친 듯이 땅을 파지만, 나온 것은 고작 이상하고 울퉁불퉁한 얼룩무늬 버섯일 뿐이다. 그런데 다시 바로 옆에서 더할 나위 없이 남성적인 또 다른 수퇘지(역시 지하에 묻혀 있는)의 냄새를 맡고 미친 듯이 달려들어 땅을 판다. 암퇘지는 욕망과 좌절로 광포해질 것이다. 마침내 송로 농부는 버섯을 모아서 배낭에 넣고 암퇘지를 몰고 집으로 돌아오지만, 뒤에는 잘생긴 수퇘지들의 진한 향내를 풍기며 욕정으로 떨고 있는 들판이 있다. 모든 수퇘지가 암퇘지를 원하며 숨을 헐떡이고 있는 것이다, 보이지 않는 곳에서!

생강과 약초

◆

남극해로 가는 배 안에서 폭풍을 만나 나는 뱃멀미를 했다. 쉬려고 선실로 기어 들어가지만, 내 방은 유람선 뒤쪽으로 높직이 자리 잡고 있어서 배가 흔들릴 때마다 좌우로 요동치고, 파도가 치면 올라갔다가 다시 푹 꺼진다. 그리고 좌우로 흔들리고 다시 올라가면서 가끔씩 격렬한 춤을 춘다. 나는 작은 갈색 단지의 뚜껑을 열고 그 속에 든 것을 하나 꺼내 입 속에 넣는다. 혀로 빨아서 부드럽게 만들고 차근차근 씹기 시작한다. 상큼한 매운 즙이 입 속에 감돈다. 생강은 중국에서 오랫동안 약으로 쓰였는데, 감기나 기침을 비롯한 여러 가지 질환에 생강차를 마신다. 중국 어부들은 뱃멀미를 예방하기 위해 생강을 씹는다.

지난 몇 년 동안, 민간에 알려진 생강의 효능을 시험해온 연구자들은 이 울퉁불퉁한 뿌리가 그 명성에 값한다는 사실을 알아냈다. 일본에서는 생강이 정말 좋은 기침약이라는 것, 진통제의 역할을 하고, 체온을 떨어뜨리며, 면역계를 활성화시키고, 강심제처럼 펌프질하는 심장의 힘을 강화시키면서 동시에 심장박동수를 안정시킨다는 사실을 발견했다. 나이지리아의 과학자들은 생강이 항산화제의 역할을 하고, 살모넬라균을 죽인다는 사실을 발견했다. 캘리포니아의 과학자들은 생강이 고기를 부드럽게 해주며 보존성을 높인다는 것을 알아냈다. 유타의 브리검영대학과 오하이오의 마운트유니언대학 연구자들은 공동 연구를 통해, 생강이 뱃멀미를 예방하는 데 멀미약 드라마민보다 더 뛰어난 효과를 발휘한다는 것을 밝혀냈다. 덴마크에

미각

서는 실험을 통해 생강이 혈액 응고를 막아준다는 사실을 알아냈다. 인도에서는 생강이 콜레스테롤 수치를 낮춘다는 사실을 발견했다.

무엇은 먹어도 되고 무엇은 먹으면 안 된다는 기준을 생각해보면, 음식을 먹는다기보다는 약을 먹는 듯한 느낌이 들 때가 있다. 미세한 알루미늄 입자가 음식 속에 섞여 알츠하이머병을 일으킬 수 있는 알루미늄 조리 도구는 퇴출되었다. 버터, 크림, 포화지방은 심장질환을 유발할 수 있기 때문에 안 된다. 섬유소는 대장암을 예방하는 데 도움이 되기 때문에 허용된다. 그러나 지나치게 많은 섬유소는 몸에 해로울 수 있다. 녹색 채소는 항산화효과가 있기 때문에 된다. 그러나 혈액 희석제를 복용 중이라면 안 되는데, 채소 속의 비타민 K가 혈액을 응고시키기 때문이다. 생선 기름은 심장에 중요한 역할을 하기 때문에 괜찮지만, 생선 살에서는 오염물질이 발견되곤 한다. 신선한 과일은 비타민 C나 섬유소를 비롯한 여러 영양분을 다량 함유하고 있어서 중요하지만, 과수원에서는 암을 유발하는 살충제를 많이 뿌린다. 쇠고기는 고지방 식품이라 안 되고, 또 쇠고기를 구우면 발암물질이 생성된다. 닭고기 종류는 몸에 좋지 않은 호르몬을 생성하고, 살모넬라균도 자주 발견된다. 저지방 고단백 식품인 조개나 굴은 영양학적으로 나무랄 데 없지만,

오염되지 않은 해역에서 딴 것만 골라야 한다. 그런데 콜레스테롤 함유량이 높은 데다 다른 생물의 부패한 시체를 먹고 사는 바다의 청소부, 가재나 새우는 정말 먹어도 안전할까? 이 모순의 늪에서, 도대체 아무런 불안도 느끼지 않고 음식을 먹는 것이 가능하기나 할까?

우리가 약이라고 생각하는 대표적인 음식이 요구르트, 두부, 당근주스, 인삼, 벌꿀 등이다. 그 밖에도 많은 식품들이 유행을 탔다가 사라져간다. 우리는 그리 멀지 않은 과거에는 자연이 인간의 약국이었음을 잊고 있다. 우림에서 온갖 약의 원료로 쓰일 잎을 채취하는 거대한 제약 회사는 물론, 많은 원주민들에게도 여전히 자연은 약국이다. "무엇을 먹는지 말해보라, 그러면 당신이 어떤 사람인지 말해주겠다." 브리야 사바랭은 언젠가 이런 말을 한 적이 있는데, 이 말을 그의 의도보다 훨씬 폭넓게 이해할 수 있다. 치료제로 쓰이는 비타민, 근육을 강하게 해주는 단백질, 장을 청소해주는 섬유소, 마음을 가라앉혀주는 탄수화물, 에너지를 내주는 설탕을 떠올려보라. 산업화 시대의 아이들인 우리는 여전히 먹는 행위를 육체에 연료를 공급하고, 세포 속의 자그마한 용광로에 불을 지피는 것으로 생각한다. 육체를 하나의 공장으로 생각하는 것이다. 우리가 만든 창조물 가운데 많은 것이 우리를 빼닮았다. 신경학자들은 뇌를 컴퓨터에 비유하는 것이 지나치게 자동적이고, 부도덕하며, 기계적인 것이라 못마땅해했지만, 지금 이런 비유가 다시 유행하고 있다. 뇌와 컴퓨터의 유사성이 부정할 수 없을 만큼 분명해졌기 때문이다. 뇌는 컴퓨터이고, 종교, 편견, 의심 등은 모두 소프트웨어다. 신경학자들이 갑자기 더 냉정해진 것은 아니다. 그저 컴퓨터가 더 친근하고 덜 무서운 존재가 된 것이다. 뇌는 자신의 능력 이상으로 정보를 저장하기 위해 인공 뇌를 발명했고, 컴퓨터는 뇌에 익숙한 정리 시스템을 재현할 뿐이다. 전혀 놀라운 일이 아니다. 우리가 인체의 외부에서 에너지를 만들어내고자 했을 때, 우리는 우리가 알고 있는 유일한 모델을 베꼈다. 무언가에 연료를 공급함으로써 한참 동안 일을 한 다음 쓰레기를 배출하는 것이다. 일을 더 하기 위해서는 다시 연료를 공급해야 한다. 인간이 가지고 있는 탁월한 유추 능력은 인류의 가장 큰 장점이다. 물웅덩이 옆의 마른 진흙에 나 있는 코끼리 발자국에 담긴 물을 보고 '이것을 이용해 물을 운반할 수 있겠어'라고 말한다. 『헨리 4세』 2부에서 셰익스피어는 팔스타프의 목소리를 빌려, 육체는 우리에게 하나의 사회적 모델이 되어주고, 또한 육체는 그 자체의 정치와 계급이 있다고 말한다. 그러나 유추는 교류交流처럼 이쪽과 저쪽으로 흐를 수 있다. 우리는 육체의 규칙에 따라 지상에 발전소를 지을 뿐만 아니라, 육체에 힘을 공급하는 발전소라는 사탕을 먹는다. 그리고 나이와는 상관없이, 우리는 우리가 은밀히 혐오하는 음식을 먹는다. 치료 효과가 있을지도 모르기 때문이다. 우리는 약을 처방하듯 음식을 처방한다. 우리는 "브로콜리를 먹어야 해"라고 주장하는데, 그것이 접시 위에 떠 있는 작은 숲처럼 보이기 때문이 아니라 비타민과 섬유질의 효과 때문이다. "그것은 몸에 좋다."

땅에 구멍을 파고 사슴 수프 끓이는 법, 혹은 우주에서의 식사

침대 옆 자그마한 책꽂이에는 고비사막에 불시착했을 때 유목민의 텐트를 찾아가는 법을 알려주는 『어느 조종사의 생존법』이나, 브래드포드 앤저의 『숲에서 살아남는 법』 같은 책이 꽂혀 있다. 앤저의 책에는 땅에 구멍을 파고 사슴 수프를 끓이는 방법이 나와 있다.

　나는 방금 사슴을 잡았다. 배가 고픈 나는 근처에서 살랑거리는
　야생 리크의 납작한 잎으로 향을 낸 뜨거운 수프 외에는 바라는

것이 없다. 그럴 때 죽은 사슴의 날카로운 발을 잘라 땅에 작은 구멍을 판다. 그리고 그 오목한 구멍에 방금 벗겨낸 사슴 가죽을 깔고 물을 부은 다음, 양념을 하고 뜨거운 돌 몇 개를 집어넣어 익힌다. 사슴 고기의 손질을 끝냈을 때쯤 국물이 완성돼 있을 것이다.

정말, 한번 해보는 게 어떨까? 나는 특히 맨 앞에 나온 말이 마음에 든다. 나는 방금 사슴을 잡았다. 언젠가 읽은 개고기 볶음 요리를 연상시킨다. 그것은 이렇게 시작된다. "건강한 개를 잘 씻은 다음 내장을 꺼낸다." 나 같은 사람은 특별한 이유가 없다면 포유류의 고기를 먹지 않고, 또 그런 요리에 입맛이 당기지도 않을 것이다. 그러나 이끼 낀 땅에 파놓은 구멍에서 조용히 사슴 수프가 끓고 있는 광경은 마음에 든다. 이 책은 무기와 나침반은 있지만 성냥이 없을 경우를 상정해서 썼다. 요리가 생존에 필수적이지는 않지만, 생존을 쉽게 해주는 것은 분명하다. 그래서 불을 피우기 위해 물(물을 확대경으로 이용한다)과 시계(크기가 비슷한 시계나 나침반의 유리 면을 서로 맞대서 햇빛을 모은다), 활로 만든 드릴을 이용하거나, 부싯돌이나 권총 같은 소지품에 사냥칼을 그어서 불꽃을 일으킨다.

우주여행의 생존 교본에는 어떤 내용이 실릴까? 맛에서 느끼는 큰 기쁨은 냄새다. 우리는 어떤 성분이 휘발할 때만 그 냄새를 맡을 수 있다. 그래서 무중력 상태에서는 냄새가 거의 없을 거라고 생각한다. 그것은 미각에도 좋지 않은 영향을 미칠 것이다. 그럼에도 불구하고 우주선에 음식을 공급하기 위한 소련과 미국의 경쟁은 치열하다. 소련 우주선의 우주식 공급자로 내정된 벨레메는 프랑스 출신의 우주인, 무중력에 대해 연구하는 생물학자, 파리 근교에서 별 세 개짜리 레스토랑 레스페랑스를 운영하는 요리사가 공동으로 설립한 회사다. 우주식의 메뉴는 아티초크 칩이 디종 지방의 병아리 고기 요리 같은 고급 음식이며, 이것을 튜브나 깡통에 담아 공급한다. 벨레메는 이미 극지와 사막 탐험가, 산악인, 카레이서 같은 이들에게 각각의 환경에 적합한 맛있는 음식을 공급하고 있다. 우리는 요리에 대해 생각할 때, 김이 무럭무럭 나는 카레나 가재, 땅콩 수프, 칠리, 파스타를 비롯한 맛있는 여러 나라의 음식을 떠올린다. 그러나 이제 막 싹트고 있는 우주 요리도 있다. 나는 나사에서 만든 동결 건조 우주 복숭아를 먹어본 적이 있는데, 그것은 새콤달콤한 말벌 둥지 같은 맛이 났다. 우주비행사들이 쓴 우주 음식 이야기를 읽어보면 우주 요리에 별 특별한 것은 없다. 그러나 신기함은 어떤 양념보다 음식에 풍미를 더하고, 그래서 짧은 여행이라면 동결 건조 요리로도 충분하다. 우주여행이 베니스의 리알토를 산보하는 것처럼 보편화될 때까지는 말이다.

미각

그리고 그때가 되면, 우리는 야외의 아늑한 장소에서 접시에 달을 담고 그 옆에 별을 곁들인 식사를 하게 될 것이다.

스릴을 주는 음식

◆

감각 중독자들은 멋쟁이 도시인들처럼, 대황과 나무딸기 토르테, 훈제 가재, 무궁화 잎에 싸서 나무딸기 버터를 발라 오븐에 구운 아귀를 차례로 먹고, 메스키트(남미의 콩과 식물―옮긴이) 연기 속에서 잠시 황홀한 기분을 즐긴다. 나는 대학생일 때 금붕어도 먹지 않았고, 친구들과 폭스바겐에 빽빽이 타고 몰려다니지도 않았으며, 보드카 병으로 나발을 불지도 않았지만, 광란의 20년대를 방불케 하는 권태 속에 빠져 있던 다른 친구들은 그렇게 살았다. 부르주아에게 충격을 주는 일은 항상 대학생과 예술가들의 몫이었고, 이들은 가끔 이상한 것을 먹어치워 사람들의 눈살을 찌푸리게 했다. 고전『몬티 파이슨의 곡예비행』에는 초콜릿 제조업자가 개구리 새끼와 뼈다귀("뼈를 안 넣으면 바삭바삭한 맛이 없어!"라고 그는 중얼거린다)를 비롯해서 곤충과 그 밖의 서구인의 입맛을 달아나게 하는 동물을 넣은 초콜릿을 만들어 팔다가 경찰의 심문을 받는 장면이 나온다. 메뚜기나 거머리 혹은 코코넛밀크에 끓인 박쥐고기 같은 원주민 음식을 먹어본 과학자들을 만난 적이 있다. 그들이 이런 음식을 먹은 것은 예의를 차리기 위해서였지만 호기심 때문이기도 했는데, 재미있는 일화를 남기기 위해서였는지도 모른다. 그러나 이러한 음식들은 우리의 일상적인 관습의 범위를 넘어설 뿐 영양이 풍부한 음식이다.

항상 맛 때문에 음식을 먹는 건 아니지만 맛을 느끼기 위해 음식을 먹을 때도 있다. 언젠가 나는 브라질의 아마존 유역에서 파토 노 투쿠피(pato no tucupi. 포르투갈어로 pato는 '오리', no는 '-안에', tucupi는 '카사바 즙'을 의미한다)라는 유명한 오리고기 요리를 먹어본 적 있는데, 이 요리의 참맛은 그 마취 성분이다. 그것은 각성제 벤제드린처럼 입술을 얼얼하게 마비시킨다. 이 성분은 잠부(라틴어로 스필란테스Spilanthes)로, 브라질 전역에서 자라며 감기약으로도 쓰이는 노란 데이지 속에 들어 있다. 그 효과는 깜짝 놀랄 정도다. 입술과 입 전체가 덜덜 떨리는 느낌이었다. 그러나 이밖에도 물리적 자극을 주는 음식을 먹는 나라는 많다. 나는 입 안에 모래를 뿌린 것 같은, 매운 후추를 비롯한 자극성이 강한 음식을 좋아한다. 우리는 음식에 대해 설명할 때 '맛'이라는 말을 사용하지만, 실제로 말하는 것은 촉각과 미각의 결합이다. 맛있다는 것은 얼얼한 느낌이 마침내 사라졌

미각

을 때 불쾌한 뒷맛이 없는 상태다. 쓰촨의 매운 후추 소스의 전율을 일으키는 맛(식사가 끝난 뒤에도 입술이 얼얼하다)과 삼킬 때 구역질이 날 정도로 지독하게 매운맛(물은 기름과 섞이지 않기 때문에 매운맛을 희석하지 못한다. 매운맛을 가라앉히는 가장 좋은 방법은 맨밥을 먹는 것이다)과의 차이는 크지 않다. 우리가 당근 같은 음식을 좋아하는 것은 맛보다는 오도독오도독 깨무는 소리와 입 운동 때문이다. 지구상에서 가장 성공한 음식 중 하나인 코카콜라는 강렬한 단맛과 카페인뿐 아니라 신선하게 코를 톡 쏘는 느낌이 있다. 코카콜라는 1888년에 구강청정제로 상품화되었다. 당시에는 본격적인 각성제 코카인이 함유되어 있었지만 1903년부터는 빠졌다. 그러나 지금도 콜라에서는 코카 잎사귀 냄새가 난다. 커피, 차, 담배를 비롯한 여러 흥분제는 모두 16세기에서 17세기에 서구 세계에 유입되었고, 빠른 속도로 유럽 전역에 퍼졌다. 붐을 일으킨 이러한 중독성 흥분제들은 신경계통에 자극을 주어 사용자들에게 마취제의 혼미함이나 카페인의 흥분을 가져다준다. 그리고 다른 식품과 달리, 사람들은 얼마나 기분을 내고 싶은지에 따라, 혹은 이미 얼마나 중독됐는지에 따라 용량을 정해 복용한다.

일본에서는 특수한 면허를 가진 요리사들이 가장 귀한 사시미 요리를 준비한다. 이들은 복어의 흰 살을 떠서 날것 그대로 접시 위에 정교한 꽃잎 모양으로 늘어놓는다. 손님들이 큰돈을 치르고 먹는 이 세심하게 준비된 복어회는 빨판매가리 회처럼 담백하고 감칠맛이 난다. 그러나 빨판매가리와는 달리 복어는 맹독성 어류이기 때문에 요리할 때 극히 조심해야 한다. 복어의 방어 수단은 물을 잔뜩 삼켜 몸을 불룩하게 부풀리는 것이다. 이는 적이 삼킬 수 없을 만큼 몸을 커 보이게 만들기 위해서다. 맹독성 무기는 필요하지 않을 듯 보인다. 그러나 복어의 껍질, 난소, 간과 내장에는 세계에서 가장 독성이 강한 화학물질인 테트로도톡신이 들어 있다. 이것은 스트리크닌이나 청산가리에 비해 수백 배 더 치명적이다. 손톱 밑에 들어갈 만큼의 적은 양으로도 일가족 전체를 몰살시킬 수 있다. 능숙하고 경험이 풍부한 요리사가 독을 완전히 제거해내지 않으면, 손님들은 식사 도중에 죽을 수도 있다. 복어회의 묘미는 바로 이것이다. 죽음의 가능성을 먹는 것, 입술 끝에 다가온 공포. 그러나 일본에서 복어 요리는 두터운 애호가층을 형성한 전통 기예다. 가장 존경받는 복어 요리사는 손님들의 입술에 죽음이 스쳐 지나는 얼얼함을 느끼게 해줄 정도로 극미량의 독을 남겨놓을 줄 아는 이들이다. 물론 해마다 복어를 먹고 죽는 사람들이 나오지만, 그래도 대담한 복어 애호가들은 망설이지 않는다. 독을 품고 있는 간과 내장으로 끓인 국에 복어 살을 가볍게 데친 지리라는 요리도 인기다. 이들은 복어 독의 위험성을 잘 알고 있다. 고대 이집트, 중국, 일본을 비롯한 여러 나라에서는 복어 중독에 관해 전율이 일 정도로 자세하게 기록해놓았다. 처음에는 어지럼증이 일어나고, 입과 입술에 감각이 없어지며, 호흡이 힘들어지고, 경련이 일어난다. 그런 다음 입술이 새파래지고, 온몸에 벌레가 기어 다니는 듯 미칠 듯한 가려움증이 느껴지며, 구토와 동공 확장이 일어난다. 그다음에는 시체 같은 수면 상태가 찾아오는데, 일종의 신경 마비다. 그러나 이때도 주변에서 일어나는 일을 의식하고 있는 경우가 많다. 그러다가 죽게 된다. 깨어나는 일도 가끔 있다. 일본에서는 누가 복어 중독으로 죽으면, 가족들은 며칠 기다렸다가 매장한다. 깨어날 경우를 대비하는 것이다. 복어에 중독된 사람이 산 채로 매장될 뻔하다가 마지막 순간에 일어나기도 한다. 이들은 자신의 장례식과 매장 직전 공포의 순간에 대해 자세히 설명한다. 소리를 지르거나 아직 살아 있다는 신호를 보내기 위해 갖은 애를 다 썼지만 꼼짝도 할 수 없었다고 한다.

복어를 먹는 일은 어딘가 러시안룰렛과 같은 면이 있지만 대단히 심미적인 경험이기도 하다. '인간'으로서의 우리의 조건에 대해 생각하게 만드는 것이다. 우리는 죽음이라는, 감각의 궁극적 상실과 함께 대지로부터 사라질 존재지만, 죽음을 희롱하고 전쟁을 일으키며, 사람을 난도질하고 고문하는 공포영화를 보면서 살아간다. 과속을 하거나 담배를 피우거나 자살을 시도하여 명을 재촉한다. 죽음의 문제에 집착하는 인간의 태도는 아주 이상하다. 집을 망가뜨리는 토네이도와 농작물을 망치는 먼지 폭풍, 모든 도시를 집어삼키는 홍수와 지진, 뼛속까지 스며드는 무서운 질병과 불구, 혹은 초대받지 않았어도 제멋대로 찾아와 구호품 같은 공포를 나눠주는 끔찍한 불행 그리고 정신병을 바라보며, 우리는 인간 존재가 자연의 위력에 대항해서 힘을 합쳐 싸우고, 서로 동맹군이 되어줄 거라 생각한다. 스스로 파괴를 자행하거나 타인의 고통을 더하는 일은 없을 거라 생각하는 것이다. 우리들 자신이 아니라도 죽음이 와서 멋지게 해낼 테니까. 그러나 사람들이, 어떤 때는 나라 전체가 기꺼이 죽음과 공범이 되고자 하는 것은 얼마나 이상한가.

공포영화는 스스로와 음식에 관한 집착에 대해 이야기한다. 전기톱이나 면도칼을 들고 다니며 독신의 커리어 우먼을 벌하는 미치광이를 말하는 것이 아니다. 마지막 장면에서 혼돈이 끝나고 질서가 잡히는 것을 보며 한숨을 내쉬게 하는 귀신 이야기도 아니다. 영화가 끝나면 우주가 덜 폭력적이고 덜 난해해 보이는 무서운 추리극도 아니다. 지금껏 우리는 무서운 힘과 간계를 지닌 비열하고 혐오스러운 괴물이 인간을 쫓아다니

미각

다 결국 먹어치우는 공포영화에 열광하고 있다. 그 괴물이 과거에 사로잡힌 〈살인마 여인〉이건, 아니면 음울한 〈캣 피플〉이건, 혹은 멍한 〈울프〉나 끈적끈적한 침을 흘리는 이름 없는 〈에일리언〉이건 그것은 중요하지 않다. 원형은 항상 똑같다. 이들은 장르를 압도한다. 우리는 그들이 만들어내는 공포를 탐욕스럽게 좇을 뿐이다.

인간은 먹이사슬의 맨 꼭대기에 있다는 사실에 익숙하지 않은 듯하다. 오히려 그것에 괴로워하고 있음이 틀림없다. 그렇지 않다면 세대에 세대를 거듭하며, 항상 똑같이 무서운 내용, 테이블이 엎어지면서 인간이 먹히는 내용을 담은 영화를 만들리가 없는 것이다. 반면 자신이 먹이사슬의 맨 꼭대기에 있음을 확인하고 안심하며 맨해튼을 당당히 활보하는지도 모른다. 하지만 만약 다른 혹성에서는 우리가 먹이사슬의 맨 밑에 있다면? 그러면 악마처럼 무서운 '에일리언'은 인간을 생포하여 저들의 구더기 같은 새끼에게 먹이로 주려고 식품 저장실의 끈적한 교수대에 매달아놓을 것이다.

우리는 강박적으로 극장에 달려가 동굴 같은 어둠 속에서 공포를 마주 본다. 우리는 괴물과 맞부딪치고 그 속에서 살아남는다. 다음 주, 혹은 다음 해 여름에도 똑같은 일을 반복할 것이다. 집으로 돌아가는 길에는 포장도로를 긁어대는 소리, 어디

선가 들리는 헐떡거림, 흡혈귀가 펄럭이는 소리에 가만히 귀를 기울일 것이다. 과학기술의 도움 없이 살아온 오랜 시간 동안 인간은 사자, 곰, 뱀, 상어, 늑대를 두려워해왔다. 두려움에는 충분한 이유가 있었다. 지금쯤 그러한 두려움을 극복했다고 생각하는 이들도 있을 것이다. 랩에 싸여 슈퍼마켓 진열대에 놓인 토막 난 쇠고기 덩이를 보며 안심하라고 말할지도 모른다. 그러나 문명은 우리가 생각하는 것보다 훨씬 최근에 나타난 현상이다. 공포영화는 조상들이 바라보았던 동굴벽화의 현대판일까? 우리는 아직도 그것을 바라보고 있는 걸까?

복어는 핵무기 철폐나 세계 평화와는 별 관계가 없는 듯 보이지만, 사실 그것은 우리 영혼의 작은 지표다. 우리는 죽음의 위협을 자극적으로 느낀다. 모두가 그런 것은 아니고, 항상 그런 것도 아니다. 그러나 그렇기 때문에 평화를 사랑하는 사람들은 친구들과 조용히 앉아서 호사스러운 식사를 할 때 긴장하는 것이다.

미녀와 야수

◆

장 콕토의 뛰어난 고전 영화 〈미녀와 야수〉에서, 마법의 성에 살고 있는 예민한 야수의 의자에는 라틴어로 "사랑을 얻지 못한 남자는 모두 야수다"라는 글이 씌어 있다. 매일 밤, 교양 있고 인간적인 야수는 저녁거리를 얻기 위해 밖에 나가 사냥을 해야 한다. 사슴을 잡아서 그 김이 오르는 고기를 먹지 않으면 굶어 죽는 것이다. 나중에 야수는 가장 쓰라린 고통에 신음하고, 그의 온몸은 알게 모르게 연기를 내기 시작한다. 인간의 은밀한 공포가 그 순간 속에 드러나 있다. 예민한 야수와 마찬가지로, 우리는 살기 위해 다른 생명을 죽여야 한다. 우리는 다른 생명에게 가끔씩 큰 고통을 안겨주면서 그들의 생명을 훔쳐야 한다. 우리 모두는 매일같이 고문, 죽음, 살육을 저지르거나 그런 일을 암묵적으로 승인하고 있다. 동굴벽화에는 사냥감에 대한 사냥꾼의 경외와 사랑이 드러나 있다. 우리는 마음속 깊이 생명은 생명을 사랑한다는 사실을 알고 있다. 그러나 우리는 이 땅에서 함께 살아가는 다른 생명을 취하여 향연을 벌인다. 살기 위해 죽이는 것이다. 혀에 감도는 맛은 저 험한 도덕의 땅을 건너게 해주고, 공포를 입맛에 맞는 것으로 만들며, 이성으로는 합리화할 수 없는 모순을 달콤한 유혹의 정글 속으로 녹아들게 한다.

청각

나는 온통 귀였고,

그래서 죽음의 갈비뼈 아래

한 영혼을 창조해낼 선율에 젖어들었다.

— 존 밀턴, 가면극 <코머스>에서

존 밀레이, 에어리얼에게 매혹된 페르디난트, 1849~1850, 개인 소장

귀 기울이는 가슴

◆

아랍어로 어리석음은 귀 기울이지 못함을 뜻한다. '어리석음ab-surdity'에서 핵심 단어인 'surd'는 수학적 불합리를 의미하는데 이는 라틴어 surdus(귀먹거나 벙어리인)에서 왔고, 또 이것은 '귀 먹은 뿌리'를 의미하는 아랍어 jadr asamm을 번역한 말이며, 이 것은 다시 '벙어리의 혹은 비합리적인'을 의미하는 그리스어 alogos를 번역한 말이다. 이런 어원의 거미줄 속에 숨어 있는 가 정은, 눈이 멀거나 팔이 없거나 코가 없는 사람은 세계를 이해 할 수 있지만, 청력을 잃은 사람은 중요한 끈이 끊어진 것과 마 찬가지여서 삶의 논리의 궤도를 잃어버린다는 것이다. 귀가 들 리지 않는 사람은 땅속에 묻힌 뿌리처럼, 세상의 일상적 교류 에서 차단된다. 키츠는 "귀에 들리는 멜로디는 달콤하지만, 들리지 않는 멜로디는/더욱 달콤하여라"고 노래했지만, 우리는 차라리 폭포수처럼 쏟아지는 세계의 노래, 소음과 말을 듣고자 한다. 소리는 삶에 대한 이해를 두텁게 하고, 우리는 소리에 기대 주변의 세계를 해석하며, 세계와 소통하고, 자신을 표현한다. 우주공간은 고요하지만 지구상에 있는 것은 거의 모두가 소리 낼 줄 안다. 어느 커플에게나 좋아하는 노래가 있어서, 몇 소절의 멜로디만으로도 애틀랜타의 바닷가에서 처음 만난 달콤한 추억이 떠오르거나, 중서부 도시의 푹푹 찌는 여름밤, 마른 잎을 태우듯 시간을 불태우며 맥줏집 앞의 차 안에 앉아 있던 십 대 시절이 생각난다. 엄마는 자장가를 부르며 아기를 안고 흔들어준다. 아기가 잘 수 있도록 노래의 요람을 깔아주는 것이다. 음악은 사람들을 불러 모아 행동하게 만든다. 시민권을 찾기 위한 행진이나 기금 모금 콘서트, 정치적 시위, 우드스톡과 같은 대중 집회를 보면 알 수 있다. 노동요나 군가는 긴 행진이나 반복되는 일을 덜 지루하게 해준다. 군가를 연구하고 있는 캐롤 버크가 다음과 같은 전형적인 군가를 보내왔다. 캐롤의 말에 따르면, 군가는 대부분 노골적이고, 반복되는 구절이 많으며, 욕설이 많이 섞여 있다고 한다.

부잣집 딸은 바셀린을 바르고

가난한 집 딸은 돼지기름을 바르고

하지만 루루는 윤활유를 쏜다네

그리고 두 번이나 힘껏 하지

한다, 한다 루루

하루 종일 한다

한다, 한다 루루

오늘은 누구랑 할 거야?

부잣집 딸은 탐폰을 쓰고

가난한 집 딸은 기저귀를 쓰고

하지만 루루는 그게 너무 커서

삼베 자루를 쓰지

한다, 한다 루루

하루 종일 한다

(……)

달리는 사람, 속보로 걷는 사람, 스키 타는 사람, 우주공간에
서 페달 운동기구를 밟는 우주인, 몸에 달라붙은 옷을 입은 에

어로빅 교실 사람들은 모두, 비트 있는 음악을 크게 틀어놓고 운동할 때 더 신이 난다. 캠프파이어에 침묵이 감돈다면 재미가 없을 것이다. 그리고 늦여름 해가 질 무렵, 캠프파이어에 참가한 사람들은 으레 호수에 촛불을 띄우면서 캠프와 서로에게 바치는 송가를 부른다. 사람들은 바삭거리는 소리가 나는 음식(포테이토칩, 비스킷, 시리얼 등)을 좋아하는데, 이런 식품에서 중요한 것은 소리다. 결혼식, 장례식, 국가 기념일, 종교의식, 스포츠, 심지어 TV 뉴스에도 음악이 따라다닌다. 고용된 합창단이 건강보험, 세탁비누, 화장지를 위해 감동적인 송가를 부른다. 러시아워의 복잡한 거리에서, 차의 소음과 바쁘게 지나가는 수많은 인파에도 불구하고, 우리는 등 뒤에서 자신을 부르는 친구의 목소리를 알아들을 수 있다. 버지니아 윌리엄스버그의 복원된 옛 거리를 지나다가 규칙적인 망치질 소리를 들으면 우리는 그것이 대장간에서 나는 소리라는 것을 금세 깨닫는다. 서리 내린 창문으로 햇빛이 스며들어올 때 거실 의자에 앉아 느긋하게 고양이를 쓰다듬어주는 것도 기분 좋은 일이지만, 고양이가 가르랑거리는 소리를 내면 우리는 한층 더 흡족함을 느낀다. 식당에서는 식사와 함께 거의 반드시 음악을 들려준다. 바이올리니스트나 기타리스트가 식탁 곁에 서서 손님들이 음식을 먹는 동안 아낌없이 음악적인 도움을 베풀어주는 식당도

청각

있다. 인도의 호텔 로비와 휴스턴의 안뜰에서는 바람 속에서 풍경이 찰랑거리기도 한다. 앨커트래즈 감옥에서는 사위가 고요에 잠긴 시간에 재소자들은 세면대에서 세면대로 이어진 텅 빈 수도 파이프를 통해 이야기를 주고받는다. 캘리포니아의 포인트 레이스 국립해상공원을 산책하거나, 펜실베이니아의 마운트 캐멀백을 오르는 사람들은 새, 급류, 높은 소리로 울부짖는 바람, 작은 표주박처럼 나무에 매달려 달그락거리는 마른 나무 열매의 소리를 듣고 기분 좋아한다. 신나는 디너파티에서 웨이터가 달콤한 포도주를 잔에 따라 준다. 살굿빛 홍조를 띠고 있고, 꽃다발 같은 향기를 풍기며, 달콤한 과일 맛을 내는 포도주다. 우리는 서로의 건강을 기원하며 잔을 챙강 부딪치는데, 이렇게 하는 것은 포도주를 완벽하게 즐기는 데 빠져 있는 단 하나의 감각이 바로 소리기 때문이다.

우리가 '소리'라 부르는 것은 크든 작든, 어떤 물체의 움직임과 함께 시작되어 사방으로 퍼져나가는 공기 분자의 파동이다. 먼저 무엇인가가, 트랙터나 귀뚜라미의 날개 같은 것이 움직여서 주위의 공기 분자를 흔들어놓아야 한다. 그러면 그 옆에 있는 공기 분자 또한 진동하기 시작한다. 소리의 파동은 물결처럼 퍼져서 귀까지 도달하여 고막을 진동시키고 그다음에는 다채로운 이름을 가진, 인체에서 가장 작은 뼈들(망치골, 모루골,

등자골)을 움직인다. 이 3개의 뼈가 들어 있는 공간은 길이 약 0.8센티미터에 두께가 0.4센티미터밖에 안 되지만, 유스타키오관에 막힌 채 그곳에 갇혀 있는 공기는 스쿠버다이버나 비행기 승객들에게 기압이 변화할 때 큰 괴로움을 준다. 이 뼈들은 내이의 막을 눌러 그 속에 들어 있는 액체에 압력을 가하고, 그것은 다시 미세한 털(유모세포)을 건드려 그 옆의 신경세포를 자극한다. 이렇게 해서 뇌는 신호('나는 듣는다')를 전달받는다. 소리의 전달 경로는 아주 복잡해 보일 수도 있지만, 실제로 소리는 골프광의 미니어처 골프 코스처럼 소용돌이, 곁길, 우회로, 릴레이, 지렛대, 유압장치, 피드백 고리를 갖춘 정교한 통로를 따라간다.

소리는 세 단계를 거쳐 전달된다. 외이는 소리를 모아 방향을 잡아주는 깔때기 같은 역할을 하는데, 외이가 없는 사람들도 듣는 데는 지장이 없다(모자나 헬멧을 쓰고 있어도 들리는 것과 같다). 음파가 부채 같은 고막을 때리면, 그것은 미세한 첫 번째 뼈를 움직인다. 망치 같은 첫 번째 뼈는 컵처럼 움푹 들어간 두 번째 뼈에 들어가고, 이것은 세 번째 뼈를 피스톤처럼 움직여 액체가 담겨 있는 부드러운 내이에 압력을 가한다. 내이에는 와우각이라는 달팽이 모양의 튜브가 있는데, 이 속에는 청각 신경세포에 신호를 전달해주는 미세한 털(유모세포)이 들어 있

청각

다. 내이의 액체가 진동하면 털이 움직이고, 이것은 신경세포를 자극해 뇌에 정보를 전달한다. 결국 듣는 행위는 공기와 물 사이의 오랜 장벽을 이어주는 일이고, 음파를 포착하여 그것을 액체의 파동으로 바꾸고, 다시 그것을 전기충격으로 바꾸는 일이다. 모든 감각 가운데, 청각은 뛰어난 배관공이 남는 부품을 조립하여 만들어낸 독창적인 기구를 닮았다. 귀는 공간 감각과도 관련된다. 익은 곡식이 부드럽게 술렁이는 들판의 소리는 등 뒤에서 으르렁거리는 표범의 포효만큼 급하지 않다. 소리를 들을 때는 공간상의 위치를 알아야 하고, 형태와 강도를 비롯한 여러 특징들을 구별해야 한다. 듣는 것은 그러한 모든 특성을 구별하는 일이다.

그러나 그 모든 것은 공기 분자의 진동으로 시작된다. 공기 분자는 만원 지하철에서 사람들이 앞으로 밀려 나가듯 옆에 있는 공기 분자들을 계속 떠민다. 공기 분자가 만들어내는 파동은 일정한 주파수(초당 압축과 이완의 횟수)가 있어서, 이것은 우리에게 음높이로 들린다. 주파수가 클수록 음높이는 높아진다. 소리의 큰 부분은 크게 기록된다. 빛의 속도는 30만 킬로미터인데 비해 소리는 공기 속을 초속 340미터로 여행한다. 번갯불이 먼저 보인 다음에 천둥소리가 들리는 것은 이 때문이다. 걸 스카우트에서 나는 번개가 보인 다음 천둥소리가 들릴 때까지 숫자를 세는 법을 배웠다. 그 숫자를 5로 나누면 얼마나 떨어진 곳에서 번개가 쳤는지 알 수 있다.

우리는 칼라듐 잎새에 무당벌레가 내려앉는 소리에서 우주선을 쏘아 올리는 소리에 이르기까지, 상당히 넓은 범위(강도)의 소리를 들을 수 있지만, 몸속에서 장기가 내는 소리는 거의 듣지 못한다. 위에서 강산이 분비되어 뒤섞이는 소리나 쉭쉭거리며 피가 도는 소리, 관절이 구부러지는 소리나 눈꺼풀이 끊임없이 열렸다 닫히는 소리는 들리지 않는 것이다. 기껏해야, 귀마개를 하거나, 한쪽 귀를 베개에 대고 잘 때, 심장 뛰는 소리를 들을 수 있을 뿐이다. 그러나 자궁 속에 들어 있는 태아에게 엄마의 심장박동 소리는 궁극의 평화와 풍요의 자장가다. 밀려오는 파도 소리 같은 엄마의 숨소리는 태아를 부드럽게 얼러준다. 자궁은 포근하고 익숙한 환경이고, 규칙적으로 움직이는 따뜻한 담요다. 엄마의 심장박동 소리는 쉼 없이 안전을 알려주는 나팔 소리다. 우리가 그 소리를 잊을 수 있을까? 아기들이 말을 시작할 때, 처음 배우는 말은 보통 똑같은 소리가 반복되는 '쮸쮸, 맘마, 찌찌' 등이다. 신세대 부모라면 작은 녹음기를 아기 침대 안에 설치해놓고, 1분에 70번씩 규칙적으로 뛰는 심장박동 소리를 들려줄 수도 있다. 그러나 심장박동 소리를 정상보다 빠르게 해놓는다면 아기는 불안해할 것이다. 이것은 엄마가 건강하지 못하거나 스트레스를 받고 있다는 표시기 때문이다. 엄마와 아기는 소리의 탯줄로 묶여 있는 것이다.

자궁 속에서의 휴식만큼 편안한 것은 없다. 정신병동처럼 사방에 쿠션을 댄 방이었다. 우리는 욕망과 시간으로부터 자유로웠다. 신생아는 엄마 젖을 빨거나 그저 가만히 안겨 있는 동안 자궁의 끊이지 않는 박동 소리를 듣는다. 그 순간, 인생은 지속되고 살 만한 것으로 느껴진다. 자신의 심장박동 소리는 자신이 잘 있다는 것을 나타낸다. 우리는 자신의 심장이 멈출까봐 두려워하고, 사랑하는 이의 심장이 침묵할까봐 두려워한다. 아침에 연인과 함께 침대에 누워, 찰싹 달라붙은 두 개의 순가락처럼 서로를 꼭 껴안은 채 졸고 있을 때, 우리는 서로의 심장 뛰는 소리와 체온을 온몸으로 느끼며 평화로움을 만끽한다. 요즘 심정이 어때요? 우리는 묻곤 한다. 내 가슴은 재가 됐어. 마치 가슴이 큰 망치로 한 대 맞은 분필 조각인 것처럼 대답한다. 우리는 사랑, 정열, 헌신이 특정한 기관 속에 들어 있지 않다는 것을 머리로는 알고 있다. 심장이 멈췄다고 해서 죽은 것은 아니다. 사망을 판정하는 기준은 뇌사다. 그러나 사랑에 대해 이야기할 때 우리는 강렬한 가슴(심장)의 은유를 사용하고, 모두들 그것을 이해한다. 설명은 필요없다. 처음부터 가슴(심장)은 우리의 삶과 사랑의 척도였다. 영화에서 공포심을 줄 목적으로 연출한 장면에는 긴박한 심장박동 소리를 음악과 함께 깔아놓는다. 그러나 모자간의 근친상간적 관계를 다룬 영화 〈심장의 소리Murmur of the Heart〉에서처럼, 부드럽고 규칙적인 심장박동 소리를 음악 속에 섞어서 복잡한 애정 관계를 강조하는 영화도 있다. 시는 전통적으로 약강弱強 5보격으로 씌어졌는데, 이런 식이다. 바 붐, 바 붐, 바 붐, 바 붐, 바 붐. 물론 다른 운율도 많이 있고, 게다가 요즘은 정형시를 쓰는 시인은 거의 없다. 그러나 약강격으로 쓴 시를 읽어보면 어떤 은근한 만족감이 느껴진다. 약강격은 산보의 운율이다. 그러나 그것은 또한 심장박동 소리를 언어의 새장 속에 가둬놓기도 하는데, 심장 뛰는 소리에 그렇게 깊숙이 반응하는 우리는 자신의 맥박을 침묵의 메트로놈 삼아 시를 읽는다.

유령과 커튼

◆

해변의 근사한 레스토랑에서 계산을 끝내고 밖으로 나갈 자유를 얻기 전까지, 길고 늘어지는 〈대니 보이〉를 3번이나 견뎌야 하는 경우가 있다. 사람들은 이렇게 아무 데서나 귀를 비집고 들어오는 진부한 배경음악에 염증을 내지만 뇌는 습관적으로 자신의 배경 음악을 만들어낸다. 사무실의 소음, 차량의 소음, 히터나 에어컨 돌아가는 소리, 사람들로 꽉 찬 방에서 웅성거리는 소리 등, 우리는 낯익은 소리의 풍경 속에서 살고 있다. 그러나 밤에 혼자 있으면 낯익은 소리는 강도처럼 달려든다. 방금 그 소리는 도끼 살인마가 부엌문을 여는 소리가 아니었을까? 단지 나뭇가지 스치는 소리였나? 인간에게는 환시幻視보다 환청幻聽이 많다. 환청은 흔적 없이 사라지는 소리의 신기루다. 그것은 자신이 생각해낸 것이 아니라 환상의 소리고, 성자, 점쟁이, 정신병자에게 말을 걸어 이렇게 해라 저렇게 해라 지시하는 목소리기도 하다. "마음속의 목소리에 귀 기울여보라." 우리는 양심이 흉골 바로 밑에 살고 있는 요정인 것처럼 말한다. 그러나 어떤 알지 못하는 목소리에 쫓기는 사람들은 정신과 의사의 도움을 구한다. 예를 들면 소년의 목소리가 자신을 쫓아다녔다고 자서전에 쓴 바 있는 앤서니 퀸 또한 정신과 치료를 받았다. 목소리가 아니라 음악이 들리는 사람도 있다. 음악이 들리는 환청은 너무도 집요해서 그들은 자신이 미쳐가고 있다고 생각한다. 1987년《오스트레일리아 가정의학》에는 중증 음악 간질 사례가 2건 보고되었다. 의사는 그 원인을 뇌의 측두엽에서 일어난 뇌졸중으로 추측했다. 〈아일랜드의 녹색 세잎 식물〉이 끊임없이 들린다고 호소하는 여성은 소리를 좀 줄여보려고 약을 복용했다. 아흔한 살까지 살았던 또 다른 여성은 약보다는 음악을 선택했는데, 그녀에게는 〈데이지〉〈나의 연인이 되어주오〉〈무도회가 끝난 뒤〉〈주께로 가까이〉와 같은 노래가 메들리로 들렸다고 한다. 이 병에서 가장 무서운 것은 그 폭력성이다.

한편 어떤 소리가 자신에게 달려들기를 바랄 때도 있다. 맨 끝 아기방에서 악을 쓰고 우는 아기의 울음소리가 더 크고 거슬리는 소리, 예를 들면 쓰레기차가 쓰레기를 퍼 담는 소리도 그렇게는 못 할 만큼 우리를 깊은 잠에서 깨워주기를 바란다. 천장이 낮고 음향 효과가 형편없는 장소에서 열린 북적거리는 칵테일파티에서, 음파는 벽에 흡수되지 않고 벽에 부딪혀 되돌아온다. 그런 방에 있으면 경기가 한창 진행 중인 핸드볼 경기장의 한가운데 있는 듯이 느껴진다. 그러나 그러한 소음 속에서도 애인이 처음 보는 사람과 노닥거리며 나누는 대화는 들을 수 있다. 마치 귀에 줌렌즈가 달린 것처럼 말이다. 다른 소리를 뒷전으로 밀어내고 특정한 소리를 전면으로 이끌어내는 능력은 정말 놀랍다. 이것이 가능한 것은 우리가 실제로 소리를 두 번 듣기 때문이다. 정교한 반사경인 외이는 소리를 잡아서 그 일부를 구멍 속으로 곧장 꽂아넣는다. 그러나 소리의 극히 적은 일부는 외이의 맨 윗부분이나 맨 아래, 혹은 측면으로 반사된 다음 몇 초 뒤에 구멍 속으로 들어간다. 그 결과, 소리가 어느 각도에서 왔느냐에 따라 약간의 시간 차가 생기고, 뇌는 그것을 읽어내 소리가 어디서 난 것인지 식별한다. 맹인들은 지팡이로 여기저기를 두드려보고 그 반향음에 주의 깊게 귀 기울임으로써 세계의 지도를 그린다. 소리에 푹 빠져 의식을 지워버리고 싶은 때도 있다. 발코니에 앉아서 대양이 율동적으로 해변을 쓰다듬는 소리에 귀 기울이는 것보다 더 푸근한 일이 있을까? 기계장치를 이용하여 침실에 작은 파도 소리를 틀어놓으면, 마음에서 생각이 비워진다.

어젯밤 집에 돌아와 어떤 소리를 듣고 처음에는 그것이 무슨 소리인지 몰라 당황했다. 드문드문 나는 삐걱거리는 소리와 희미하게 들리는 작은 덜컹거림. 잠시 후, 그것이 부엌에 놓아둔 덫에 들쥐가 걸려 발버둥치는 소리라는 것을 깨달았다. 노란 커튼을 들추자 쥐가 보였다. 원래 덫은 쥐란 녀석의 목줄기를 단숨에 부러뜨리게 되어 있지만, 지금 쥐는 배가 걸려 있었다. 신음 소리조차 내지 못하고 끈질기게 덫과 씨름하던 쥐의 반항이 얼마 후 영원히 멈췄다. 나는 부젓가락으로 덫째 들어올려 조심조심 봉지에 담아 기온이 영하로 떨어진 차고에 내다놓았다. 녀석은 지난밤, 따뜻한 꿈이 사라지자 꾸벅꾸벅 졸기 시작했던 남극의 스콧처럼 솜털까지 꽁꽁 얼어붙었을 것이 틀림없다. 어느 집에나 피에 굶주린 고양이가 필요하게 마련인데 우리 집엔 없다. 한번은 마구간에서 꼬챙이처럼 마른 고양이가 쥐를 괴롭히는 광경을 본 적이 있다. 쥐는 피투성이로 신음하며 사지를 떨어댔지만 목숨은 질기게 붙어 있었다. 고양이도 제 본능을 따르고 있었고, 둘 다 자연에서 맡은 각자의 역할을 수행하는 중이었다. 자비를 베푸는 녀석도, 그것을 바라는 녀석도 없었다. 마구간 주인도 그 고양이를 쥐잡이용으로 기르고 있었다. 내가 끼어들 자리는 없었다. 그러나 고양이가 쥐의 가죽을 벗기기 시작했을 때, 나는 소름이 끼쳐 밖으로 나왔다. 마음을 가라앉히기 위해, 고드름 녹은 물이 여기저기 흩어진 건초 위로 떨어져 내리는 소리에 귀를 기울였다. 테니슨이 쓴 것처럼 "유혈이 낭자한" 자연의 풍경을 보고 그렇게 놀라지는 말아야 했는지도 모른다. 하지만 갈비뼈가 활짝 벌린 날개처럼 널브러져 있고, 시뻘건 핏자국이 회색 시멘트 위에 칠갑이 된 광경을 보는 게 무슨 이득이 있겠는가? 그 피투성이의 결말을 지켜보는 대신 하나의 소리, 얼음물이 건초 위로 뚝뚝 떨어지는 소리에 골똘히 집중했고, 잠시 뒤 일을 시작할 수 있을 정도로 충분히 마음이 풀렸다. 나는 소리를 감정의 커튼으로 사용했다.

달콤한 웃음의 재규어[*]

◆

입을 열면 폐에서 공기가 밀려나와 목소리 상자, 인두로 들어간다. 공기가 성대 사이의 작은 통로를 지나가면 성대는 진동을 일으키며 소리를 만들어낸다. 성대가 빠르게 진동하면 높은 목소리, 즉 테너나 소프라노가 나온다. 성대가 느리게 진동하면 알토나 베이스가 나온다. 목소리를 내는 과정은 아주 단순해 보인다. 그러나 목소리는 제국을 흥하게도 망하게도 할 수 있고, 아이들은 목소리로 부모와 화해할 수 있으며, 기업들은 국가를 장난감처럼 갖고 놀 수 있고, 연인들은 구애의 급류를 탈 수 있으며, 사회는 가장 고귀한 꿈이나 가장 저열한 편견을 표현할 수 있다. 이러한 성격은 언어 그 자체 속에 드러나 있다. 정복왕 윌리엄은 1066년 잉글랜드를 침략했을 때 프랑스의 관습, 법률, 언어를 강요했는데 이 중 많은 것이 여태껏 쓰이고 있다. 계급의식이 투철한 프랑스의 상류층은 정복당한 색슨족을 거칠고 조잡한 민족으로 보았다. 그리고 색슨어는 그 아무리 정중한 말이라도 상스럽고 무례하다고 여겨졌는데 그 이유는

---

[*] 고대 마야의 성스러운 책 『포폴 부』의 창조 신화에 의하면 지구상에 나타난 최초의 인간은 "달콤한 웃음의 재규어" "검은 재규어" "밤의 재규어" "빗질하지 않은 마후쿠타" 였다고 한다. 이들 존재의 공통점은 모두 말을 할 수 있다는 것이다.

첫째, 색슨어는 프랑스어가 아니고, 둘째, 퉁명스럽기 때문이었다. 따라서 프랑스 말에서 유래한 '발한perspiration'은 정중한 말로 여겨진 반면, 색슨어의 '땀sweat'은 그렇지 않았다. 프랑스어의 '소변urine'과 '대변excrement'은 정중한 말이지만, 색슨어의 '오줌piss'과 '똥shit'은 그렇지 않았다. 남녀 간의 성행위를 뜻하는 색슨어는 '씹fuck'(고대 영어의 fokken[치다]에서 유래)이었지만, 프랑스 말로는 '통정하다fornicate'(로마에서 창녀들이 빌려 쓰던 아치형의 지하방을 가리키는 라틴어 fornix에서 유래한 말. 이 말은 '매음굴'을 가리키는 완곡한 표현이 되었고, 동사로는 '매음굴에 출입하다'라는 의미를 갖게 되었다. 그리고 마지막에는 매음굴에서 이루어지는 행위를 가리키게 되었다. 그리고 fornix는 '천장이 볼록한 벽돌 오븐' fornax와도 관계가 있는데, 이것은 궁극적으로 단순히 따뜻함을 의미하는 라틴어 'formus'에서 온 말이다)였다. 그래서 '통정'이란 아치형 천장이 있는 작고 따뜻한 지하방을 찾아가는 것이다. 프랑스의 교양에는 이쪽이 훨씬 더 호소력이 있었다. 누군가를 쳐대는 것은 아주 짐승 같고, 거칠게 느껴졌으며, 전형적인 색슨족의 행동으로 여겨졌다.

우리는 소리에 강하게 사로잡혀 있어서 운이 맞는 말을 기분 좋게 듣는다. 또 의성어를 더 좋아하기도 한다. 쉿hiss, 소근거리다whisper, 짹짹거리다chirp, 찍 미끄러지다slither, 종알거리다babble, 쿵 떨어지다thump. '중얼거리다murmur'를 발음할 때 그저 중얼거리게murmur되는데, 그래서 테니슨의 다음 시는 여름 숲속 빈터의 울림을 그토록 완벽하게 표현해낼 수 있는 것이다.

> 태곳적 느릅나무 숲속의 비둘기의 구슬픈 울음,
> 그리고 무수한 벌들의 중얼거림.
> The moan of doves in immemorial elms,
> And murmuring of innumerable bees.

이런 '의성어onomatopoeia'는 그 형태가 아주 미묘해서 어원학의 역사에서 그 어원을 찾기 힘든 경우가 있다. 예를 들면 '시인poet'이라는 말은 자갈 위를 흘러가는 물소리를 나타내는 아람어에서 유래했다. 그리고 무능한 의사를 가리키는 '돌팔이quack'라는 말은 자신의 약이나 치료법에 대해 허풍 떠는 사람을 의미하는 네덜란드어 kwakzalver의 줄임말이다. 똑같은 말이라도 개인에 따라 그리고 출생 지역이나 국가에 따라 발음하는 방식이 다르다. 변화나 변화된 사회 풍토를 표현하기 위한 새로운 어휘가 필요할 때 방언이 생겨난다. 수 세기 동안 사용되어온 익숙한 언어의 진화를 엿볼 수 있는 방언은 대단히 매혹적이다. 버뮤다의 공용어는 영어고, 시골 사람들도 외부인과 말할 때는 표준 영국식 영어와 미국 TV 프로그램에 나오는 속어를 섞어서 말한다. 그러나 자기들끼리 있을 때는, 자메이카 말만큼 음운의 생략이 심하지는 않지만 알아듣기 힘들고 다채로운 방언을 사용한다.

우리는 다른 포유류에게 인간처럼 말하는 법을 가르치려고 오랫동안 애써왔지만, 영장류, 돌고래, 물범에게서 약간의 성과를 냈을 뿐이다. 인간의 언어 능력은 매우 특별하다. 숨이 막히는 것과 같은 원리로 인간은 말을 한다. 인간의 후두는 인후의 아래쪽에 자리 잡고 있다. 다른 포유류는 목소리 상자가 인후 위쪽에 있어서 먹으면서도 호흡을 계속할 수 있다. 하지만 인간은 그렇게 하지 못한다. 복화술사의 묘기를 본 적이 있는가? 복화술사는 물을 마시는 척하면서 인형의 입으로 말을 내보낸다. 우리가 음식을 삼키면 그것은 기관을 지나서 내려간다. 만약 그곳에 음식이 걸리면 공기가 폐로 들어가는 것이 차단된다. 음식이 목에 걸려보지 않은 사람, 그 숨 막히는 느낌을 모르는 사람은 없을 것이다. "먹은 게 기도로 넘어갔어." 우리는 캑캑거리면서, 기도를 열기 위해 두 팔을 머리 위로 들어올릴 것이다. 하임리히 요법은 폐에 갇혀 있는 공기를 이용하여 기관지에 걸린 음식 조각을 밖으로 밀어내는 기술이다. 몸의 구조가 얼마나 형편없는지 생각해보라. 진화 과정에서 언어는 질식의 위험을 무릅쓸 만큼 생존에 필수적인 것이 되었음에 틀림없다.

다른 포유류가 인간과 똑같은 소리를 낼 수 있을 정도로 낮은 후두와 적당한 혀를 가지고 있다고 해도, 인간처럼 언어를 처리하려면 브로카 영역이라는 특수한 뇌 부분이 필요하다. 내 자동응답전화기는 컴퓨터로 합성된 목소리로 어떤 전화가 왔는지 알려준다. 나는 그 목소리의 이름을, 마이클 레니의 공상과학영화 〈지구가 멈춰선 날〉에 나오는 로봇의 이름을 따 '고트'라고 지었다. 왜냐하면 반은 좀비 같고 반은 집사 같은, 지나치게 단조로운 남자 목소리가 그 영화에 나온 목소리와 비슷했기 때문이다. 그런데 전압의 변화가 있을 때마다 고트의 논리는 뒤죽박죽이 되어 그의 말을 믿을 수 없게 되었으므로 나는 결국 그것을 퇴출시켰다. 새로 산 응답기는 훨씬 더 단조로운 여자 목소리(나는 '거티'라는 이름을 붙였다)로 말하는데, 교육받지 못한 상스러운 목소리라는 느낌을 준다. 하지만 제조회사는 고트와 거티의 목소리가 순종적이고 온순한 느낌을 준다는 것을 장점으로 생각했을 것이다. 대형 여객기의 조종실에서 컴퓨터로 합성된 목소리가 조종사에게 "기수를 올리세요! 고도가 너무 낮습니다. 기수를 올리세요! 고도가 너무 낮습니다"와 같이 긴급히 경고하거나 "보조날개가 내려와 있습니다"라는 식으로 상황을 상기시키는 것을 들은 적 있다. 약간 섹시한 여자 목소리였다(연구에 따르면 조용한 여자 목소리가 가장 빠르게 조종사의 주의를 끈다는 사실이 밝혀졌다). 조종실의 컴퓨터 합성 목소리는 억양이 있어 좀 더 진짜처럼 들렸지만, 일반 컴퓨터의 목소리는 여전히 부자연스럽다. 그러나 언젠가는 바뀔 거라고 확신한다. 아서 클라크의 『2001 오디세이』에 나오는 '할'과 같은 논리 정연한 컴퓨터와 즐겁게 대화할 날이 반드시 올 것이다. 언어는 복잡하기 때문에 시간이 더 많이 걸릴 뿐이다. '톱'이라는 단어를 컴퓨터에 'ㅌ-ㅗ-ㅂ'으로 입력할 수는 있지만, 아나운서처럼 정확하게 발음할 수 있는 사람은 과연 몇이나 될까? 그래도 우리는 다른 음조, 다른 높낮이, 다른 악센트로 단어가 엉길 정도로 빨리 말하거나, 질질 끌며 아주 천천히 말을 해도 이해할 수 있다. 다른 사람은 '그냥'이라고 말하는데 어떤 이는 '걍'이라고 말한다. 가끔씩 노력이 필요할 때도 있지만, 우리는 놀라운 순발력으로 서로를 이해한다. 영어권에서 태어난 사람들이라도 셰익스피어 시대의 영어를 이해하기 힘든 것처럼, 미국의 한 지역 사람이 다른 지역 사람의 말을 이해하는 것도 똑같이 어렵다. 지역에 따라 비슷한 단어를 다르게 발음하는 사투리 때문이다. 아칸소의 페이어트빌에 갔을 때 여관 주인에게 근처에 온천spa이 있는지 물었다. 아칸소 남부에 유명한 온천이 있다는 것을 알고 있었으므로 온천에서 오후를 즐겁게 보내야겠다고 생각했다. "스파이spy요?" 여관 주인은 심한 아칸소 억양으로 말했다. "러시아 첩보원을 말이요?"

소음

◆

몇 년 전 가을 학기에 나는 오하이오의 숲이 무성한 작은 도시에 있는 대학에 객원교수로 초빙되었다. 객원교수를 위한 숙소는 2학년 남학생 기숙사에 있는 스위트룸뿐이었다. 기숙사의 남학생들은 아무리 조심해도 자신들 속에서 살고 있는 여자에 대해 참기 힘든 유혹을 느끼는 것 같았다. 오하이오는 항상 말도 못하게 더웠는데, 거의 매일 밤 누군가가 몰래 다가와 방문 밖에 있는 두꺼비집을 내려버렸다. 그러면 에어컨을 비롯한 방의 전기기구들이 큰 소리를 내며 작동을 멈췄다. 두꺼비집을 살펴보기 위해 문을 열면 누군가 킬킬거리며 복도를 뛰어가는 소리가 들렸다. 누군가 문 앞을 지나칠 때마다 밖에서 이쪽을 들여다보는 눈이 보여서 나는 문틈에 테이프를 붙여 막아버렸다. 또 자다가 눈을 떠보니 웬 남학생이 거실 창문 앞에 거꾸로 매달려 TV와 연결된 케이블을 자르고 있었다. 매일 아침 9시가 되면 헤비메탈이 판치는 아수라장이 시작되어 밤까지 계속되었다. 대학의 2학년 남학생들이 혈기왕성하고 시끄럽다는 것만은 분명히 배웠다. 학생들이 틀어놓는 음악은 벽을 쿵쿵 울렸고, 그 고문에 가까운 소음을 향해 걷는 일은 육체적으로도 고통스러웠다. 게다가 문을 노크하려면 한쪽 손을 귀에서 떼야 했다. 문을 열면 담배 연기 자욱한 방에서 여자아이들이 재빨리 자세를 고쳐 앉았고, 남학생들은 허겁지겁 술과 마약을 감췄다. 아무도 그 악마적인 소음에는 신경 쓰는 것 같지 않았다. 그 정도의 볼륨에서는 그것이 음악이라는 것도 구분하기 힘들 정도였다. 학생들은 부분적으로 귀가 잘 들리지 않았는데, 시끄러운 록에 중독된 이들 사이에는 자주 일어나는 현상이다. 그러나 많은 십 대들이 오직 시끄러움만으로 존재하는, 파괴적으로 높은 볼륨으로 음악을 듣는 것을 좋아한다. 시끄러운 음악에서 성적인 자극을 느끼는 모양이다. 불행히도, 시끄러운 소리는 청력을 영구히 파괴할 수 있다. 아주 시끄러운 소리에 단 한 번 노출된 후 회복 불가능한 손상을 입은 달팽이관의 유모세포 사진이 촬영된 바 있다.[*] 조용한 휴양지의 고요한 오후에, 혹은 혼잡한 도시에서 거리가 떠나갈 듯한 볼륨으로 음악을 트는 것은 음악에 대한 사랑이라기보다 공격적인 행동에 가깝다. 가청거리에 있는 사람들은 좋건 싫건 들어야 하고, 마음의 평화는 깨져버린다.

심리학자 알렌 브론자프트는 만성적 소음에 노출된 아이들은 '공격성이 증가하고 건강한 행동이 줄어드는 경향이 있다'는 것을 발견했다. 맨해튼에 있는 어느 초등학교의 2학년에서 6학년까지의 학생들에 대해 연구한 브론자프트는 기찻길을 정면으로 마주 보고 있는 교실을 배정받은 아이들이, 조용한 쪽 교실을 배정받은 아이들에 비해, 읽기에서 11개월 뒤떨어진다는 사실을 밝혀냈다. 뉴욕 당국에서 기찻길 옆에 소음 방지벽을 설치한 뒤, 브론자프트는 추후 조사를 했고 두 그룹 간의 차이가 없어졌음을 발견했다. 4년의 교육과정에서 11개월의 지체는 재앙에 가까우므로 아이들이 학교 건물의 어느 쪽에서 공부하게 될지에 대해 부모들이 걱정하는 것은 당연하다. 뒤떨어진 아이는 따라잡기 위해 안간힘을 다해야 할 것이다. 그런데 우리는 어린이들이 왜 읽기를 못하는지, 뉴욕에서 중퇴율이 왜 그렇게 높은지에 대해 의아하게 여긴다. 대도시 생활의 일부로 받아들이는 굴착기 돌아가는 소리, 망치질 소리를 비롯한 건설

❖ 음식과 심장 질환에 관해 연구 중인 핀란드 연구자들은, 저지방 음식이 청력을 증진시킨다는 사실을 발견했다. 고콜레스테롤, 고혈압, 흡연, 지나친 카페인 섭취는 혈액순환을 저하하고, 귀로 가는 혈액의 흐름도 떨어뜨릴 수 있다. 저지방식을 한 쥐들은 시끄러운 소리에 노출됐을 때도 귀의 손상이 크지 않았다.

현장의 소음을 공사 현장 위에 강철 그물을 덮어 흡수하면 조용히 건물을 세울 수 있다. 문명의 확산에 따라 시골조차 견디기 힘들 정도로 시끄러워졌으므로 평화와 고요를 찾으려면 극지로 가야 할지도 모른다. 남극지방의 고요한 공원이나 지하 별장 같은 곳으로.

"확성기가 없었다면 우리는 결코 독일을 정복하지 못했을 것이다." 히틀러가 1938년 『독일 라디오 편람』에서 한 말이다. 소음이라고 하면 흔히 전선에 배치된 무력 같은 확성기와 라디오, 굉음을 울리는 지하철을 떠올린다. 과연 소음이란 무엇일까? 그것은 단순히 고통을 주는 소리일까? 엄밀히 말해서, 소음은 모든 주파수를 다 포함하고 있는 소리다. 그것은 빛의 세계에서 흰색과 같다. 그러나 우리를 괴롭히는 소음은 귀에 손상을 줄 정도로 크고 뾰족한 소리다. 큰 소리는 사람의 영혼을 할퀴거나 상처를 주기 때문에, 우리는 그것을 피하려 하는 것이다. 그러나 별다른 해를 끼치지 않는데도 싫어하면서 소음으로 분류하는 소리가 있다. 예를 들면 음악적 불협화음이다. 1899년, 쇤베르크의 혁명적인 작품 〈정화된 밤〉이 처음 연주되었을 때, 청중들은 그것이 음악이라기보다 조직된 소음에 가깝다고 생각했다. 시끄러워! 메트로라이너나 비치 1900 같은 작은 통근 비행기를 탄 승객이, 프로펠러가 치과용 드릴처럼 날카로운 소리를 내며 돌아가면서 진동이 뼛속까지 느껴지자, 비좁은 통로 건너편에 앉아 있는 사람을 향해 소리 지른다. 누가 손톱으로 칠판을 긁으면, 우리는 몸을 비틀며 경련을 일으킨다. 전 세계의 많은 사람들이 칠판 긁는 소리에 몸을 움츠리는 것을 보면 그것은 학습된 반응이라기보다는 생물학적인 어떤 것임에 틀림없다. 신경학자들은 그것이 공포의 부르짖음이 갑작스러운 파멸을 예고했던 시절의 유산일 수 있다고 본다. 아니면 등 뒤에서 살그머니 다가오는 포식자의 발톱이 바위에서 미끄러지는 소리와 아주 닮았는지도 모른다.

가청 범위, 소리의 힘

◆

한창 젊을 때, 인간의 귀는 초당 16헤르츠에서 2만 헤르츠의 주파수, 즉 거의 10옥타브를 들을 수 있다. 아주 광대한 영역의 소리를 포함한다. 가온 도 음은 초당 256진동수의 소리에 불과한 반면, 인간의 목소리는 남자의 경우 초당 100헤르츠, 여자는 150헤르츠 내외의 주파수다. 나이가 들수록 고막은 두꺼워지고, 주파수가 높은 소리는 내이와 접하는 이소골 사이를 쉽게 통과하지 못한다. 그래서 가청 주파수가 점점 좁아지기 시작하고, 특히 고음을 잘 듣지 못하게 된다. 좋아하는 음악을 듣다가 이런 사실을 알게 될 수도 있다. 다행스럽게도 인간은 낮은 주파수를 아주 잘 듣는 편이 아니다. 만약 그렇다면, 우리 자신의 몸에서 나는 소리가 마치 쏟아지는 폭포수처럼 귀를 먹먹하게 할 것이다. 인간이 들을 수 있는 소리는 한정되어 있지만, 우리는 교묘하게 감각을 확장시킬 수 있다. 의사는 청진기를 이용하여 환자의 심장박동 소리를 더욱 잘 들을 수 있다. 상상을 초월하는 곳에 마이크를 설치하기도 한다. 예를 들면 고래의 노래를 기록하기 위해 배 밑바닥에 마이크를 달거나, 혈액의 흐름을 기록하기 위해 몸속에 마이크를 장치하는 것이다. 전파망원경을 통해 우주와 시간의 아주 깊은 곳까지 '듣는다'. 박쥐와 병코돌고래는 인간이 듣지 못하는 소리를 이용하는 법을 독창적으로 발전시켰는데, 우리는 나중에 이와 비슷한 발명을 했다. 의사들은 1초당 2만 진동수 이상의 초음파를 이용하여 암을 진단하는 일종의 반향정위反響定位를 자주 이용한다. 임부는 흔히 초음파 사진을 통해 태아의 모습을 처음으로 보게 된다. 엔지니어들은 비행기 정비에 초음파를 이용한다. 보석상은 초음파를 이용하여 보석을 갈고 닦는다. 스포츠의학에서는 초음파를 이용하여 뻔 곳을 치료한다. 그리고 물론 해군에서는 잠수정에서 '음파탐지기'라고 부르는 반향정위를 이용한다. 또

청각

우리는 벼룩이나 진드기를 퇴치하는 벼룩 퇴치 목걸이를 개나 고양이의 목에 걸어주는데, 개나 고양이는 인간과 마찬가지로 그 목걸이에서 흘러나오는 고주파의 사이렌 소리를 듣지 못한다. 우리는 주의 깊게 들을 때면 고개를 갸웃하거나, 한 손을 귀에 가져다 대고 듣는 경향이 있다. 청력이 쇠퇴하면 초소형 전자 확성기를 귀에 단다. 최초의 보청기는 전등갓만 한 크기에, 겨우 20데시벨을 더 들을 수 있게 해주었지만, 요즘 나오는 것은 아주 작고 품위 있는 모양에 훨씬 뛰어난 성능을 자랑한다. 그러나 세계의 소리를 증폭시켜주는 보청기는 순수한 소음의 폭포수 가운데서 의미 있는 소리나 들을 만한 가치가 있는 소리를 선별해주지는 않는다.

복잡한 전선과 모니터가 들어선 심장 중환자실에는 야생동물의 눈과 같은 작은 불빛들이 깜빡이고, 심장은 작고 단조로운 버저 음으로 자신의 격정을 드러낸다. 심장이 정신없이 빨라지면, 바짝 긴장하고 있던 간호사들은 그 변화를 소리로 듣고 달려간다. 미시간주의 연구자들은 단순한 부저음이 아니라 일련의 멜로디를 내보내는 보다 정교하고 섬세한 모니터를 만들어냈다. 심장은 멜로디 변화를 통해 자신의 상태에 관해 민감한 단서를 제공해준다. 우리는 심장과 소리를 연관짓는 데에 익숙하기 때문에, 이것이 아주 낯설지는 않다. 그러나 같은 연구자들이 만들어낸 다른 장치, 환자 소변에서 비정상적인 성분이 검출됐을 때 소리를 내는 그 장치는 낯선 느낌을 준다.

우리는 소리를 피와 살이 있는 구체적 힘이라기보다 뭔가 초자연적인 것, 공기보다 가볍고 비현실적인 것으로 생각한다. 그러나 일리노이주 노스브룩에 있는 인터소닉 사는 물체를 들어올리는 데 소리를 이용한다. 이른바 '음향 공중 부양'이다. 현재까지는 대개 공기역학이나 전자기장을 이용하여 물체를 공중에 띄워왔다. 그러나 초음파로도 물건을 들 수 있다. 초음파를 방출하는 음향 변환기를 정렬해놓고 중앙의 한 지점에 폭이 좁은 음파의 빔을 쏜다. 음파가 교차하는 곳에 보이지 않는 울타리가 생겨나고, 그 속에서 작은 물건이 떠오른다. 그 소리는 제트기의 엔진 소리보다 큰데도 사람들은 듣지 못한다. 물체가 떠 있는 동안은 어떤 음향적 힘도 느끼지 못하지만, 그 울타리의 벽 쪽으로 물체가 흘러가면 소리 경찰이 다시 제자리로 밀어 보낸다. 물체들은, 위치를 바꾸려 하지 않는 이상 그 울타리의 존재에 대해 모르는 채, 나는 양탄자 위에 떠 있는 것처럼 보인다. 이 모든 것은 하찮은 놀이가 아니다. 물체를 건드리거나 오염시키지 않고 제자리에 떠 있게 하는 이 이상적인 도가니는 산업적으로 쓸모가 많다. 초음파 빔은 작은 공간을 태양의 온도만큼 뜨겁게 달구거나, 분자들을 부순 다음 핫케이크 모양으로 재배열할 수 있을 정도로 강하다. 과학자들은 초음파를 이용하여 핵융합 반응기 내부에 수소 연료를 담아놓을 수 있는 완벽한 유리 캡슐이나, 더할 나위 없는 합금 렌즈, 성능 좋은 전자기기와 초전도체 등을 만들려고 한다. '초음파 공중 부양 용광로'는 1983년과 1985년에 우주선에 탑재되었다. 초고온 상태에서 새로운 금속 합금이 개발될 수 있을 것이다.

들리지 않는다는 것

◆

작곡가 존 케이지는 침묵과 같은 상태는 없다고 말한 바 있다. 외부 세계의 소리는 들리지 않는다 해도, 자신의 몸에서 부스럭거리는 소리, 고동 소리, 분출하는 소리뿐만 아니라 어쩌다가 삐걱, 찍, 윙 하는 소리를 듣는다. 귀먹은 이들은 자신들이 얼마나 다양한 소리를 듣는지에 대해 이야기하곤 한다. 법적으로 청각장애인에 속하는 사람들도 총 쏘는 소리, 비행기가 낮게 나는 소리, 착암기 돌아가는 소리, 오토바이 소리 같은 시끄러운 소음은 들을 수 있다. 인간의 귀가 듣는 일만 하는 것은 아니므로, 귀가 안 들린다고 해서 병에 걸리지도 않는 것은 아니다. 내이에 염증을 앓은 적 있는 사람이라면, 귀의 가장 중요한 역할 중 하나가 평형 유지라는 것을 알 것이다. 귀의 내부 구조는 생물학적 회전의(자이로스코프)와 비슷하다. 내이에 있는 반원형 통로(림프액으로 가득 찬 3개의 관)는 머리가 언제, 어떻게 움직이는지 뇌에 알려준다. 잔에 물을 반쯤 채우고 같은 방향으로 저으면 물은 빙빙 돌고, 손을 멈춘 다음에도 한동안 회전을 계속할 것이다. 회전목마를 타다가 내린 다음에도 어지러움을 느끼는 것은 이와 비슷한 원리 때문이다. 모든 동물이 다 들을 수 있는 것은 아니지만, 앞에 있는 길이 어떤지는 모두 알아야 한다. 귀가 안 들리는 사람에 대해 귀를 빼고 생각하는 경향이 있지만, 그들도 들리는 사람과 마찬가지로 귀 질환의 제물이 될 수 있다.

듣는 일의 중요성을 강조한 격언(예를 들면 2천 년 전 스토아학파의 철학자 에픽테토스는 "신이 인간에게 2개의 귀와 하나의 입을 주신 것은, 말하기보다 듣기를 더 많이 하라는 뜻이다"라고 말했다)이 많이 있지만, 대부분의 사람들은 선택할 수 있다면 시각장애보다는 청각장애를 택할 것이다. 그러나 시각과 청각을 모두 잃은 사람들은 그 무엇보다 듣지 못하는 데 대한 슬픔을 표현하곤 하는데, 이를 가장 호소력 있게 표현한 사람이 헬렌 켈러다.

나는 눈이 안 보일 뿐 아니라 귀도 안 들린다. 귀가 안 들려서 생기는 문제는 눈이 안 보여서 생기는 문제보다 더 중요하지는 않다고 해도, 훨씬 깊고 복잡하다. 귀가 들리지 않는 것은 훨씬 더 지독한 불행이다. 왜냐하면 그것은 가장 필수적인 자극, 즉 언어를 이끌어내고 생각을 불러일으켜 우리를 지적인 인간 집단 속에 있게 해주는 목소리의 상실을 의미하기 때문이다.

(……) 만약 다시 살 수 있다면 나는 귀가 들리지 않는 이들을 위해 내가 해온 일보다 더 많은 일을 할 것이다. 나는 귀가 들리지 않는 것이 눈이 안 보이는 것보다 훨씬 더 큰 장애임을 발견했다.

청력의 상실에 관한 문학은 특히 풍부하다. 헤로도토스에서 모파상에 이르는 작가와 사상가들은 자신이나 친구, 사랑하는 이들이 듣지 못하는 것에 관해 통렬하고 호소력 있게 그리고 매혹적으로 서술했다. 관심이 있는 독자라면 브라이언 그랜트의 『고요한 귀』를 읽어봐도 좋을 것이다. 수 세기에 걸쳐 다양한 문화권에서 씌어진 청각 상실에 대한 작품을 모아놓은 훌륭한 선집이다. 마크 메도프의 감동적인 희곡 『작은 신의 아이들』은 같은 제목의 영화로도 제작되었다. 청각 상실에 관한 책 가운데 내가 가장 좋아하는 것은, 시인 데이비드 라이트가 쓴 자서전 『청각의 상실: 개인적 설명』과 소설가 폴 웨스트의 고전적인 회고록 『듣지 못하는 딸에게 주는 글』이다. 라이트의 책을 통해 그의 세계가 소리는 거의 없지만 '좀처럼 고요해지지는 않는다'는 것을 알게 된다. 그의 뇌가 모든 움직임을 기분 좋은 소리로 번역해주기 때문이다.

아주 고요한 날을 생각해보자. 나뭇가지 하나, 나뭇잎 하나 흔들리지 않는 정적에 잠긴 날이다. 관목숲에서 보이지 않는 새 떼가 시끄럽게 지저귄다고 해도 내게는 무덤처럼 고요한 날로 보인다. 그런데 공기가 미세하게 움직여 나뭇잎 하나가 흔들렸다고 하자. 나는 그 움직임을 어떤 절규처럼 보고 듣는다. 내 머릿속의 고요는 깨져버린다. 술렁이는 잎새 속에서 어떤 바람 소리를 들은 것처럼, 본다. (……) 나는 듣지 못하므로 아무것도 '들리지 않는다'는 것을 가끔씩 의식적으로 상기해야만 한다. 그렇게 소리 나지 않는 소리에는 새들의 비행과 움직임, 맑은 물이나 수족관에서 헤엄치는 물고기의 소리가 있다. 나는 대부분의 새들이 특히 멀리에서는 아주 조용할 거라고 생각한다. (……) 그러나 모든 새들이 갈매기의 무관심한 슬픔에서 스타카토로 날갯짓하며 날아가는 박새에 이르기까지, 다른 '눈-음악'을 창조하며 소리 내는 것으로 보인다.

웨스트의 『듣지 못하는 딸에게 주는 글』은 대학의 교재로도 자주 쓰이는데, 반드시 청각 상실에 대한, 혹은 청력 상실자들

청각

을 위한 수업에만 쓰이지는 않는다. 재미있고 사실적으로 쓰인 이 책은 언어와 인생에 대한 환희의 찬송가로서 철학이나 문학을 전공하는 학생들에게도 호소력을 갖고 있다. 책은 시종일관 2인칭으로 서술되고 가끔 웨스트의 듣지 못하는 딸 맨디의 입을 빌려 말하기도 한다. 그러나 장애 어린이들에 대한 다른 회고록과는 달리, 전혀 감상적이지 않다. 오히려 장난스럽고, 시적이며, 우리 모두가 자신을 알고 자신을 알리기 위해 기울이는 노력에 대한 관심을 드러내고 있다. 이러한 책을 통해 청각장애인의 내면을 엿볼 수 있다는 것은 일종의 특권이다. 왜냐하면 많은 사람들이 청각장애인, 그중에서도 읽기 쓰기를 못하는 이들은 개념과 말 사이에 있는 혼자만의 땅에 살면서, 남들과는 다르게 생각할 거라 섣불리 단정하기 때문이다. 그러나 청각 상실에 관한 문학에서 밝혀진 것처럼, 청각 상실자의 생각과 감정은 언어를 사용하든 수화를 사용하든, 침묵에서부터 말이 '들리는' 내면의 세계에 이르기까지, 놀랍도록 독창적으로 발전해나간다.

동물

◆

고대 중국에 이런 속담이 있다. "새가 노래하는 것은 대답을 듣기 위해서가 아니다. 새는 노래를 갖고 있으므로 노래한다." 어떤 동물도 새처럼 아름답게 노래하지는 못한다. 쏙독새가 여름의 습지 위로 던지는 노래의 부메랑을 들은 적이 있는가. 새들이 태어날 때부터 노래하는 법을 아는 것은 아니다. 새끼는 부모의 노래를 배운다. 새끼 새를 부모에게 떼어내 기르면서 다른 노래, 가령 베토벤의 9번 교향곡 도입부 같은 것을 휘파람으로 불어준다면 새끼는 주인의 그 노래를 배울 것이고, 이웃들은 새끼 새를 '베토벤 새'라 부르게 될 것이다. 새끼 새들은 진짜 노래를 부르는 요령을 터득할 때까지 종알거리고 떠들면서 아무 의미도 없어 보이는 듯한 소음을 뱉어낸다. 인간의 아기와 마찬가지로, 새 새끼는 자신도 소리를 낼 수 있다는 놀라운 사실을 발견 중인 것이다. 새끼는 결국 소리를 제어하는 법을 배우고, 연습한다. 목소리는 정교한 도구이고, 사람은 별다른 지식 없어도 그것을 사용할 수 있다. 그러나 목소리를 이해하려면 그 능력과 한계, 따라서 그 재잘거림에 대해서도 알 필요가 있다. 새도 사람들처럼 사투리로 노래한다. 한 번도 여행을 해본 적 없는 뉴햄프셔의 까마귀는 텍사스 까마귀의 부름에 대

청각

답하지 못하겠지만, 전국의 까마귀들이 오자크뮤직페스티벌 (록 페스티벌 역사상 최대 규모 가운데 하나로 기록됨 — 옮긴이)의 까마귀대회에서 만난다면, 다른 지역 출신의 바이올리니스트들이 서로를 이해하듯 서로 이해하게 된다.

놀랄 만큼 섬세한 능력으로 인간의 가청 범위 이상 혹은 이하의 소리를 듣는 동물도 있다. 개는 주인의 발소리와 다른 사람의 발소리를 구별할 줄 안다. 언젠가 우리 집에서 키웠던 개는 집 앞을 지나다니는 차들 가운데서 어머니가 모는 차의 엔진 소리를 구별했다. 지금은 미국 전역의 백화점에서 차 양쪽에 붙이는 소형 안개 경적 비슷한 기구를 판다. 차가 시속 약 60킬로미터로 달리면, 이 장치 속으로 지나가는 바람이 높은 휘파람 소리를 내어 사슴이나 개 같은 동물들에게 길에서 비키라고 신호한다. 이 소리는 너무 높아 인간의 귀에는 들리지 않지만, 길에서 낮잠 자던 개에게는 공습 사이렌처럼 들릴 것이다. 사슴은 소리는 거의 없지만 청각 능력은 뛰어나다. 최근 뉴질랜드에서 이루어진 한 실험에 의하면 수컷 붉은사슴이 구애할 때 내는 소리를 틀어주자 암컷 붉은사슴이 발정했다고 한다. 물고기는 외부에 귀가 없지만 우리가 물을 통해 전해지는 소리를 듣는 것처럼, 물을 통해 전해지는 진동을 느낀다. 머리를 움직이지 않고도 작은 레이더 접시처럼 귀를 움직이는 동물이 있다. 나는 사슴, 고양이, 말이 귀를 쫑긋거리는 것을 본 적 있다. 야행성 올빼미는 귀의 절묘한 위치 덕분에(한쪽 귀가 다른 것보다 약간 위쪽에 있다) 소리 나는 곳을 1도 내의 오차 범위에서 정확하게 파악할 수 있고, 깃털 끝에 달린 부드러운 솜털은 사냥감을 향해 접근할 때 나는 소리를 가려준다. 귀가 중앙에 하나 있는 쪽이 더 편할지도 모르지만, 소리 나는 곳을 알아내는 데는 귀 2개가 훨씬 유리하다. 눈이 2개 있어 공간을 지각하는 경우와 마찬가지다. 크고 축 처진 귀를 갖고 있는 아프리카 코끼리들은 주로 아래에서 올라오는 소리를 모으는데, 인간이 들을 수 없을 정도로 낮은 초저주파의 소리를 내서 서로 통신한다.✢ 곤충들은 다리나 날개 아래쪽 같은, 전혀 예상치 못한 곳에 귀가 있는 경우가 많다.

언젠가 늙은 고양이 한 마리가 발정기가 되면 아파트 근처를 쏘다니며, 광포한 하모니카 연주자처럼 쉴 새 없이 "냐오! 냐오! 냐오!" 하고 울어대는 모습을 자주 목격했다. 녀석은 가끔

✢ 아먼드 E. 싱어는 《내셔널지오그래픽》(1989년 12월호) 편집장에게 다음과 같은 편지를 보냈다. "네팔의 타라이 정글에서 코끼리를 타고 가다가 알아듣기 힘들 정도로 낮은 소리를 들었습니다. 멀리서 디젤 발전기가 돌아가는 것처럼 희미하게 쿵쿵거리는 소리였습니다. 알고 보니 그것은 내가 타고 가던 코끼리가 낸 소리였지요. 근처에 코뿔소가 있다는 걸 냄새로 알고 두려움을 표시한 소리였습니다."

씩 걸음을 멈추고 엉덩이를 높이 들어올리면서 척추를 앞으로 구부리곤 했는데, 이것은 고양이과 짐승 특유의 구애 행동이라고 한다. 버뮤다, 푸에르토리코를 비롯한 열대성 섬나라에서 서식하는 청개구리만큼 귀여운 소리를 내는 동물도 없다. 3센티미터도 채 안 되는 이 청개구리들은 하프를 뜯는 듯한 아름다운 소리로 밤새도록 울어댄다. 푸에르토리코의 코키개구리는 폐를 이용하여 소리를 듣는다. 개구리의 몸 양쪽에 부딪친 음파는 폐를 지나는 길 위에 있는 고막으로 전달된다. 요즘과 같은 전문화 시대에 발맞추어 몸도 전문화되어 한 기관이 한 가지 역할만을 맡는 쪽으로 발전할 거라고 생각하는가? 그러나 사실 다양한 역할을 맡고 있는 기관도 있다. 개구리뿐 아니라 뱀과 도마뱀도 폐를 통해 듣는다. 거북과 돌고래의 경우, 소리가 유액으로 가득 찬 아래턱을 통과하는 것으로 드러났다. 모든 동물이 듣기 위해서만 소리를 이용하는 것은 아니다. 향유고래, 병코돌고래를 비롯한 여러 동물들은 소리를 무기로도 사용한다. 이들은 커다란 '뻥' 소리로 먹이를 기절시킨다고 한다. 멸치 같은 작은 생선은 이 폭발음 때문에 내출혈을 일으키기도 한다.

오늘 밤 귀뚜라미들은 날개를 비벼 귀에 거슬리는 노래를 우렁차게 부르고 있다. 귀뚜라미들은 합창을 하고 있는 듯이 보이지만 사실은 그렇지 않다. 내가 듣고 있는 것은 귀뚜라미의 의미 있는 소리가 아니다. 귀뚜라미들은 인간의 귀에는 들리지 않는 초음파로 통신하기 때문이다. 지금 이 소리는 귀뚜라미들이 날개를 비벼서 내는 우연하고도 무관한 소리다. 이 소리를 녹음해서 귀뚜라미에게 들려준다고 해도 녀석들은 아무 반응도 보이지 않을 것이다. 동물들은 저희들만의 소리 길을 가지고 있어서, 그 길을 통해 통신하고, 그 길에 더욱 예민하게 귀를 기울이고 있는 듯하다. 만약 그렇지 않다면, 동물들은 다른 생물이 내는 시끄러운 소리를 뚫고 교신하기 위해 항상 비명을 질러야 할 테니까.

청각상의 제자리라는 것이 있다. 자연은 동물이 같은 종끼리 교신하고자 할 때 품위와 프라이버시를 지킬 수 있도록 해주었다.✥ 그렇지 않으면, 동포들에게 보내는 경고가 포식자를 향한 신호가 돼버릴 수도 있을 것이다. 물론 항상 그렇지는 않다. 피살라무스라는 개구리를 특히 좋아하는 중앙아메리카의 어느 박쥐는 개구리 소리로 위치를 알아낸다. 노랫소리가 클수록 개

✥ 하늘에 제자리가 있는 것과 마찬가지로, 여러 종의 새, 박쥐, 곤충, 꽃가루 및 그 밖의 날것들이 좋아하는 고도가 서로 다른데(푸른 어치는 낮에 이동할 때 낮게 날아다니고, 물새들은 밤에 높게 날아다닌다) 덕분에 극한의 경쟁을 피할 수 있다.

구리가 더 살찌고 맛있다는 것을 알고 있는 이 박쥐는 수컷 개구리가 구애할 때 내는 소리에 귀를 기울인다. 개구리는 궁지에 몰릴 수밖에. 생식에 대한 열망으로 가득 찬 푹푹 찌는 열대의 밤에, 개구리는 짝을 찾기 위해 큰 소리로 노래 불러야 한다. 배고픈 박쥐를 부르는 행동이지만 형편없는 노래는 어느 쪽도 유인하지 못한다.

12월 어느 날, 나는 박쥐 전문가 멀린 터틀과 함께 텍사스의 브래큰 동굴에 갔다. 브래큰 동굴은 수백만 마리의 어미와 새끼 박쥐들이 살고 있는 육아 동굴이다. 해가 떨어지기 전, 우리는 동굴 바깥에 자연적으로 형성된 돌 마당에 앉아 눈앞에 펼쳐질 장관을 기다렸다. 붉은 노을이 지기 시작하자 박쥐 몇 마리가 동굴 밖으로 나와 선회하며 고도를 높이더니 먹이를 찾으러 어두운 밤 속으로 날아갔다. 그리고 몇 마리가 더 나오고, 수십 마리가 더 나오고, 그 뒤를 이어 몇 백 마리가 더 나왔다. 그러다가 갑자기 하늘이 박쥐 떼로 뒤덮였다. 반향정위로 우리의 존재를 파악한 녀석들은 스칠 듯 말 듯 머리 위를 날았고, 우리는 강한 바람을 느꼈다. 멀린은 팔을 한 번 휘둘러서 박쥐 한 마리를 낚아채어 그 모습을 자세히 살펴보았다. 박쥐의 얼굴 피층에 반향정위 기관이 분명히 보였다. 레이더 접시 같은 역할을 하는 작은 주름과 비엽.

박쥐가 먹이를 향해 일정한 간격을 두고 내보내는 초음파는 주파수가 대단히 높아 사람은 들을 수 없다. 박쥐는 평균 5만 헤르츠의 소리를 1초당 10회나 20회 간격으로 내보내는데, 박물학자들이 사용하는 '박쥐 탐지기'는 그 초음파를 인간이 들을 수 있는 지저귐으로 바꾸어 들려준다. 박쥐는 날개 달린 메가폰처럼 자신의 목소리를 방송한 다음, 물체에 부딪쳐서 되돌아오는 소리에 귀를 기울인다. 박쥐들이 먹이에 가까워질수록 반향음은 점점 더 커지고 빨라져서, 그 반향음 간의 간격을 근거로 먹이가 있는 곳까지의 거리를 파악한다. 벽돌담이나 땅에 부딪혀서 돌아오는 단단한 반향음은 꽃이나 잎에 부딪혀서 나는 유동적인 반향음과는 다르게 들린다. 박쥐는 반향음으로 세계의 완전한 모습을 그려낼 수 있는데, 그 속에는 모든 물체와 동물들이 그 질감과 움직임, 거리, 크기에 이르기까지 자세히 드러나 있다. 아주 큰 소리로 울어대는 박쥐로 가득 찬 들판에 서 있어도 사람들은 그 소리를 듣지 못한다. 생물학자 존 타일러 보너는 『자연의 규모』라는 책에서 인간 세계에서의 반향정위에 관해 이렇게 설명한다.

퓨젯 사운드의 산후안 제도를 지나는데 안개가 잔뜩 끼어 있었다. 섬들의 간격은 매우 좁았고, 안개 때문에 양쪽 해안은 보이지 않았다. 유람선 선장은 어머니들에게 아이들의 귀를 막아달라고 정중히 부탁했다. 그리고 조타실 한쪽 창으로 몸을 내밀고 뱃고동을 울렸다. 그리고 반대쪽 창으로 몸을 내밀고 다시 고동을 울렸다. 선장은 반향음이 되돌아오는 데 걸린 시간을 판단해 해안까지의 거리를 가늠할 수 있었다. 그는 반향정위를 사용하는 데 나보다 훨씬 익숙해 보였다.

반향정위는 인간의 가청 범위를 벗어난 동물의 소리 가운데 하나일 뿐이다. 사마귀는 초음파를 사용하고, 코끼리와 악어목은 초저주파를 사용한다. 수컷 앨리게이터의 '수상 무용'만큼 박진감 넘치는 구경거리를 제공해주는 동물도 드물다. 수컷 악어는 그 거대한 머리를 물 밖으로 쑥 내밀고 보디빌더처럼 단단하게 목을 부풀린다. 그러다 벼락 치는 듯한 소리를 내면서 반짝이는 물살을 공중으로 뿜어내면 악어의 몸뚱이 주변의 물은 들끓는 듯 보인다. 우리는 이런 수상 무용을 감상하지만, 다른 앨리게이터들은 오직 수컷이 내보내는 초저주파의 신호음을 들을 뿐이다. 이것은 암컷에게 보내는 구애 행동이거나 아니면 다른 수컷들을 향한 시위일 수도 있다. 암컷 앨리게이터도 괴성을 지르거나 시시때때로 물 위에 머리를 내리치지만, 수상 무용은 하지 않는다. 그러나 이들은 능숙한 암호 해독자처럼 수컷이 보내는 메시지를 읽어낸다. 그리고 정말로 뜨거운 욕망을 주체하지 못하는 수컷은, 한 번에 여덟 번이나 아홉 번씩, 그리움을 담은 긴 춤과 노래를 보여주기도 한다.

수중 음향을 듣지 못하는 우리는 대양은 고요하다고 지레짐작하지만, 전혀 사실이 아니다. 레오나르도 다빈치는 물속에 노를 담그고 손잡이에 귀를 댄 채 소리를 듣는 방법을 생각해냈다. 서아프리카와 남태평양의 어부들도 똑같은 요령을 발견했다. 노를 일종의 청각 보조 장치로 이용하면 수중 세계의 소리를 들을 수 있는 것이다. 대단히 시끄러운 소리를 내는 물고기도 있다. 성대와 민어를 비롯한 많은 물고기들이 부레를 이용해 소리를 내는데, 특히 민어류는 중국해의 어부들이 밤에 잠을 깰 정도로 큰 소리로 운다. 하와이의 쥐치복류는 큰 소리로 이빨을 간다. 수컷 두꺼비고기는(조기어류의 하나—옮긴이)는 저음의 소리를 지른다. 병코돌고래는 낡은 의자처럼 삐걱거리는 소리를 낸다. 북극고래는 그르렁그르렁 목구멍을 울리고, 혹등고래는 질펀한 노래 마당을 연다. 말 못 하는 벙어리처럼 보이는 대양은 동물들이 내는 소리, 부서지는 파도, 조수의 흐름, 오가는 선박, 방랑하는 폭풍우의 소리로 살아 있고, 이러한 소리들은 우리의 소리가 대기 속에 들어 있듯 수중에 갇혀 있다.

동물의 소리가 없다면 세계는 얼마나 고요할 것인가. 드루이드교 사제들처럼 종알거리는 찌르레기. 부드러운 트랙 위에서 뜀박질하는 말들. 숲속에서 숨이 막힌 듯한 소리로 울어대는 까마귀. 나뭇가지에 거꾸로 매달려 재잘거리는 박새. 멀리서 들리는 전쟁의 나팔 소리 같은 큰사슴의 울음소리. 아메리카 쏙독새의 금속성 콧소리. 귀뚜라미 밴드. 전기톱 돌아가는 소리로 윙윙거리는 배고픈 암컷 모기. 붉은머리딱따구리가 쳐내는 모스부호.

흘러다니는 모래와 고래의 노래

◆

버뮤다의 해변에 앉아서 유리컵에 유사流砂를 만들어보기로 한다. 먼저 컵에 반쯤 모래를 채우고 자작하게 물을 붓는다. 그리고 힘껏 젓는다. 그러면 단단한 모래밭처럼 견고해 보이는 모래가 되지만 그 속에 손가락을 집어넣으면 쑥 들어간다. 유사는 물과 모래의 현탁액(고체의 미립자가 고루 퍼져 섞인 흐린 액체 ―옮긴이)에 불과하고, 모래는 물로 포화 상태가 되어 밀크셰이크처럼 흘러내린다. 그것은 영구적인 것이 아니라 일시적인 부비트랩이다. 공포영화에서는 발을 잘못 디뎠다가 발이 빠져서 점점 가라앉아 질식해 죽는 사람들의 모습을 보여준다. 그러나 어떤 수영장이나 호수를 막론하고, 공포에 질려 몸부림치지만 않는다면 물속에서 빠져 죽는 일은 없다. 물은 모래처럼 인체보다 밀도가 더 높은 까닭에 물과 모래가 합쳐지면 몸은 더욱 쉽게 뜬다. 몸에는 부력이 있다. 나는 서부의 목장에서 일하다가 유사를 본 적이 있다. 소 한 마리가 그 속에 들어갔다가 공포에 질려 나오려고 발버둥치다 마침내 빠져 죽었다. 소의 시체에 밧줄을 걸어 끌어올리니 거죽은 걸쭉한 모래 반죽으로 범벅이 되어 있었고, 눈꺼풀은 올이 굵은 삼베로 꿰매놓은 듯했다. 지금은 그 모래 웅덩이에 도전해보지 않은 것이 후회되지만, 그때는 카우보이들의 경고에 귀를 기울였다. 땅에 대해 모르는 게 없는 그들의 직관에서 나오는 지혜에 놀란 적이 많았다. 그들은 소나 말이 빠졌다가 공포에 질려 몸부림치다 수렁 속으로 사라지는 모습을 보고, 유사는 공격적이고 항상 치명적이라고 생각했다.

자장가 같은 파도 소리를 듣고 있노라면 잠이 온다. 몸을 굽혀서 모래에 한쪽 귀를 대고 아주 가까운 곳에서 부서지는 파도 소리를 들어본다. 진동은 땅을 통해 10배가량 더 빨리 전달된다. 내가 칼라하리 부시맨이라면, 오늘 밤 오른쪽으로 누워 귀를 땅에 대고 잘 것이다. 위험한 동물이 접근할 경우 그 소리를 듣기 위해서다. 남편은 왼쪽으로 누워서 잘 것이고, 우리는 귀를 땅에 대고 자는 동안 몸을 따뜻하게 하기 위해 둘 사이에 작은 화톳불을 피울 것이다. 옛날 서부영화에 등장하는 인물이라면, 우편열차가 다가오는 소리를 듣기 위해 철길에 귀를 갖다 댈 것이다. 음파는 공기 중으로 퍼져 나가기보다는 금속 내부에 머물기 때문에 멀리서 전해지는 진동을 듣고, 편지나 애인이 곧 도착하리라는 것을 알 수 있다.

나는 몇 시간 동안 바다를 지켜보며 혹등고래를 찾고 있다. 혹등고래의 노래는 버뮤다 해변에서 맨 먼저 프랭크 워틀링턴이, 그다음에는 로저 페인이 녹음하였다. 나는 코넬대학 대학원에 다닐 때 페인의 첼로 연주회에 간 적 있는데, 그는 고래의 노랫소리를 반주 삼아 첼로를 연주했다. 그것은 웅웅 울리고, 구슬프게 떨리고, 이를 가는 듯 끽끽거리는 커다란 소리였다. 연주회장은 딴 세상의 음악으로 가득 찼고, 그 저음의 노랫가락은 뼈까지 울렸다. 고래의 노래를 들은 것은 그때가 처음은 아니었다. 나는 앨런 호바네스가 작곡한 〈그리고 신은 위대한 고래를 창조했다〉 레코드를 갖고 있는데, 여기에는 사람들이 노래가 될 수 있다고 생각하지 않는 소리들이 잇달아 여러 번 나온다. 그러나 고래는 노래한다. 사실 고래는 저음의 콧노래를 부른다. 외롭고 비활동적인 수컷 고래들은 번식기인 겨울철에 노래를 시작하여, 동료들이 몰려올 때까지 슬픈 연가를 계속한다. 고래들의 노래는 15분 이상 계속될 때가 많고, 축가를 부르듯 여러 시간 동안 노래를 되풀이한다. 그 노래는 고전음악을 연상시키는 규칙이 있으며 대단히 체계적이다.

　게다가 고래들은 노래를 변주하기도 한다. 매년 새로운 구절과 요소들이 생겨나 노래는 언어처럼 발전한다. 하나의 노래에는 대여섯 개의 주제가 일정한 순서에 따라 배열되어 있다. 하나의 주제가 없어진다 해도, 다른 주제는 원래 순서대로 남아 있는 것이다. 병사들이 〈공화국 군가〉를 부를 때 이슬 젖은 저녁에 신을 위한 제단을 만들었다는 구절을 뺀다 해도, 나머지 부분은 원래 순서대로 부르는 것과 마찬가지다. 고래들의 노래에는 상당히 체계적인 고래 노래의 문법을 따르는 후렴구가 있다. 이 모든 것 가운데 가장 인상적인 것은, 고래가 복잡한 언어를 배울 뿐 아니라 그것을 한 계절 내내 기억하고 있다는 점이다. 고래들은 개학과 함께 기숙사에 돌아오는 학생들처럼, 작년에 부르던 노래를 부르며 돌아온다. 계절이 지나는 동안에 새로운 악구와 가사가 발생하면, 고래들은 내년을 위해 그것을 기억해두고 낡은 말은 버린다. 사람들은 고래가 숨을 내쉬면서 노래한다고 생각하겠지만 사실은 그렇지 않다. 가끔 만화에 나오는 것처럼, 고래들이 클라리넷을 불 때처럼 물 뿜는 구멍을 이용해 노래하는 것도 아니다. 고래들은 머릿속에서 공기를 순환시켜 소리를 만들어내는 게 분명하다. 이들은 오페라 가수처럼 아주 조심스레 호흡을 조절하여 노래의 흐름이 중단되지 않도록 한다. 대부분의 고래들은 똑같은 악구에서 숨을 쉬는데, 연구자들은 고래가 호흡하는 지점을 들어보고 그것이 어느 고래인지 알아낸다.

노래하는 고래들 사이에서 헤엄쳐본 적 있는 사람이라면, 고래의 노래가 북처럼 가슴을 두드리거나, 갈비뼈 속에 든 파이프 오르간처럼 느껴지는 경험을 했을 것이다. 고래와 함께 물속에 있을 수 없다면, 배의 나무 널판을 통해 전해지는 노래를 듣고 느낄 수 있다. 그리고 노래하는 것이 혹등고래만이 아니다. 흰돌고래는 달콤하고 떨리는 목소리를 가지고 있는데, 옛날의 포경꾼들은 흰돌고래를 '바다의 카나리아'라고 불렀다. 지금 흰돌고래의 숫자는 바다의 오염으로 급격히 줄어들어 우리에게 해양의 건강 상태에 대해 경고하고 있다. 미신을 믿는 선원들은 선체를 통해 울리는 고래의 구슬픈 노래를 듣고 매혹되고는 했다. 노래하는 고래들은 한때 지중해에도 살았는데, 선원들을 유혹하여 난파시킨 그리스 신화의 마녀 사이렌은 어쩌면 고래였을지도 모른다. 목재 선체를 통해 울려 퍼지는 노랫소리를 듣고 그것이 어디서 들려오는지 확인하기는 어려웠을 것이다. 무시무시한 노래의 장막이 배를 뒤덮는 듯했을 것이다. 고래들은 독특하고 다양한 소리로 구슬피 울부짖기 때문에 그 소리를 묘사하기는 쉽지 않다. 예전에 고래 콘서트에 다녀와서 나는 다음과 같은 '소리 시'를 썼는데, 이것은 고래들의 노래를 이해하는 데 보탬이 될 것 같다.

고래의 노래

폭풍의 언어를 가진 흑등고래는,

물을 뿜기 전,

구슬픈 연가를 부른다.

크릴 샐러드의 바다에서

저음의 만가를 흥얼거린다.

에르브에서 산타크루스까지,

늪처럼 빠지는, 웅웅 울리는

저음의 짙은 안개 경적.

장례 행렬 같은 검은 상장,

고래의 무리는 요동 치는 바다를

유유히 헤엄쳐 가며 웅얼거린다.

후렴이 붙은 짧은 노래를

되풀이하는 고래들.

마른 손가락으로 팽팽한 풍선을

비비고, 문지르고, 두드리며,

성대가 닫혔다 파열한다.

다시 시작하는 마른 손가락들,

뼈의 종을 울리고, 찰랑거리며 운을 맞춘다.

빌라넬라, 칸티쿰,

심지어 몇 톤의 혀로 그레고리안 성가까지.

노래의 의식 아래 갇힌 듯,

배고픈 듯, 구애하는 듯,

혹은 동족의 죽음을 슬퍼하는 듯

재즈 풍으로 혹은 겁에 질린 듯,

울부짖는 파도를 헤치고 나아간다.

음울한 마지팬* 속의 모든 목소리들,

헤엄치는 고래는 보이지 않고

오직 노랫소리뿐.

✧　과일, 채소, 바다 생물 모양으로 만든 과자—옮긴이.

그리고 고래들은 가끔씩

천사들의 눈처럼 황홀한 가락을 높인다.

참기 힘든 궁금증,

슬픈, 모든 의문문, 마치

해안과 푸른 바닷말의 요람 위에

새끼를 낳기 위해, 질주하는 파도,

국자 모양의 대양의 측정하기 힘든 깊이를

측정하려는 듯,

피리를 부는

늘씬한 검은 음유 시인,

고래의 몸은 하모니카,

고래의 모습은 성가를 부르는 탁발 수도사,

고래들은 방랑한다. 불안한 유령처럼

바다를 떠돌며, 밴시⁺는 흐느낀다.

✣ 아일랜드 민담 속의 여자 요정. 울음으로 사람의 죽음을 예언한다─옮긴이.

바이올린은 기억한다

◆

소리의 향수香水, 음악은 군중을 흥분시키기 위한 일종의 종교적 행위로 시작되었을 것이다. 북은 심장을 쿵쿵 울리고, 트럼펫은 소리의 사륜 마차로 사람들을 실어 나른다. 우리의 시선이 미치는 한 인간은 항상 음악을 만들어왔다. 서양 음악에서 최초로 사용된 악기는 장단을 맞추기 위해 두드리던 막대기와 돌멩이였을 것이다. 종교적 춤과 여러 제사 의식에, 노동요에, 아이들 교육에, 악기를 사용할 기회는 많았다. 5500년 전에 만들어진 악기(관악기, 트라이앵글, 현악기, 북)가 발견되었던 메소포타미아에서는 음악의 표기법도 고안해냈다. 사람들은 아마 그보다 훨씬 전부터 손가락에 풀잎을 끼워서 불거나 막대기나 돌멩이(이것은 현재 우리가 쉽게 알아보지 못하는 악기들이다)를 두드려 음악을 만들었을 것이다. 마야인들은 정교하게 조각된 점토 호각, 플루트, 리코더, 오카리나를 연주했다. 남자 모양의 호각은 여자 모양 호각에 비해 낮은 소리를 냈다. 어떤 호각에는 비밀의 방이 있어서 많게는 17개의 음을 낼 수 있었고, 어떤 호각은 연주하는 동안 물을 채워 색다른 소리를 냈다. 머리가 여러 개 달린 플루트로는 몇 가지 음을 동시에 낼 수도 있었다. 중국의 기록에 따르면 동양 음악은 기원전 2700년경에 시작되었는데, 당시 왕이었던 황제皇帝가 대나무 관을 잘라 불사조의 노래를 흉내 내도록 했다고 한다. 2400년 된 중국의 종을 현대 중국의 피리와 비교해보면 그 음색이 대단히 흡사하고, 오실로스코프에서 잘 조화된 소리를 낸다는 것을 알게 된다. 처음부터 인간의 뇌와 신경계는 소리 사이의 일정한 간격을 좋아하도록 만들어졌다. 음악에 대한 깊은, 내면적인 기쁨으로부터 발전해온 악기도 한계가 있다. 일정한 범위 내의 소리만을 기분 좋고, 정신적으로 만족스러우며, 감미로운 것으로 생각할 뿐 대부분의 소리를 불협화음이나 소음으로 느낀다.

나는 고등학교 때 처음으로 바이올린을 배웠고 그 후 8년 동안 시간 날 때마다 연습했지만 기계적인 활긋기와 어색한 비브라토, 아마추어의 둔한 손놀림에서 벗어나지 못했다. 어쨌든 나는 바이올린에 칠해진 수지의 거칠면서도 반질거리는 반짝임을 좋아한다. 이 덕분에 활은 신경질적인 고양이의 혓바닥 위로 끌려가듯 부드럽게 당겨진다. 내가 산 줄은 '캣 것(cat gut, 고양이 내장)'이라는 이름이 붙은 것인데, 물론 진짜 고양이 내장으로 만든 것은 아니다. 이름의 유래는 바이올린이 만들어진 초기로 거슬러 올라간다. 청중들의 귀에 바이올린 소리는 내장을 끄집어낸 괭이처럼 시끄럽게 울부짖는 소리였다. "가서 고양이 내장을 사는 게 낫겠다!" 사람들은 이렇게 야유를 퍼부었고, 그 표현이 그대로 남았다. 학교 행사를 위해 〈친구들의 입장 행진곡〉〈어린 왕자와 어린 공주〉〈음악으로 말해라〉 등을 끝없이 연습했던 열서너 살 무렵, 나는 저절로 소리 나는 신비스러운 검은 바이올린에 관한 소문을 들었다. 그것은 케이스 안에 들어 있을 때도 억눌린 감정으로 스스로 연주한다고 했다. 그 이름은 마법의 연기처럼 내 입에서 흘러나왔다. 스트라디바리우스. 스트라디바리우스가 샌드페이퍼를 문지르는 것 같은 내 연주를 순수한 황금으로 바꿔주기를 열망했다. 시간이 흘러 나는 오케스트라에서 영예로운 '제 1 바이올린'의 자리까지 올라갔다. 내가 멜로디를 연주한다는 의미였다. 내가 바이올린을 선택한 것은 바로 그 때문이었다. 나는 몇 번 뿡뿡거리다 마는 튜바 연주자들을 동정했다. 튜바 연주자 중에는 남학생도 있었지만 체격이 좋은 편은 아니었던 터라, 자리에서 일어서면 번쩍거리는 무거운 금관악기 뒤로 반쯤 가려져버렸다. 나는 신경에 거슬리는 시끄러운 소리를 내는 타악기 주자들을 케틀드럼 속에 잡아넣어야 한다고 생각했다. 깔짝거리는 새 같은 오보에도 내 관심을 전혀 끌지 못했다. 항상 코를 흘리는 여자애들이 연주하는 플루트는 꼭 작은 불꽃을 불어서 끄려 하는 것처럼 보였다. 클라리넷은 너무 쥐새끼 같은 소리를 냈다. 첼로, 비올라, 베이스처럼 보조 악기로 생각되는 것들에는 마음이 가지 않았다. 나는 음악을 연주하고 싶었다. 그리고 내게 음악은 선율이었고, 영혼을 다해 노래하는 바이올린이었다. 나는 스트라디바리우스의 소리를 가까이서는 아니지만 레코드나 TV를 통해 들었고, 다른 사람들과 마찬가지로, 제작 과정에서 쓰인 어떤 신비스러운 수지나 래커가 그 독특하고 관능적이며 풍부한 소리를 만들어냈을까 궁금해했다. 아직도 세상에서 가장 귀중한 악기는 스트라디바리우스가 만든 바이올린이다. 마침내 과학자들은 스트라디바리우스의 비밀을 알아내기 시작했다.

그동안 스트라디바리우스의 독특한 소리는 동물의 체액이나 특수한 수지, 물곰팡이 등 다른 많은 비밀스러운 요소로 인한 거라고 생각해왔다. 최근 케임브리지대학의 피터 에드워즈의 연구팀에서 보다 그럴듯한 설명을 내놓았다. 이들은 에너지 분사 X선 분광기라는 기계를 이용하여 첼로 일부분에 고에너지 전자를 쏘아 나무의 성분을 분석할 수 있었다. 놀랍게도 포촐라나, 즉 스트라디바리우스가 살았던 이탈리아 크레모나 지방의 화산재인 화산회가 발견되었다. 포촐라나층은 목재와 니스 칠 사이에 들어 있었는데, 스트라디바리우스는 이것을 악기의 강화재로 사용했던 것으로 보인다. 왜냐하면 그 당시 포촐라나는 일반적으로 접합제로 사용되었으므로 그것이 소리에 영향을 미치리라고는 생각하지 못했을 것이다. 물론 그것만으로 스트라디바리우스의 소리가 만들어지는 것은 아니다. 악기의 나이, 구조, 뛰어난 제작 기술이 그 소리에 이바지하고 있다. 많은 바이올리니스트와 바이올린 제작자들의 말에 의하면 바이올린 소리는 점점 아름다운 쉰 듯한 소리로 변해간다고 한다. 그리고 이들은 훌륭한 바이올리니스트가 오랫동안 연주해온 바이올린은 결국 그 아름다운 소리를 내부에 담게 된다고 주장한다. 나무는 단단하고 서정적인 음율을 간직하려고 하는 것이다. 일정한 진동이 오랜 세월 반복되면, 정상적인 모든 노화 과정과 함께 나무의 내부에 미세한 변화가 생길 수 있다. 우리는 세포 차원의 이러한 변화를 풍부한 음색으로 지각한다. 시적인 언어로 말하면, 나무는 기억한다. 그래서 바이올린을 연주하는 거장의 임무 가운데 하나는 미래 세대를 위해 바이올린을 길들여놓는 것이다.

음악과 감정

◆

세상에서 가장 위안을 주는 소리 가운데 하나가 혀끝을 잇몸 바로 뒤에 부딪쳐서 라, 라, 라, 라, 라, 라, 라 하고 노래하는 소리다. 노래할 때는 성대뿐 아니라 뼈도 일부분 진동한다. 입을 다물고 콧노래를 부르면 소리는 고막을 거치지 않고 두개골을 통해 내이로 직접 전달된다. '옴'과 같은 진언을 길게 소리 내보면 흉골뿐만 아니라 머리뼈에서도 진동이 느껴진다. 몸 안쪽을 안마하는 것처럼 아주 편안한 느낌이다. 진언 암송이 내부에 백색소음을 만들어내 외부의 잡음을 지워버리기 때문에 명상에 도움이 된다. 몸이 일종의 방음 부스가 되는 것이다. 히브리인의 예배에서 몸을 구부리고 기도문을 외우는 행위를 반복하는 것 또한 비슷한 효과를 낸다. 마쿰바(아프리카 전통 종교에 브라질의 강신술, 로마가톨릭이 혼합된 아프리카 브라질 종교─옮긴이) 제의의 북소리는 믿음의 히말라야를 올라가듯, 점점 고조되는 격정의 크레셴도로 사람을 사로잡는다. 이 소리는 주술적으로 되풀이된다. 종교마다 고유의 예배 의식이 있는데, 그 가운데 똑같은 소리를 반복함으로써 초심자들의 기억을 돕고, 그 소리가 일종의 청각적 풍경을 이루게 된다. 인간은 세상에 사물과 생각과 창조적 예술품뿐만 아니라 소리까지 보탤 수 있는 종이다. 우리가 소리를 만들어내면 그것은 숲처럼 실재하게 된다.

인간이 음악을 배우지 않고도 이해하고 그것에 반응하는 사실은 놀랍다. 말 속에 있는 모든 단어는 그 자체로 무엇인가를 말한다. 단어는 역사와 뉘앙스를 갖고 있다. 그러나 음정은 다른 것과 관련될 때만, 서로 협력할 때만 무언가를 의미한다. 음

청각

정이 감동적일 거라고 생각할 필요는 없다. 가령 "이것은 단순함을 위한 선물이다. 이것은 자유를 위한 선물이다. 이것은 우리가 있어야 할 곳으로 가기 위한 선물이다"라고 말해보자. 아무 일도 일어나지 않는다. 심지어 그 의미에 대해 의아한 생각이 들지도 모른다. 그러나 이 말에 선율이 풍부한 셰이커 음악(창문 하나 없는 할리우드의 벽돌집에서 살던 마사 그레이엄을 위해 애런 코플런드가 작곡한 〈애팔래치아의 봄〉에서 이것을 아주 아름답게 차용했다)을 곁들이면, 사람의 넋을 빼놓는, 격정과 기쁨에 가득 찬, 어느 오후에 온 마을 사람들을 불러 모으기에 충분한 선율이 사람들을 사로잡을 것이다. 내가 플로리다 해변의 어느 예술인 마을에 거주할 때, 프로 호각 연주자였던 글쓰기 반 학생이 호각 연주회를 열어 사람들을 즐겁게 한 적이 있다. 그의 연주곡 중에는 셰이커의 선율 '단순한 선물'이 들어 있었는데, 사람들은 그다음 주 내내 흥겹게 망치질하는 듯한 셰이커의 리듬을 콧노래로 부르거나, 휘파람으로 불거나, 노래 부르며 다녔다. '귀에 쏙 들어온다'는 것은 그러한 멜로디에 적합한 말이리라. 그것은 사람들의 무의식을 잡고 놓아주지 않는다. 찬송가는 가사가 없어도 사람들을 감동시키지만, 가사가 있으면 그 효과는 갑절로 늘어난다. 서정적 음악은 서정적 메시지와 연결된다. 특히 찬송가에 사라지는 종지부dying fall, 음악적 혼절musical swoon이 있다면 더욱 그렇다. 윌리엄 블레이크의 〈예루살렘〉에서는 세 번째 절의 '욕망desire'이라는 단어의 두 번째 음절에 온다. 낮은 곡조로 한숨을 쉬듯 불러야 하는 부분이다.

불타는 황금의 활을 내게 가져다주오!
욕망의 화살을 내게 가져다주오!
Bring me my bow of burning gold!
Bring me my arrows of de-sire!

이렇듯 숨 막히게 오래 지속되는 욕망은 드물다. 특히 큐피드의 화살과 '화살통quiver' 같은 말의 이중적인 의미를 생각하면 그렇다. 크리스마스 송가 〈거룩한 밤〉에서 '무릎 꿇고'의 '꿇고'라는 단어 바로 다음에 오는 'swoon'은 부르는 것만으로도 그렇듯 애절하게 들린다. 대부분의 성가는 천천히 계단을 오르듯, 낮은 곡조에서 높은 곡조로 점차적으로 상승한다. 가수는 점점 고조되는 감정을 안고 신비로운 계단을 오르는 듯 보인다. 〈놀라운 은총〉은 사람의 영혼 그 자체가 팽창하고 있는 것처럼, 음악적인 분투와 긴장으로 가득 찬, 공기보다 더 가벼운 찬송가다. 숭고한 생각을 하면서 이렇듯 상승하는 곡조를 노래해보라. 그러면 자신도 높은 곳을 향해 올라가는 듯한 느낌을 받을 것이다('비참한' 같은 귀에 거슬리는 단어를 노래하더라도). 최면요법에서 사람을 깊은 명상적 무의식 상태로 유도할 때도 비슷한 기법을 사용한다. 의사는 환자에게 숫자를 셀 때마다 더 깊은 곳으로 내려가는 상상을 하라고 주문하고, 하나에서 열까지 되풀이해서 숫자를 센다.

음악은 순수한 감정처럼 소용돌이치고 탄식하고 미친 듯 날뛰다가 점차 잦아든다. 그러한 의미에서 음악은 감정과 아주 비슷하게 행동한다. 음악은 감정을 상징하고, 반영하고, 타인에게 전달하며, 그렇게 함으로써 우리를 골치 아프고 부정확한 말에서 해방시킨다. 음악은 우리를 울릴 수도 있고, 혈압을 상승시킬 수도 있다. 음악에 대한 느낌을 자세히 설명해보라고 하면, 우리는 모호한 말을 내뱉는다. "음악이 슬퍼요." "너무 좋아요." 파울 바두라스코다는 『위대한 피아니스트들이 스스로를 말하다』 2권에서 모차르트의 환상곡 C단조에 대해 다음과 같이 설명한다.

그 감정적 내용은 어떤 것인가? 이 작품은 우리에게 무엇을 말하고 있는가? 석사 과정의 학생들에게 이 같은 질문을 하자 학생들은 놀랍게도 "진지한 작품이지요"와 같은 미지근한 대답을 하거나 아예 침묵했다. 그래서 나는 외치지 않을 수 없다. "친애하는 동지 여러분, 여러분은 음악이 경험을 전달하는 언어라는 것을 깨닫지 못했습니까? 그것은 어떤 경험이었습니까! 이 환상곡에는 삶과 죽음이 들어 있습니다. 이 곡에 대한 나의 개인적인 해석을 말해볼까요? 서두의 악구는 죽음을 상징합니다. 때는 왔다. 도망칠 수 있는 길은 없다!는 거지요. 나머지 부분은 충격과 불안을 나타내고 일련의 회상이 뒤를 잇습니다. 그중에는 아다지오 D장조나 안단티노 B플랫 장조와 같은 행복하고 고요한 추억도 있고, 두 차례의 빠른 조바꿈이 들어 있는, 고통으로 가득 찬 격렬한 기억도 있습니다. 그리고 마침내 맨 처음의 부름이 돌아옵니다. 피할 수 없는 운명은 이제 받아들여진 듯합니다. 아니면 최후의 영웅적인 저항을 위한 것인지도 모르지요."

모든 작곡가들이 자신의 작품에 그렇게 명확한 순서를 부여하지는 않는다. 그래서 음악에서 감정과 사건의 풍경을 끄집어내려 하는 사람들은 음악의 추상성에 절망하게 된다.

우리가 고전의 커다란, 열린 구조 안에서 발견하는 심오한 전체성은 격정과 사소한 사건들, 좌절된 탐구, 동경과 불안, 넘어설 수 없는 산, 꺾여버린 열정, 풀어야 할 매듭, 감상의 큰 물결, 무익한 반성, 불쾌한 충격, 이루고 싶은 사랑, 갑작스러움, 혼란으로 가득 찬 전체다. 그러나 궁극적으로, 그 속에는 화해가 들어 있다. 사람은 콘체르토와 같은 작은 공간 속에 사건, 실망, 종교적 희열의 감정적 혼란을 재현해낼 수 있다. 설명하지 말고 보여줘! 문예 창작을 가르치는 교사들은 학생들에게 이렇게 충고한다. 어떤 음악이 마음에 사무쳐올 때 말로 그것을 표현하기는 힘들다. 그래서 작곡가는 "그것은 이러이러하게 느껴진다"고 말하는 대신, "이것은 뭐라고 이름 붙이기 힘든 나의 감정이고, 구조와 균형과 시간에 대한 나의 집착이면서, 당신의 내면 풍경이기도 하다"고 말한다. T. S. 엘리엇은 〈드라이 샐베이지스The Dry Salvages〉에서 그것을 이렇게 표현했다.

그토록 깊은 곳에서 울리는 음악
그것은 전혀 들리지 않고, 내가 곧 음악이다
음악은 계속되고 있는데.

음악과 감정에 대해서는 아직 답해야 할 질문이 많이 있다. 데릭 쿡은 음악 이론을 주제로 한 매혹적인 책『음악의 언어』에서 음악적 어휘를 제안한다. 음악적 어휘는 감정적 효과를 설명하는 말로, 작곡가는 어떤 소리가 어떤 감정적 효과를 내는지 알고 있다. 어떻게 그럴까? 일정한 소리에 대해 일정한 방식으로 반응하는 습관을 들여왔기 때문에, 혹은 순수하고 완전한 본능에서, 단조 7도음에는 '슬픔'으로, 장조 7도음에는 '격렬한 그리움'으로, 단조 2도에 대해서는 '막막한 고통'으로 반응하는 걸까? 바그너의 〈트리스탄과 이졸데〉를 들어보면 억눌린, 비상하는, 좌절된 격정이 느껴진다. 찰랑찰랑하게 따른 포도주잔처럼, 음악에서는 그리움이 흘러넘친다. 바그너는 그에 대해 다음과 같이 설명했다.

무한한 그리움, 열망, 사랑의 기쁨과 고통의 이야기. 세계, 힘, 명성, 명예, 기사도, 충실함, 우정—이 모든 것은 허약한 꿈처럼 흩어져버렸다. 살아남은 한 가지는 그리움, 그리움, 동경, 갈망, 영원히 새로워지는 상처. 유일한 구원은 죽음, 멎음, 깨어나지 않는 잠.

데릭 쿡처럼 또 다른 질문을 던져보자. 우리가 음악에 감정으로 반응한다면, "이 감정은 (……) 베토벤의 원래의 감정과 얼마나 비슷한가? (……) 이에 대해서는 오직 한 가지 대답이 가능하다. (……) 그것은 한 인간의 감정이 다른 인간의 것과 닮을 수 있는 한 닮아 있다는 것이다." 우리는 베토벤이 아니기 때문에 〈장엄 미사〉에 나오는 환희에 찬 〈글로리아〉를 듣고 기쁨을 느낄 수는 있지만, 그가 작곡할 때와 같은 열정적인 감정은 느끼지 못한다. 작가가 자신의 창조성을 세계와 나누고 싶은, 혹은 세계에 그것을 부여하고 싶은 욕구는 매우 흥미롭다. 베토벤은 〈글로리아〉를 작곡했을 때 화산처럼 분출하는, 하늘을 향해 부르짖고 싶은 환희를 느끼지만 기뻐 춤추는 대신, 쿡이 묘사한 대로, 그것을 "영원히 보존되는, 전달 가능하고 재생 가능한 형태의 에너지로 바꾸고 싶은 욕망"에 사로잡힌다. 그리고 그것은 사실 "전 세계가 들을 수 있는 음악적인 환희의 외침이었고, 그가 죽은 다음에도 사람들은 그것을 반복해서 들을 수 있었다." 베토벤이 적어놓은 음표는 "그의 영원한 환희의 외침을 울리기 위한 (……) 그것을 정확히 어떻게 재생할 것인가를 기록한 지시문이었고, 앞으로도 영원히 그럴 것이다." 예술가들이 작품 속에 살아 있다는 것은 그들의 생애를 관통하는 감정의 징검다리, 육체를 떠난 정서와 집착, 감각을 의미한다. 베토벤은 죽었지만 삶에 대한 그의 감각은 지금 이 순간까지 악보 속에 살아 있다.

음악은 언어인가

◆

음악은 너무도 강렬하게 말하기 때문에 음악이 말과 같은 시기에 발달한, 실질적인 언어라고 생각하는 사람도 있다. 하버드대학의 한 심리학자는 음악이 인간에게 선천적으로 주어진 일종의 지성이며, 말이나 숫자에 대한 지성처럼 하나의 소질이라고 주장했다. 뇌손상을 입은 음악가를 대상으로 실험한 결과, 음악적 능력은 뇌의 오른쪽 전두엽에 있음이 밝혀졌다. 또한 UCLA 의과대학에서는 자원자들에게 셜록 홈스 이야기를 읽히고 음악을 들려준 다음, 뇌의 활동을 PET(양전자 방출 단층 촬영) 스캔으로 기록했다. 독서는 뇌의 좌반구를 흥분시켰고 음악은 뇌의 우반구를 흥분시켰다. 그러나 음악에 대한 열정이 어디에 있는가가 음악이 어떻게 생겨났는가를 설명해주지는 못한다. 인간의 시선이 미치는 한, 역사의 어느 시기에서나 음악을 연주하고 음악에 귀 기울이는 사람이 있었다. 음악에 대한 열정은 어떻게, 왜 생겨났을까? 우리는 왜 음악을 만들고 싶어 하는가? 음악은 문화에 따라 왜 그렇게 많이 다른가? 왜 수많은 사람들이 질서정연한 소리의 고치 속에서 살고 싶어 하고, 음악을 가까이하고 싶어 하는가? 우리는 왜 음악이라는 추상적인 소리의 배열에 그토록 격렬하게, 어떤 때는 폭발적으로 반응하는가? 음악이 말과 함께 발전했다면, 대체 왜 발전한 것일까? 인간의 생존에 있어서 음악의 가치는 무엇일까? 영혼을 울리는 교향곡이나 바그너의 오페라를 듣는 사람이라면 쉽게 인정할 수 있겠지만, 음악은 의미심장하다. 그런데 그 의미는 무엇인가? 우리는 한 곡의 음악에 어떻게 특별한 의미를 부여하는가? 어떻게 해서 악기를 연주하지 못하는 사람들 그리고 음치라는, 특별히 '음악적'이지 못한 사람들조차 음악을 이해하는가? 무엇보다 우리는 음악을 배우지 않고도 어떻게 음악의 언어를 이해할 수 있는가? 먼저 마지막 질문에 대한 그럴듯한 대답은 웃거나 분석할 수 있는 능력과 마찬가지로, 음악적 능력이 유전된다는 것이다. 과거에는 음악이 아주 중요한 것이었고, 벵골인이든, 이누이트족이든, 케추아 인디언이든 혹은 장님이든, 왼손잡이든, 주근깨투성이든 사람이라면 누구나 단순히 음악적인 능력만을 가지고 있는 것이 아니었다. 삶에 의미를 더하기 위해 음악이 필요했다. 갓난아기도 음악에 반응하고, 아장아장 걸어다닐 때쯤 되면 벌써 노래를 부를 수 있을 뿐 아니라 노래를 지어내기도 한다. 음악은 어느 정도까지는 학습되는 것이기도 하다. 중국 아이들은 연속음에 음높이가 미묘하게 변하는 음악을 좋아하는 법을 배운다. 자메이카 아이들은 싱커페이션이 있는 발라드를 좋아하는 법을 배운다. 아프리카 아이들은 빠르고 복잡한 리듬의 음악을 좋아하는 법을 배운다. 사람의 음악적 기호는 쉽게 변하지 않는다. 새로운 세대는 자신의 부모 세대와는 다른 음악으로 자신을 규정하곤 하는데, 구세대는 신세대의 음악을 흔히 소음이나 외설, 시간 낭비 그리고 예술성이 결핍된 것으로 규정하곤 한다. 왈츠가 처음 도입되었을 때, 사람들은 그것을 전위적이고 추잡하다고 생각했다(바이런은 왈츠에 대해 쓴 시에서 왈츠의 무절제함을 찬양했다). 결국 왈츠는 남녀가 서로 껴안고 빠르게 몸을 움직이는 것 아닌가. 사람들은 머리카락을 휘날리며 격렬하게 달라붙었고, 페티코트는 펄럭이고, 엉덩이는 일제히 흔들렸다. 스윙 재즈도 역시 마찬가지여서, 당시 구세대는 스윙 재즈를 조잡하고 반복되는, 정말 한심한 짓거리로 생각했다. "잼은 그렇게 섞지 않으니까, 그건 젤리가 틀림없어" 같은 가사를 구세대가 어떻게 이해했겠는가? 더구나 탱고에는 은근슬쩍 몸에 휘감기는 리듬과, 남자는 나무고 여자는 덩굴인 양 여자가 남자에게 다리를 휘감는 육감적인 스텝이 있다. 이런 통속적인 소동에 동반되는 가사는 당연히 육감적이고, 폭력적이며, 너무도 비통한 것이었다. 필립 햄버거의 『이상한 세계』에 소개된, 전형적인 아르헨티나탱고의 가사를 적어본다.

나는 살아오는 동안, 모두에게 항상 좋은 친구가 되어주었어. 나는 내가 가진 모든 것을 아낌없이 주었어. 하지만, 지금은 빈민가의 어둡고 누추한 작은 방에서 피를 토하며 외롭게 않고 있어. 지금 사랑하는 어머니 말고는 아무도 나를 찾아오지 않아. 아, 나는 이제야 내가 어머니에게 얼마나 잔인했는지 알겠어. 나는 죽음을 앞에 두고 어머니에 대한 나의 사랑을 깨달았어. 진정으로 나를 아껴주는 이는 어머니뿐.

최근의 과학소설에서는 음악이 아주 먼 곳에 있는 생물체들과 나눌 수 있는 언어, 우주의 공용어라고 말하고 있다.『미지와의 조우』는 그러한 가정에 근거한 과학소설 가운데 최고일 것이다. 하나의 화음은 명함과 같은 것이며, 강렬한 단순 화음은 수학에 기초하고 있는 것으로 그리스 시대와 천체 음악(피타고라스는 천체의 운행이 음악을 발생시킨다고 생각했다―옮긴이)에까지 거슬러 올라가는 오래된 생각이다. 음악과 수학은 항상 일정한 관계가 있었으므로 과학자들이 지나치게 음악을, 특히 바흐와 같은 작곡가를 좋아하는 일이 많았던 것이다. 작곡가 보로딘은 불소와 탄소 원자를 결합하여 새로운 화합물을 만드는 법을 발견해낸 과학자였다. 테플론, 프레온과 그 밖의 다양한 연무질도 그의 영감에 힘입었다. 보로딘의 취미는 작곡이었다. 일리노이의 국립페르미입자가속기 연구소에는 연구실과 실험실 사이에 콘서트홀이 있다. 서독에서는 물리학자들이 음악적 구성과 프랙털의 수학 사이의 관계를 연구하고 있다. 음악이 수학적인 것은 무엇 때문일까? 피타고라스가 기원전 5세기에 발견한 것처럼, 음은 진동하는 현의 길이로 정확히 측정되고, 음정은 비례로 표현될 수 있기 때문이다. 물론 사람들은 그저 기분 좋게 들리는 소리를 노래 부른다. 비례를 따져 노래하지는 않는다. 수학적으로 사고하는 그리스인에게 수학이 음악의 아름다움을 은밀히 결정한다는 이런 발견은 우주는 질서정연하고, 논리적이며, 인식 가능한 구조임을 드러내는 또 하나의 확고부동한 증거였을 것이다. 그리스인은 높은 음계에서 낮은 음계로 노래했다. 지금은 낮은 음계에서 높은 음계로 연주하는 편을 선호한다. 이러한 변화는 사실 기독교 및 그레고리오성가와 함께 시작되었는데, 종교적 상승과 초월에 대한 욕구의 결과라고 생각했다. 과학소설에서는 음악이 수학적이면 보편성을 갖는다고 주장한다. 우주 공간에 언어 메시지를 보내려고 애쓸 필요 없다. 푸가를 보내면 되니까. 좀 더 확실히 하려면 둘 다 내보내면 된다. 1977년 쏘아올린 보이저 1호에는 다른 행성인에게 보내는 여러 가지 메시지가 탑재되어 있었는데, 그중에는 음악은 물론 지구의 잡다한 소리가 들어 있는 레코드가 그것을 재생하는 방법에 대한 안내문과 함께 실려 있었다.

음악도 언어처럼 문법이 있을까? 아니면 수학적 법칙이 있을까? 만일 음악이 수학적이라면, 수학에 무지한 사람들은 어떻게 음악을 듣고 기쁨을 느끼는 걸까? 1971년《뉴 리터러리

히스토리》에 발표한 수필에서, 작곡가 조지 로크버그는 이렇게 말했다. "음악은 제2의 '언어' 체계고, 그 논리는 중추신경계 자체, 즉 인체의 근본적인 알파 논리와 밀접하게 관련되어 있다. 만약 내 생각이 옳다면, 음악의 지각은 단순히 전도된 과정이라는 말이 된다. 즉 우리는 자신의 육체, 자신의 신경계를 통해 먼저 듣고 그것의 근본적인 병렬적, 연속적 기억이 기능한다는 것이다." 육체를 통해 듣는다. 정말이지 음악을 들으며 몸을 움직이지 않는 것은 힘든 일이다. 발은 장단을 맞추기 시작하고, 손은 까딱거리기 시작한다. 우리는 보이지 않는 지휘봉을 집어 들거나, 빙빙 돌며 춤을 추는 것이다. 모차르트를 소재로 한 피터 셰퍼의 희곡 『아마데우스』에서, 성공한 작곡가 살리에르는 다음과 같이 말한다.

그것은 아주 단순하게 시작되었다. 녹슨 손풍금 같은, 바순과 바셋호른의 가장 낮은 음역에서의 떨림 (……) 그러다 불현듯, 그 위로 높이, 오보에의 가락이 울렸다. 그것은 끊이지 않고 이어지며 더 이상 숨을 참을 수 없을 때까지 내 몸을 관통했다. 그러다 클라리넷이 가세하여 숨길을 터주었는데, 그 기쁨에 찬 곡조에 내 몸이 떨려왔다.

음악은 귓속의 기관을 자극하는 진동하는 공기에 지나지 않는다. 음량, 음높이, 음 길이와 같은 다양한 성질이 있지만, 그래도 여전히 진동하는 공기에 불과하다. 청각장애인이 음악을 매력적인 진동으로 지각하고 즐길 수 있는 것은 바로 이 때문이다. 헬렌 켈러는 카루소의 입술과 목젖에 손가락을 대고 그의 노래를 들었고, 라디오를 붙잡고 교향곡 연주를 들었다. 그녀는 교향곡 연주에서 새로운 악기가 가세할 때의 느낌을 아름답게 표현하기도 했다. 오실로스코프는 음조를 눈에 보이게 만들 수 있다. 진동을 표시함으로써 음조의 음향적 성질을 드러낼 수 있는 것이다. 그러나 그것이 음악적 느낌을 판단하지는 못한다. 듀크 엘링턴이 피아노로 연주하는 라벨의 명징한 가락을 수없이 듣지만, 그에 대해서 어떻게 설명할 수 있을까? 만약 전에 어떤 음을 들어본 적이 없다면, 그것을 말로 재현하거나 정확하게 그려낼 수 없을 것이다. 듀크 엘링턴 밴드에서 피아노를 연주했던 테디 윌슨은 엘링턴이 왼손으로 춤곡의 리듬을 연주하면서 오른손으로는 "공중에 색모래를 흩뿌리듯" 열정적으로 건반을 눌렀다고 한다.

나라마다 언어는 다르지만, 어디에나 일정한 형태의 음악을 즐긴다. 우리가 이를 서양음악, 동양음악, 아프리카음악, 이슬람음악 등으로 지칭하는 것은 지나치게 배타적인지도 모른다.

청각

즉, 단지 문화권마다 약간씩 다른 규칙에 따라 일정한 양식으로 배열된 음을 좋아한다는 것이다. 지난 2500년간, 서양음악은 음의 다성적 배열에 사로잡혀 있었다. 그러나 세계에는 외부인에게 아직 이해받지 못한 의미 있는 음의 배열이 많다. "음악과 음악 사이의 장벽은 언어의 장벽보다 넘어서기 힘들다." 빅토르 주커칸들은 『음악에 대한 감각The sense of Music』에서 이렇게 썼다. "우리는 어떤 언어라도 다른 언어로 번역할 수 있다. 그러나 중국 음악을 서양음악의 표현 양식으로 번역한다는 것은 한마디로 난센스다." 왜 그럴까? 작곡가 펠릭스 멘델스존에 따르면, 그것은 사람들이 흔히 생각하듯 음악이 지나치게 모호하기 때문이 아니라, 반대로 너무 정밀하여 언어를 비롯한 다른 표현 양식으로 번역할 수 없기 때문이다. 언어는 임의적이다. 말과 그 말이 나타내는 감정 사이에는 직접적인 관련이 없다. 대신, 언어는 어떤 생각이나 감정을 잡아채어 그것을 순간적으로 가시화한다. 우리는 자신의 느낌과 생각을 건져올리기 위해 말을 필요로 한다. 말이 있어서 재화와 용역을 교환할 수 있음은 물론, 자신의 내면의 삶을 타인에게 드러낼 수 있다. 그러나 음악은 모든 인간이 공유하고 있는 감정의 채석장에서 나온 절제된 외침이다. 외국어는 번역해놓아야 이해할 수 있지만, 흐느낌, 울음, 비명, 기쁨, 웃음, 한숨을 비롯한 부르짖음과 외침 소리는 본능적으로 이해한다. 시간이 흐르며 이러한 소리는 두 가지 형태의 조직화된 소리, 즉 말(대상, 감정, 생각을 나타내는 논리적인 소리)과 음악(감정을 나타내는 비논리적인 소리)이 되었을 거라고 생각한다. 그것은 쿡이 고찰한 그대로다. "말과 언어 모두 듣는 이에게 어떤 감정적인 반응을 일깨운다. 언어는 감정적 반응과 그 의미에 대한 이해를 일깨우는 것이고, 아무 의미가 없는 가락은 오직 감정적 반응만을 일깨우는 것이 차이다." 음악의 곡조는 어떤 반응을 일깨울 수 있을까? 두려움, 분노, 경탄, 불안, 패배, 금욕, 사랑, 애국심…… "음악이 불러일으킬 수 없는 감정은 어떤 것이고, 음악이 가라앉힐 수 없는 열정은 어떤 것인가?" 존 드라이든은 〈성 세실리아의 날을 위한 노래〉에서 이렇게 묻고, 계속해서 다음과 같이 말한다.

조용히 한탄하는 플루트,
꺼져가는 선율로, 희망 없는 연인들의
고통을 속삭이고, 류트는
떨리는 소리로 이들의 비가를 부르는구나.

바이올린은 드높은 선율로
이들의 괴로움과 절망,

청각

격분, 미친 듯한 분노,

고통의 깊이와 정열의 높이를 노래한다네.

1781년 9월 26일, 모차르트는 비엔나에서 아버지에게 보내는 편지에서 〈후궁에서의 도주〉에 대해 이렇게 쓰고 있다.

벨몬테의 아리아 A장조 "오 얼마나 안절부절한지, 오 얼마나 불같은지"가 어떻게 표현됐는지 아시나요? 벨몬테의 사랑에 넘쳐 뛰는 가슴을 나타내는 것은 몇 옥타브를 넘나드는 두 대의 바이올린입니다. (……) 하나는 그 떨림과 동요를 보여주고, 다른 하나는 그의 출렁이는 가슴이 요동치는 것을 보여주지요. 이것은 크레셴도로 표현됩니다. 사람들은 그 속삭임과 한숨 소리를 약음기를 끼운 제1 바이올린과 플루트의 합주로 듣게 됩니다.

모차르트는 정열에 넘치는 강력한 지적 도구였던 음악을 통해 정밀한 감정을 느끼고 표현했다. 말러의 9번 교향곡 1악장의 주제는 그의 부정맥을 묘사하고 있으며 죽을 수밖에 없는 운명을 슬퍼하는 심정이 드러나 있다. 그 후 얼마 안 되어 그는 10번 교향곡을 작곡하던 도중에 사망했다.

음조의 문제를 아주 복잡한 음계로 해결한 것이 대부분인 음악은 전적으로 작곡가의 마음속에서 이루어진다. 이런 창조적 마술을 부릴 필요가 없는 오케스트라는 작곡가가 상상하는 음악을 형편없이 재생하기도 한다. 사람들은 귀가 들리지 않던 베토벤이 어떻게 그토록 빛나는 9번 교향곡을 작곡할 수 있었는지 의아해한다. 베토벤은 음악을 '듣는' 것이 필요하지 않았다. 어쨌든 소리로 들을 필요는 없었던 것이다. 그는 음악을 마음속에서 완전한 상태로 훨씬 더 가깝게 들었다. 같은 음악을 듣고 감동받는 사람들도 저마다 그것을 다르게 듣는다. 작곡가는 상상 속의 공명하는 방에서 그것을 완전하게 듣는다. 일반 청중은 그 마술을 이해하지 못한 채 느낌으로 듣는다. 작곡가들이 음악의 형식, 구조, 역사 그리고 그 기원에 관한 내부자의 지식을 가지고 듣는 것과는 다르다. 악기 순서대로 자리가 배열된 오케스트라 단원들은 그들의 연주를 균형 잡힌 작품으로가 아니라 '내부'에서, 웅웅거리는 소리로 듣는다.

음악으로만 말하는 사람도 있다. 예를 들면, 카나리아제도 라고메라 섬 원주민의 후손으로 관체족이라고 불리는 사람들은, 구불거리는 계곡 건너편 사람들과 의사소통을 할 때 고대의 휘파람 언어를 사용한다. 동굴 생활을 하고 망자의 미라를 만든다는 사실 외에는 거의 알려진 것이 없는 이들은 메추라기 같은 새처럼 떠는 소리로, 그러나 그보다 훨씬 정교한 소리로 의

사소통한다. 이들은 15킬로미터 떨어진 곳에서도 조상들이 하던 대로 서로의 말을 알아듣고 대화를 나눈다. 실보 고메로라고 하는 이 말을 일부 섬사람들은 스페인 말과 섞어 휘파람 말 혼성어를 만들었다. 이들은 이 혼성 언어가 아주 정확하다고 생각한다.

호주의 원주민 애버리진들은 보이지 않는 길의 미로, 즉 노래의 길을 따라 영토를 분할했으며, 이들은 노래 길을 넘나들며 일상적인 생활을 꾸려나간다. 그 길에 가장 가까이 있는 새의 노래가 영토를 표시하는 노래 길은, 오래되고 신비로운 것이지만, 정확한 지도이기도 하다. 호주 대륙은 미로와 같은 노래 길이 교차하고 있으며, 애버리진은 그 길을 따라가며 노래를 부른다. 브루스 채트윈은 『노래 길The Songlines』에서 그 과정을 다음과 같이 묘사하고 있다.

가사와는 무관하게, 노래의 멜로디가 그 노래가 지나가는 대지의 상태를 설명하는 듯하다. 그래서 만약 도마뱀 인간이 발을 끌며 에어 호의 염전을 지나가고 있다면, 쇼팽의 〈장송 행진곡〉 같은 긴 플랫의 연속을 기대할 수 있다. 도마뱀 인간이 맥도널 벼랑을 뛰어 오르내리고 있다면, 리스트의 〈헝가리 광시곡〉 같은 일련의 아르페지오와 글리산도를 듣게 될 것이다.

어떤 악구와 가락은, '큰 조상'의 발의 움직임을 묘사한다고 전해진다. (……) 전문적인 노래꾼은 노래를 들어보고, 위대하신 분이 몇 번이나 강을 건넜는지 혹은 몇 번이나 산봉우리를 올랐는지를 헤아린다. 그리고 자신이 노래 길의 어디에, 얼마나 먼 곳에 있는지 계산해낸다.

시나 노래에서 언어와 음악이 만나면, 둘은 상승 작용을 일으킨다. 감정이 타오르면 언어는 자연스럽게 운율을 띤다. "모든 정열적인 언어는 저절로 음악이 된다. 인간의 말은 질투와 분노 속에서도 영창詠唱이 되고 노래가 된다." 토머스 칼라일은 말했다. 이것은 근본주의 목사들의 설교, 정치적 활동가들의 요란한 구호 혹은 러시아 시인들의 시 낭송에서 가장 뚜렷하게 드러난다. 요즘은 거의 모든 영화에 배경음악이 깔려 있다. 세계를 들을 수 있는 능력이 모자라고, 재빨리 적절한 감정을 느끼기 위해 음악이 필요하다는 생각이 저변에 깔려 있는 것이다. 우리는 세계가 들을 만한 가치가 없다고 생각하는 걸까? 단지 영화 제작자들이 강렬한 감정적 효과를 내기 위해 말과 음악을 결합시키기 때문일까? 그렇지 않으면 우리가 보는 것만으로는 감정적 반응을 일으키지 못할 정도로 나태하고, 피상적이고, 무감각하다는 걸까?

몇 가지 실험

◆

인간의 몸의 구조는 음악을 듣는 데 가장 이상적인 형태를 취하고 있어서, 스테인드글라스를 통해 빛이 쏟아져 들어오듯, 음악은 인간의 몸을 통해 아름답게 쏟아져 들어온다. 윌리엄 콩그리브의 말이 옳았다. "음악에는 사나운 가슴을 진정시키는 매력이 있다." 세월이 지나는 동안 사람들이 이 경구를 잘못 발음하여 가슴breast이 아닌 야수beast로 읽어왔지만, 콩그리브는 사자가 음악에 길들여진다거나 코브라가 뱀꾼의 피리 소리에 취한다는 뜻으로 한 말은 아니었다(뱀을 사로잡는 것은 피리 소리가 아니라 피리의 움직임과 뱀꾼이다. 뱀은 귀가 거의 들리지 않으니까). 그는 음악이 들끓는 심정을, 심지어 의지에 반해서라도 가라앉힐 수 있다는 뜻으로 말했던 것이다. 감정은 사적이다. 우리는 복숭아잼 단지처럼 자신의 감정에 마개를 닫아 선반 맨 위에 보관해둔다. 그리고 위기가 닥칠 때마다 그것을 끄집어내어 노래를 통해 감정을 덮고 있는 뚜껑을 열어젖히는 것이다. 노래하며 울부짖는 사람들은 노래에 치유의 힘이 있음을 안다. 우리는 노래를 불러 격정을 발산시킨다. 문화가 다른, 공통점이라곤 아무것도 없어 보이는 이방인들도 누구나 이해할 수 있는 슬픔과 기쁨을 노래한다.

호주의 생리심리학자 만프레드 클라인은 바흐의 음악을 틀어주고 손 근육의 반응을 측정하는 실험을 했다. 피실험자들은 문화적 배경과 상관없이(일본과 미국의 사업가, 호주의 애버리진 등) 모두들 바흐의 같은 악절에 대해 똑같이 반응했다. 다음에는 피실험자들이 즐거움이나 분노 같은 강렬한 감정을 느낄 때 손 근육의 반응을 측정했다. 여러 감정적 상태를 나타내는 그래프는 바흐의 악절에 대한 반응과 일치했다. 음악은 모든 인간에게 공통된 감정 상태를 만들어내고, 그 결과 우리는 자신의 가장 사적인 감정에 대해 말로 설명하지 않고도 서로에게 알릴 수 있다.

　　노래 부를 때 동공은 확장되고 엔돌핀 분비량은 높아진다. 음악은 뇌는 물론 몸 전체에 영향을 미치는 것이다. 2차 세계대전 당시, 혼수상태에 빠진 환자들도 음악에 반응할 수 있다는 사실이 밝혀졌다. 음악에는 어떤 치유의 성질이 있다. 의사와 간호사들은 음악의 도움을 받아 장애아, 특히 다중 장애를 가진 어린이에게 접근한다. 말하기를 어려워하는 자폐나 학습 장애아와는 먼저 노래로 보다 쉽게 의사소통을 하고, 그다음에 이러한 능력을 말하기로 발전시켜 나간다. 음악은 사람을 고양시키고 힘을 주므로, 비활동적인 사람들이 좀 더 오래 그리고 자주 운동하도록 도와준다. 이럴 때 흔히 선택하는 것은 재즈,

스윙, 팝이나 록 음악인데 이들 음악의 리듬은 인간의 자연스런 심장박동과 어긋나므로 혈압을 상승시키고 흥분이 일어난다. 음악은 마음을 진정시키기도 한다. '음악을 통한 유도 심상'이라는 분야의 전문 음악 치료사는 환자의 눈을 가리고 유익한 심상이 떠오를 수 있는 편안한 상태로 이끌어준다. 협심증 환자들은 심장계 집중 치료 병동에서 회복 과정 중에 고전음악을 듣는다. 음악은 환자의 마음을 안정시켜주는 동시에 주변의 삭막한 광경에 음악적인 가리개를 내려준다. 암환자, 노인, 정서장애나 정신질환을 앓고 있는 이들에게 음악을 처방하는 의사도 있다. 음악 치료사들이 결성한 국제 조직의 최근 연례 회의에서는 '청각장애 어린이의 읽기 지도에서 음악의 이용' '노화되는 신경계: 노인 정신과의 음악 치료사에게 제기되는 문제' '음악 치료를 통한 소아 화상 환자들의 심리사회적 적응의 증진' '뇌 손상 환자의 재활과 음악 치료' 등 복잡한 여러 가지 주제를 다루었다.

음악이 왜 우리에게 즐거움을 주는지 이해하기 위해, 먼저 왜 쾌감이 느껴지는지 질문해봐야 한다. 우리가 '쾌감'으로 지각하는 것은 화학자 제임스 올즈가 명명한 것처럼, 인체의 '보상의 강물'의 급류를 지나는 전율일 수도 있다. 올즈는 쥐를 대상으로 한 실험을 통해, 뇌의 쾌감 중추의 위치를 처음 알아냈다. 인체의 다른 부분과 마찬가지로, 보상의 강물은 전기와 화학물질의 이상스런 혼합인데, 전극이나 약물을 사용하여 쾌감 중추를 인위적으로 자극하거나 안정시키는 다양한 방법이 있다. 처음부터 인간은 여러 가지 보상을 통해 진화해왔다. 그러니 퀴즈 쇼나 경연 대회, 메달 등 상상할 수 있는 온갖 보상 프로그램이 우리의 문화를 지배해온 것도 놀라운 일이 아니다. 그리고 보상에 대한 중독은 헤어나기 어렵다. 뇌의 핵심 주자 중 하나인 보상은 다양한 외양을 띠고 있다. 선율과 마찬가지로, 높거나 낮은 음조로, 빠르거나 느리게, 다양한 음색으로 나타난다. 단순하거나 정교하며, 구분 가능하다.

스탠포드대학 중독연구소에서 한 여성이 방음 장치가 된 방에 앉아 헤드폰을 끼고 좋아하는 음악을 듣고 있다. 그녀가 듣고 있는 것은 점점 높아지는, 희열에 찬 크레셴도의 라흐마니노프 협주곡이며, 다른 자원자들은 다른 고전음악이나 팝송 혹은 재즈를 듣는다. 듣는 이에게 기쁨에 찬 전율을 선사하는 한, 무슨 음악을 선택하든 상관없다. 짜릿한 느낌은 목 뒤에서 시작되어 슬금슬금 얼굴을 타고 올라가 정수리에 이르고, 재빨리 어깨를 지나 두 팔을 타고 내려와 마침내 등뼈를 떨게 만든다. 격렬한 감정 혹은 감각적 아름다움이 그러한 전율을 선사하는 것이 이상하지 않은가? 이런 전율이 느껴지면 방음 장치가 된 방에 앉아 있는 여성은 한 손으로 신호를 보낸다. 그녀는 음악을 듣는 동안 강렬한 감정을 느끼는 일이 많기 때문에 두 번째 그룹으로 분류되어 다시 실험한다. 이번에는 천연 마약인 엔돌핀을 차단하는 약물 날록손을 복용한다. 다른 피실험자들은 위약僞藥을 복용한다. 밴 클라이번이 라흐마니노프 협주곡 2번을 열정적으로 연주하기 시작하자, 그녀에게 항상 전율을 일으켰던, 첫 번째 크레셴도의 점점 높아지는 조밀한 리듬이 물밀듯이 흘러나온다. 이번에는 음악이 그녀의 마음에 단조롭게 깔린다. 그녀의 육체는 아무것도 느끼지 못한다. 광희狂喜는 사라졌다.

소리 속의 성당

◆

오랫동안, 서양음악은 단성 혹은 '단음적 가곡'이었다. 한 번에 한 사람만 노래한다는 뜻이 아니라 하나의 선율 파트 혹은 성부가 있고 나머지 소리는 그것을 뒷받침하는 화음이라는 뜻이다. 보통 주 선율이 가장 고음이다. 4세기의 종교 음악 단선율 성가에는 반주를 전혀 하지 않았다. 하나의 목소리가 라틴어 가사에 맞춰 단순한 멜로디를 불렀다. 6세기에 교황 그레고리우스 1세가 성가를 편찬하기로 한다. 그 결과 태어난 것이 제창齊唱하는 그레고리오성가다. 중세 사람들은 여러 음을 동시에 노래해도 다른 음을 침해하거나 충돌을 빚지 않고 조화로운 음악(다성음악)이 탄생된다는 획기적인 발견을 했다. 이러한 명백한 결론에 도달하는 데 그렇게 오랜 시간이 걸렸다는 것이 놀랍다. 그러나 음악은 눈에 보이는 것과는 다르다. 파란색과 노란색을 섞으면 두 가지 고유한 색조는 없어지고 완전히 새로운 색깔이 탄생한다. 그러나 음은 합쳐놓아도 각각의 특성이 사라지지 않는다. 그 결과 생기는 것이 새로운 화음이고, 이것은 자체의 소리를 갖지만 개별 음도 뚜렷이 구분된다. 단순한 음의 혼합이 아니고, 여러 사람들이 한꺼번에 떠드는 것 같은 소음도 아니며, 전혀 색다른 질서인 것이다. 화음은 "생각과 같은 것"이라고 음악 철학자 빅토르 주커칸들은 썼다. "화음은 들리는 생각, 귀를 위한 생각, 들을 수 있는 생각이다." 색깔이 서로 섞이지 않고 분리되어 있으려면, 서로의 옆에 있는 공간을 차지해야 한다. 똑같은 공간을 점유해서는 안 되는 것이다. 그러나 음은 똑같은 공간에서도 동떨어져 있을 수 있다. 주커칸들은 "다성음악은 거대한 고딕식 성당의 건축과 함께 발생했고, 화성의 탄생은 르네상스의 절정기, 현대 과학 및 수학의 발생과 궤를 같이한다. 즉 인간의 공간에 대한 이해에서 두 가지 커다란 변화가 생겨난 것이다"라고 지적했다.⁺ 눈에 보이는 것이 공간예술이고, 음악은 '시간 속에 펼쳐지는' 시간예술이라는 사실을 생각해볼 때 이는 이상하게 들릴 수도 있다. 음악은 당김음이나 반복과 같은 여러 가지 장치를 이용하는 역동적 예술이다. 주커칸들은 이렇게 말했다. "음악은 단순히 시간 속에 있는 것이 아니다. 시간과 함께하는 어떤 것이다. (……) 시간의 균등한 흐름이 규칙적으로 생겨나는 소리에 의해 잘려서 똑같은 길이의 짧은 시간들이 되는 것과 같다. 음은 시간을 표시한다." 음은 시간을 물들이고, 물들인 시간을 다시 모아 작은 집단을 만든다. 서로 다른 색깔로 물들인 여러 가지 길이의 천 조각을 모아놓는 것과 같다. 최소한 서양음악에서는 그렇다. 우리는 음악에서 측정된 시간에 익숙해져 있다. 다성음악이 처음 출현했을 때, 모든 목소리가 똑같이 시간을 지키는 것이 이해받을 수 있는 유일한 길이었다. 그러나 1500년 전쯤을 돌아보면 음악에서 측정되지 않은 시간을 찾아낼 수 있다. 그레고리오성가는 시와 마찬가지로, 즉흥적으로 시간을 정한다. 요즘도 모두 똑같은 메트로놈을 사용하지 않는다면 박자를 맞추는 일이 어려울 것이다. 그래서 박자는 어떤 절대적인 기준에 맞추는 것이 아니라 서로에게 맞추는 것이다. 라벨의 슬픈 〈죽은 왕

❖ "모든 공간은 악기 그 자체면서 악기의 일부다." —폴린 올리버로스.

녀를 위한 파반느〉는 지휘자의 해석에 따라 아주 애절하고 비통하게 들릴 수 있지만, 라벨이 직접 연주한 녹음을 들어보면 쾌활하게까지 느껴진다.

초기 로마네스크 양식의 교회, 가령 1083년에서 1097년 사이에 세워진 부르고뉴의 생테티엔 교회의 내부를 들여다보면, 높은 반원형 천장에 두터운 벽체, 긴 아케이드(이것은 종교적 행렬을 위해서뿐만 아니라 그레고리오성가의 반향을 위해 이상적인 공간이었다)를 가진 거대한 건축 양식을 확인할 수 있다. 그레고리오성가는 무거운 그릇에 따라놓은 진한 포도주처럼 건물 내부를 채웠다. 반면 여러 개의 회랑, 조상, 계단, 벽감, 복잡한 석조 장식이 있는 파리의 노트르담 같은 고딕 양식의 성당에서라면 그레고리오성가는 분절될 것이다. 그러나 생테티엔에서는 많은 사람들의 목소리가 상승하고 뒤섞이며 정교한 공간을 영광스러운 노래로 채울 수 있다.

서양음악은 시의 형식을 연상시키는 구조를 가지고 있다. 소나타는 판토움이라는 말레이 시처럼 대단히 짜임새 있다. 작곡가는 시인과 마찬가지로, 형식의 한계를 최대로 이용하고, 좁은 울타리 안에서 비상을 시도해야 한다. 천재 예술가의 할 일은 형식이라는 빛나는 감옥과 자유로운 상상력 사이의 긴장을 유지하는 것이다. 예를 들면, 베를리오즈는 아름답고 관능적인 오페라 〈베아트리체와 베네딕트〉에서 웅장하면서도 친근한 음악을 창조해냈다. 듀엣은 친밀한 영혼의 화음으로 빛나고, 아리아는 집착에 가까운 갈망으로 상승하다 어느 순간 흐느낌과 한숨의 선율로 폭발한다. 주커칸들은 이렇게 묻는다. "거의 아무것도 아닌, '음조일 뿐인 것'이 자신의 가장 의미심장한 경험이 될 수 있는 이는 누구인가?"

아르헨티나 영화 〈남동쪽을 바라보는 사나이〉에서, 외계인 란테스는 정신병원 부속 교회당에서 오르간을 연주하며 이렇게 말한다. "이것은 일련의 진동에 지나지 않지만 사람들에게 굉장한 효과를 발휘한다. 이 마술은 어디에 있는 걸까? 악기 속에 있을까? 음악을 작곡한 사람의 마음속에 있을까? 아니면 내 속에? 음악을 듣는 사람들 속에? 나는 사람들이 무엇을 느끼는지 이해하지 못한다. 아니다. 나는 이해할 수 있다. 나는 그저 그것을 느끼지 못할 뿐이다." 나중에 그는 그러한 감각이 자신의 행성 사람들을 혼란시킨다고 말한다. 그들은 매혹적인 색소폰 선율이나 황홀한 향수 냄새에 의해 파괴될 수도 있는 것이다. 그의 행성에서 지구로 파견된 대표가 오직 그만은 아니다. 그들은 방어할 수단이 없는 인간의 무기, 즉 인간적인 어리석음에 대해 조사하기 위해 이곳에 온 것이다. 요원들은 가끔씩 좌표를 상실하고, 배신자가 되고, 자폭하기도 한다. 우리는 결국 정신병원에 입원한 그를 방문한 베아트리스라는 아름다운 아가씨가, 인간적 감각 경험의 아름다움에 푹 빠진 클라리넷 솔로를 듣고 마음의 동요를 일으키고, '일몰과 향기 때문에 타락한' 요원들 가운데 하나라는 것을 알게 된다.

대지의 소리

◆

우리는 음악을 어떤 발명품, 하나의 자연의 소리가 되고자 하는 인간의 내적 열망을 충족시켜주는 것으로 생각한다. 그러나 모두가 음악을 그렇게 지각하지는 않는다. 방콕에서 약 130킬로미터 북쪽의 윗탐 크라복의 산기슭에 있는 절에서는 승려들이 마약 중독자의 재활을 돕고 있다. 이들은 한약 치료, 상담, 직업훈련을 병행하고 있다. 그중 프라 차로엔이라는 예순한 살의 타고난 자연주의자 승려는 음악실에서 바삐 움직이며 전자 장비를 이용하여 지구의 전기적 현상을 기록하고 이것을 악보로 옮기고 있다. 차로엔과 같은 팀의 승려들은 투명 용지 위에 음파의 패턴을 그린 다음 이것을 기다란 천 조각 위에 그래프로 옮기고 천을 둘둘 말아 보관한다. 이 그래프는 태국 전통음악의 18개의 악구와 조화를 이루고, 이 '순수한 멜로디'는 전자

오르간 반주에 맞춰 태국 악기로 연주, 녹음된다. 차로엔을 비롯한 승려들은 음악가로 구성되지는 않았지만, 이들은 음악이 상상력의 산물도 아니고, 오직 사람만이 만들 수 있는 것도 아니라고 생각한다. 음악은 대지의 바위와 뿌리에서 솟아나는 것이다(『사냥꾼의 가슴』에서 로렌스 반 데르 포스트가 설명한 바에 따르면, 부시맨은 사람이 죽었을 때 "하늘에서 한 사람을 위해 울리던 소리가 그쳤다"고 말한다고 한다). 한 서양 여성은 이렇게 썼다. "음악이 그친 순간을 채우는 새소리와 함께, 방문객은 사원의 나무 아래 앉는다. (……) 그리고 고대 아유타야의 대지가, 대왕궁의 돌들이, 방콕의 거리가, 혹은 후아 람퐁 기차역 앞뜰의 갈라진 틈새가 노래하는 것을 듣는다."

미국의 작곡가 찰스 다지도 이 태국 승려들과 비슷한 작업을 한다. 그는 1970년 6월에서 9월까지, 1961년의 자기 데이터를 특수 프로그램이 설치된 컴퓨터와 신시사이저에 입력하여 〈지구의 자기장을 연주하는 태양〉을 녹음했다. 이 연주의 부제는 '컴퓨터에 의한 전자 사운드의 깨달음'이고, 앨범 재킷에는 녹음에 기여한 '과학계 동료' 3명의 이름이 언급되어 있다. 때로 웅웅 울리고, 날카로운 고음으로 올라가는 이 음악은 반짝거리는, 쏟아질 것 같은 선율의 바이올린과 목관악기 소리로 가득차 있다. 대단히 화성적이며, 작은 꾸밈음과 부분적인 팡파르가 자주 등장한다. 제멋대로 연주했다는 느낌은 거의 없고, 엔텔레케이아(생명력 혹은 활력—옮긴이)라고 할 만한 것에 의해 에너지를 충전받은 듯, 그 역동적인 불안은 음악을 작곡할 때 의식적으로 지향하는 목표를 향하고 있다. 나에게도 목성의 자기장의 기록이 있는데, 1980년 보이저 1호와 2호가 목성에 근접한 것을 기념하여 TRW사가 제트추진연구소를 찾은 방문객에게 기념품으로 준 것이다. 우주선에 탑재된 전기장 탐지기는 이온의 흐름, 가열된 전자의 지저귐, 하전荷電된 입자의 진동, 목성의 대기권을 뚫고 지나가는 번개를 기록했는데, 어느 것이나 우리의 귀에는 쉭 소리로 들리는 극광極光이 함께 나타나 있다. 위성 이오의 화산에서 분출하는 가스는 복사파에 술렁임과 요정의 비명 소리를 남겼다. 이 콘서트는 매혹적이며 과학자들에게는 유용하지만, 원래 음악은 아니었고 또 음악처럼 들리지도 않는다. 그러나 그것을 변형하면 쉽게 음악을 만들 수 있다. 예술가들은 예술의 유기적 형식을 항상 자연에서 구해왔으므로 '펄서'(규칙적으로 전파를 방출하는 천체의 하나. 빠르게 자전하는 중성자별로 추측된다—옮긴이)라는 폭발음의 곡조를 발견한 것도 놀라운 일은 아니다. 펄서는 알려진 것만 해도 400개가 넘는데 지구로부터의 거리는 제각각이다. 작곡가 찰스 다지는 한 때는 거대한 별이었던 어느 펄서의 율동적인 맥동 기록을 이용

청각

하여 약 15,000광년 떨어진 곳에 있는 카리브 해와 같은 선율을 내놓는데, 그 속에는 그가 "외계에서 온 드러머"라고 표현한 타악기 소리도 들어 있다. 한편, 캘리포니아의 유전학자 오노 스스무는 DNA의 네 가지 염기에 각각 다른 음을 붙여(시토신은 도, 아데닌은 레와 미, 구아닌은 파와 솔, 티민은 시) 연주했다. 인체의 세포는 진동했다. 우리가 듣지 못하더라도 그 속에 음악이 있는 것이다. 동물은, 어떤 주파수는 인간보다 더 잘 듣는다. 인간의 살갗 주름의 계곡에 몸을 감추고 있는 진드기는 우리가 움직일 때마다 우리의 세포가 풍경이 가득 매달려 있는 산처럼 내는 소리를 들을 것이다.

대지가 소리를 내면 천둥치듯 우르릉거린다. 대지는 삐걱거린다. 코네티컷주 무두스에서는 소규모 지진이 몇 달 동안 쉼 없이 주민들을 흔들어댄다. 진앙지는 마을 북쪽 끝에 있는 366미터 넓이의 극히 작은 지점이다. 그곳이 악마의 수챗구멍이나 그와 비슷한 혐오스러운 것으로 그려진 공포영화가 만들어지지 않았다는 것이 놀랍다. 이러한 종류의 대지의 흔들림은 '무두스 소음'으로 불리는데, 예전부터 완군크 인디언은 이곳을 택하여 주술 의식을 치렀다. 이 대지가 그들에게 말을 걸었기 때문이었다. 인디언들은 이곳을 '소리 나는 곳'이라는 뜻의 마체무두스로 불렀는데, 인디언 신화에 따르면 여기서 나는 소리는 신이 동굴 속에 거친 숨결을 불어넣는 소리라고 한다. 지진은 코르크 마개를 뽑듯이 가벼운 소리를 낼 수도 있고, 돌격하는 기병대처럼 무자비할 수도 있다. 누군가는 그것을 "발밑의 천둥"이라고 묘사했다. "커다란 해머로 발바닥을 쾅 맞은 기분"이라고 하는 사람도 있다. 무두스 지진이 다른 것에 비해 더 시끄러운 이유는 진앙지가 지표면 가까운 곳에 있기 때문이다(깊이가 약 1.6킬로미터에 불과하다. 그러나 산안드레아스 단층을 따라 일어나는 지진은 보통 9.5~14.4킬로미터 깊이에서 일어난다). 정상적인 깊은 지진은 대지에 부딪치면서 그 목소리 대부분을 잃어버리고 조용해진다. 어쩌면 무두스 주변의 대지가 소리를 제대로 지휘하는지도 모른다. 마을이 핵발전소 사이에 자리 잡고 있어서, 몇 달씩 지진이 계속되면서 대지를 뒤흔들고 균열을 만들어내며 끊임없이 덜컹거리면 주민들은 점점 더 불안해진다.

샌프란시스코의 감각의 집에서는 파이프오르간이 샌프란시스코 항만의 소리를 연주한다. 텅 빈 구멍 속에서 물결이 이는 듯, 굵은 금속성의 소리가 울린다. 지금 러시아와 미국은 화성 공동 탐사를 계획하고 있는데, 그들이 바람 몰아치는 화성 표면에 완벽하게 어울리는 팬파이프를 가지고 갔으면 한다. 지구 어느 곳에서나 음악이 연주되고 있지만, 모든 문명이 최초로 만들어낸 것은 북과 피리이기 때문에 관악기가 좋을 듯하다.

인류는 나무 속에 숨이나 바람을 불어넣어 그것을 세찬 생명의 외침인 소리로 채워왔다. 그것은 인간의 몸뚱이 전체로 연주하는 생명의 영혼과 같다. 나무에 숨을 불어넣어 그것에 말을 시키려는 듯 우리는 두 손에 나뭇가지를 하나 들고 숨을 불어넣는다. 그것은 신음하고, 노래한다.

시각

한 영혼이 세상에서 하는

가장 위대한 일은

보는 것이다.

(······)

선명하게 본 것은 모두 시이고

예언이며 종교다.

— 존 러스킨, 『현대의 화가들』에서

존 윌리엄 워터하우스, 아름다운 로자먼드, 1917, 개인 소장

견자의 눈

◆

거울을 보라. 우리에게 2개의 시선을 마련해준 얼굴은 섬뜩한 비밀을 드러내고 있다. 거울 속에 비친 눈은 포식자의 눈이다. 대부분의 포식자들은 두 눈이 머리의 정면에 똑바로 붙어 있어 양안시兩眼視를 이용하여 사냥감을 발견하고 추적할 수 있다. 인간의 눈은 두 곳에서 따로 빛을 모으고, 중요하거나 색다른 이미지를 건져 올리고, 정밀하게 초점을 맞추고, 공간 속의 위치를 파악하고, 대상을 뒤쫓는다. 눈은 최상의 입체적 쌍안경이다. 그와 반대로 사냥당하는 동물은 머리 양쪽에 눈이 붙어 있는데, 이는 주변의 시야를 확보하여 포식자가 배후에서 자신을 쫓을 때 쉽게 알아챌 수 있게 하기 위해서다. 황량한 도시에 '정글'이 있다면, 거리에 포식자들이 넘쳐나기 때문일 것이다.

우리의 본능은 여전히 날카롭고, 필요할 때면 서로를 사냥감으로 선언하고 덤벼든다. 때에 따라서는 나라 전체를 적으로 돌리기도 한다. 인간은 아름답고 신경질적인 짐승을 길들이듯 불을 길들였다. 불의 에너지와 빛을 통제하게 된 인간은 그것을 이용하여 음식을 조리해서 씹고 소화하기 쉽게 만들었다. 그리고 불이 균을 죽인다는 사실도 알았다. 그러나 인간은 찬 음식도 아주 잘 먹고, 수천 년 동안 그렇게 살아왔다. 그런데 세련된 식당에서조차 갓 잡은 영양이나 멧돼지의 온도로 제공되는 고기를 선호하는 것은 어떻게 된 일인가?

사냥을 하지 않아도 우리의 눈은 여전히 감각의 큰 영역을 독점하고 있다. 음식이 될 만한 사냥감을 맛보거나 건드려보기 위해서는 다리가 후들거릴 정도로 그것에 가까이 가야 한다. 냄새를 맡거나 소리를 들으려면 좀 더 멀찍이 물러서야 할 때도 있다. 그러나 시선은 들판을 달려 산으로 올라갈 수 있고, 시간과 국경선을 횡단하여 몇 광년의 외계를 여행하며 수많은 정보를 수집할 수 있다. 물론 박쥐나 돌고래처럼 인간보다 높은 주파수를 잘 듣는 짐승들은 귀를 통해 풍부하게 보고, 청각을 통해 지형지물을 지각할 것이다. 그러나 세계는 눈을 통해 들어올 때 가장 풍부한 정보와 가장 즐거운 느낌을 제공한다. 추상적 사고는 눈이 본 것을 이해하기 위해 부단히 노력하는 과

시각

정에서 발생했는지도 모른다. 인체의 감각수용기의 70퍼센트는 눈에 모여 있으므로, 우리는 주로 세계를 봄으로써 그것을 평가하고 이해한다. 연인들이 키스할 때 눈을 감는 것은, 그렇게 하지 않으면 관찰하고 분석해야 할 시각적 방해물―갑자기 클로즈업된 연인의 속눈썹과 머리카락, 벽지, 시계, 햇빛 속에 떠 있는 먼지 등―이 너무 많을 것이기 때문이다. 연인들은 방해받지 않고 몸을 맞대기를 원한다. 그래서 두 눈을 방에서 쫓아내듯 지그시 감는 것이다.

언어는 시각적 인상에 사로잡혀 있다. 무언가를 비교할 때 시각적 인상에 기대고(시골에서 흔히 하는 말이 있다. "소 오줌 줄기보다 거센 비가 내린다"), 시각에 의지하여 행동이나 기분을 설명한다. 제일 확실한 증거는 직접 보는 거라고 주장한다("두 눈으로 똑똑히 봤어"). 물론 마술, 지각의 속임수가 횡행하는 요즘 같은 시대에, 눈으로 본 것이라고 해서 다 믿지는 않는다(예를 들면 고속도로에 내려앉은 비행접시 사진). 요컨대 맨눈으로 보라는 것이다. 딜런 토머스가 상기시켜준 대로 "시각적 속임수"는 많다.[*] 눈에 렌즈를 끼우거나 다른 도구(안경, 망원경, 카메라, 쌍안경, 전자현미경, CAT 스캔, 엑스레이, 자기공명영상, 초음파, 방사성동위원소 추적법, 레이저, DNA염기서열결정법 등)를 이용하여 시각을 확장시킬 때, 우리는 그 결과를 더욱 신빙성 있는 것으로 받아들인다. 네 눈으로 똑똑히 봐! 성질 급한 사람이 못 미더워하는 사람을 향해 소리친다. 『성경』에서 신은 "빛이 있으라"라는 명령을 내린 다음, 당신이 수고한 결과가 드러났을 때 "그것이 보기에 좋았더라"라고 한다. 아무리 신이라도 믿기 위해선 보아야 했는지도 모른다. 꽤 똑똑하다bright면, 멍청하지 않고 특히 통찰력visionary이 있다고도 한다. 뜨거운 사랑에 빠지면, 끔찍하고 극단적인 말이긴 하지만, 눈알이라도 빼주고 싶어 한다.

본다는 것은 아주 단순하게 시작되었다. 고대의 바다에서, 생명체의 피부에는 빛에 민감한 부분이 있었다. 이 부위는 빛과 어둠을 구별할 수 있었고, 빛의 방향을 알 수 있었다. 이러한 기능은 아주 유용했고 눈이 발달하면서 물체의 움직임과 형태,

---

✦ 그중에는 착시현상이 있다. 고속도로를 달리다보면 눈앞에 물웅덩이가 있다. 그러나 진짜 물웅덩이와는 달리, 다가갈수록 점점 멀어진다. 무더운 여름날, 찬 공기층 밑에 더운 공기층이 깔려 있어서, 하늘의 그림자가 도로 위에 비친 것이다. '신기루mirage'라는 말이 마음속에서 서서히 떠오른다. 그 본래의 뜻은 '~을 보고 경탄하다'다. 붉은 것을 바라볼 때, 눈의 수정체는 그 모양에 적응하여 좀 더 가까이에서 녹색의 어떤 것을 보려고 한다. 푸른 것을 볼 때는 반대로 변화한다. 그 결과 푸른 것은 배경으로 후퇴하는 듯이 보이고, 붉은 것은 앞으로 튀어나오는 것처럼 보인다. 붉은 것은 수축하는 것처럼 보이는 반면, 푸른 것은 확장하는 것처럼 보인다. 푸른 것은 '차갑다'고 생각되지만 분홍빛 계열은 '따뜻하다'고 느껴진다. 그리고 눈은 항상 삶을 이해하려 노력하고 있으므로, 이해하기 힘든 광경을 보면 눈은 자신이 알고 있는 것에 맞춰 상을 수정한다. 그리고 어떤 친숙한 패턴을 발견하면, 그것이 그 풍경이나 배경에 대해 얼마나 부적절한가와는 상관없이 그것에 매달린다.

마침내는 세세한 모습과 색채까지 판단할 수 있게 되었다. 눈은 대양에서 생겨난 탓에 항상 소금물에 젖어 있어야 한다. 이제는 오직 그 풍부한 화석을 통해서만 알 수 있는 캄브리아기 삼엽충의 눈이 역사상 가장 오래된 눈이다. 지금 나는 작은 삼엽충 화석을 넣은 목걸이를 걸고 있다. 5억 년 전, 늪지에서 번성했던 삼엽충은 한 쌍의 겹눈으로 주로 측면을 보았고 불행히도 위쪽은 보지 못했다. 한편 가장 새로운 눈은 인간의 발명품으로, 전자 눈(움직임을 포착하는 개구리 눈의 구조를 본뜬 것), 반사망원경(대비를 판단하는 투구게 눈의 구조를 본뜬 것), 미세 수술이나 안과 검진, 심각한 시각장애에 사용하는 다중 렌즈(지중해 깊은 곳에 사는 근시의 갑각류, 코필라의 이중 렌즈를 본뜬 것) 등이다. 식물에는 눈이 없지만, 로렌 아이슬리는 진균류 필로볼러스에 눈이 있다고 주장한다. 이것에는 포자낭을 제어하는, 빛에 민감한 부위가 있어서, 가능한 한 가장 밝은 곳을 향한다는 것이다.

우리는 눈을 현명한 견자兒者로 생각하지만, 눈이 하는 일은 빛을 모으는 것뿐이다. 빛을 거두어들이는 일을 생각해보자. 알다시피, 눈은 카메라와 비슷하게 작동한다. 아니 카메라를 우리의 눈과 비슷하게 움직이도록 만든 것이다. 카메라의 초점을 맞추려면 렌즈를 대상과 가깝게 움직이거나 대상에서 멀리 떼어놓아야 한다. 탄력 있는 콩알 모양의 수정체는 그 형태를 변화시킴으로써 똑같은 결과를 얻는다. 멀리 있어서 작아 보이는 물체에 초점을 맞출 때는 수정체가 얇아지고, 가까운 곳의 커 보이는 물체에 초점을 맞출 때는 두꺼워진다. 카메라는 받아들이는 빛의 양을 조절할 수 있다. 인체에서는 근육으로 이루어진 홍채가 빛이 들어오는 작은 구멍, 즉 동공pupil✲의 크기를 변화시킨다. 홍채가 빛의 급격한 유입을 막아주는 동공반사가 없고, 대개 눈꺼풀도 없는(물고기의 눈은 항상 물속에 잠겨 있으니까) 물고기는 인간보다 빛에 훨씬 예민하다. 그리스 말로 무지개를 뜻하는 홍채는 이러한 문지기 기능 외에, 눈에 고유한 색채를 부여한다. 백인의 눈은 태어날 때 푸른빛으로 보이고, 흑인의 눈은 갈색으로 보인다. 죽은 백인의 눈은 녹색이나 갈색으로 보인다. 푸른 눈은 본디 그 색깔이 푸른색은 아니고, 천처럼 푸른색으로 염색되어 있는 것도 아니다. 푸른색은 갈색 눈에 비해 색소가 부족하기 때문에 나타나는 현상이다. 빛이 '푸른' 눈에 들어오면, 가장 짧은 청색광은 미세한, 착색되지 않은 입자 위에서 산란된다. 우리가 보는 것은 산란된 빛이므로,

✲ 라틴어로 '작은 인형'을 의미하는 'pupilla'에서 온 말이다. 서로의 눈을 들여다보다니 자신의 모습이 상대의 눈에 인형처럼 비쳤다. 동공을 뜻하는 옛 유대어 eshon ayin도 '눈 속의 작은 사람'을 의미한다.

시각

눈이 푸르게 보이는 것이다. 검은 눈은 색소를 더 많이 가지고 있고, 청색 파장을 흡수하는 동시에 파장이 더 긴 다른 색깔을 반사한다. 따라서 검은 눈은 갈색으로 보인다. 언뜻 보면 홍채는 아주 똑같은 모습으로 보일 수도 있지만 색깔의 패턴, 무늬, 반점을 비롯한 제반 특징이 사람마다 다르므로, 경찰에서는 지문 외에 홍채의 모양을 이용하는 것을 고려하고 있다.

카메라 뒤쪽에서 필름은 상을 기록한다. 안구의 뒤쪽 벽을 덮고 있는 얇은 막, 망막에는 빛에 감응하는 두 가지 세포인 간상세포와 원추세포가 들어 있다. 우리는 빛과 어둠의 두 세계에 살고 있기 때문에 이 두 세포가 다 필요하다. 1억 2500만 개의 가늘고 긴 간상세포는 어둠 속에서 활동하고 흑과 백을 구분한다. 700만 개의 통통한 원추세포는 색깔이 있는 밝은 낮에 기능한다. 원추세포에는 세 가지 종류가 있는데 이것은 각각 푸른색, 붉은색, 녹색을 본다. 서로 섞여 있는 원추세포와 간상세포 덕분에 눈은 변화하는 광경에 재빨리 반응할 수 있다. 망막에는 시신경이 뇌로 들어가는 부분이 있는데, 이곳에는 간상세포도 원추세포도 없어서 빛을 지각하지 못한다. 이곳이 '맹점'이다. 그러나 망막 한가운데 있는 중심와라고 하는 작은 홈에는 원추세포가 빽빽하게 밀집해 있어, 밝은 빛 속에 있는 물체를 자세히 보고자 할 때 또는 정밀하게 초점을 맞출 때 이것을 이용한다. 중심와는 아주 작기 때문에 아주 작은 영역에서만 그 마력을 발휘한다. 중심와에 있는 원추세포는 뇌의 고위 중추와 1 대 1로 직접 연결되어 있다. 그러나 망막의 다른 곳에서는 간상세포와 원추세포 여러 개에 한 개의 시신경 세포가 연락이 되게 되어 있어 상이 훨씬 희미하다. 안구는 중심와의 앞에 물체를 가져다 놓기 위해서 지속적으로, 미세하게 움직인다. 어두울 때는 중심와의 원추세포가 거의 무용지물이므로 이때는 주변의 간상세포를 통해 보아야 한다. 따라서 물체를 뚜렷이 보기 위해서는 정면으로가 아니라 '비스듬히' 보아야 하는데, 중심와를 통해서는 아무것도 보이지 않기 때문이다. 간상세포는 색깔을 구분하지 못하므로, 밤에는 색깔을 지각하지 못한다. 망막이 어떤 것을 바라보면 뉴런은 망막이 본 것을 전기화학적 악수의 이어달리기를 통해 뇌로 전송한다. 메시지는 약 10분의 1초 만에 시각 중추에 전달되고, 그런 다음 정보를 이해하기 시작한다.

흔히 생각하듯, 보는 것은 눈에서 일어나는 일이 아니다. 뇌에서 이루어진다. 한 예로, 생생하고 자세하게 보는 일에 눈이 필요하지는 않다. 며칠 전, 심지어 몇 년 전의 광경을 기억하기도 하고, 전적으로 상상 속의 일을 눈앞에 그려볼 수도 있다. 꿈을 꿀 때도 놀랍도록 자세하게 본다. 황홀한 풍경을 보았을 때나 자연에서 격렬한 기쁨을 느꼈을 때, 밤에 누워서 눈을 감으면 낮에 본 것이 감은 눈 속으로 줄지어 들어오는 것을 보기도 한다. 내가 이런 일을 처음 경험한 곳은 뉴멕시코 사막에 있는 옅은 색깔의 메사로 둘러싸인 80만 제곱킬로미터 규모의 목장이었고, 그때 나는 좀 무서웠다. 자야 했기 때문에, 불로 새긴 듯 지워지지 않는 목장 울타리에서 벗어나려고 애썼지만, 하루 종일 보았던 이미지, 몸짓, 동작들이 시각적 기억 속에서 여전히 타올랐다. 꿈꾸는 것과는 또 달랐다. 그것은 축제가 절정에 달한 순간에 눈을 멀쩡히 뜨고 잠을 청하는 것과 같았다.

최근에도 똑같은 일을 경험했는데, 이번에는 남극대륙에서였다. 햇빛 찬란한 어느 날, 우리가 탄 배는 제를라슈 해협을 통과했다. 남쪽 끝이 약 500미터 좁아진 곳이었다. 배 양쪽으로 빙산이 솟아 있었다. 들쭉날쭉한 검은 산들은 폭포수 같은 눈과 얼음을 뒤집어쓰고 있었는데, 꼭 눈부신 빛 속에서 낯익은 자태로 서 있는 펭귄 같았다. 진짜 펭귄들은 배 옆에서 헤엄치고 있었다. 거대한 빙산이 배 옆을 지나갔다. 바닥은 연한 푸른색이었고 측면은 박하빛 녹색이었다. 사람들은 사방을 유리로 막은 갑판 위의 전망대 창가에 팔걸이의자를 놓고 앉아 있었다. 몇몇은 졸고 있었다. 한 남자는 악마의 눈을 흉내 내듯 새끼손가락과 엄지손가락을 뻗어 빙산의 크기를 재고 있었다. 디셉

션 섬은 멀리 떨어져 있었는데도 공해 없는 대기 속에서 가깝고 선명하게 보였다. 연한 푸른빛으로 빛나는 집채만 한 얼음이 배 가까이로 떠 왔다. 해협 저쪽에서는 얼음덩어리가 굉음을 내며 빙하에서 떨어져나왔다. 수만 년 된 연한 색조의 빙괴가 배 주위를 떠다녔다. 엄청난 압력은 얼음 속에서 공기 방울을 밀어내며 빙하를 압축시킨다. 공기 방울이 제거된 얼음은 푸른색으로 빛을 반사한다. 물 위에는 작은 얼음 조각들이 떠 있었다. 어떤 빙산은 햇볕 속에서 흐린 박하색으로 빛났는데, 얼음 속에 갇힌 불순물(식물성 플랑크톤과 조류)이 얼음에 녹색을 입혔기 때문이다. 제비슴새가 우아하게 빙산 근처를 날아다녔고, 태양은 그 투명한 날개에 반사되어 빛이 났다. 소리 없는 흰 새들은 날아다니는 얼음 조각처럼 보였다. 새들이 유빙 앞을 지나치는 동안 그 모습은 사라졌다. 눈부신 햇살이 풍경을 완전히 바꿔놓았고 모든 것이 순수한 색채로 빛났다. 빙산 벌판을 구경하기 위해 조디악이라는 동력 고무보트를 타고 바다로 나갔을 때, 나는 얼음을 한 덩이 움켜쥐고 귀에 가져다 대보았다. 얼음 속에 갇혀 있던 공기가 빠져나오면서 공기 방울이 갈라지고 터지는 소리가 들렸다. 그리고 그날 밤, 낮에 돌아다니며 장관을 구경하느라 녹초가 되었는데도, 좁은 침상에 누워서 눈을 감은 채 잠들지 못하고 있었다. 눈 부신 햇살을 받은

빙산이 내 눈꺼풀 속으로 밀려 들어왔고, 남극대륙의 모습이 서서히, 몇 킬로미터씩, 꼭 감은 눈 속의 작은 극장 무대 위로 떠올랐다.

눈은 새로운 것을 좋아한다. 그리고 끔찍한 광경을 포함한 거의 어떤 장면에도 익숙해질 수 있기 때문에, 생활의 많은 부분이 시선의 희미한 배경 속으로 흘러 들어간다. 붓꽃 대롱 속 솜털의 바스스한 노란 빛이나, 꺾쇠의 작은 이, 가터뱀의 갈라진 붉은 혓바닥, 슬픔에 겨운 사람들이 거센 바람에 휩쓸려 휘청거리듯 몸을 꺾는 모습을 우리는 얼마나 쉽게 흘려버리는가? 과학과 예술은 습관적으로 우리의 잠을 깨우고, 불을 모두 켜고, 우리의 목덜미를 붙잡고 이걸 좀 보라니까! 라고 말한다. 인생을 그토록 쉽게 놓쳐버리듯, 우리는 어떤 것을 복잡하게 생각하려 들지 않는다. 앞만 보고 뜀박질하는 경주마처럼, 자신이 가는 길 위에 있지 않은 풍경은 놓쳐버린다. 예컨대 길가에 모여 있는 색색의 군중이라든가, 바퀴 자국이 깊게 파인 길, 항상 존재하고 항상 변화하는 머리 위의 영원한 장관壯觀, 하늘을.

하늘을 어떻게 볼 것인가

◆

나는 대륙의 끝, 샌프란시스코 반도 북쪽에 있는 포인트 레이스 국립해양공원에 와 있다. 이곳에서 육지는 태평양과 만나고 반원형 하늘의 푸른 수수께끼에 가 닿는다. 전기톱 돌아가는 소리로 시끄럽게 울어대던 귀뚜라미가 갑자기 울음을 그치자, 새소리만이 빛의 고요한 암호를 그려낸다. 매가 희박한 대기로부터 날아와 무無 속으로 기울어진다. 처음에 매는 좀 더 고도를 높이기 위해 거세게 날갯짓을 하다 따뜻한 상승 기류를 만나자 두 날개를 편다. 매는 좁은 원을 그리며 나선형으로 상승하는 동안 쥐나 토끼를 찾아 아래쪽 땅을 살핀다. 매는 몸을 비스듬히 기울인 채 천천히 선회한다. 매는 자신이 추락하지 않으리라는 것을 본능적으로 알고 있다. 하늘은 삶의 시각적 상수常數고, 우리의 모든 모험과 사고, 감정의 복잡한 배경이다. 그러나 우리는 하늘을 보이지 않는 것, 어떤 실체가 아니라 부재로 생각하는 경향이 있다. 고요한 대기층 속에서 움직이면서도, 대기를 있는 그대로의 두껍고 무거운 영역으로 생각하는 법이 없다. 푸른 유령이라고 부르는 하늘에 대해 좀처럼 궁금해하지 않는다. "스큐skeu." 옛 조상들이 부르던 대로 크게 불러본다. 조상들이 그랬던 것처럼, 두려움과 경이의 마음으로 불

시각

러보려고 한다. "스큐." 원래 이것은 덮개를 지칭하는 말이었다. 옛 사람들에게 하늘은 수시로 색이 변하는 지붕이었다. 조상들은 걸핏하면 싸움질하는 이웃처럼, 성질이 나면 그릇이 아니라 번개를 내던지곤 하는 신의 거처를 하늘로 정했다.

발밑을 내려다보자. 우리는 하늘 속에 서 있다. 하늘에 대해 생각할 때, 위를 올려다보곤 하지만, 실제로 하늘은 땅에서부터 시작된다. 우리는 하늘 속을 걸어 다니고, 그 속에서 고함지르고, 낙엽을 긁고, 개를 씻기고, 자동차를 몬다. 우리는 하늘을 깊이 들이마신다. 호흡할 때마다 하늘의 입자 수백만 개가 몸속으로 들어와 잠깐 데워진 다음, 다시 세상으로 나간다. 지금 이 순간, 우리는 레오나르도 다빈치, 윌리엄 셰익스피어, 앤 브래드스트리트, 콜레트가 호흡했던 공기 입자들 중 일부를 들이마시고 있다. 심호흡을 하자. 『템페스트The Tempest』를 생각해보자. 공기는 폐를 움직이고 세포에 힘을 준다. '공기처럼 가볍다'고 말하지만, 5000조 톤의 무게가 나가는 대기에 가벼운 것이란 없다. 중력이 끈질기게 움켜쥐고 있지 않았다면, 대기는 둥둥 떠내려가 우주의 무한한 공간으로 스며들었을 것이다.

우리는 아무 생각 없이, '텅 빈 하늘'이라고 말한다. 그러나 하늘은 절대 비어 있지 않다. 공기 30그램에도 산소, 질소, 수소로 이루어진 수천억조 개가 넘는 원자가 들어 있고, 또 모든 원자마다 전자, 쿼크, 유령과 같은 뉴트리노의 무리가 있다. 우리는 가끔씩 낮이 얼마나 '조용'한지, 혹은 밤이 얼마나 '고요'한지를 느끼고 감탄한다. 그러나 하늘에, 아니 생명과 물질이 만나는 어떤 곳에도 고요함은 없다. 공기는 항상 진동하고 불타오른다. 공기 속에는 휘발성 기체, 부유하는 홀씨, 먼지, 바이러스, 균류, 생물들이 가득 차 있고, 윙윙거리는 무자비한 바람이 이 모든 것을 뒤섞어놓는다. 공중에는 나비, 새, 박쥐, 곤충 따위의 하늘 길을 왕래하는 날것이 있고, 낙엽, 꽃가루, 씨앗처럼 이리저리 떠다니는 수동적인 날것도 있다. 땅에서 시작하여 사방으로 뻗어 나가는 하늘은, 두껍고 요동치는 영역이고 우리는 그 속에 살고 있다. 먼 조상들이 육지로 기어 나왔다고 하지만 그들이 하나의 대양에서 또 다른 대양으로, 즉 바다의 맨 윗부분에서 공기층의 가장 깊은 곳으로 이동했다는 점을 생각해야 한다.

이곳 포인트 레이스 국립해양공원에는 주로 서풍이 분다는 것은 해변에 늘어선 수목들의 기이하고도 이상스런 모습을 보면 알 수 있다. 태평양에서 쉬지 않고 불어오는 가벼운 산들바람이 들풀을 납작하게 눕혀놓고 있다. 해안에서 물러난 좀 더 아늑한 숲속 빈터에서 작은 풀밭을 발견한다. 그 주위의 땅에는 원이 그려져 있다. 마치 누군가가 땅에 쿠키 커터를 내리누른 듯한 모습인데 사실은 바람이 한 짓이다. 우리는 바람을 파괴적인 힘으로, 학교 지붕을 날려버리는 무뢰배로 생각하지만, 바람은 조금씩 절벽을 깎고, 산등성이를 침식시키고, 해안선의 모습을 바꾸고, 나무와 돌을 산 아래나 강 건너로 옮겨놓는 힘센 석수장이다. 바람은 장기판에서 더러운 덮개를 치우듯, 중서부의 들판에서 표토를 끌어올려 '먼지 구덩이'를 만든다. 바람은 발전기, 행글라이더, 풍차, 연, 돛단배에 동력을 제공한다. 바람은 씨앗과 꽃가루를 날려 보낸다. 바람은 풍경을 조각한다. 들쭉날쭉한 해안선을 따라가보면, 무자비한 바람이 나무들의 형태를 기이하게 바꿔놓은 모습을 볼 수 있다.

옛 지도에서 북풍은 흐트러진 머리에 잔뜩 인상 쓴 사나이가 볼을 잔뜩 부풀려서 힘껏 불어대는 모습으로 그려진다. 호머에 따르면 바람의 신 아이올로스는 널찍한 동굴에 거주하며 모든 바람을 가죽 포대에 담아 보관했다. 그는 오디세우스에게 배가 순항할 수 있도록 이 자루를 주었는데, 오디세우스의 동료들은 멋대로 자루를 열었고 그 속에서 나온 바람은 노호하고 소용돌이치며 닥치는 대로 세계를 파괴했다. 헤시오도스는 그리스의 바람을 '아침의 아이들'이라고 불렀다. 풍風은 바람과 숨결을 동시에 의미했던 고대 중국인에게는 바람의 기질을 나타내는 말들이 많이 있었다. 바람의 이름은 하늘의 신비롭고 변덕스러운 기운을 나타낸다.

태풍이 며칠째 이곳 해안선을 휩쓸고 있고, 지금도 두터운 회색 구름이 하늘에서 주춤거리고 있다. 나는 으깬 감자 같은 적운(積雲. '쌓다'를 뜻하는 말에서)과 널따란 띠를 이루고 있는 층운(層雲. '넓게 퍼져 있다'는 뜻의 말에서)을 바라본다. 제임스 트레필의 말처럼, 구름은 하나의 떠다니는 호수다. 상승하는 따뜻한 공기와 하강하는 찬 공기가 부딪히면 지금처럼 물이 떨어진다. 나는 현관 아래서 비를 피하며 뇌우가 기세등등하게 다가오는 모습을 본다. 하늘이 갈라지며 진동한다. 그 속에서 번개가 나타나며 쇠스랑 하나가 땅에 꽂힌다. 사실은 하늘에서 먼저 짧은 전기 척후병을 내려 보내면, 땅이 하늘을 향해 포물선을 그리는 긴 번개로 화답하는 것이다. 이때 아주 빠른 속도로 공기가 달궈지면서 천둥이라고 부르는 충격파로 폭발한다. 번갯불과 천둥 사이의 시간을 세어 5로 나누고, 대략 얼마쯤 떨어진 곳에서 번개가 쳤는지를 알아낸다. 11킬로미터. 소리는 1초에 340미터를 여행한다. 만약 번갯불과 천둥이 같은 시간에 도착한다면 그 사이에 숫자를 셀 여유가 없을 것이다. 잠시 후 천둥소리가 해안선 위쪽으로 올라가면서 폭풍이 잠잠해진다. 그러나 구름은 아직도 하늘에서 주춤거리고 있다. 구름 코뿔소가 엘레노어 루스벨트 여사의 모습으로 바뀐다. 그다음에는 호박 모양, 그다음에는 혀를 날름거리는 용 모양으로. 엄청난 기세로 하늘을 가로지르는 이 같은 구름이 모든 시대, 모든 나라 사람들의 머리 위에 웅크리고 있었다. 얼마나 많은 사람들이, 무료한 오후에, 흘러가는 구름을 바라보았을 것인가. 고대의 중국인들은 요즘의 이누이트족, 반투족, 피츠버그 사람들이 하는 것처럼 구름 속에서 어떤 모양을 찾아내며 즐거워했다. 선원, 장군, 농부, 목동들은 날씨를 예측하기 위해 항상 하늘의 수정구를 살폈고, 쓰임새도 좋거니와 아름답기까지 한 갖가지 격언과 정교한 구름 차트, 도해서, 도표를 만들어냈다. 시베리아를 횡단하는 열차에서 로렌스 반 데르 포스트는 창 밖의 거대한 평야와 무한한 하늘을 바라보았다. "나는 이렇게 넓은 하늘과 큰 공간이 있는 곳은 처음이다"고 그는 『러시아 여행』에서 말하고 있다. 그는 특히 "어둠 속에서 거대한 뇌우가 나타나, 발작하듯 번개를 치며, 잠들어 있는 도시를 향해 다가가는" 모습을 보고 깜짝 놀랐다. 반 데르 포스트가 기차에서 번개 치는 모습을 지켜보는 동안, 그의 곁에 있던 러시아 친구들은 바로 이러한 광경을 가리키는 말이 있다고 귀띔해주었다. 차르니차Zarnitsa.

어느 시대, 어느 곳에서도, 사람들은 변덕스러운 하늘에 얽매어 있었다. 농사나 여행이 날씨에 의존했기 때문이 아니라, 하늘이 그토록 강력한 상징이었기 때문이다. 신들이 거주하는 하늘, 마치 견고한 둥근 천장이고 거기에 별들이 그려져 있는 양, 그 영속성을 당연한 것으로 생각하고 의지해왔던 하늘. 사랑하는 이의 영혼이 향기로운 기체인 양, 하늘을 최후의 안식처로 생각한다. 망자들을 솔잎과 벌레들 가운데 묻지만, 상상 속에서 그들은 하늘의 어느 아득한 곳을 향해 공기보다 더 가볍게 날아가고, 그곳에서 우리를 내려다본다. 하늘이 가장 고귀한 이상과 동기를 상징하는 것은 우리의 자신감 결핍 때문일 것이다. 우리는 자비롭고 관대하고 영웅적인 행위를 인간에게 내재한 본질로, 혹은 어떤 인간적인 특징으로 생각하지 않고, 하늘에 거하는 초월적 힘이 준 일시적인 선물로 여긴다. 일이 잘 안 풀리거나 남들 때문에 충격 받으면 자신의 운명이 별자리에서 비롯된다고 믿는 우리는 하늘을 향해 눈길을 돌리는 것이다.

기암절벽이 늘어선 거칠고 그림 같은 해안선을 따라 차를 타고 남쪽으로 네 시간을 내려간다. 해달은 바닷말 침상에서 고개를 까딱이고, 바다사자는 울부짖으며, 물범은 한데 뭉쳐서 작은 산맥을 이루고, 가마우지, 세가락도요, 바다오리와 같은 바닷새들은 바쁘게 보금자리를 찾는다. 나는 바람이 휘몰아치는 빅서의 고갯길에서 쉰다. 소나무 한 그루가 일몰을 배경으로 태평양을 굽어보고 있다. 쉴 새 없이 몰아치는 강풍이 가지를 휘어놓아 나무는 바다를 가리키는 털 난 검은 손가락처럼 보인다. 사람들은 길 한쪽에 차를 세운다. 그리고 차에서 내려 가만히 바라본다. 말이 필요 없는 순간. 모두가 저 시각적 풍부함을 이해한다. 우리는 서로를 향해 고개를 끄덕인다. 솜털이 떠 있는 푸른 하늘과 검푸른 바다가 면도날처럼 날카로운 선을 그리며 만난다. 갈매기들은 끼룩거리는데, 가지 사이에 하늘의 파편을 간직하고 있는 나무를 바라보면서, 파도가 돌투성이 해안을 때리고 공중 높이 하얀 포말을 뿌리는 소리를 듣고 있자니 가슴이 두근거린다. 우리는 하늘을 나무의 세공한 가지 사이로, 혹은 나무를 끼고 그 주변이나 위로 바라본다. 이것은 우리가 실제로 하늘을 바라보고 관찰하는 방법과 깊은 관계가 있다. 나무들은 사람의 눈을 땅에서 하늘로 이끌고, 삶의 덧없음과 머리 위에서 팽창하는 푸른 추상성을 이어준다. 노르웨이의 전설 속 거대한 물푸레나무 위그드라실은 거대한 아치형 가지와 세 갈래로 뻗은 뿌리를 가지고 있고, 하늘까지 닿는 키로 우주를 지탱해주며 대지를 천국과 지옥으로 이어준다. 신화 속의 동물과 악마들이 그 나무 속에서 거주했다. 한 갈래의 뿌리 밑에는 지혜의 원천인 미미르의 샘이 있는데, 신 오딘은 지혜를 얻기 위해 한쪽 눈을 빼서 바치고 그 물을 마셨다. 고대의 민담과 전설에는 나무가 인간에게 지식을 나눠준다는 이야기가 많이 나오는데, 나무가 대지와 하늘, 이미 알고 있는 침범 가능한 세계와 인간의 지식과 힘이 닿지 않는 천상의 세계를 이어주는 듯하기 때문일 것이다.

오늘 대양은 어둡게 흘러넘치고, 하얀 파도가 쉼 없이 부서지고 있다. 해안 가까이, 하얗게 튀는 파도 거품이 팔레트나이프로 이겨놓은 것처럼 보인다. 소금기를 머금은 축축한 바람이 속치마처럼 바스락거린다. 갈매기 한 마리가 조개를 발견하고 쪼기 시작하자, 다른 녀석들이 쫓아와서 낚아채려 한다. 갈매기들은 기름을 치지 않은 기계에서 나는 소리로 끼룩거린다.

오래전 이스탄불에 갔을 때, 양파 모양의 회교 사원들 사이에 조각된 듯한 하늘의 모습을 보고 감탄을 금치 못했다. 뉴욕이나 샌프란시스코의 스카이라인 대신, 소용돌이치며 급강하하는 나선형의 뾰족탑과 구근 모양의 돔 사이에 낀 음의 공간만이 보였다. 그러나 이곳에서 사람들은 하늘을 배경으로 서 있는 나무들의 뚜렷한 실루엣을 본다. 긴 줄기에 아기의 딸랑이처럼 둥글게 가지를 편 유럽소나무. 늘씬하고 매끈한, 쌀알처럼 생긴 사이프러스와 가문비나무. 좀 더 북쪽으로 가면 지구상에 거주하는 생물 중에서 가장 단단한 세쿼이아들이 서 있다. 분백색의 잎을 가진 유칼리나무는 아주 튼튼한 데다 속성수速成樹인 덕분에 외래종이면서도 캘리포니아의 숲을 점령했다. 가을과 겨울에는 모나크나비들이 쇠갈고리 같은 것이 붙어 있는 발을 이용해서 기다란 꽃다발처럼 유칼리나무 가지에 매달려 있는 것을 볼 수 있다. 매년 1억 마리의 나비 떼가 캘리포니아 연안에서 겨울을 나기 위해 미국 북부와 캐나다로부터 6천 킬로미터를 날아온다. 이들은 몸을 따뜻하게 하기 위해 서로 뭉쳐 있다. 모나크나비는 기름진 박하풀 숲을, 즉 대부분의 곤충과 새들이 싫어하는 그 향기를 좋아하는 모양이다. 모나크나비가 꿀을 빨거나 공터에 앉아 태양열 집광판 같은 넓은 날개를 펴기 위해 무리를 떠날 때 푸른어치가 가끔씩 공격해 오기도 한다. 모나크나비 애벌레는 독성 유액을 분비하는 디기탈리스류의 잎을 먹고 사는데, 이들은 디기탈리스의 독에 면역이 되어 있지만, 그 때문에 독성을 띤다. 새들은 모나크나비를 잡아먹으면 몸에 탈이 난다는 것을 금방 안다. 날개가 쐐기 모양으로 뜯겨나간 채 날아다니는 모나크나비는 물정 모르는 새의 공격을 받고 살아남은 역전의 노장이라고 생각해도 좋을 것이다. 모나크나비에 꼬리표를 붙이는 일을 돕고 있을 때, 나는 암컷 모나크나비 한 마리가 모텔 현관 바닥에서 떨고 있는 걸 보았다. 심술궂은 커다란 푸른어치가 요란한 소리로 울면서 날개를 퍼덕거리며 울타리에 앉아서 모나크나비를 다시 한번 공격할 채비를 차리고 있었다. 나는 자연에서 벌어지는 일에는 간섭하지 않는 것이 순리라는 것을 알고 있지만, 이때만큼은 본능적으로 밖으로 뛰쳐나갔다. 그리고 푸른어치에게 달려들어 가슴을 한 대 꽝 때리자 녀석은 나의 갑작스러운 공격에 놀란 듯 큰 소리로 울부짖으며 퍼덕퍼덕 날아올랐다. 나비는 여전히 그 자리에서 떨고 있었고 나는 나비를 고이 들어올려 임신 여부를 알아보기 위해 엄지와 검지로 배를 살그머니 눌러서 단단한 작은 공 모양의 알을 찾아보았다. 나비는 임신은 하지 않았고 쐐기 모양으로 뜯겨나간 날개도 그리 나빠 보이지는 않았다. 그래서 나는 녀석을 모나크나비 떼가 오렌지색 꽃다발처럼 매달려 있는 나무 밑으로 데려갔다. 쌀쌀한 아침이었으므로 나는 나비 몸에 더운 숨을 불어서 날개 근육을 따뜻하게 한 다음 녀석을 공중으로 날려 보냈다. 나비는 자신의 무리를 향해 퍼덕거리며 날아갔고, 나는 방으로 돌아오면서 나비에게 인사를 보냈다. 참담하게 패배한 푸른어치는 여전히 시끄럽게 우짖고 있다가 힘찬 날갯짓을 하며 날아갔다.

빅서에서 매들은 곡예비행을 하듯 더운 상승 기류를 타고 있다. 매들은 급강하했다가 몸을 비스듬히 기울이면서 햇볕에 데워진 지면 위의 따뜻한 상승 기류를 탄다. 새들은 대단히 민첩하고 날렵하다. 새들마다 저마다의 신체 구조와 독특한 비행 습관을 가지고 있다. 예를 들면, 올빼미들은 큰 깃털의 끝부분에 부드러운 술이 달려 있어서 날아갈 때 나는 소리를 감춰준다. 핀치류는 몇 번 힘차게 날갯짓을 한 다음 날개를 접고 잠시 쉰다. 쇠멧비둘기는 비행하는 동안 쉼 없이 날갯짓을 한다. 매는 하강할 때 날개를 접는다. 평균 비행 속도가 시속 110킬로미터인 칼새류는 초승달 모양의 뾰족한 날개를 가지고 있어서 쉽게 빠른 속도를 낼 수 있다. 그랜드캐니언에 가면 공중 곡예사처럼 벼랑을 넘나드는 칼새들을 볼 수 있다.

하늘은 또한 '수동적인 날것'으로 가득 차 있다. 암 물푸레나무는 날개 달린 '열매'를 떨어뜨리고, 아스펜 등의 나무에서 피어나는 길쭉한 꽃은 떨어져서 땅 위를 날아다닌다. 단풍나무는 올챙이 모양의 시과翅果를 만드는데, 이것은 작은 오토자이로처럼 몸 전체가 날개이자 프로펠러인 탓에 빙글빙글 돌면서 떨어져 내린다. 바람은 식물의 생식에 많은 변화를 일으켰다. 민들레, 밀크위드, 엉겅퀴, 미루나무 등의 수목은 낙하산이나 돛 모양의 씨앗으로 바람을 탈 수 있게 진화해왔다. 소나무, 가문비나무, 솔송나무, 단풍나무, 참나무, 돼지풀 등속은 화려한 꽃을 피우지는 않지만, 새나 벌을 즐겁게 해줄 필요가 없다. 바람이 중매를 해주기 때문이다. 식물은 구애할 수도 없고 위험에서 도망칠 수도 없으므로, 주위 환경과 동물을 이용할 수 있는 독창적인 방법을 찾아왔다. 꽃가루 알갱이는 지름이 만분의 1인치인 것도 있는데, 불안정한 바람을 타고 목적지에 도착해야 한다. 코넬대학의 과학자 카를 니클라스는 최근 풍동(風洞, wind tunnel)을 이용하여, 식물은 단순한 떠돌이가 아니라는 사실을 발견해냈다. 식물은 꽃가루가 지나가는 바람을 타고 적당한 곳에 도착하기를 바란다. 니클라스는 솔방울이 어떤 방향에서도 바람을 탈 수 있도록 터번 모양의 꽃잎 주위로 공기가 순환하는 완벽한 구조를 갖추고 있다는 사실을 밝혔다. 솔방울은 행성처럼 빠른 속도로 순환하는 대기층을 두르고 있는데, 맨 위층은 공기가 소용돌이를 이루고 있고 그 바로 아래층은 정지한 채 비어 있다. 유속이 빠른 층에서 정지한 층으로 꽃가루가 떨어지면, 그것은 솔방울 속으로 곧바로 떨어져 들어간다. 니클라스가 호호바나무의 기류 동력학을 실험한 결과, 호호바나무 또한 두 개의 토끼 귀 모양의 잎새를 이용해서 공기의 흐름을 제어하는 비슷한 능력을 드러내 보였다.

알레르기의 계절에, 나는(그리고 수백만의 다른 사람들도) 꽃가루 때문에 콧물을 흘리고, 눈은 가려워서 콘택트렌즈를 끼기 힘들다. 저공 비행을 하는 미세한 꽃가루 중에는 못이 잔뜩 박힌 공 모양이 있다. 악어의 동공처럼 축구공 모양도 있다. 소나무의 꽃가루는 둥글고 양쪽에 귀처럼 생긴 것이 한 쌍 붙어 있다. 이러한 형태로 인해 꽃가루들은 서로 다른 속도, 서로 다른 방식으로 이동하거나 비행할 수 있고, 엉뚱한 식물에 내려앉는 위험을 피할 수 있다. 하늘에 제자리가 있다고 생각하는 것은 이상하지만 사실이다. 하물며 바람에도 제자리는 있다.

빅서에 밤이 내리자, 세상의 모든 검댕이 일몰 속으로 퍼부어지는 듯하다. 부풀어 오른 노란 금화가 천천히 바다 속으로 가라앉고, 모든 것이 삼켜진 듯 그 빛은 서서히 약해진다. 그리고 수평선에, 미세한 녹색 광선이 순간적으로 나타났다 사라진다. 경건하게 '녹색섬광'이라고 부르는 것이다. 일몰 중에 너무도 짧게 나타나는 녹색섬광을 본 것은 이번이 처음이다. 녹색, 남색, 진홍색, 빨강. 색색의 하늘을 가진 행성에서 살고 있다는 것은 얼마나 큰 행운인가? 하늘은 왜 푸를까? 태양의 흰빛은 사실 여러 가지 빛깔의 꽃다발인데, 이것을 여섯 가지 색깔의 스펙트럼으로 분류한다. 흰빛이 대기를 이루는 기체 분자, 주로 산소와 질소는 물론 먼지 입자 및 공기 중의 수분과 충돌할 때, 가시광선에서 가장 활발한 광선인 푸른빛이 흩어진다(산란). 하늘은 푸른빛으로 가득 찬 듯 보인다. 태양이 머리 위에 있을 때 특히 그러한데, 이때 광선의 여행 거리가 더 짧기 때문이다. 붉은빛은 파장이 더 길고 대기를 보다 쉽게 통과한다. 해질 무렵, 지구의 한쪽이 태양에서 멀어지기 시작하면 빛은 비스듬한 각도로 좀 더 많은 먼지, 수증기, 공기 분자를 뚫고 더 먼 거리를 여행해야 한다. 푸른빛이 훨씬 더 많이 산란되는 반면 붉은빛은 여행을 계속한다. 태양은 확대되어 부풀어 오른 유령처럼, 혹은 약간 타원형처럼 보인다. 해가 진 다음에도 아직 수평선 위에 있는 것처럼 보이는 것은 빛의 굴절, 즉 광파光波의 구부러짐 때문이다. 우리가 보는 것은 장려한 붉은 일몰이고, 특히 떠다니는 구름은 시시각각 변화하는 색깔을 반사시켜준다. 산란되지 않고 대기를 통과하는 가장 마지막 빛깔은 녹색이므로 해가 진 직후에 녹색섬광이 나타나기도 한다. 우주에는 푸른빛을 산란시켜줄 먼지가 없기 때문에 공기가 검은색으로 보인다.

까마득한 벼랑 위에 둥지를 틀고 있는 빅서의 등대는 선박이 해안이나 모래톱에 좌초하지 않도록 빛 줄기를 쏘아서 신호를 보내준다. 그 빛은 초속 30만 킬로미터로 퍼져나간다. 태양 빛은 지구에 도달하는 데 약 8분이 걸린다. 지금 눈에 보이는 북극성의 빛은 셰익스피어 시대에 출발한 것이다. 빛은 직진한다는 것을 생각해보라. 그러나 태양을 프리즘에 통과시키면 빛은 구부러진다. 모든 빛은 다른 비율로 구부러지기 때문에 색깔들은 띠 모양을 이룬다. 프리즘처럼 빛을 분광시키는 것들은 많다. 물고기 비늘, 삿갓조개 속의 진주층, 미끄러운 길 위의 기름, 잠자리 날개, 오팔, 비누 거품, 공작새 깃털, 그라마폰레코드의 홈, 조금 녹슨 금속, 벌새의 목, 딱정벌레의 겉날개, 이슬에 젖은 거미줄. 가장 널리 알려진 것은 아마 수증기일 것이다. 햇볕 속에서 비가 뿌릴 때 혹은 물방울에 햇볕이 비칠 때, 물방울은 프리즘 같은 구실을 하여 우리가 '무지개'라고 부르는 것을 만들어낸다. 그런 날, 무지개는 비의 장막 뒤에 숨어서 항상 대기 중이다. 태양이 등 뒤에 낮게 떠 있을 때 무지개를 가장 잘 볼 수 있다.

지구라는 행성에 밤이 내린다. 그것은 자연의 변덕이고, 지구가 자전하는 탓이다. '밤'이라는 시간은, 우리 태양계가 속해 있고 다른 행성인도 거주하고 있을지 모르는 우주의 비밀스런 공간을 마주 보는 시간이다. 밤을 빛의 부재로 생각하지 말자. 자유의 시간으로 생각하자. 태양으로부터 등을 돌린 채, 까마득히 먼 곳에 있는 은하가 동터 오는 모습을 보는 것이다. 우리는 더 이상 태양 빛에 눈이 멀어 별들이 가득한 우주를 보지 못하는 장님이 아니다. 무한한 암흑은 별들 사이로 그리고 영원이라고 부르는 빅뱅의 시간까지 영원히 펼쳐져 있는 듯하다. 밤은 그림자의 세계다. 우리가 밤에 보는 그림자들은 오로지 달빛과 인공적인 불빛이 만들어낸 것이지만, 밤 자체가 하나의 그림자다.

더 많은 별을 볼 수 있는 시골에 가면 밤은 위아래가 뒤집힌 깊이를 알 수 없는 샘으로 보인다. 어둠에 눈이 익을 때까지 인내심을 가지고 기다리면, 하늘을 가로질러 뿌연 크림처럼 엎질러져 있는 은하수를 볼 수 있다. 사람들은 문화권에 따라 별들을 서로 다른 별자리로 연결하여 나름의 드라마를 만들었다. 칼라하리의 부시맨은 은하수를 '밤의 등뼈'라고 부른다. 스웨덴에서는 천국에 이르는 '밤길'이다. 헤브리디스제도 사람들에게는 '비밀 인간들의 길'이다. 노르웨이인에게는 '유령의 길'이고, 아르헨티나의 파타고니아 사람들에게는 '유령들이 타조를 사냥하는 흰 초원'이다. 도시에서는 눈에 보이는 별들이 더 적어서 주의를 분산시키지 않기 때문에 별자리를 더 쉽게 찾을 수 있다.

별을 관측하는 가장 좋은 방법은 벌렁 드러눕는 것이다. 오늘 밤의 반달은 마야인의 옆모습 같다. 끊임없이 빛을 내쏘는 밤의 등대처럼 보이지만, 그 광채는 모두 빌려온 것이다. 낮에 숲 근처에서 거울로 햇빛을 반사시켜보자. 그것은 제 빛이라곤 하나도 없는 달이 햇빛을 되비추는 것과 똑같다. 궁수자리와 물병자리 사이에서 염소자리가 하늘을 거닐고 있다. 아즈텍족들은 그것을 고래로, 동인도 제도에서는 영양으로, 그리스인들은 '신들의 문'으로, 아시리아인들은 염소와 물고기로 생각했다. 세계에서 가장 유명한 별은 북극성 혹은 폴라리스일 것이다. 북극성에도 다른 이름이 많다. 나바호족은 그것을 '움직이지 않는 별'로, 중국인은 '하늘의 위대한 제왕'으로 불렀다.

어느 시대든, 사람들은 자신의 위치를 파악하기 위해 하늘을 올려다보았다. 어렸을 때 나는 빈 깡통을 주위서 한쪽 끝에 알루미늄 호일을 덮고 별자리 모양으로 구멍을 뚫곤 했다. 그리고 다른 쪽에서 빛을 비추면 나만의 별자리가 생겨났다. 육지나 바다에서 길을 잃은 방랑자들은 밤이 되기를 기다렸다가 북극성의 도움을 받아 고향 가는 길을 찾았다. 그들처럼 별자리로 길을 찾다보면 시간을 뛰어넘어 초기의 유목민들과 가까워진다. 먼저 북두칠성을 찾아서 국자의 맨 바깥쪽에 있는 두 개의 별 사이로 직선을 긋는다. 그러면 뒤집어진 국자에서 떨어진 크림 한 덩이 같은 북극성을 볼 수 있을 것이다. 북두칠성이 보이지 않으면, 북극성 바로 밑에서 관측 시간에 따라 W나 M을 그리고 있는 카시오페이아로 그 위치를 찾을 수 있다. 나는 카시오페이아가 항상 나비로 보인다. 지구는 공전하기 때문에 별들은 동쪽에서 서쪽으로 흐르는 듯이 보인다. 방향을 알아보는 또 하나의 방법은 특히 밝은 별 하나를 주목하는 것이다. 별이 떠오르는 듯이 보이면 동쪽을 향해 가고 있는 것이다. 별이 떨어지는 듯이 보이면 서쪽을 향하고 있는 것이다. 걸스카우트 단원이었을 때, 낮에는 땅에 긴 막대기를 꽂아서 방향을 찾았다. 몇 시간 동안 다른 일을 하다가 가보면 막대기 그림자는 약 15센티미터 가량 길어져 있다. 태양은 서쪽으로 움직였을 것이고, 그림자는 동쪽을 가리키고 있을 것이다. 손목시계를 나침반 대용으로 쓰기도 했다. 시계의 초침이 해를 향하도록 놓는다. 솔잎이나 잔가지로 그 그림자가 시침과 일치하도록 문자반 가장자리에 똑바로 세운다. 시침과 12시 사이의 중간이 남쪽이다. 물론 방향을 알아내는 방법은 이것 말고도 많다. 모두 인간이 배회하기를 좋아하는 까닭이다. 배회한다는 것, 그러나 이것은 집에 무사히 돌아갈 수 있다는 보장이 있을 때나 가능한 일이다. 공터에 서 있는 나무를 살펴보면 한쪽에만 이끼가 심하게 끼어 있는데 이곳이 북쪽이다. 이끼는 그늘진 쪽에서 잘 자라기 때문이다. 나무의 그루터기를 만나면 나이테를 살펴볼 일이다. 해가 드는 쪽 혹은 남쪽의 나이테가 더 넓을 것이다. 또 소나무 꼭대기를 살펴볼 수도 있는데 그것은 대체로 동쪽을 가리키고 있다. 그곳에 자주 부는 바람의 방향을 알면, 풀이 눕는 모습을 보고 방향을 알 수도 있다.

지금은 11월이다. 사자자리 유성우流星雨가 내릴 때다. 유성우는 주로 일몰 후나 일출 전에 떨어지는데, 해마다 똑같은 시기에 똑같은 별자리에서 출현한다. 남극대륙에서 나는 태양풍이 지구의 자기장과 부딪치며 눈부신 빛을 뿌리는 오로라를 보고 싶었다. 그러나 내가 그곳에 갔을 때 낮에는 해가 쨍쨍 내리쬐고 밤은 음산한 회색 박명이었다. 저녁이 되자 바다는 부서진 청동빛으로 보였지만 공중에 빛나는 길을 만드는 오로라는 없었다. 스콧 선장은 1911년 6월 자신이 본 광경을 이렇게 묘사했다.

동쪽 하늘은 흔들리는 오로라의 빛으로 가득했다. (……) 진동하는 빛의 아치와 커튼이 겹겹이 솟아나 하늘로 퍼져나갔다가 서서히 사라지고 그러다 다시 타오르는 생명으로 되살아났다.
가장 밝게 보였던 빛은 4분의 1가량의 둥글게 겹친 빛으로 뭉쳐지더니 번쩍거리는 광휘가 솟아났다가 곧 희미한 물결을 이룬다. (……)

이토록 아름다운 광경 앞에서는 오로지 경외심이 느껴질 뿐이지만, 마음을 움직이는 것은 그 찬란함이 아니라 광선의 섬세함과 투명함, 무엇보다도 그 형상이 떨며 사라져가는 모습이다.

오늘 밤, 화성은 꺼지지 않는 불씨처럼 붉게 타오른다. 비록 하늘에 보이는 것은 한 점 불빛이지만, 내 마음속에는 바람이 휘몰아치는 평원, 화산, 갈라진 계곡, 모래 언덕, 바람이 조각한 아치, 마른 강바닥, 계절에 따라 차고 이우는 빛나는 흰색 극관極冠이 있다. 화성에는 한때 기상과 유수流水도 있었다. 곧 금성이 밝은 은빛 광채를 뿌리며 나타날 것이다. 금성은 보통 일몰 3시간 후나 일출 3시간 전에 나타난다. 투명하고 하얀 그것은 사진 속에서 바짝 마른 듯 보이지만, 지표를 덮고 있는 두꺼운 산성酸性 구름층 때문에 그렇게 보인다. 그곳에는 빛이 풍부하고 온도는 납을 녹일 정도로 뜨겁다. 눈에 보이는 것에는 여러 가지가 있다. 실제와 상상과 환상. 본다는 것에는 수많은 가능성이 있는 것이다. 다른 행성들의 빛은 볼 수 없지만, 그것들이 소행성, 혜성, 먼 은하계, 중성자별, 블랙홀, 깊은 우주의 다른 유령들과 함께 항상 거기 있다는 것을 알고 있다. 그리고 나는 월트 휘트먼처럼 그 모든 것을 뚜렷하게 그려볼 수 있다. "눈에 보이는 밝은 태양들과, 보이지 않는 어두운 태양이 다 제자리에 있다."

동이 튼다. 어둠이 하늘에서 씻겨지기 시작한다. 짙은 안개가 나방의 고치처럼 계곡에 도사리고 있다. 서서히 푸른빛을 띠는 하늘에서 금성, 수성, 토성이 밝은 은빛 구멍으로 타오른다. 별들은 사라졌다. 별빛이 지구에 닿아도 낮에는 그 빛이 너무 희미해서 보이지 않는다. 안개 속에서 2개의 검은 형체가 소의 모습으로 바뀐다. 송아지가 나타난다. 이 세계에서 배운다는 것은 이런 것이다. 경험의 안개 속에서 형체가 드러날 때까지 지켜보고 또 지켜보는 것. 창백한 하늘에 엷은 구름이 깔려 있다.

시각

땅에는 안개의 장막이 쳐져 있다. 가장 높은 산봉우리가 기차의 굴뚝처럼 보인다. 구름이 그 뒤를 쫓아간다. 산 너머에서 적운이 솟아오르기 시작하면서 수평이었던 구름의 세계는 이제 수직으로 층을 이룬다. 서쪽 하늘의 고장 난 등대, 금성이 명멸한다. 구름의 원추형 천막집들이 산등성이를 따라 솟아오른다. 가장 먼저 일어난 매가 날개를 펴고 찬 공기 속을 날아간다. 토끼풀이 잔뜩 깔린 풀밭에 푸르고 둥근 이슬이 맺혀 있다. 긴 V자 모양을 이룬 열여덟 마리의 펠리컨 군단이 산 너머로 사라졌다가 다시 시야에 나타난다. 거대한 안개 베개가 계곡에서 굴러 나온다. 소들은 다시 안개 속에 모습을 감췄지만, 하늘의 푸른빛은 더욱 짙어진다. 금성은 차차 사라지고, 흰 구름이 나타나기 시작하고, 안개는 열기처럼 하늘로 올라가고, 집과 더 많은 소들이 나타난다. 벼락 맞은 외로운 나무 한 그루가 산등성이에 장승처럼 서 있고, 빛이 살아나고, 새들은 열심히 노래하기 시작한다. 노란빛이 달걀노른자처럼 세계 위로 떠오르고, 태양은 빛을 노래하는 카나리아다.

빛

◆

빛이 없다면, 우리는 볼 수 있을까? 빛과 물이 없다면, 생명은 존재할 수 있을까? 빛이 없는 삶은 상상하기 어렵다. 내 기억 속에서 가장 무서운 어둠은 스쿠버다이빙으로 바하마의 해저 동굴에 들어가서 만난 어둠이었다. 손전등을 가지고 들어갔지만 잠시 불을 끄고 어둠 속에 가만히 앉아 있었다. 동굴에서 나와 눈부신 바하마의 빛 속으로 들어갔을 때, 1억 5000만 킬로미터 떨어진 곳에서 불타고 있는 태양은 내 팔과 다리 위에서 막 뜯은 샌드페이퍼처럼 까실거렸다. 때는 정확히 오후 4시였다. 그맘때면 항상 그런 것처럼 잠시 비가 뿌렸다. 젖은 길이 반짝 거렸다. 돌담은 빛을 반사하지 않았다. 매끈한 표면에 닿은 광파는 균일하게 반사되면서 표면에 광택을 만들어냈다. 그러나 표면이 울퉁불퉁하면 광파는 서로 다른 방향으로 산란되고, 결국은 적은 빛만이 우리 눈으로 되돌아와 표면은 빛나지 않는 것으로 보인다. 눈은 16킬로미터 떨어진 곳에 켜진 촛불도 볼 수 있으며, 달밤에, 특히 눈이 온 다음에는 그림자와 형태, 움직임이 아주 잘 보인다. 지구의 궤도에 있는 우주인들은 대양의 항적航跡도 볼 수 있다. 그러나 구름이 낮게 드리운 날 숲속에 있으면, 밤은 검은 쇠망치처럼 내려앉고 눈으로 반사되는 광선

시각

이 하나도 없으므로 우리는 전혀 보지 못한다. 프랜시스 베이컨은 종교에 관한 수필에서 "모든 색채는 어둠 속에서 하나가 된다"고 말했다.

태어날 때부터 앞을 못 보는 사람도 빛의 영향을 많이 받는다. 보기 위해서뿐 아니라 다른 방식으로도 빛은 영향을 주기 때문이다. 빛은 기분을 변화시키고, 호르몬 분비를 자극하고, 생체 리듬을 활성화한다. 북구에 어둠의 계절이 오면 자살률이 치솟고, 정신병이 생겨나고, 알코올 중독이 증가한다. 구루병 등 일부 질병은 어린 시절 햇빛을 너무 적게 쐬서 생긴다. 어린이들은 활발한 동물이고, 건강하게 살기 위해서는 빛이 만들어내는 비타민 D가 필요하다. 겨울철이면 결핍과 우울을 느끼는 계절성 우울증 같은 질환은 매일 아침, 약 30분 정도 아주 밝은 빛(실내 조명의 20배 밝기)을 쐬어주면 낫는다. 경미한 우울증은 환자의 수면 시간을 계절에 따른 밤낮의 길이와 비슷하게 바꿔주면 치료할 수 있다. 뉴욕의 이타카는 계절이 여름과 겨울 둘뿐이지만 항상 눅눅해서, 더우면서 눅눅하고 추우면서 눅눅하고, 어느 시간엔건 침침하다. 해 뜰 때, 전망 창으로 밝은 빛이 흘러들어오지 않는다. 침실 창문에 두꺼운 커튼을 쳐두고, 두더지가 좋아할 만큼 어두운 방에서 잠을 잔다. 나는 계절이나 날씨에 상관없이 매일, 빠른 걸음으로 50분씩 산책하는데, 겨울에는 하루도 거르지 않고 이른 아침이나 오전 시간에 산보를 나가야 훨씬 힘이 나고 기분이 좋아진다. 여름에는 어느 시간에 산책을 나가든, 가끔 하루를 빼먹어도 별 문제가 안 되는 것 같다.

광선 치료는 건선이나 정신분열증, 심지어 암 환자들에게도 적용된다. 송과선, 혹은 '제3의 눈'이라는 신비스러운 이름이 붙은 내분비기관은 계절과 건강에 대한 감각, 사춘기의 시작, 체내에서 생산되는 테스토스테론과 에스트로겐의 양, 미묘한 계절적 행동과 깊이 관련되어 있는 듯하다. 남성 테스토스테론 분비가 절정에 달하는 것은 10월의 이른 오후(오후 2시경)이므로 그 시기에 잉태되어 여름에 태어나는 아기가 생존 확률이 더 높을 거라고 생각한다. 물론 남자들은 남성호르몬 분비가 최고조에 달하는 가을철의 한 달만 기다리지는 않는다. 성욕은 9월부터 점점 높아지기 시작하여 크리스마스 가까워질 무렵 약간, 아주 조금 가라앉는다.

인간은 환경에 적응할 뿐 아니라, 더욱 적합하게 환경을 바꿀 수도 있다. 우리는 추위를 꽤 잘 견뎌내기 때문에 심하게 춥다고 해서 겁을 집어먹고 이동하지는 않는다. 그저 집을 고치고 옷을 껴입을 뿐이다. 또 햇빛에 반응하고, 빛이 적거나 없을 때를 위해 빛을 만들어낸다. 불 에너지를 사용하며, 에너지를

시각

생산한다. 그러나 다른 생물체와 달리, 이러한 일을 대개 체외體外에서 한다. 주변 세계를 밝히고 싶을 때는 등잔을 만든다. 많은 곤충, 물고기, 갑각류, 오징어, 균류, 박테리아, 원생동물이 생물발광生物發光을 한다. 이들은 빛으로 고동친다. 아귀는 먹이를 유인하기 위해 입에 반짝거리는 조명을 매달기까지 한다. 수컷 개똥벌레는 차가운 녹황색 불빛으로 욕망의 신호를 내보내고, 암컷도 기분이 동하면 불빛을 내쏜다. 이들은 뜨겁게 달아오른 채 거리를 헤매는 연인들처럼 여름밤이 새도록 반짝거린다. 개똥벌레의 빛은 두 가지 화학물질, 루시페린과 루시페라아제(루시퍼lucifer는 '빛나는'을 의미한다)의 혼합으로 생겨난다. 푸에르토리코의 남서쪽 해안 포스포레센트 만에서 밤에 배를 타면 배가 지나간 자리에는 반짝거리는 오로라의 자취가 남고 노에서는 차가운 불이 뚝뚝 떨어진다. 건드릴 때마다 빛을 내는 액체를 분비하는 수중의 미세한 무척추동물군 때문이다. UCLA의 해양생물학자 제임스 모린은 자신이 '불벼룩'이라고 별명을 붙인, 쌀알 크기의 바르굴라속 갑각류를 연구하고 있다. 바르굴라속으로는 39개 종이 알려져 있는데, 이들 종은 구애할 때는 물론 적을 퇴치할 때도 빛을 낸다. 이들이 불을 켜면 자신만이 아니라 적도 쉽게 눈에 띄게 되고, 그러면 적은 더 큰 포식자에 의해 쉽게 발각당할 수 있게 된다. 구애하는 동안,

모든 종은 저마다의 독특한 불을 밝힌다. 바르굴라속은 개똥벌레보다 훨씬 더 강하고 밝은 빛을 낸다. "손가락에 불벼룩 한 마리를 올려놓고 터뜨리면, 그 빛으로 족히 10분간은 신문을 읽을 수 있다." 모린은 설명한다. 선원들은 배의 고물을 따라오는 긴 불에 대해 이야기한다. 세인트엘모의 불(돛대에 차갑고 괴기스러운 녹색 불이 붙어서 딱딱 소리를 내는 대기현상)이 아니라, 배가 미세한 발광 생명체를 지나갈 때 물 위에서 달빛과 같은 반짝임이 소용돌이치는 것을 말한다.

할로윈이 다가오면 가게에서는 어둠 속에서 서늘한 빛을 내는 목걸이와 지팡이 등 플라스틱 용품을 팔기 시작한다. 여기에는 루시페린이 들어 있어서 개똥벌레의 빛과 동일한 방식으로 빛을 낸다. 집집마다 돌아다니는 장난꾸러기들은 노루발풀 잎을 씹기도 한다. 어둠 속에서 잎을 입에 넣고 딱 씹으면 청록색의 불빛이 튄다. 마찰에 의해 빛을 내는 물질도 있다(석영이나 운모, 심지어 접착테이프를 어떤 물체의 표면에 문지르면 불꽃이 튄다). 이들은 마찰이나 충돌시, 혹은 부서질 때 빛을 낸다. 노루발풀 잎새를 꺾으면 형광빛이 나오고, 설탕을 부수면 자외선이 나온다. 설탕과 노루발풀 오일을 섞어서 사탕을 만들면 미세한 청록색 번갯불이 튄다. 친구와 옷장에 들어가서 노루발풀 잎을 씹어보자. 불꽃이 튈 것이다.

시각

색깔

◆

해 질 무렵, 분홍빛 날개가 산등성이를 따라 날아가고, 진홍빛 날개들은 호수 위에서 춤춘다. 길가의 빨간 자동차 위에 빛이 비추면 오로지 빨간빛만이 반사되고, 우리는 '붉다'고 말한다. 다른 빛깔은 자동차에 칠해진 페인트 속으로 흡수된다. 푸른 우편함에 빛이 비추면 푸른빛이 반사되고, 우리는 '푸르다'고 말한다. 우리가 보는 것은 항상 반사되는 빛, 즉 흡수되지 않는 빛이다. 거부당한 색을 보고 '사과는 붉다'고 말하는 것이다. 그러나 사실 사과는 빨강을 제외한 모든 색이다.

해가 지면서 빛의 양, 질, 밝기는 모두 줄어들지만, 여전히 푸른 우편함을 푸른색으로, 빨간 차를 빨간색으로 지각한다. 사실 우리는 카메라가 아니다. 우리의 눈이 단순히 빛의 파장만을 측정하는 것은 아니다. 폴라로이드 카메라를 발명한 에드윈 랜드는 자신의 경험에 따라 색을 판단한다고 주장했다. 우리는 색을 다른 것과 비교해보고, 시간, 광원光源, 기억에 따라 수정한다.✢ 그렇지 않으면 조상들은 해 질 무렵이나 구름 낀 날에는

✢ 백반증을 앓고 있는 사람들은 망막 뒤편의 검은 세포층이 모자라므로 더 많은 빛이 눈으로 들어간다. 그래서 눈에 보이는 색깔이 더 엷고 가라앉아 보인다.

먹을 것을 찾지 못했을 것이다. 눈은 절대적인 색채가 아니라 색의 비율을 보고 판단한다. 랜드는 생물학자는 아니었지만 날카로운 관찰자였고, 색채의 일관성에 관해 그가 1963년에 설정한 이론은 아직도 유효하다. 대학생이라면 한두 번 정도는 무엇인가를 '안다'는 것의 의미가 무엇인지, 사람들이 공통적으로 지각한다는 것이 가능한지에 관해 질문을 던져본 적이 있을 것이다. '컬러' TV를 보는 것은 우리 조상들이 익은 과실에 반응하는 눈을 가졌기 때문이고, 조상들은 유독성 식물이나 동물(독성이 있는 것들은 색채가 화려한 경향이 있다)을 경계해야 했기 때문이다. 대부분의 사람들은 150개에서 200개의 색상을 구분할 수 있다. 그러나 모두가 정확히 똑같은 색을 보는 것은 아니다. 특히 색맹일 때 더욱 그렇다.✣ 강 건너편에 있는 푸른 배는 배경과 구름과 상황에 따라 다르게 보일 수 있다. 어떤 색깔과 연결되어 있는 감정과 기억은 우리가 보는 세계를 물들인다. 그런데도 우리가 빨강 혹은 군청, 담황색이라고 부르는 것이 일치한다는 것은 얼마나 놀라운 일인가.

모든 언어가 모든 색깔에 이름을 붙여준 것은 아니다. 일본

✣ 올리버 색스는 교통사고로 뇌손상을 입어 색깔 감각이 완전히 소실된 예순여섯 살의 화가에 대해 이렇게 말했다. 그 화가에게 인간의 육체는 '쥐색'으로 보였고, 음식은 색깔이 없어져 소름 끼치고 먹지 못할 것으로 보였다고 한다.

어에는 '파랑'을 가리키는 말이 최근에야 생겼다. 과거에 '아오이'는 녹색과 파랑에서 보라색까지를 두루 일컫는 말이었다. 원시 언어에서는 검정과 흰색을 가리키는 말이 맨 먼저 생기고, 그다음에 빨강, 그다음에 노랑과 녹색이 추가되었다. 파랑과 녹색을 뭉뚱그려서 생각하고, 다양한 스펙트럼의 색을 구태여 구분하지 않으려는 언어가 많다. 고대 그리스에는 색을 나타내는 말이 별로 없었기 때문에, 학자들은 호머의 "포도주처럼 짙은 바다"라는 표현이 무엇을 은유하는지에 관해 논쟁을 벌여왔다. 웨일스에는 산정호수의 색을 나타내는 '글라스'라는 말이 있는데 사실 이것은 파랑, 회색, 녹색을 모두 가리킨다. 스와힐리어의 '냐쿤다'라는 말은 갈색, 노랑 혹은 빨강을 의미한다. 뉴기니의 잘레족에게는 녹색을 나타내는 말이 없다. 이들은 나뭇잎을 가리켜 어둡거나 밝다고 한다. 영어에는 푸른색에서 녹색까지를 구별하는 말들이 많지만(감청, 청록, 군청, 감색, 선록, 남색, 황록), 어떤 색깔이 실제로 파랑인지 녹색인지에 관해 자주 논쟁이 벌어지고, 풀잎의 녹색이나 완두콩의 녹색과 같은 비유에 의지하게 된다. 영어에서 색을 나타내는 말은 생명의 변화 과정에 이르면 난관에 부딪친다. 뉴질랜드의 마오리족에게는 빨강을 나타내는 말이 아주 여러 가지다. 과일과 꽃이 한창일 때부터 시들 때까지의 전 과정을 나타내는 빨강, 피가 흐르기 시작해서 말라붙어가는 과정의 모든 빨강. 늦겨울 풀의 누런 호박빛에 가까운 녹색과, 한여름의 아플 정도로 찬란한 녹색 그리고 그 사이에 있는 엽록소의 모든 변덕을 나타내기 위해 녹색의 범위를 확장할 필요가 있다. 구름에 대해서도, 바다 위로 고요히 해가 지는 동안의 진주빛 분홍색에서 토네이도가 몰아칠 때의 자극적인 회색에서 녹색에 이르기까지 많은 색깔의 구름을 나타내는 말이 필요하다. 갈색을 나무껍질의 모든 표정을 나타낼 수 있는 말로 재생시킬 필요가 있다. 햇빛을 받았을 때, 인공조명을 비출 때, 순수한 입자로 포화되었을 때 혹은 달빛에 젖어 있을 때 변화하는 색깔을 나타내는 말들도 필요하다. 우리의 마음속에서 사과는 빨갛지만, 형광등 아래서, 그늘진 나뭇가지 아래서, 밤 뜰에서, 배낭 속에서 그 붉은빛이 얼마나 다른지 생각해보라.

색깔은 세계 속에 있는 것이 아니라 마음속에 있다. 오래된 역설적인 질문을 떠올려보자. 숲속에서 나무 한 그루가 쓰러졌는데 그 소리를 들을 수 있는 사람이 옆에 없었다면, 소리는 울린 것인가? 시각에 관한 비슷한 질문이 있다. 옆에서 보는 사람의 눈이 없어도, 사과는 정말 붉은 것인가? 대답은 '그렇지 않다'이다. 사과는 우리가 의미하는 붉은색으로 붉은 것이 아니다. 다른 동물들은 고유의 화학적 과정에 근거해서 우리와는 다르게 색깔을 지각한다. 많은 동물들이 세상을 흑백으로 본다. 그런가 하면 어떤 동물은 우리가 보지 못하는 색깔에 반응한다. 그러나 색깔을 즐기고, 구분하고, 그것을 이용하여 삶을 의미 있는 것으로 만드는 방법은 인간만이 사용할 줄 안다.

뉴욕 자연사박물관의 보석관에서, 매우 노란 빛깔의 커다란 황sulfur 한 덩이를 본 적이 있다. 나는 그 앞에서 울기 시작했다. 기분이 울적했던 것은 전혀 아니다. 오히려 나는 기쁨과 흥분의 물결을 느끼고 있었다. 그 색채의 강렬함이 내 신경계에 영향을 준 것이다. 그때 느낀 감정은 경이였다. 나는 생각했다. 이런 노란빛이 있는 행성 위에 살고 있다는 것은 얼마나 큰 축복인가. '색채 컨설턴트'들은 내게 어떤 차크라나 에너지의 중심보다도 노랑이 자극적이라고 말할지도 모른다. 색채를 치료에 이용하는 요법이 최근에 붐을 이루고 있고, 그래서 온갖 종류의 사람들이 마치 도사들처럼 '몸에 어떤 색깔이 필요한지'를 가르치려 한다. 사람을 아름답게 만들어주거나 우울한 마음을 치료해줄 단 하나의 완벽한 색깔에 대해 설명하는 책도 많이 나오고 있다. 그러나 과학자들은 색채가 사람의 정서 반응을 촉진한다는 것을 이미 알고 있었다. 아이들은 어두운 색깔로는 슬픔을, 밝은 색깔로는 행복을 표현한다. 아이들은 풍선껌의 분홍(병원과 학교를 비롯한 기관에서는 '피동적 분홍'으로 알려져 있는)으로 칠한 방 안에서는 조용해진다. 텍사스대학의 실험에서, 피험자들이 색광色光을 바라보는 동안 손의 쥐는 힘을 측정했다. 뇌를 흥분시키는 붉은빛을 보고 있을 때 쥐는 힘이 13.5 퍼센트 더 강해졌다. 병원의 경련 환자를 대상으로 한 연구에서는 뇌를 안정시키는 푸른빛을 바라볼 때 떨림이 완화된다는 사실이 드러났다. 고대문명(그리스, 이집트, 중국, 인도 등)에서는 다양한 심신의 피로 증상에 색을 처방하는 색채 치료를 이용했다. 색은 경고와 흥분, 기분의 안정과 상승효과를 낼 수 있다. 과거에 TV 방송국과 극장의 출연자 대기실에는 마음을 안정시키는 녹색이 칠해져 있었다. 남자 아기에겐 파란 옷을, 여자 아기에겐 분홍색 옷을 입히는 것은 오래된 관습이다. 사내아이는 가문의 성을 이을 뿐만 아니라 힘센 일꾼이 되기 때문에 옛날 사람들은 사내아이의 탄생을 축하했다. 신들이 거주하는 하늘의 푸른색은 악귀를 물리치는 특별한 힘을 가지고 있었고, 그래서 남자 아기에게는 몸을 지켜주는 푸른색 옷을 입혔다. 여자 아기들이 섬세한 장미 꽃잎 안에서 태어난다는 유럽의 전설에 따라 분홍색은 여아들의 색이 되었다.

수년 전, 미주리주의 세인트루이스에서 집필 프로그램을 운영했을 때, 나는 색채를 강장제로 이용했다. 오아시스 같은 눈을 가진 연구실의 학생이나, 변덕스러운 비서, 걸핏하면 화를 내는 신경질적인 책임자들과는 상관없이, 나는 포리스트 파크를 굽어보고 있는 거실의 커다란 전망 창을 통해 일몰을 보기 위해 매일 저녁 똑같은 시간에 귀가하려고 애썼다. 매일 저녁 일몰은 진홍빛 억새꽃으로 치솟아, 분홍빛 하늘에 푸크시아꽃 로켓을 쏘아 올렸고, 그런 다음 공작새의 녹색층에서 인도의 푸른색과 검정으로 깊어졌다. 이 하늘을 배경으로 가끔씩 구름이 일렁거렸다. 내가 갈망했던 것은 눈을 취하게 하는 마약, 일몰이었다. 한번은 자의식과 위엄이 넘치는 교수 식당에서 새우 아보카도 샐러드를 먹으면서 식욕부진에다 다변인 젊은 동료와 이야기를 나눈 적이 있다. 나는 하루가 끝나려고 하는 것에 못내 불안을 느꼈고, 그 모든 무의미한 만남이 공허하기만 했다. 그래서 식당 의자를 창가에 끌어다 놓고 일몰의 다채롭고 순수한 빛으로 내 감각을 정화했다. 다음 날, 어느 문학사가와 휴게실에서 이야기를 나누던 중 이런 일이 또 생겼다. 언제나 눈에 띄지 않는 쥐색 옷을 입고 다녔던 그녀는 논점이 명확해진 다음에도 말을 끝낼 줄을 몰랐다. 그녀가 자신의 전공 분야인 17세기 영국 시인에 대해 장황하게 늘어놓는 동안 나는 얼굴 근육을 '진지한 청취'에 고정시키고 마음을 막 지기 시작하는 해로 향했다. 녹색 빛이 유황빛 노란 줄무늬에 자리를 내주고, 진홍빛 구름 기차가 기우뚱거리며 지평선을 가로지르기 시작했다. 그녀는 내 아파트 임대료가 너무 비싸다고 했다. 사실이었다. 그러나 그 아파트에서는 공원의 변화하는 계절이 내려다보였고, 매일 저녁 일몰을 바라볼 수 있는 창이 있었다. 또 그곳에서는 화랑, 골동품 가게, 이국적인 식당이 즐비한, 예쁜 조약돌이 깔려 있는 동네까지 겨우 한 블록 거리였다. 그러나 이 모든 것은 그녀가 표현한 그대로 '비용'이었다. 단순한 재정적 지출이 아니라 지나치게 사치스런 삶이라는 의미였다. 그날 저녁, 일몰의 살굿빛, 연한 자줏빛 팔랑개비가 새빨간 리본으로 폭발하는 모습을 지켜보며 나는 생각했다. 감각의 구두쇠들이 지구를 상속할 것이다. 하지만 그들은 맨 먼저 세계를 살 만한 가치가 없는 곳으로 만들어버릴 거야.

죽음에 대해 생각해보자. 죽음 이후에 나는 당연히 촛불처럼 훅 꺼져버릴 것이다. 그리고 그때는 내가 지나치게 열심히 노력한 것, 가끔씩 서툴렀던 것, 타인을 너무 깊이 사랑한 것, 자연에 대해 지나친 호기심을 품은 것, 경험에 대해 지나치게 개방적인 태도를 취한 것, 생을 속속들이 알기 위해 쉬지 않고 감각의 소비를 즐긴 것이 별 문제 되지 않을 것이다. 생의 많은 구경거리에 대해 진지하고 겸손한 관객이 되려고 노력했다면, 가끔씩 어색해 보였거나, 지저분했거나, 바보스러운 질문을 던졌거나, 자신의 무지를 드러냈거나, 옳지 않은 이야기를 했거나, 아이들처럼 신기해하며 기뻐했던 것이 별 문제 되지 않을 것이다. 축축한 여성용 슬리퍼 속에 어떤 벌레가 사는지 보려고 열댓 개의 슬리퍼 속에 손을 집어넣는 모습을 지나가는 사람은 이상하다고 고개를 갸웃했어도 별 문제 되지 않을 것이다. 우편물을 가지러 나온 이웃집 여자가, 내가 한 손에는 편지 뭉치를 들고 다른 손에는 불붙은 듯 새빨간 단풍잎 하나를 들고, 그 색채에 전기충격을 받은 듯 활짝 웃음을 머금은 채, 잎맥이 그물같이 퍼져 있는 화려한 잎새 한 장에 몸이 마비되어, 추위 속에 꼼짝 않고 서 있는 모습을 보았다고 하더라도, 죽음 이후에, 그것은 별 문제 되지 않을 것이다.

가을에 잎새는 왜 색이 변할까

◆

가을은 알지 못하는 새에 온다. 이른 9월의 숲속에 내려앉은 것은 검은방울새였을까, 가장 먼저 단풍이 든 잎새였을까? 붉은 날개지빠귀나 겨울을 앞두고 문을 닫는 설탕단풍이었을까? 표범처럼 날카로운 눈을 하고 가만히 서서, 어떤 움직임을 찾아보자. 풀밭에는 이른 아침의 서리가 깔려 있고, 철조망에는 흰 별들이 매달려 있다. 먼 산에, 노란색의 작은 네모가 불 켜진 무대처럼 보인다. 마침내 어떤 깨달음이 스쳐간다. 가을이 오고 있는 것이다. 정확히 때를 맞춰, 추운 밤과 서늘한 휴일, 심장이 멎도록 아름다운 단풍을 몰고서. 나무 잎새들은 곧 움츠러들기 시작할 것이고, 떨어지기 전 주먹을 쥐듯 잎을 둥글게 말 것이다. 마른 열매들은 조그만 호리병처럼 잘그락거릴 것이다. 그러나 그보다 먼저 너무도 밝고, 부드럽고, 색종이처럼 화사한 색채가 분출하는 날들이 올 것이고, 사람들은 그것을 바라보기 위해서 동부 해안을 오르내릴 것이다. 잎새들의 계절 내내.

색채는 어디서 오는가? 햇볕은 그 황금빛 칙령으로 살아 있는 것들을 지배한다. 6월 21일, 하지가 지난 다음부터 날이 짧아지기 시작하면 나무는 자신의 잎새에 대해 재고한다. 여름 내내 나무는 잎새에 양분을 공급하여 잎새들이 햇빛을 처리할 수 있도록 한다. 하지만 여름의 무더위 속에서 나무는 양분을 다시 줄기와 뿌리로 끌어내리기 시작하며 서서히 잎새들의 목을 조른다. 나뭇잎들의 가느다란 잎자루에서 코르크 같은 세포층이 형성되고, 그 위로 엽흔葉痕이 덮인다. 영양 공급을 받지 못한 잎새들은 엽록소의 생산을 중단하고 광합성을 멈춘다. 동물들은 이동하거나, 동면하거나, 겨울 양식을 비축할 수 있다. 그러나 나무는 어디로 갈 수 있을까? 나무는 잎새를 떨어뜨림으로써 생존하고, 가을의 끝 무렵이 되면 물을 운반하는 물관부의 허약한 줄기만이 몇 가닥 남아 잎새를 줄기에 붙여놓고 있다.

색이 변하는 나뭇잎은 처음에는 녹색을 유지하다가 엽록소가 점차 파괴되면서 노랑과 빨강의 반점을 드러낸다. 진한 녹색은 잎맥에 가장 오랫동안 남아 그 생김새를 하나하나 드러내 준다. 여름에 엽록소는 열과 빛에 파괴되지만 꾸준히 대체된다. 가을에는 새로운 엽록소가 생산되지 않고, 그래서 항상 거기, 잎새 속에 있었으면서도 엽록소의 강한 녹색에 가려 보이지 않던 다른 색이 드러나게 된다. 위장색이 사라지면 우리는 처음으로 이 색을 보고, 경탄한다. 그러나 그것은 여름의, 뜨겁게 타오르는 녹색에 가려진 채 항상 거기 있었다.

가장 볼 만한 가을 잎새는 미국의 북동부와 중국 동부에 있다. 이곳의 잎새들이 화려한 색깔로 물드는 것은 뚜렷한 기후 덕분이다. 유럽의 단풍나무는 밤에는 춥고 낮에는 햇볕이 풍부한 미국의 친척들처럼 타는 듯한 빨간색을 띠지 못한다. 유럽의 온화하고 습기 찬 기후에서 잎새들은 갈색이나 옅은 노랑으로 물든다. 사과의 빨간색과 단풍의 붉은빛을 보여주는 색소 안토시아닌花靑素은 양분의 공급이 줄어든 뒤 잎새 속에 남아 있는 당분에 의해 생산된다. 당근, 호박, 옥수수에 색깔을 입혀주고 잎새를 주황이나 노랑으로 물들이는 카로티노이드와 달리, 안토시아닌은 온도와 햇빛의 양에 따라 해마다 달라진다. 가을볕이 강하고 밤에는 춥고 건조할 때(예측 불가능한 은혜로운 상태) 가장 선명한 색깔이 나온다. 햇볕이 찬란한 가을날에 잎새들이 어지러울 정도로 환하고 선명한 것은 이 때문이다. 안토시아닌은 새 차양처럼 빛난다.

모든 잎새가 똑같은 색깔로 변하는 것은 아니다. 느릅나무, 버드나무, 은행나무를 비롯하여 히커리, 아스펜, 마로니에, 미루나무 그리고 키 큰 포플러는 모두 밝은 노랑으로 물이 든다. 참피나무는 청동빛으로, 자작나무는 밝은 황금빛으로 물든다. 물을 좋아하는 단풍나무는 진홍의 제전을 연다. 옻나무도 층층나무, 풍나무와 함께 빨갛게 물이 든다. 어떤 참나무는 노랗게도 물들지만 대부분은 분홍빛 도는 갈색을 띤다. 옥수숫대와 건초가 들판에 선 채 말라가면서 농장의 색깔도 달라진다. 산은 밝은색으로 물들어간다. 정남향의 경사면은 산의 북쪽에 비해 더 많은 햇빛과 열을 받기 때문이다.

색채의 이상한 성질은 그것에 특별한 목적이 없다는 점이다. 우리는 일몰, 봄꽃, 수송아지의 예쁜 엉덩이의 황갈색 가죽, 홍조 띤 얼굴의 떨리는 분홍빛에 감탄한다. 동물과 꽃의 색깔에는 환경에 대한 적응이라는 이유가 있지만 잎새가 가을에 그토록 아름답게 물드는 데는 이유가 없는 것 같다. 하늘과 바다의

시각

색깔이 푸른 것과 같은 것이다. 대지가 매년 선사하는 우연한 아름다움일 뿐이다. 타오르는 색깔을 보며 전율하지만, 어떤 의미에서는 기만당하는 것이다. 단풍은 살아 있는 듯한 색이지만, 사실 그것은 죽음과 해체를 표시한다. 시간이 흐르면 단풍잎은 쇠약해져 먼지로 돌아간다. 단풍은 죽음의 순간에 대한 우리의 희망을 구현하고 있다. 사라지지 않는 것, 하나의 아름다운 상태에서 또 다른 아름다움으로 승화하는 것. 잎새들은 녹색 생명을 잃어버릴지라도 간절한 색깔로 피어나고, 숲은 하루하루 말라가면서 더욱 육감적이고, 말없고, 빛이 난다.

우리는 이 계절을 '가을fall'이라고 부르는데 이것은 '떨어지다'를 의미하는 고대 영어의 'feallan'에서 왔으며, 더 거슬러 올라가면 역시 '떨어지다'를 의미하는 인도·유럽어의 'phol'을 만나게 된다. 그 말과 생각 모두 지극히 오래된 것이다. 'fall'이라고 말하면서, 우리는 에덴동산에서의 또 다른 'Fall(타락)'을 연상한다. '가을fall'은 나무에서 잎새가 '떨어지는fall' 때고, '봄spring'은 꽃이 '피어나는spring up' 때, '여름summer'은 우리가 부글부글 '끓어오르는simmer' 때, '겨울winter'은 추워서 '신음하는whine' 때인 것이다.

아이들은 나뭇잎을 공중에 색종이처럼 흩뿌리고, 푹신한 나뭇잎 매트리스 속에서 뛰어놀기를 좋아한다. 아이들에게는 떨어지는 나뭇잎은 우박이나 눈 같은 자연현상의 하나일 뿐이다. 동화 같은 가을 숲속의 오솔길을 걸어보자. 순수한 색채의 범람에 넋을 잃고 시간과 죽음마저 잊게 될 것이다. 아담과 이브는 나뭇잎으로 벌거벗은 몸을 가렸다. 나뭇잎은 항상 우리의 어색한 비밀을 감춰주었다.

단풍잎은 어떻게 떨어질까? 잎새가 나이가 들면서 성장호르몬 옥신은 줄어들고, 잎자루의 기저부에 있는 세포는 분화한다. 잎자루의 축에 정확히 직각으로 존재하는 두 층의 작은 세포층은 물과 반응하여 떨어져 나가고, 잎자루는 몇 가닥의 물관부에 의해 지탱된다. 가벼운 산들바람에 나뭇잎은 공중으로 날린다. 나뭇잎은 보이지 않는 요람에 실린 듯 날아다니고 빙글빙글 선회한다. 몸 전체가 날개인 나뭇잎은 작은 회오리바람이나 상승기류에 실려 빙빙 돌며 이곳저곳으로 옮겨 다니기도 한다. 대지에 붙박여 있는 인간은 비눗방울, 풍선, 새, 낙엽 등이 훨훨 날아다니는 모습을 보는 것을 좋아한다. 계절의 끝은 변덕스럽다는 사실을 상기시켜주는 것들이다. 우리는 특히 나뭇잎이 가지에서 흔들리고, 한쪽으로 쏠리고, 빙빙 돌며 떨어지는 모습을 좋아한다. 나뭇잎의 그러한 움직임은 누구나 다 알고 있다. 조종사들이 선보이는 '떨어지는 잎'이라는 조종 기술은 비행기를 일부러 처음에는 오른쪽, 다음에는 왼쪽으로 요동치게 한 다음 재빨리 고도를 내리는 것이다. 비행기의 무게는 1톤 이상 나가지만, 조종사에게는 무게가 없는 것, 즉 떨어지는 잎이다. 조종사는 그러한 움직임을 어린 시절에 버몬트의 숲속에서 본 적이 있을 것이다. 아래쪽의 숲은 황금빛, 구릿빛, 붉은빛으로 빛난다. 나뭇잎이 떨어지고 있지만 지상으로 떨어지는 조종사는 볼 수 없다.

마침내 잎이 진다. 색깔을 바꾸고 몇 주가량 우리를 흥분의 도가니로 빠뜨린 다음이다. 이제 그것은 발밑에서 바스락거린다. 아이들이 길가에 쌓여 있는 낙엽 더미를 발로 차며 지나갈 때 그것들은 쉬잇! 하고 소리친다. 비가 온 뒤면 시커멓고 끈적한 낙엽이 발에 달라붙는다. 반쯤 썩은 축축한 회반죽 같은 낙엽은 내년 봄까지 부드러운 싹을 지붕처럼 덮어서 지켜주고, 마침내는 비옥한 부엽토가 된다. 잎새가 수북이 쌓여 있는 산에서 가끔씩 불룩 튀어나온 곳이나 들썩대는 곳은 뒤쥐나 들쥐가 나오고 있다는 표시다. 잎새 무늬가 새겨진 화석이 발견되기도 한다. 잎새는 오래전에 썩어버렸지만, 그 윤곽은 이 소멸하는 대지에 속한 것들이 얼마나 활기와 생명력에 넘치는지를 일깨워준다.

동물

◆

북극곰은 희지 않고 투명하다. 북극곰의 투명한 털에는 흰색 색소가 없지만, 그 속에는 수많은 미세한 공기 방울이 들어 있어서 태양의 흰빛을 반사한다. 그러면 우리의 마음은 그것을 흰색 털로 기록하는 것이다. 백조의 하얀 깃털과 나비의 하얀 날개 역시 마찬가지다. 지구상의 모든 것이 고유의 깊고 풍부한 색채를 띤다고 생각하지만, 폭죽처럼 아무리 요란한 색깔로 보인다 해도, 그 위를 덮고 있는 것은 아주 얇은 껍질, 색소의 층에 불과하다. 색소를 전혀 갖고 있지 않으면서도 교묘한 속임수로 풍부한 색깔을 자랑하는 것들도 많다. 태양과 하늘이 빛의 산란으로 푸르게 보이듯, 푸른어치의 깃털에도 푸른색 색소는 전혀 없다. 칠면조 목의 푸른색, 푸른꼬리도마뱀 꼬리의 푸른색, 비비 엉덩이의 푸른색 또한 마찬가지다. 그러나 풀과 잎새의 녹색은 녹색 색소인 엽록소가 만들어낸 고유한 빛깔이다. 열대우림과 북부 지방의 숲은 모두 녹색 송가를 부른다. 녹색 엽록소, 갈색 땅, 푸른 하늘과 바다를 배경으로 동물들은 배우자를 유인하고, 자신을 위장하고, 포식자에게 경고를 보내고, 경쟁자들을 자신의 영토에서 쫓아버리고, 부모에게 먹이 줄 시간이 됐다는 신호를 보내기 위해 만화경 같은 색깔을 만들어내왔다. 삼림지대의 새들은 연한 갈색 바탕에 자잘한 점이 박혀 있는 것이 많은데, 나뭇가지와 그 사이로 스며드는 햇빛 속에서 튀지 않기 위해서다.

20세기 초의 화가이자 박물학자인 애벗 세이어는 동물의 몸에서 햇볕에 적게 노출되는 부분을 밝은색으로, 많이 노출되는 부분을 더 어두운 색으로 만드는 자연의 위장술을 관찰했다. 펭귄은 가슴이 흰색이라 바다 속에서 보면 옅은 색깔의 하늘처럼 보이고, 등은 검은색이어서 하늘에서 보면 어두운 색깔의 바다와 비슷해 보인다. 육상의 포식자는 펭귄에게 별로 위험하지 않으므로, 펭귄들이 뒤뚱거리며 해안을 걸어다닐 때, 선명한 흑백 대비는 별 문제가 되지 않는다. 위장과 과시는 동물의 왕국에서 유희와 같은 것이다. 곤충들은 특히 위장에 능하다. 공해에 의해 변색된 나무껍질 색깔에 맞추기 위해, 희끗희끗한 회색에서 50년 만에 거의 검은색으로 변신한 영국 후추나방을 보면 알 수 있다. 페일나방은 나무 색깔이 점점 꺼멓게 변색되자 새들의 눈에 쉽게 띄게 되었고, 몸 색깔이 진한 나방이 살아남게 되어 한층 더 진한 색깔의 나방을 낳았고, 결국 이들이 살아남았다. 동물은 자신을 위장하기 위해서라면 무슨 일이든 할 것이다. 물고기의 꼬리에는 눈眼처럼 보이는 무늬가 있어서 포식자들은 덜 치명적인 이 부분을 공격한다. 남아프리카 구릉지대에는 몸 색깔이 석영과 비슷해서 눈에 잘 띄지 않는 메뚜기가 있다. 어떤 나비들은 날개에 크고 검은 눈 무늬가 있는데, 이는 포식자 새들이 자신을 올빼미로 착각하게 만들기 위한 것이다. 대벌레의 몸은 나뭇가지처럼 거뭇하고 옹이가 있다. 케냐의 귀뚜라미는 몸 색깔이 나무둥치 위의 이끼와 비슷하다. 풀잎과 똑같은 녹색 옷을 입은 여치 중 일부에는 버섯처럼 보이는 갈색 무늬도 있다. 말레이시아의 독나방은 썩은 나뭇잎과 비슷한, 찢어지거나 구멍 난 것처럼 보이는 갈색 날개를 가지고 있다. 뱀이나 새의 배설물 모양을 흉내 내는 곤충도 있다. 도마뱀, 새우, 개구리, 물고기, 일부 거미는 주위 환경과 비슷한 몸 색깔을 띤다. 물고기에게 위장이란 물처럼 반짝거려서 몸의 윤곽을 감추는 것을 의미한다. 샌드라 싱클레어는 『동물은 어떻게 보는가』에서 설명했다. "비늘 하나하나가 가시광선의 3분의 1을 반사한다. 그래서 비늘 3개가 겹치는 곳에서는 모든 색깔이 사라지고 거울 같은 효과만 남는다." 포식자가 볼 수 있는 것은 반짝거리는 빛뿐이다. 발광發光 오징어는 빛이 거의 없는 심해에서도 살 수 있다. 이들은 어둠 속에서 헤엄치면서 머리 위의 자연광을 흉내 내고, 자신의 몸을 감추기 위해 물의 표면 위를 떠다니는 구름으로 자신을 위장하기도 한다. 이들은 말하자면 '은밀한' 오징어다. 모든 동물은 멜라닌 생산량을 줄이거

시각

나 늘려서 색깔을 변화시킬 수 있다. 동물들은 색소를 퍼뜨려서 몸 빛깔을 더욱 어둡게 만들거나, 색소를 아주 좁은 면적으로 축소시킴으로써 그 밑의 색소가 드러나게 하기도 한다. 블라디미르 나보코프는 자서전『기억이여 말하라』에서 나방과 나비의 위장술에 대한 유쾌한 매혹을 이렇게 표현했다.

날개의 거품 같은 반점으로 (……) 아니면 번데기의 반짝거리는 노란 혹으로 독을 분비하는 척하는 모습을 떠올려보라("나를 먹지 마세요. 누가 이미 나를 짓이겨서 맛을 보았는데 그냥 뱉어냈어요"). 꼭 새똥 같은 모습을 흉내 내는 애벌레(가재나방)의 곡예를 생각해보라. (……) 어떤 나방이 생김새나 색깔에 있어서 말벌 흉내를 낼 때, 그것은 나방이 아닌 말벌처럼 걷고, 말벌처럼 더듬이를 움직인다. 잎새를 흉내 내는 나비는 잎새의 세세한 부분까지 닮은 모습을 아름답게 빚어낼 뿐만 아니라, 벌레가 파먹은 구멍을 흉내 낸 반점까지 아낌없이 뿌려둔다. 다윈적 의미의 '자연선택'으로는 위장을 위한 성질과 행동이 종 전체에 동시에 나타나는 기적을 설명할 수 없고, '생존 투쟁' 이론으로는 어떤 방어 수단이 포식자의 인식 능력의 한계를 넘어서서 풍부하고, 신비스럽고, 호사스러운 정도로까지 발전하는 것을 설명할 수 없다. 나는 나 자신이 예술 속에서 추구했던 비실용적인 것의 기쁨을 자연 속에서 발견했다. 둘 다 일종의 마술이고, 복잡 미묘한 매혹과 눈속임의 게임이었다.

　그토록 사치스럽고 관능적인 자기 과시에 몰두하는 동물이 색채에 몰두하는 예를 나열하려면 책 한 권을 써야 할 것이다. 수많은 눈이 새겨진 공작의 반짝거리는 꼬리는 유명하다. "정말 공작새 같은 남자군!" 우리는 쫙 빼입은 남자를 보고 이렇게 말한다. 침묵의 언어로서의 색채는 너무도 훌륭하게 기능하기 때문에 거의 모든 동물이 색이라는 언어를 사용한다. 문어는 기분에 따라 몸 색깔을 바꾼다. 겁에 질린 민물 퍼치고기는 자동적으로 몸 색깔이 연해진다. 황제펭귄의 새끼는 부모의 부리에 있는 무늬 부분을 쪼아서 먹이를 달라는 신호를 보낸다. 비비는 교미 의사가 있을 때 푸른 엉덩이를 슬쩍 보여준다. 수컷 울새 앞에 붉은 깃털을 한 줌 갖다놓으면 울새는 그것을 공격한다. 사슴은 흰 꼬리를 탁 쳐서 동족에게 경고를 보내고 뛰어 달아난다. 우리는 놀라움을 표시하기 위해 눈썹을 치켜올린다. 그러나 동물들은 화려한 몸 색깔을 경고의 표시로 이용하기도 한다. 아마존 우림에 서식하는 독화살개구리는 선명한 청록과 진홍색으로 온몸이 번쩍거린다. 날 그냥 놔둬! 그 색은 포식자를 향해 부르짖는다. 어떤 사람이 그 개구리가 통나무 위에 앉아 있는 걸 보았다. 그는 칠보 세공을 한 듯한 등을 만져보고 싶은 유혹에 자신도 모르게 개구리를 향해 손을 내밀었으나 마침 옆에 있던 사람이 그의 손목을 낚아챘다. 개구리는 굳이 피할 이유가 없다. 독화살개구리의 몸에는 독성 점액이 묻어 있어서 그것을 건드린 손으로 눈이나 입을 만졌다면 그는 즉사했을 것이다.

해 질 무렵에 고양이가 쥐를 쫓고 있는 걸 보면, 고양이는 밤에도 볼 수 있다는 할머니들의 얘기를 믿게 된다. 어쨌든 고양이의 눈에서 빛이 나지 않는가? 그러나 어떤 동물도 빛이 없으면 볼 수 없다. 고양이를 비롯한 야행성 동물에게는 망막 뒤편에 피막皮膜이라는 얇은 무지갯빛 반사세포층이 있는데, 빛은 그 거울 같은 표면에 부딪쳤다가 망막으로 다시 반사된다. 그래서 희미한 빛 속에서도 볼 수 있는 것이다. 밤에 헤드 랜턴을 쓰고 나가 그 빛을 숲속이나 늪지 혹은 바닷가에 비추면 거미나 악어, 고양이, 나방, 새와 같은 야행성 동물의 붉은 혹은 호박색 눈이 '빛나는' 것을 볼 수 있다. 아주 작은 올리브 같은 눈을 가진 가리비조개도 빛을 모으는 피막이 있어서, 밤에도 물레고둥이 슬그머니 다가오는 모습을 볼 수 있다. 실험에 의하면 냉혈동물이 온혈동물에 비해 희미한 빛 속에서 더 잘 볼 수 있고, 그래서 양서류는 일반적으로 포유류에 비해 야간 시력이 더 뛰어나다(코펜하겐대학과 헬싱키대학의 실험에 의하면, 야간에

벌레 한 마리를 알아보기 위해 사람은 두꺼비에 비해 8배의 빛이 더 필요했다). 다른 포식자와 마찬가지로 고양이는 얼굴의 정면에 눈이 있다. 그리고 상대적으로 큰 눈과 뛰어난 거리 감각으로 먹이를 쉽게 알아보고 쫓아간다. 날개 달린 안경, 올빼미를 생각해보자. 올빼미는 눈이 머리의 3분의 1을 차지한다. 화살촉게는 스쿠버다이버들에게 친숙한 밝은 거미 모양의 게인데, 눈이 서로 멀리 떨어져 있어서 주변을 360도 다 볼 수 있을 정도다. 눈이 머리 양쪽에 서로 완전히 떨어져 있는 말은 거리 감각이 거의 없다. 초식동물이 그렇듯, 말은 포식자의 공격을 경계하기 위해 주변 시야가 필요하다. 마지막 순간에 시야를 상실할 것이기 때문에, 기꺼이 장애물을 뛰어넘는 말들이 정말 용감하다고 생각한다. 먹이를 찾아야 하는 포식자들은 수직 동공인 경우가 많고, 양이나 염소와 같은 발굽 달린 동물들은 풀을 뜯으며 들판을 경계해야 하므로 수평 동공인 경우가 많다. 악어의 동공이 흥미로운 것은 머리의 각도가 변할 때 동공이 약간 기울어져 항상 사냥감에 초점을 맞출 수 있다는 사실이다. 악어 조련사들은 악어를 뒤집어놓고 윗부분을 문질러서 악어를 '수면 상태'에 빠뜨리지만, 사실 악어는 심한 현기증을 일으키는 것이다. 거꾸로 뒤집어진 악어의 동공은 초점을 맞출 수 없는 상태가 되고, 세계는 혼란스러운 이미지의 덩어리가 된다. 많은 곤충들은 무지갯빛 겹눈을 가지고 있는데, 풀잠자리의 황금빛 눈만큼 아름다운 눈도 드물다. 검정 바탕에 완벽한 육각형의 별이 떠 있는 풀잠자리의 눈은 별의 6개의 모서리 끄트머리는 푸른색, 그 안쪽은 녹색, 더 안쪽은 노란색, 중심은 붉은색으로 반짝거린다.

프레리도그는 빨강과 녹색에 대해 색맹이고, 올빼미는 완전 색맹(간상세포만 있으므로)이며, 개미는 빨강을 전혀 보지 못한다. 우리 집 마당에 들어와 사과와 장미 싹을 뜯어 먹는 사슴은 나를 회색 그림자로 인식할 텐데, 그건 우리 집 뒷마당에서 야생 딸기를 먹는, 엉덩이를 차줄 만큼 길들여진 토끼도 마찬가지다. 많은 동물들이 색을 구별할 줄은 알지만 그들이 보는 색은 저마다 다르다. 우리와 달리, 적외선을 보는 것도 있고, 근본적으로 다른 눈(평안, 겹눈, 배상안, 혈안 등)을 가지고 보는 것도 있다. 이들의 눈에 세계는 완전히 다르게 비친다. 공포영화 덕분에 파리의 겹눈이 똑같은 상을 여러 개 겹쳐서 본다고 이해하게 되었다. 한편, 과학자들은 곤충의 눈을 통해 사진을 찍을 수 있게 되었는데, 파리도 우리처럼 하나의 장면을 완전하게 본다는 사실이 밝혀졌다. 파리의 눈에는 세계가 휘어져 나타난다는 점이 인간과 다르다. 유리 문진을 통해 세계를 보는 것과 똑같을 것이다. 곤충이나 동물이 아주 자세히 보지 못할 거라고 생각하지만, 새들은 별을 볼 수 있으며, 일부 나비는 자외선 영역을 볼 수 있고, 앞을 볼 수 있도록 스스로 빛을 만들어내는 해파리도 있다. 벌들은 빛이 광수용기에 부딪치는 각도를 보고 구름 낀 날에도 태양의 위치를 판단할 수 있다. 난초 중에는 벌과 아주 비슷하게 생긴 것들이 있는데, 벌들은 이 꽃과 교미를 하려고 하다가 꽃가루를 퍼뜨린다. 벌의 시력이 나빴다면 이 복잡하고도 극단적인 적응은 일어나지 않았을 것이다. 영화가 연속적으로 보이는 이유는 필름이 1초에 약 24프레임의 속도로 돌아가기 때문인데, 그에 반해 우리는 1초에 50~60회의 이미지를 처리한다. 영화를 볼 때, 약 절반가량의 시간 동안 텅 빈 스크린을 바라보고 있는 것이다. 나머지 절반의 시간에는 조금씩 다른 연속적인 스틸사진들이 차례차례 지나가는 것이다. 눈은 하나의 사진 위에서 머뭇거리다 다음 사진으로 넘어가기 때문에 사진이 연속적으로 움직이는 것처럼 보인다. 눈은 동떨어진 이미지들을 쉼 없이 연결한다. 1초에 300번 이미지를 처리하는 벌들에게 〈아라비아의 로렌스〉는 스틸사진의 연속에 불과할 것이다. 벌들의 '엉덩이 춤'은 꿀이 많은 곳을 알려주는 시각적 신호라고 여겨졌다. 그러나 최근에는 벌이 접촉, 냄새, 소리를 통해 정보를 전달한다고 본다. 벌이 자외선을 볼 수 있는 것은 사실이지만, 스펙트럼의 붉은색 부분에는 약하다. 그래서 흰 꽃은 푸른색으로 보이고, 붉은 꽃은 거의 관심을 끌지 못한다. 그러나 나방, 새, 박쥐 등은 붉은 꽃에 사족을 못 쓴다. 인간의 눈에는 단순해 보이는 꽃들(오직 흰 꽃잎뿐인 듯한)이 벌에게는 꿀이 있는 곳을 가리키는 네온사인처럼 번쩍거릴 수도 있다. 황소는 색깔을 보지 못하므로 투우사의 밝은 빨간색 수건은 그저 검정이나 오렌지로 비친다. 빨간 수건은 인간 관객을 위한 것이다. 인간에게 빨강은 자극적일 뿐만 아니라 곧 보게 될 황소나 투우사의 피를 나타내준다. 황소는 앞에서 움직이는 커다란 물체, 투우사에게 초점을 맞추고 돌진하는 것이다.

케냐의 보란족은 아프리카 벌앞잡이새의 안내를 받아 꿀벌의 집을 찾는다. 보란족은 꿀을 먹고 싶으면 휘파람을 불어 새를 부른다. 반대로 새가 꿀을 먹고 싶으면 보란족 주위를 날아다니며 "찌르 찌르 찌르" 하고 운다. 그리고 새는 잠깐 사라지는데, 분명 벌집을 찾기 위한 것이다. 그런 다음 다시 돌아와 울음소리를 내며 조금씩 날아가면서 사람들을 안내한다. 벌집에 도착하면 새는 그곳에 내려앉아 정확한 위치를 알려준 다음, 이번에는 다른 울음소리를 낸다. 보란족은 능숙하게 벌통을 부수고 꿀을 채취한다. 그리고 사람들이 아니었으면 벌집을 찾고도 그 속에 들어가지 못했을 새에게 꿀을 넉넉히 나눠준다. 막스플랑크연구소의 조류학자들은 3년 동안 이 이상한 공생관계에 대해 연구했다. 그 결과 보란족은 벌앞잡이새의 도움이 없으면 꿀을 찾는 데 시간이 거의 세 배는 더 걸린다는 사실을 알아냈다. 새들은 벌꿀오소리도 비슷한 방식으로 안내한다. 동물의 눈은 빠르고 날카롭기는 해도, 예술가의 눈과 같은 정밀함은 없다. 예술가들은 사냥감을 외부 세계와 내면의 툰드라 양쪽에서 찾는 사냥꾼의 일족이다.

화가의 눈

◆

세잔은 말년에 자신의 천재성에 대해 크게 의심했다. 그의 예술은 잠들지 않는 미감美感에 인도된 상상력과 재능이 아니라 시각적 왜곡에 지나지 않았을까? 세잔을 뛰어나게 분석한『센스와 난센스』에서, 모리스 메를로퐁티는 다음과 같이 말한다. "나이가 들수록, 그는 자기 그림의 독창성이 눈의 질환에서 유래한 것은 아닐까, 자신의 전 생애가 우연한 육체에 근거를 둔 것은 아닐까 의심했다." 세잔은 붓질을 한 번 할 때마다 세계의 온전한 의미를 드러내기 위해 지독히 고심했다. 메를로퐁티는 그것에 대해 이렇게 설명했다.

우리는 대상의 깊이, 매끄러움, 부드러움, 단단함을 본다. 세잔은 우리가 대상의 냄새까지 '본다'고 주장했다. 세계를 표현하려 한 다면, 색채의 배열을 통해 이러한 보이지 않는 전체를 다 드러내야 하고, 그렇지 않으면 그의 그림은 그저 대상을 암시하는 데 그치고, 대상에 지고의 전체성, 현존, 실재의 본질인 그 뛰어넘는 풍부함을 부여하지 못할 것이다. 한 번의 붓질이 무수한 조건을 만족시켜야 하는 것은 그 때문이다. 세잔은 붓질을 한 번 하기 전에 몇 시간씩 생각에 잠기기도 했는데, 버나드가 말한 것처럼 한 번의 붓질은 '공기, 빛, 대상, 구도, 성격, 윤곽, 양식을 포함해야' 하기 때문이었다. 존재하는 것을 표현하는 것은 무한한 책임이 따르는 일이다.

생의 풍부함에 자신을 활짝 열어놓았던 세잔은 자신이 자연과 인간을 이어주는 가교라고 생각했다. "풍경은 내 속에서 스스로 생각한다. (……) 나는 풍경의 의식이다." 그림을 그릴 때 여러 부분에 동시에 손을 댐으로써 수많은 각도, 어렴풋한 진실, 한 장면 속에 들어 있는 반사광들을 포착해내어, 그 모든 것을 하나의 그림 속에 융합할 수 있다고 생각하는 듯했다. 메를로퐁티는 이렇게 썼다. "그는 자신이 무력하다고 생각했다. 그는 전능하지 않고 신이 아니었는데도 세계를 묘사하고, 세계를 볼 만한 구경거리로 바꾸어놓고, 인간에게 와 닿는 세계의 느낌을 눈에 보이는 것으로 만들고자 했기 때문이다." 그의 그림 속 색채와 형태의 덩어리를 생각해보면 세잔이 근시였다는 사실은 별로 놀랍지 않다. 그런데도 세잔은 "그놈의 천박한 물건은 집어치우라고!"라며 안경을 거부했다. 그는 당뇨로 고생했는데, 합병증으로 망막에 손상이 생겼을 것이다. 나중에는 백내장(투명한 수정체가 흐려지는 질환)을 앓기도 했다. 위스망스는 세잔을 가리켜 "병든 망막에, 시력 손상으로 절망한 화가. 그런데도 새로운 미술의 기초를 발견했다"고 꼬집어 말했다. 보통 사람들과는 다른 우주에 태어난 세잔은 다소 일그러진 눈으로 본 세계를 그렸지만, 그것이 우연한 가능성이었다는 생각에 괴로워했다. 한편 의식적으로 왜곡한 듯한, 길게 잡아 늘인 인물상으로 유명한 조각가 자코메티는 다음과 같은 귀여운 고백을 한 적이 있었다. "비평가들이 내 작품의 형이상학적 내용이나 시적 메시지에 대해 다투어 말해왔다. 그러나 내게는 전혀 그런 게 아니다. 그것은 순수한 시각적 연습이었다. 나는 내가 본 것을 그대로 표현하려 했을 뿐이다."

최근 안경이나 진료 기록이 남아 있는 화가들의 시력에 관해 많은 사실이 알려졌다. 평생 단 한 점의 그림만을 팔았던 고흐가 〈붓꽃〉이 1988년 크리스티 경매에서 4900만 달러에 팔렸다는 사실을 안다면 틀림없이 기뻐했을 것이다. 고흐가 자신의 귀를 잘라낸 것은 이미 잘 알려져 있지만, 그는 몽둥이로 자신을 때리는 한편 예배에도 많이 참석했다. 그는 마룻바닥 위에서 잠을 잤고, 기괴한 종교적 환각에 시달렸으며, 석유를 마셨고, 그림물감을 먹었다. 반 고흐 그림의 양식적 특징(예를 들면 가로등 주위의 빛무리)의 일부는 의도적 왜곡이 아니라 질병의 결과라고 주장하는 연구자도 있다. 그가 사용했던 물감 희석제나 수지의 독성으로 눈에 손상을 입어 광원光源 주변에서 빛무리를 보았을 수 있다는 것이다. 화가와 시인들의 시력 문제를 연구하여 『무뎌진 눈으로 본 세계』를 쓴 패트릭 트레버 로퍼에 따르면, 반 고흐에게 우울증을 가져온 질환으로 가능성이 있는 것은 뇌종양, 매독, 마그네슘 결핍증, 측두엽 간질, 디기탈리스(간질 치료제로 사용되었고, 노란색 시야를 촉발할 수 있다) 중독, 녹내장(고흐의 자화상 일부에는 오른쪽 동공이 확대되어 그려져 있고, 그는 등불 주위에 화려한 빛무리를 그렸다) 등이다. 최근 보스톤에서 열린 신경과 의사 회의에서 한 과학자는 간질을 동반하기도 하는 게쉬윈드 신드롬이라는 성격장애의 가능성을 제기했다. 반 고흐의 주치의는 다음과 같이 말했다. "천재와 광기는 이웃해 산다." 위와 같은 질환들이 고흐의 시력에 영향을 주었을 수 있다. 그러나 중요한 사실은 가장 화려한 색소에는 구리, 카드

뮴, 수은과 같은 독성 중금속이 들어 있었다는 것이다. 화가들은 같은 방에서 작업과 생활을 병행하는 일이 많았기 때문에 연무fumes와 독성분은 쉽게 음식 속에 섞여 들어갈 수 있었다. 18세기의 동물 화가 조지 스터브스는 신혼여행을 갔을 때, 방 두 칸짜리 농가 주택에 머물렀다. 그는 한쪽 방에 부패한 말의 시체를 걸어놓고 틈날 때마다 열심히 해부에 매달렸다. 지독한 골초였던 르누아르는 담배를 말기 전에 일부러 손을 씻지는 않았을 것이다. 그의 손가락에 묻어 있던 물감은 틀림없이 담배 종이에 묻어났을 것이다. 관절염과 중금속과의 관계에 대해 연구 중인 덴마크 내과 의사는 르누아르, 루벤스, 라울 뒤피(모두 류머티스성 관절염을 앓았다)의 그림 속의 색채를 동시대의 다른 화가들의 그림과 비교해보았다. 르누아르는 밝은 빨강, 주황, 푸른색을 선택하면서 다량의 알루미늄, 수은, 코발트도 함께 고른 셈이다. 사실 르누아르가 선호했던 색깔의 60퍼센트가량에는, 모네나 드가처럼 안전한 철 화합물로 만들어진 보다 어두운 색상으로 그림을 그렸던 동시대 화가들이 사용한 것에 비해 위험한 중금속이 2배 더 들어 있었다.

트레버 로퍼에 따르면 화가, 수학자, 문필가 등은 근시안적 성격을 갖는 경향이 있다. 이들은 '타인들과는 다른 내면 생활'과 색다른 성격이 특징인데, 왜냐하면 이들에게는 가까이서 들여다본 세계만이 시각적으로 쓸모 있기 때문이다. 이들의 작품 속 이미지는 "아주 가까운 곳에서 바라볼 수 있는" 것들이 중심이 되는 경향이 있고, 그래서 이들은 더욱 내성적이 된다. 로퍼는 드가의 근시를 예를 들어 이렇게 말했다.

세월이 흐르면서 시력이 나빠졌던 드가는 보다 손쉬운 매체로 유화보다 파스텔화를 택하곤 했다. 나중에 그는 모델이나 말의 사진을 이용하면 이들을 편안하게 짧아진 초점 거리 안에 데려다놓을 수 있다는 사실을 알게 되었다. 결국 그는 조각에 이끌리게 되었는데, 최소한 조각에서는 자신의 촉각이 항상 진실이라는 것을 확신할 수 있었기 때문이다. 사실 그는 항상 모델링(modelling, 대상을 모방하여 재현—옮긴이)에 흥미를 느끼고 있었으면서도 "난 이제 맹인들이 하는 일을 배워야 해"라고 말하곤 했다.

트레버 로퍼는 근시를 일으키는 메커니즘이 색채 감각에도 영향을 준다는(빨강이 훨씬 뚜렷해 보인다) 점을 지적하고 있다. 특히 백내장은 색채에 영향을 미치면서, 동시에 시야가 흐려지고 붉어진다. 터너에 대해 생각해보자. 마크 트웨인은 터너의 후기 그림에 대해 "토마토 바구니에서 뒹군 고양이" 같다고 평한 적이 있다. 아니면 르누아르의 "빨강에 대한 점점 커가는 매혹"을. 아니면 너무도 심한 백내장 때문에 물감 튜브에 이름을 써넣고 팔레트 위에 조심스럽게 색을 배열해야 했던 모네를 생각해보자. 친구들의 증언에 따르면, 모네는 백내장 수술을 받은 뒤 세계의 푸름을 보고 깜짝 놀랐고, 자신이 신경질적으로 수정을 거듭한 최근 작품의 이상스런 색채를 보고 경악했다고 한다.

뛰어난 예술가들은 독창적인 시각을 가지고 이 세계에 온다고 한다. 그러나 물론 그것만으로 천재가 설명되지는 않는다. 천재는 모험, 분노, 불타는 감정의 용광로, 미적 감각, 지독한 욕망, 끝을 모르는 호기심 그리고 삶에 완전히 헌신하고자 하는, 삶의 일반적 양상과 그 황홀한 내용에 대해 반성하고자 하는 의욕 등과 관련되어 있다. 대단히 관능적인 화가 조지아 오키프는 다음과 같이 말한 적이 있다. "어떤 점에서는 아무도 꽃을 제대로 보지 못한다고 말할 수 있다. 꽃은 아주 작고, 우리는 바쁘다. 그리고 본다는 것은 시간이 걸리는 일이다. 친구를 사귀는 일이 시간 걸리는 일인 것처럼." 예술가들은 내면의 시선을 발전시키기 훨씬 전에, 독창적인 시선을 세계에 가져오는가? 그것은 세잔을 비롯한 여러 예술가들을 괴롭힌 질문이었다. 마치 그에 대한 답에 따라 그림을 어떻게 마무리할 것인가가 달라질 것처럼. 모든 것이 말해지고 행해졌을 때, 그때는 메를로퐁티처럼 말할 수밖에 없다. "이 작품은 이 삶이 불러낸 것이다."

미인의 얼굴

◆

남자들에게 예쁜 여자의 사진 여러 장을 보여준 결과, 남자들은 동공이 풀려 있는 여자들의 사진을 크게 선호한다는 사실이 밝혀졌다. 그런 여인의 사진을 본 남자들의 눈동자는 약 30퍼센트 가량 확대되었다. 물론, 이것은 르네상스 시대의 이탈리아나 빅토리아 시대의 영국 여인들에게는 전혀 새로운 이야기가 아니다. 이 시대의 여성들은 신사들과 외출하기 전에 벨라도나(가지과의 유독성 식물로, 그 이름은 '아름다운 여인'을 의미한다) 한 방울을 눈 속에 떨어뜨려 동공을 확대시켰다. 인간의 동공은 자극받거나 흥분했을 때 자신도 모르게 확대된다. 그래서 동공이 풀려 있는 예쁜 여성의 모습은 남자들에게, 그녀가 자신을 매력적으로 느끼고 있다는 신호가 되고, 그에 대한 응답으로 남자들 자신의 눈동자도 풀리게 된다.

나는 최근에 배를 타고 여행한 적이 있는데, 배는 거친 바람과 물결이 이는 드레이크 해로를 지나 남극반도, 사우스오크니 제도, 사우스조지아, 포트랜드의 바다를 항해했다. 가끔씩 파도가 높아지면 승객들은 멀미를 견디기 위해 한쪽 귀 뒤에 스코폴라민 패치를 붙였다. 스코폴라민 패치의 부작용은 동공이 크게 확대되는 것이다. 며칠 지나자 이런 눈이 나타나기 시작했다. 만나는 사람마다 서로를 반기는 듯 눈이 커다랗게 풀려 있었고, 이것은 사람들이 친해지는 데 크게 기여했다. 많은 빛을 마셔버린 듯 점점 좀비처럼 되어가는 사람도 있었다. 그러나 대부분의 사람들은 아주 개방적이고 따뜻해 보였다. 여자들은 자신의 자궁 입구 또한 확장되어 있다는 사실을 확인할 수 있을 것이다. 도박사들처럼, 자신의 감정이나 진짜 관심사를 감출 필요가 있는 사람들은 거짓말을 못 하는 동공을 감추기 위해 진한 색안경을 끼곤 한다.

아름다움이란 그저 가죽 한 꺼풀이라고 생각하기도 하지만 아리스토텔레스의 말처럼 "아름다움이란 어떤 소개장보다 나은 추천서"다. 슬프지만, 매력적인 사람들이 학교생활을 잘한다는 것도 사실이다. 이들은 더 많은 도움과 더 좋은 성적을 받고, 벌은 덜 받는다. 직장에서는 더 높은 임금을 받고, 유망한 분야에 배치되고, 더 빨리 승진한다. 배우자를 찾을 때, 이들은 관계를 리드하고 결정을 주도하는 경향이 있다. 그리고 초면인 사람들도 이들을 흥미롭고, 정직하며, 덕성스럽고, 능력 있는 사람으로 생각한다. 결국 아이들에게 들려주는 동화 속에서도 남자 주인공은 잘생겼고, 여자 주인공은 아름다우며, 못된 주정뱅이는 못생겼다. 아이들은 모르는 사이에 좋은 사람은 아름답고 나쁜 사람은 못생겼다고 배우고, 사회는 성장기의 아이들에게 그 같은 메시지를 여러 가지 교묘한 방식으로 반복해서 전달한다. 그러므로 육군사관학교의 잘생긴 사관생도들이 남들보다 좋은 성적으로 졸업하는 것이나 판사가 잘생긴 범죄자에게 비교적 짧은 형량을 선고하는 것은 놀라운 일이 아니다.

1968년, 뉴욕시 관할 교도소에서 수행한 어느 실험에서, 기형이나 상처 등 기타 신체적 결함이 있는 사람들을 세 그룹으로 나눴다. 첫 번째 그룹은 성형수술을 받게 해주었고, 두 번째는 집중적인 상담 치료, 세 번째 그룹은 방치했다. 1년 뒤, 연구자들은 추적 조사를 통해, 성형수술을 받은 사람들이 가장 잘 적응했고 재수감되는 일도 비교적 적다는 사실을 알 수 있었다. 똑같은 이력서에 다른 사진을 붙였을 때, 보다 호감 가게 생긴 사람이 채용되는 기업 대상 실험도 있었다. 예쁜 아기들이 못생긴 아기에 비해 더 많은 보살핌을 받는 것은 남 이야기가 아니다. 부모들 자신이 그렇다. 엄마는 아기가 귀여울 때 더 많이 안아주고, 뽀뽀해주며, 말을 걸고, 더 많이 놀아준다. 그리고 아빠들도 그런 경우에 아기와 더 많이 놀아준다. 예쁜 아이들은 성취 평가에서 더 높은 점수를 받는데, 이는 아이들의 호감 가는 외모 때문에 어른들이 더 많은 관심을 갖고, 더 많은 칭찬과 격려를 해주기 때문일 것이다. 1975년의 한 실험에서는 교사들에게 낮은 지능지수에 저조한 성적을 가진 여덟 살 아이의 기록을 검토하도록 요청했다. 모든 교사들에게 똑같은 기록을 보여주었는데, 절반에는 예쁜 아이의 사진을, 나머지 절반에는 못생긴 아이의 사진을 붙였다. 못생긴 아이를 지진아 반으로 보내야 한다고 권고하는 경향이 관찰되었다. 타인의 아름다움은 귀중한 장식물이 될 수 있다. 남녀가 같이 있는 사진을 보여주고 남자에 대해서만 평가를 하도록 하는 실험이 있었다. 남자의 팔짱을 끼고 있는 여자가 예쁠수록, 남자는 지적이며 능력 있다는 평가를 받았다.

이러한 실험 결과들은 충격적이지만, 사실 우리가 오래전부터 알고 있었던 사실을 확인해주는 것뿐이다. 싫든 좋든 여성의 얼굴은 항상 어느 정도까지는 일종의 재산이라는 것. 아름다운 여성이 결혼을 통해 낮은 신분과 가난의 굴레에서 벗어나는 일은 많다. 우리는 클레오파트라나 트로이의 헬레나와 같은 전설적인 미녀들을 기억한다. 그녀들은 미인이 위대한 지도자들을 파멸시키고 제왕의 삶을 바꿀 수 있을 만큼 강한 힘을 가지고 있다는 사실을 상징적으로 보여주었다. 미국 여성들은 매년 화장품에 수천만 달러의 돈을 쓴다. 미용실, 운동 강습, 다이어트, 옷에도 비용이 든다. 잘생긴 남자들도 잘 나가는 경향이 있지만, 남자의 진짜 재산은 키다. 어느 연구에서 17,000명의 전문직 남성의 생활을 추적해보았다. 키가 최소한 180센티미터가 되는 사람들이 훨씬 잘 살았다. 더 많은 연봉을 받았고, 더 빨리 승진했고, 보다 유망한 지위로 뛰어올랐다. 키 큰 남자들은 권위자 어른들을 올려다보던 어린 시절의 기억을 불러일으키는지도 모른다. 부모를 비롯한 어른들만이 키가 컸고, 이들은 아이들에게 벌을 줄 수도, 보호해줄 수도 있었고, 절대적인 사랑을 주거나 아이들의 희망을 실현시켜줄 수도 있었으며, 혹은 아이들의 꿈을 꺾을 수도 있는 전능한 힘을 가지고 있었다.

예쁜 얼굴에 대한 인간의 이상은 문화에 따라 다르고, 물론 시대에 따라 다르다. 그것은 17세기에 에이브러햄 카울리가 쓴 그대로다.

아름다움, 그대 야생의 변덕스러운 원숭이여
그대는 가는 곳마다 모습을 바꾸는구나!

그러나 일반적으로 우리가 추구하는 것은 성숙함과 미성숙함이 결합된 얼굴일 것이다. 아이 같은 큰 눈은 보호본능을 일으키고, 높은 광대뼈를 비롯해서 성숙한 남녀의 특징들은 섹시함을 느끼게 해준다. 섹시하게 보이기 위해 우리는 코를 뚫고, 귓바퀴나 목을 잡아 늘이고, 몸에 문신을 하고, 발에 전족을 하고, 젖가슴 아래를 칭칭 동여매고, 머리를 염색하고, 허벅지의 지방을 흡입하며, 또 다른 무수히 많은 방법으로 우리의 육체를 변화시킨다. 서양의 역사에서 이상적인 여성상은 곡선미 있고, 부드럽고, 육감적이며, 관능적인 풍요함으로 빛나는 진짜 대지의 어머니였다. 그것은 강한 진화론적 근거를 갖는 아름다움이었다. 포동포동한 여인은 체지방을 비롯해서 임신에 필요한 영양분을 많이 축적하고 있고, 이로 인해 굶주림의 시기에도 쉽게 생존할 수 있으며, 자라나는 태아에게 충분한 영양을 공급해줄 수 있고, 아기가 태어났을 때도 젖을 먹일 수 있을 것이다. 아프리카와 인도의 여러 지역에서, 피둥피둥한 몸은 남녀를 막론하고 아름다울 뿐 아니라 아주 바람직한 것으로 인식되고 있다. 미국에서는 1920년대와 70년대, 80년대에 깡마른 몸매가 유행했고, 당시의 남자들은 여자들이 십 대 소년의 몸을 갖기를 바랐다. 이러한 여성상은 사회나 직장 내에서 여성의 역할 변화를 반영하지 못했기 때문에 많은 혼란을 초래하기도 했다. 요즘 내가 아는 대부분의 남자들은 곡선미 있고 적당히 건강한 몸매를 선호하지만, 내가 아는 여자들 대부분은 아직도 '너무' 날씬해지기를 원한다.

시각

그러나 타인의 시선을 제일 먼저 받는 것은 얼굴, 그중에도 마음이 그대로 나타나 있는 반짝거리는 눈이다. 어느 시대에나 사람들은 자신의 이목구비를 화장으로 강조했다. 고고학자들은 기원전 4000년경에 이집트에 향수와 미용실이, 기원전 6000년경에는 화장 도구가 있었음을 알려주는 증거를 발견했다. 고대 이집트인들은 눈두덩에 녹색 아이섀도를 칠하고, 그 위에 딱정벌레의 무지갯빛 등껍질을 가루 내어 만든 반짝이를 발랐다. 검정 아이라이너와 마스카라, 검푸른 립스틱, 붉은 연지를 바르고, 손가락과 발은 헤나 염료로 물들였다. 눈썹은 밀고 가짜 눈썹을 그려넣었다. 당시에 유행을 좇는 이집트 여인들은 젖가슴의 실핏줄을 푸른 선으로 강조했고 젖꼭지에는 황금을 발랐다. 사회적 신분을 표시하는 손톱 색깔은 붉은색이 가장 높은 지위를 나타냈다. 남자들 또한 화장에 몰두했는데, 외출을 위한 것만은 아니었다. 투탕카멘의 무덤에는 왕이 사후 세계에서 쓸 수 있도록 화장품과 미용 크림을 넣은 단지를 부장했다. 로마의 남성들은 미용술에 열광했고, 장군들은 전쟁터에 나가기 전에 머리 손질을 받고 향수를 뿌렸으며 손톱에 윤을 냈다. 로마의 여인들은 미용술에 훨씬 깊이 매료당했는데, 1세기에 로마의 시인 마르티알리스는 한 여인에게 다음과 같은 편지를 쓴다. "갈라, 집에 있는 동안 당신은 미용사에게 머리를 맡기지. 밤에는 이를 빼놓고 100가지 화장품을 바르고 잠자리에 들고. 당신의 얼굴은 당신과 함께 잠들지 못해. 아침이 되면 서랍에서 꺼낸 속눈썹을 달고 남자들에게 윙크를 보내지.” 2세기에 로마 의사가 콜드크림을 발명했는데, 그 성분은 지금까지 변한 것이 거의 없다.『구약성서』에 나오는 이세벨 여왕을 기억할 것이다. 그녀는 악행을 저지르기 전에 얼굴에 화장을 했는데, 그것은 기원전 850년경의 고상한 페니키아인에게서 배운 유행이었다. 18세기 유럽 여성들은 피부를 더욱 희게 만들어주는 비소 안색 와퍼를 기꺼이 먹었다. 비소는 혈액 속의 헤모글로빈을 파괴하여 부서질 듯한, 달빛처럼 흰 피부를 만들어냈다. 연지에도 납이나 수은 같은 위험한 중금속이 들어 있어서, 입술에 바르면 곧장 혈액 속으로 흡수되었다. 17세기 유럽 남녀들은 심장, 태양, 달, 별 모양의 애교점을 만들어 젖가슴이나 얼굴에 붙여서 타인의 시선을 흉터나 당시에는 아주 흔했던 얼굴의 마마 자국 같은 것에서 떼어놓았다. 최근 루이스빌대학에서 이루어진 연구에서 남자 대학생들에게 이상적인 여성의 얼굴이 갖춰야 할 요소에 대해 질문한 다음, 그 대답을 컴퓨터에 입력했다. 남학생들이 말한 이상적인 여성은 넓은 광대뼈에 높이 올라붙은 눈, 널따란 미간, 자그마한 코, 높은 눈썹, 작고 단정한 턱, 얼굴의 절반을 차지하는 웃음의 소유자였다. ‘예쁘다’고

평가받은 얼굴에서 눈의 길이는 얼굴 길이의 14분의 1, 넓이는 얼굴 넓이의 10분의 3이었고, 코는 얼굴의 5퍼센트 이상을 차지하면 안 되었다. 그리고 턱에서 아랫입술까지의 거리는 얼굴 길이의 5분의 1, 눈의 중앙에서 눈썹까지의 거리는 얼굴 길이의 10분의 1이었다. 이러한 비례와 완벽히 일치하는 얼굴은 없을 것이다. 이런 아름다움의 기하학은 이상적인 어머니상, 젊고 건강한 여자로 요약된다. 어머니는 자식을 기르고, 많은 아이를 출산하기 위해(예전에는 유아 사망률이 높았으니까) 풍만하고, 건강하고, 힘이 넘쳐야 했다. 그런 여자에게 끌리는 남자들은 자신의 유전자를 후손에게 전해줄 확률이 높았다. 아름다운 몸매에 집착하는 여성들의 심리를 이용하여 성형외과 의사들은 지나치게 노골적인 광고를 내기도 한다. 캘리포니아의 성형외과 의사 빈센트 포르샨은 《로스앤젤레스》라는 잡지에 8쪽짜리 컬러 광고를 한 적이 있다. 광고에는 위로 올라붙은 커다란 가슴에 납작한 배, 탄력 있는 엉덩이, 길고 늘씬한 다리를 가진 눈부신 아가씨 하나가 빨간 페라리 옆에서 포즈를 취하고 있는 사진이 실려 있고, 사진 위에는 "자동차는 페라리 (……) 몸매는 역시 닥터 포르샨"이라는 광고 문안이 씌어 있었다. 질문, 그러면 훤칠한 키에, 조각 같은 용모를 갖지 못한 청소년들은 어떻게 해야 하나? 대답, 아름다움이 얼마나 상대적인가 하는 생각으로 자신을 위로한다. 아름다운 용모는 가장 먼저 시선을 끌고 찬탄을 자아내지만, 상황은 몇 분 사이에 역전될 수도 있다. 나는 〈닥터 지바고〉와 〈아라비아의 로렌스〉에 나온 오마 샤리프를 기억한다. 나는 그를 흠잡을 데 없는 미남이라고 생각했다. 그러나 몇 달 후, TV 대담 프로에서 오마 샤리프는 자신의 유일한 관심사는 브리지 게임이고, 자신은 시간이 날 때마다 브리지를 한다고 말했다. 그러자 정말 놀랍게도 내 눈앞에서 그는 당장 매력 없는 남자로 돌변했다. 그의 눈은 갑자기 냉랭해 보였고 턱은 너무 튀어나온 것 같았으며, 이목구비는 전혀 비례에 맞지 않는 듯했다. 나는 이러한 연금술이 반대로 일어나는 것을 경험한 적도 있다. 매력이라곤 전혀 없어 보이는 남자가 입을 열자 나는 황홀해졌다. 흥미, 지성, 재치, 호기심, 부드러움, 열정, 재능, 따뜻함과 같은 자극적인 성질에 대해 감사하자. 훌륭한 외모가 사람의 관심을 끌 수는 있지만, 사람의 아름다움에 대한 지속적인 느낌은 점차적으로 오는 것임에 대해 감사하자. 셰익스피어가 『한여름 밤의 꿈』에서 말한 것처럼, "사랑은 눈으로 보지 않고 마음으로 본다"는 것에 대해 감사하자.

우리는 물론 용모만이 아니라 자연에 대해 애정을 느끼기도 한다. 아름다운 꽃에 대한 정열은 온전히 곤충, 박쥐, 새들 덕분이다. 꽃가루받이를 매개해주는 생물과 꽃은 함께 진화했다.

꽃들은 꽃가루를 옮겨주는 새와 곤충을 유인하기 위해 색을 사용한다. 우리는 좋아하는 황홀한 색채와 향기를 위해 꽃을 기를 수 있고, 그렇게 함으로써 인간은 자연의 모습을 상당히 바꾸었지만, 우리가 자연 속에서만 발견할 수 있는 특별히 찬란한 빛은 인간의 손길이 닿지 않는 야생의 상태에 있다. 시인 커밍스의 말처럼 "달콤하고 자발적인 대지"에서, 우리는 놀랍고도 친근한 아름다움을 발견하고 환희를 느낀다. 아마도 그와 같이, 우리는

경련하는 주황색의 달이

이 은빛 저녁 위로 떠오르는 모습을 보고

맥박은 갑자기 기마병처럼 뛰어오를 것이다. 아니면 기절할 것 같은 환희 속에서 눈을 감고, 무슨 일이 일어나고 있는지 알기도 전에 한숨을 내쉴 것이다. 너무도 아름다운 풍경 앞에서 마음은 가라앉는다. 달빛은 어두운 들판에서 길을 찾을 수 있을 정도의, 혹은 밤에 돌아다니는 짐승을 피할 수 있을 정도의 빛은 있을 거라고 안심시켜준다. 일몰의 불붙는 듯한 빛은 삶을 지탱해주는 따뜻함을 일깨운다. 꽃들의 분출하는 색채는 먹을 것이 풍부한 빛나는 생산의 계절인 봄과 여름을 연상시킨다. 화

려한 색깔의 새들은 그 유혹적인 치장과 광채로 우리를 흥분시키는데, 모든 생식의 몸짓은 자신의 성생활을 연상시키기 때문이다. 자연의 아름다움의 본질은 아직도 새로움과 놀라움이다. 커밍스의 시에서 우리의 주의를 끄는 것은 예기치 못한 "경련하는 주황색의 달"이다. 이런 아름다움을 보고 들으면서 공동체의식은 확장된다. 우리는 인류만이 아니라 다른 종, 다른 형태의 물질에도 속해 있는 것이다. 존 버거는 『시각』에서 이렇게 말했다. "수정이나 양귀비가 아름답다고 느끼는 것은 우리가 외롭지 않다는 것, 그리고 우리는 한 번의 생을 통해 우리가 생각하는 것보다 존재 속에 더욱 깊숙이 관계한다는 것을 의미한다." 자연주의자들은 똑같은 우림을 바라보고, 초원 지대의 똑같은 길을 거니는 것이 조금도 지루하지 않다고 말한다. 그러나 좀 더 깊이 들어가면, 그들은 바라볼 때마다 항상 새로운 것, 항상 다른 것이 있다고 털어놓는다. 버거가 말한 그대로다. "아름다움은 항상 하나의 예외고, 항상 '그럼에도 불구하고'다. 우리가 감동받는 것은 그 때문이다." 그렇지만 우리는 예술이라는, 삶을 바라보는 고도로 조직된 방법에 열광적으로 반응하기도 한다. 예술은 자연을 문진文鎭 속에 가두는 일이다. 갑자기 어떤 장소, 혹은 어떤 추상적인 감정이 시야에 들어오고, 흐름에서 솟아오르고, 다른 관점으로 바뀌거나 평가되기도 하고, 풍경처

시각

럼 성스럽고 고정된 것이 된다. 버거는 이렇게 말한다.

예술의 모든 언어는 순간을 영원으로 바꾸기 위한 노력 속에서 발전되었다. 예술은 아름다움이 하나의 예외, '그럼에도 불구하고'가 아니라 어떤 질서의 기초를 이룬다고 가정한다. (……) 예술은 자연이 우리에게 얼핏 보여준 것에 대한 조직적인 반응이고 (……) 예술의 초월적 얼굴은 항상 기도의 형태를 띤다.

물론 예술은 그보다 더 복잡한 것이다. 격렬한 감정은 스트레스를 준다. 그래서 예술가들이 대신해서 느끼고, 괴로워하고, 기뻐하면서 삶에 대한 열정적인 반응의 그 아득한 높이를 묘사해주기를 바란다. 그러면 우리는 안전한 거리를 두고 그것을 즐길 수 있고, 인간의 경험 전체에 대해 더욱 잘 알게 된다. 장 주네나 에드바르 뭉크에게서 발견되는 의식의 극단을 직접 체험하고 싶지는 않아도, 그러한 사람들의 삶은 엿보고 싶어 한다. 예술가들이 대신하여 시간을 멈춰주기를, 삶과 죽음의 순환을 해체하고 삶의 과정을 일시적으로 중단시켜주기를 바라는 것이다. 누구나 감각의 과부하에 걸리지 않고 정면으로 직시하는 것은 너무나 힘든 일이다. 그러나 예술가들은 격렬함을 완화해준다. 어렸을 때, 모든 것이 다 새로웠을 때, 삶이 우리에게 해주었듯, 예술가들에게 삶을 신선한 빛과 통찰로 채워달라고 요구한다. 세월이 흐르면서 삶의 멋진 풍경들은 우아한 얼룩이 되어버리는데, 걸음을 멈추고 점박이 백합꽃을 들여다보고 있노라면 편지도 영영 못 부치고 쇼핑도 못 하게 될 테니 말이다.

아름답지 않은 것들도 눈을 즐겁게 해준다. 낙수받이, 강한 빛의 폭발, 교묘한 빛의 장난. 보석과 불꽃놀이는 쳐다보기 힘들 정도지만, 우리는 아름답다고 말한다. 흠집 없는 7캐럿짜리 다이아몬드의 순수한 빛을 우리는 아름답다고 생각한다. 오래 전부터, 사람들은 빛이 수정을 투과하는 모습에 반하여 자연의 가장 거친 암석을 세련된 보석으로 가공해냈다. 다이아몬드를 비롯한 보석을 시각적으로 화려하다고 느끼기도 하지만, 보석이 지금과 같은 외양을 갖게 된 것은 최근의 일이다. 18세기에 들어서 개발된 보석 절단 기술은 보석을 우리가 찬탄해 마지않는 빛과 반짝임으로 가득 찬 것으로 만들어냈다. 그 전에는, 왕관에 박힌 보석이라고 해도 둔하고 생기 없어 보였다. 그러나 18세기 들어 움푹 파인 목선과 함께 여러 개의 절단면을 가진 보석이 유행하게 되었다. 여자들은 남들의 시선을 끌기 위해 옷의 목선에 보석을 달기도 했다. 보석이 우리 눈에 그토록 아름답게 비치는 이유는 무엇일까? 다이아몬드는 한 다발의 프

시각

리즘과 같은 역할을 한다. 다이아몬드에 입사되는 빛은 그 안에서 튀고 뒷면에서 다시 반사되면서, 보통 유리 프리즘을 통과할 때보다 더욱 풍부하게 그 색깔을 퍼뜨린다. 숙련된 다이아몬드 장인은 빛이 다이아몬드의 수많은 절단면 안쪽에 흐르고, 다양한 각도로 반사되도록 만든다. 다이아몬드를 들고 돌리면서 보면, 순수한 빛들이 연달아 반사되는 것을 볼 수 있다. 살아 있는 것들의 특징은 변화다. 우리는 다이아몬드의 작은, 죽어 있는 공간 속에 갇힌 생명의 에너지, 움직임, 변화하는 빛깔을 발견해낸다. 다이아몬드는 네온처럼 반짝거리다가 다음 순간에는 빛의 칼들을 토해낸다. 놀라움이 뭉게뭉게 피어오른다. 엉뚱한 곳에서 마법의 모닥불이 타고 있는 것이다. 죽어 있던 것이 예기치 않은 빛 속에서 생명을 얻고 작은 불의 춤이 시작된다. 다이아몬드의 표면이나 불꽃놀이, 우주선의 발사를 바라보고 있는 동안 그 춤은 느려지지만, 색채와 빛은 아프도록 강해지면서 순수한 시각적 환희의 환상곡이 우리를 휩싼다.

밤에 우주선 발사를 지켜보다

◆

불이 켜진 거대한 타워가 플로리다의 늪지대 위에서 반짝거린다. 투광기投光器가 주변 하늘에 빛의 담요를 깔아놓는다. 헬리콥터와 비행기들이 불꽃에 이끌리는 곤충처럼 발사대 주위를 맴돈다. 이상한 나라 오즈에도 저렇게 다이아몬드가 가득 박혀 있는 하늘은 없었다. 쏟아지는 불빛 안에서는 거대한 격자 사다리가 늘씬한 로켓의 한가운데를 붙들고 있고, 로켓 양쪽에는 색깔과 느낌이 단단한 고무지우개 같은 고체 연료가 들어 있는 키 큰 보온병이 세워져 있다. 로켓의 등에는 코가 뾰족한 우주선이 외래종 포유류의 새끼처럼 매달려 있다. 커다란 보름달이 떠오르기 시작한다. 달은 우주선 발사대를 향해 얼굴을 돌린 채 입을 딱 벌리고 있다.

지휘 본부의 계기반 앞에서, 0을 향해 숫자를 거꾸로 세기 시작한다. 숫자가 없어지고, 역행하는 시간이 끝나면 무엇인가가 사라진다. 우주선은 아니다. 그것은 사람들의 눈과 레이더를 통해 우리 곁에 머물 것이고, 고통을 달래려는 듯이 자꾸만 고개를 젓는 전 세계의 수많은 추적 안테나의 마음을 떠나지 않을 것이다. 몇 시간째 이 플로리다의 늪지대에 서서 앞으로 다가올 불타는 환희의 순간을 기다리며, 우리가 쏘아 올리는 오벨리스크처럼 일상을 떠날 수 있기를, 무한에 좀 더 가까워질 수 있기를 열망하고 있다. 안개 낀 바나나강 둑 위, 길가의 전망대 옆에서 우리는 기다리고 있다. 케네디우주센터에 모인 사람들만 해도 55,000명으로 추산되고 있다.

발사대를 밝히는 투광기의 빛이 꺼지자, 카메라 셔터와 마음의 셔터가 일제히 열린다. 공기는 축축하게 느껴진다. 10만 개의 눈동자가 한곳으로 쏠리고, 추진 로켓 밑에서 섬광이 일며 불꽃의 바람개비가 타오른다. 불꽃의 먼지 폭풍 속에서 흰 구름이 사방으로 분사되고, 불꽃은 회백색에서 눈을 찌푸리게 할 정도로 작열하는 은백색으로, 황홀하기 짝이 없는 빛나는 황금빛으로 타오른다. 무수한 벌침이 가득 들어 있는 듯 공기는 따끔거리고 찌릿찌릿하다. 온몸의 털구멍이 다 가려워진다. 목덜미의 털이 곤두선다. 우주선이 이륙하면 발사대는 녹아버리고는 했으나, 지금은 110만 리터의 물이 위에서 쏟아지고 밑에서 솟구친다. 이 모든 것이 반사되어 있는 배수로의 물이 청동빛으로 변한다. 증기 구름에서 광물성 재의 냄새가 풍긴다. 어울리지 않게 땅 위에 적운이 두텁게 깔려 있다.

몇 초가 지나자, 살굿빛 화염이 질주하는 말처럼 물결을 이루며 분사되어 태양 빛을 가리고, 창세기의 한 장면을 방불케 하는 모습으로 구름이 솟아오른다. 새들은 나방, 잠자리, 모기와 같은 날것들과 함께 터지고, 깨지고, 아우성치는 굉음에 놀라 미친 듯 공중으로 날아오른다. 난다는 것은 무엇일까? 컴퓨터 칩만 한 작은 심장에서 동력을 공급받는 나방도 그 약하디 약한 날개로 날 수 있다. 난다는 것은 무엇일까? 그것은 거대한 발사대 위에 얹힌 200만 킬로그램의 중량을 이겨내고 신음하며 위로, 위로 올라가는 일이 아닐까. 눈을 감아보라. 귀를 멍멍하게 하는 폭음이 타 타 타 타 하고 들리며 가슴을 가로질러 아치를 그리는 것이 느껴진다. 눈을 떠보라. 거대한 강철 근육이 불을 뚝뚝 떨어뜨리는 것이 보인다. 300만 킬로그램의 추력이 은빛 발사대 위에서 멈칫하더니 은빛 구름이 찢겨나간다. 철제 받침대가 발사대 위로 신문지처럼 날아가고, 충격파가 거대한 주먹을 휘두르며 퍼져나간다. 늪지대가 쿵쿵 울리면서 새들이 소리치며 날아오르고, 벌써 심장이 터져나갈 듯 두근거리는 사람들의 가슴 또한 쿵쿵 울린다. 공기는 북처럼 팽팽하게 조여 있고 분자들은 튀어 오르는 듯하다. 갑자기 우주왕복선이, 미친 듯 요란하게 울어대는 아비 떼와 흥분한 곤충, 놀라 입을 벌리고 있는 군중들을 떠나 늪지대 위로 치솟는다. 우주선은 어마어마한 섬광을 내쏘면서, 200미터 높이의 화염 폭포를 만들어내고, 기억 속에 깊숙이 각인된 황금빛 후광 속에서 상승한다.

발사한 지 10분이 지나면 우주선은 대기라는 안전한 담요를 떠나 300킬로미터 상공의 궤도로 진입한다. 놀라운 일이 아니다. 결국 인간은 최초의 우주의 혼돈에서 시작되었고, 그때 인간을 이루는 화학적 성분이 태어났다. 우리는 우연과 사고와 아까운 실패 그리고 아슬아슬한 행운을 통해 진화해왔다. 우리는 언어, 도시, 국가를 만들어냈다. 지금 우리는 물길의 방향을 바꾸고 산을 옮길 수 있다. 우리는 시멘트 댐 안에 수조 톤의 물을 가둔다. 우리는 인간의 가슴과 머릿속으로 들어간다. 박동하는 심장과 생각하는 뇌를 수술하는 것이다. 그것에 비하면 중력의 저항이란 무엇이겠는가? 지구의 궤도에는 밤낮이 없고, 위와 아래도 없을 것이다. 그곳에서는 누구도 '땅에 발을 디디지' 못할 것이다. '지상의' 농담도 없을 것이고 '때 맞춰' 무엇을 한다는 것은 불가능할 것이다. 궤도에서, 태양은 1시간 30분에 한 번씩 떠오를 것이고, 일주일은 112일이 될 것이다. 그러나 가장 대담하고 독창적인 인간의 발명품이었던 시간은, 생각해보면, 가장 개연성이 떨어지는 허구가 될 것이다.

동쪽을 향해 바다 위로 돌진하는 우주선이 올라가면서 천천히 몸을 뒤집는다. 날아오르는 횃불 밑으로 흰 구름 탯줄이 꼬불꼬불 달려 있다. 2개의 추진로켓이 떨어져 나와 한쪽으로 처지며 새빨간 물음표 모양을 그린다. 6분이 지나도록, 별이 가득한 하늘을 향해 쏘아올린 저 별은 아직도 보인다. 이웃이란 무엇인가? 로켓의 도움 없이도 나방들이 날아다니고 내려앉는 바나나강 옆에 핀 야생 데이지꽃의 무리일까? 커다란 마음에게 지구는 좁은 곳이다. 그렇지만 누군가 한 생애에 탕진해버릴 정도로 좁은 곳은 아니다. 지구는 아늑하고, 기분 좋고, 사랑스러운 작은 고향, 삶의 중심이다. 그러나 어떻게 고향에 영원히 머무를 수 있단 말인가?

이미지의 힘, 순환하는 원

◆

상상의 자리인 마음에서, 우리는 연인의 얼굴을 그려보고 키스의 맛을 음미한다. 연인에 대해 생각하면 여러 가지가 떠오른다. 그러나 실제로 연인의 얼굴을 그려보면 우리는 울컥 치미는 감정을 느낀다. 그냥 생각하는 것보다는 보는 것에 훨씬 더 많은 것이 있다. 시각적 이미지는 감정을 건드리는 도화선이다. 한 장의 사진은 한 시대 전체, 전쟁, 영웅적인 순간, 비극을 연상시킨다. 하나의 몸짓은 포근한 부모님의 사랑, 낭만적인 연애의 불안과 혼란, 중고등학교 시절에 가본 유령의 집의 거울, 빠르게 번지는 희망, 우리가 상실이라고 부르는 가슴속의 휑한 바람을 상징할 수 있다. 풀이 무성한 언덕을 보라. 그러면 당장 금방 깎은 풀 냄새, 젖은 풀의 감촉, 바지에 든 풀물, 손에 풀을 쥐고 훅 불었을 때 나는 소리, 풀에 관한 다른 잡다한 기억이 떠오를 것이다. 가족과 함께 소풍 갔던 것, 중서부 지방의 과수원에서 공놀이를 했던 것, 먼지가 풀풀 나는 뉴멕시코 사막에서 소 떼를 끌고 고원지대의 무성한 풀밭으로 올라갔던 것, 아디론댁 산을 등반했던 것, 산들바람이 부는 더운 여름날에 언덕 위의 풀밭에서 사랑을 나누었던 것, 구름 속을 뚫고 나온 태양이 언덕의 한 부분만을 비춰 마치 불 켜진 방처럼 보였던 것. 우리가 어떤 대상을 바라보면 감각 전체가 깨어나 그것에 대해 평가한다. 모든 뇌는 서로 다른 관점에서, 공무원, 회계사, 학생, 농부, 기계공의 관점에서 생각한다. 이들이 함께 똑같은 풍경을 본다 해도, 모두들 약간씩 다른 느낌으로 받아들인다. 다른 감각도 기억과 감정을 불러일으킬 수 있지만, 눈은 특히 상징적, 경구警句적, 다면적 지각에 뛰어나다. 정부에서는 이것을 알기 때문에, 끊임없이 기념비를 세우는 것이다. 대체로 대단해 보이지는 않지만, 그 앞에 선 사람들은 어쨌거나 감정이 끓어오른다. 눈에 비치는 삶은 대개 기념비적이다. 그리고 다른 것에 비해 우리에게 훨씬 더 큰 영향을 미치는 형태가 있다.

예를 들면, 나는 지난 20년간 우주 계획에 대해 깊은 관심을 가져왔고, 태양계의 위성들의 영상을 끊임없이 전송해주고 있는 우주선 보이저호 덕분에 태양계에 대해 많은 것을 배우는 기쁨을 누렸다. 태양계의 행성 중 절반 정도가 고리를 가지고 있다는 발견은 얼마나 즐거운 충격이었던가. 토성뿐 아니라 목성, 천왕성, 해왕성, 어쩌면 명왕성에도 고리가 있다. 그리고 그 고리들은 서로 다르다. 목성의 진한 색깔의 가는 고리들은 토성의 널따란 밝은색 띠와 대비된다. 천왕성의 흑요석 같은 고리들은 몇 개의 위성을 끌어당기고 있다. 태양계는 우리의 주위에서 고요히 원을 그려왔다. 얼마나 신비롭고도 가슴 뭉클한 사실인가. 종교, 정치, 나이, 성별과 상관없이, 원圓에 필적하는 의미를 갖는 상징은 없었다. 영원한 사랑과 두 영혼의 조화를 상징하는 둥근 반지를 교환한다. 원형은 생명의 가장 오래된 형태인 단세포를, 지금 우리 존재를 이루고 있는 세포들 간의 조화를 연상시킨다. 회전목마를 타고 원형에 도달한다. 원은 성스러운 것의 후광이다. 어떤 것을 강조하기 위해 그 주위에 원을 그린다. 경기는 운동장의 신비로운 원 안에서 이루어진다. 원형의 서커스 무대에서 감각의 만화경이 펼쳐진다. 원은 무한을 상징한다. 우리는 종말을 향해 출발한 것이다. 원형의 반지는 서약과 맹세를 상징한다. 원형은 영원, 불로, 완전함을 의미한다. 시계로 시간을 표시하고, 시침과 분침은 원을 그리며 돈다. 아이들은 놀이터에서 분필로 동그라미를 그려놓고 그 속에 구슬을 던져 넣는다. 우리는 세계를 바라본다. 눈은 구체球體다. 세계 속에 들어간 세계. 우리는 사랑하는 이 속에 있는 원만圓滿한 영혼을 귀중히 여긴다. 약한 2개의 호를 합쳐 강한 원을 만들어낼 수 있듯이, 자신의 삶을 타인의 삶과 연결함으로써 자신을 완전하게 만들 수 있다고 믿는다. 원의 무한함과 불멸의 균형을 갈망하는 우리는, 탄생과 죽음의 원을 그리며 최선을 다해 우주의 경이로움을 찬양한다. 지구로 귀환한 아폴로 우주인들은 우주 공간에 떠서 고향 행성을 바라봄으로써 변화를 겪었다. 그들이 본 것은 시각적 경구였고, 그것은 우리 모두가 외워둘 필요가 있다.

집의 둥근 벽

◆

내가 알고 있는 모든 이들, 내가 사랑하는 모든 이들, 나의 전 생애의 경험이 한 곳에, 발밑에 있는 한 행성 위에 떠 있는 모습을 그려보자. 저 눈부신 오아시스 위에는 푸른빛과 흰빛이 소용돌이치고 기상이 형성되고 이동한다. 아마존 위로 구름이 뭉클뭉클 솟아오르는 모습이 보이고, 거기서 발달한 기상은 지구 반대편에 있는 러시아와 중국의 곡물 생산량에 영향을 미친다. 화산 폭발은 아래쪽에 미세한 반짝임을 만든다. 호주, 하와이, 남미에서 우림이 사라지고 있다. 아프리카와 근동 지방에서 이는 모래 폭풍이 보인다. 사막의 습도를 판단하는 원격탐사 장치는 올해 메뚜기 피해가 예상된다는 내용의 경보를 이미 발했다. 놀랍게도 덴버와 카이로의 불빛이 보인다. 나는 조각 그림 맞추기를 하는 것처럼 저 도시들에 대해 하나씩 따로 배웠지만, 지금 눈앞의 바다, 대기, 육지는 전혀 분리되어 있지 않고, 자연의 복잡하고 통일된 그물망의 일부를 이루고 있을 뿐이다. 〈오즈의 마법사〉에 나오는 도로시처럼, 마술 신발을 부딪치며 "고향보다 좋은 곳은 없다"고 세 번 외치고 싶어진다.

우리는 고향이 무엇인가를 안다. 오랫동안, 우리는 겸허하고 열정적으로 하늘을, 사랑해 마지않는 녹색 송가 지구를 지켜보려고 했다. 고향은 앞마당에서 태연하게 걷고 있는 비둘기다. 고향은 먼 곳의 히커리나무다. 고향은 피츠버그 교외의 주유소에 내걸린 "고장 난 것은 뭐든지 고칠 수 있습니다"라고 쓴 간판이다. 고향은 학생들이 게티즈버그의 부상자들처럼 잔디밭에 길게 누워 있는, 미국 전역의 캠퍼스에 찾아온 봄이다. 고향은 가끔씩 무기고처럼 위험해지는 과테말라의 정글이다. 고향은 이웃집 개를 목쉰 소리로 위협하는 꿩이다. 고향은 지독한 사랑의 아픔이고, 모든 사소한 마음의 상처. 그러나 우리는 뒤로 물러나서 고향을 전체로 바라보기를 바란다. 우리는 모든 신화와 전설 속에 깔려 있는 저 오래된 동경을 살고 싶어 하고, 지구 위로 올라가서 발밑에서 꼼지락거리며 피어나는 세계 전체를 보고 싶어 한다.

　나의 첫 번째 비행기 교습을 떠올린다. 뉴욕 북부, 바람 한 점 없는 여름날이었다. 조절판을 앞으로 밀며 활주로를 빠른 속도로 달리자 비행기의 착륙 장치는 춤추기 시작했다. 땅이 아래로 꺼져 내리며, 나는 보이지 않는 비행의 계단을 밟고 공중으로 떠올랐다. 놀랍게도 지평선이 나와 함께 움직였다. 나는 2킬로미터 상공에서 계곡을 보고, 난생처음으로 계곡이 무엇인가를 이해했다. 삼림을 게걸스럽게 갉아먹어 얼룩덜룩하게 만들어놓은 매미나방의 피해를 분명하게 볼 수 있었다. 나중에, 오하이오 상공을 날아갈 때는 고여 있는 황토빛 대기와 시커먼 오하이오 강의 긴 물줄기를 보고 슬픔을 느꼈다. 강가에 고름처럼 맺혀 있는 플라스틱 공장들의 연무 탓에 강물은 제 색깔이 아니었고 군데군데 기름띠를 두르고 있었다. 나는 사람들이 어떻게 토지를 측량하고 관개하는지 이해하기 시작했다. 무엇보다 세계에는 일정한 거리에서 보아야 알 수 있는 것들이 있음을 발견했다. 그 알기 힘든 심해의 일부가 되어보지 않고서 어떻게 바다를 이해할 수 있을까? 그 위를 걸어보고, 그 경이로움을 하나씩 맛보고, 그 위로 높이 날며 그 모든 것을 한눈에 바라본 경험 없이 어떻게 하나의 행성을 이해할 수 있을까?

　무엇보다, 20세기는 우리가 최초로 자신의 주소를 알게 된 시기로 기억될 것이다. '크고, 아름답고, 푸르고, 젖어 있는 공'이라는 표현은 그것에 대해 말하는 하나의 방법이다. 그러나 보다 의미 있는 방법은 그 크기의 정도와 푸름의 농도, 아름다움의 미묘한 주관성, 물이 어떻게 생명을 가능케 했는지, 지구라는 복잡한 생태계의 깨지기 쉬운 행복한 균형, 우주에서 보면 울타리도 군사 시설도 혹은 국경선도 없는 지구에 대해 이야기하는 것이다. 우리는 우주에 예술가, 자연주의자, 사진사와 화가를 보내 지구를 분열되어 있지 않은 단일한 행성으로, 공중에 뜬, 깨지기 쉬운, 활짝 피어난, 웅성거리는, 구경거리로 가득 찬, 매력적인 인간으로 꽉 찬, 아끼고 보호해야 할 대상으로 비쳐지도록 해야 할 것이다. 우리의 거주지에 대해 완전히 안다고 해서 모든 전쟁이 다 끝나지는 않겠지만, 경이로움과 자부심의 감정은 길러줄 것이다. 그것은 우리에게 인간의 배경이 거대한 우주임을 일깨워준다. 그것은 이웃에 대한 관념을 변화시킬 것이다. 그것은 우리가 그저 한 나라의 국민이 아니라 더 크고 의미 있는 전체에 속해 있음을, 우리가 동승한, 우리가 관리자인 지구의 시민임을 깨우쳐준다. 우리는 지구의 문제를 함께 해결하기 위해 더욱 노력해야 한다. 막 걸음마를 배운 우리 진화의 아이들은, 우주 공간에서 자신의 고향을 바라보고, 그 선명하고 아름다운 모습을 난생처음 보고 경이를 느낀다.

공감각

펜은 마음의 혀다.

― 세르반테스, 『돈키호테』에서

윌리엄 부게로, 우유 수프, 1880, 개인 소장

판타지아

◆

엄마가 빛, 술렁임, 크고 노란 버터 스카치 사탕 같은 향기와 함께 다가오는 동안, 싱싱한 푸른 소리가 나는 크림색 덩어리는 양철 체에 떨어진 몇 주일 된 딸기 같은 냄새를 풍긴다. 신생아들에게 빛, 소리, 촉감, 맛, 특히 냄새는 한데 뒤섞여 있다. 그것은 다프네와 찰스 모러가 『신생아의 세계』에서 주장한 대로다.

세계는 아기에게도 냄새를 풍긴다. 그러나 아기는 냄새를 코를 통해서만 지각하지 않는다. 아기는 냄새를 듣고, 냄새를 보고, 냄새를 느낀다. 아기의 세계는 코를 찌르는 향기, 강렬한 소리, 쓴맛 나는 소리, 단맛 나는 광경, 살을 누르는 시큼한 맛으로 뒤죽박죽인 세계다. 신생아의 세계로 들어간다면, 자신이 환각을 일으키는 향기 속에 있다고 생각할 것이다.

시간이 흐르면서, 신생아는 모든 감각적 인상을 분류하고 길들이는 법을 배우는데 그중에는 이름이 있는 것도 있지만, 마지막까지 이름 없이 남는 것들도 많다. 언어화되지 않는 것들은 명확하게 규정하기 힘들고 기억하는 것도 거의 불가능하다. 아기 방의 아늑함과 어렴풋함은 상식의 정밀한 범위 안으로 사라진다. 그러나 감각의 혼합은 그치지 않는다. '프랜시스'라는 말을 들을 때마다 구운 콩의 맛을 느끼거나, 거친 표면을 만질 때 노란색을 보거나, 시간의 흐름을 냄새 맡는 현상이 나타난다. 한 감각을 자극하면 다른 감각이 자극을 받는다. 'synesthesia(공감각)'는 그리스어의 'syn(함께)'과 'aisthanesthai(지각하다)'를 더한 말이다. 지각의 두꺼운 천은 여러 겹의 실을 섞어서 짠 것이다. 비슷한 말로 'synthesis(종합)'가 있는데, 이것은 여러 가지 개념을 합쳐서 짠 생각의 천이고, 원래는 고대 로마인들이 입던 가벼운 무명천을 가리켰다.

일상생활은 지각에 대한 끊임없는 폭격이나 마찬가지여서 누구나 감각의 뒤섞임을 경험한다. 형태심리학자들에 따르면, 사람들에게 단어들을 형태 및 색깔과 연관지어보라고 하면, 일정한 소리와 일정한 형태 사이의 명백한 관련을 확인할 수 있다고 한다. 더욱 놀라운 것은 미국인이든 영국인이든 마할리 반도인이든 탕가니카호 출신이든 상관없다는 점이다. 강렬한 공감각을 가진 사람들은 예측 가능한 방식으로 반응한다. 다양한 문화권의 2,000가지 공감각에 대한 조사 결과, 소리에 대응하는 색깔에는 많은 유사점이 있음이 드러났다. 예를 들면 사람들은 낮은 소리를 어두운 색깔과, 높은 소리를 밝은 색깔과 연결한다. 감각마다 일정한 양의 공감각이 내재되어 있다. 당장 공감각을 창조하고 싶다면, 메스칼린이나 하시시를 복용해 보라. 감각들 간의 신경 연결을 과장함으로써 공감각을 느끼게 해줄 것이다. 일정한 간격으로 자연스럽게 강렬한 공감각을 경험하는 이들은 약 50만 명에 1명 꼴로 아주 드물다. 신경학자 리처드 시토위크는 이러한 현상의 근원을 뇌의 가장 원시적 부분인 변연계에서 찾으면서, 공감각을 느끼는 사람들을 "살아 있는 인지 능력의 화석"이라고 부른다. 이들의 변연계는 훨씬 더 정교한(보다 최근에 진화한) 대뇌피질의 지배를 완전히 받고 있지 않기 때문이다. "공감각은 (……) 초기의 포유류가 어떻게 보고, 듣고, 냄새 맡고, 맛보고, 느꼈는지에 관한 기억일 수도 있다."

공감각은 혼란이 되기도 하지만, 기분 전환이 되기도 한다. 그것은 감각의 과잉을 바라지 않는 이들에겐 병이지만, 창조성을 타고난 이들에게는 힘을 준다. 가장 유명한 공감각자들은 예술가다. 작곡가 스크리아빈과 림스키코르사코프는 작곡할 때 색깔과 음악을 자유롭게 연결시켰다. 림스키코르사코프에게 C장조는 흰색이었고, 스크리아빈에게는 빨강이었다. 림스키코르사코프에게 A장조는 장밋빛이었고, 스크리아빈에게는 녹색이었다. 놀라운 것은 이들의 음악, 색깔 공감각이 많은 공통점을 가지고 있다는 점이다. 둘 다 E장조를 푸른색과 연결지었다(림스키코르사코프에게는 사파이어 블루였고, 스크리아빈에게는 희푸른 빛이었다). A플랫 장조는 자주였고(림스키코르사코프에게는 회색, 보라, 스크리아빈에게는 진홍, 보라), D장조는 노랑이었다.

두 작곡가들은 공감각적인 재능을 부여받았거나, 그것을 묘사하는 능력이 탁월했던 것이다. 존슨 박사는 진홍색이 "빽빽거리는 트럼펫 소리조차 나타내지 못한다"고 말한 적이 있다. 뛰어난 감각을 뽐낸 보들레르는 향기, 색깔, 소리의 일치에 관한 시로 공감각을 사랑하는 상징주의 운동에 큰 영향을 미쳤다. '상징symbol'은 '모으다'를 의미하는 그리스어 'symballein'에서 온 말이다. 『콜럼비아 현대 유럽 문학 사전』에 따르면, 상징주의자들은 '모든 예술은 하나의 기본적인 신비를 번역한 것이며, 감각은 서로 일치하고, 소리는 향기로 번역될 수 있고, 향기는 시각으로 번역될 수 있다'고 생각했다. 그리고 상징주의자들은 직설적인 화법보다는 암시를 사용했고, '대중 뒤에, 자연 속에 숨어 있는 유일함'을 추구했다. 또한 각각의 모음을 여러 가지 색깔과 결부시키기도 했다. A를 "번쩍거리는 파리 털 투성이 검은 코르셋"으로 묘사했던 랭보는 예술가가 생의 진실에 도달할 수 있는 유일한 길이 "모든 형태의 사랑, 고통, 광기"를 경험해보는 것이고, 이것은 "모든 감각의 거창하고 계획적인 혼란"으로 시작된다고 주장했다. 상징주의자들은 모든 감각을 똑같이 강렬하게 만드는 환각제를 즐겼다. 이들은 고전음악에 맞춰 순수한 색채가 극화되고, 녹아들고, 분출하는 월트 디즈니의 〈판타지아〉를 보면서 LSD를 복용했다. 『기억이여 말하라』에서 스스로 '채색된 소리'라고 명명한 것을 분석한 블라디미르 나보코프만큼 공감각에 대해 정확하고 아름답게 묘사한 예술가는 없을 것이다.

아마도 '듣는다'는 것은 별로 정확하지 않은 말이리라. 왜냐하면 어떤 문자를 발음하면서 그 모양을 그려보면 색채감이 생겨나는 듯하기 때문이다. 영어 알파벳의 긴 a는 (……) 마른 나무의 빛깔을 띠지만, 불어의 a는 반짝거리는 흑단을 연상시킨다. 이 검은색 그룹에는 단단한 g(가황처리된 고무)와 r(너덜거리는 시커먼 누더기) 도 포함된다. 오트밀 n, 부들부들한 국수 l, 뒷면에 상아를 댄 손거울 o. 나는 불어의 on에 당황하는데 그것은 내게 작은 잔에 찰랑거리는 알코올의 표면장력으로 보인다. 푸른색 그룹으로 넘어가면, 강철 같은 x, 비구름 z, 월귤나무 k. 소리와 형태 사이에는 미묘한 상호작용이 존재하므로 나는 q를 k보다 더 진한 갈색으로 보지만, s는 가벼운 푸른색의 c가 아니라, 창공과 진주층의 기이한 혼합이다. 서로 가까운 색조는 합쳐지지 않는다. 이중모음은 다른 언어에서 단일한 성질을 갖지 않는다면(그래서 보송보송한 회색의, 나일강의 물줄기만큼이나 오래된 'sh'를 나타내는 러시아 문자는 그에 상응하는 영어 표현에 영향을 미친다) 고유의 색채를 갖지 않는다. (……) 무지개를 나타내는 말, 근원적인, 그러나 결정적으로 진흙투성이인, 무지개는, 나만의 언어에서는 발음하기 힘든 말: 크즈스피규 kzspygu다. 내가 아는 한, '채색된 소리'에 대해 언급한 최초의 작가는 1812년, 에를랑겐의 백색증 의사였다.

공감각을 느끼는 자의 고백은 훨씬 단단한 벽을 세워서 틈새와 외풍을 막아내는 이들에게는 지루하고 잘난 척하는 얘기로 들릴 것이 틀림없다. 그렇지만 내 어머니에게 이 모든 것은 아주 정상적인 것이었다. 일곱 살 적 어느 날이었다. 낡은 알파벳 블록을 쌓아 올려 탑을 만들다가, 무심코 블록의 색깔이 전부 잘못됐다고 엄마에게 말했다. 나는 그때 엄마의 문자들 중의 일부는 나의 것과 똑같은 색깔을 갖고 있다는 것을 알았다. 게다가 음악은 엄마에게 시각적 영향을 미쳤지만 내게는 어떠한 색채 환각도 유발하지 않았다.

공감각은 유전될 수 있으므로 나보코프의 어머니가 그것을 경험했다는 것이나, 그 아들에게서는 약간 다르게 나타났다는 것은 놀라운 일이 아니다. 그러나 나보코프, 포크너, 버지니아 울프, 위스망스, 보들레르, 조이스, 딜런 토머스를 비롯한 기타 악명 높은 공감각자들은 보통 사람들에 비해 더욱 원시적이었다고 볼 수 있다. 이상한 생각인 듯하지만 사실이 그렇다. 위대한 예술가들은 빛나는 감각의 분출 속에서 편안함을 느끼고, 거기에 그들 자신의 감각의 나이아가라를 보탠다. 나보코프는 자신이 다른 사람들보다 포유류 조상에 더욱 가까웠다고 상상하면서 큰 기쁨을 느꼈을 것이다. 그리고 그는 사방에 거울을 붙인 허구의 방에서, 인간의 조상들을 유쾌하고 장난스럽게, 특유의 솜씨로 그려냈을 것이다.

뮤즈에의 구애

◆

작가는 얼마나 이상한 운명을 타고난 이들인지 완전한 세계,

더할 나위 없이 아름다운 의식의 물결을 드러낼 수 있는 빛나는 구절을 찾아 헤맨다. 우리가 거주하는 정신적 이방인 지역에서 제대로 된 자극, 말하자면 한 잔의 술이나 가벼운 채찍질, 섬세한 유혹만 주어진다면, 미숙한 생각들이 정직한 노동으로 탈바꿈할 수도 있다. 소호의 작고 허름한 아파트에 창조적인 이들이 사는 것처럼, 머리는 우리의 사무실이거나 납골당일 거라고 나는 말하려 했다. 마음이 뇌 속에 있는 것만은 아님을 알기에 그것이 어디에 있는가는 그것이 어떻게 존재하는가와 똑같은 수수께끼다. 캐서린 맨스필드는 영감을 짜내기 위해서는 '고되고 힘든 노동'이 필요하다고 했지만, 피카소가 퐁텐블로의 숲을 산책하고 압도적인 "녹색의 소화불량"에 걸려 캔버스 위에 그것을 게워내고 싶은 충동을 느낀 것과는 다른, 그보다는 보다 의도적인 어떤 것을 의미한다고 생각한다. 그녀가 말한 그대로 고된 노동이란 어디로, 언제, 얼마나, 정확히 어떤 길로 산책할 것인가를 알고, 몸이 피곤하거나 내키지 않을 때에도 가능한 한 자주 밖에 나가 산책하려는 의지, 헛되이 끊임없이 산책해왔던 것을 의미할 수도 있다. 예술가들은 자신의 감각을 의무로 만들어버리곤 하지만, 공감각이라는 뛰어난 기교를 잘 사용해왔다.

이디스 시트웰은 글을 쓰기 전에 열려 있는 관 속에 들어가

눕곤 했다. 이 섬뜩한 이야기를 시인 친구에게 들려주자 그는 신랄하게 대꾸했다. "누가 관 뚜껑을 닫을 생각은 하지 않았나 보군." 종이 위에 자신이 원하는 무대를 꾸미기 전에, 그 서막으로 무덤의 자세를 연습하는 이디스의 모습을 상상해보라. 곧고 비좁은 것은 결코 그녀의 취향이 아니었다. 그 희미하고, 부자유스러운 고독에서 정확히 어떤 것이 그녀의 창조성에 불을 붙였을까? 창조성을 발휘하게 만든 것은 관에 대한 의식이었을까, 아니면 관의 느낌이나 냄새, 지독한 공기였을까?

이디스 시트웰의 가로누운 관 전략은, 다른 작가들이 자신의 뮤즈에게 어떻게 구애하는지 살펴보지 않는다면 장난처럼 느껴질지도 모른다. 시인 실러는 썩은 사과를 책상 서랍에 넣어두고 적당한 단어가 필요할 때면 코를 찌르는 그 향기를 들이마시곤 했다. 서랍을 닫아도 그 향기는 그의 머릿속에 계속 남아 있다. 예일대학의 연구자들은 향료를 친 사과 냄새가 강력한 정신적 상승효과를 발휘할 뿐 아니라, 공황 발작을 예방할 수도 있다는 사실을 발견했다. 실러는 이 모든 것을 느끼고 있었던 것인지도 모른다. 썩은 사과의 달콤하고 퀴퀴한 곰팡내 속에 든 어떤 것이 그의 뇌를 활성화시키는 동시에 신경을 안정시켜주었다. 에이미 로웰은 조르주 상드와 마찬가지로 글을 쓰는 동안 흡연을 즐겼는데, 1915년에는 창조의 불을 꺼뜨리지 않기 위해 애용하던 마닐라 여송연 1만 갑을 사들이기까지 했다. 무의식 속에 생각을 "떨어뜨린다"고 말했던 이가 로웰이었다. "편지함에 편지를 넣는 것과 마찬가지다. 6개월 뒤, 시어詩語가 머릿속에 들어오기 시작한다. (……) 아무도 말해주지 않아도 시어가 내 머릿속에서 소리 지르는 것 같다." 그리고 시는 연기 구름 속에서 모습을 갖춘다. 새뮤얼 존슨과 시인 W. H. 오든은 차를 엄청나게 마셔댔는데 존슨은 앉은자리에서 25잔을 마신 적도 있다고 한다. 존슨은 뇌졸중으로 죽었지만, 그것이 쉼 없이 차를 마시는 습관과 관계 있는지는 분명하지 않다. 빅토르 위고와 벤저민 프랭클린을 비롯한 많은 작가들은 알몸으로 글을 쓸 때 최고의 작품이 나온다고 했다. D. H. 로렌스는 벌거벗은 채 뽕나무에 올라가는 것을 좋아한다고 고백한 적도 있다. 뽕나무는 긴 가지와 거친 수피로 그의 생각을 자극한 주술적 물건이었다.

콜레트는 글을 쓰기 전에 고양이의 몸에서 벼룩을 잡곤 했다. 털 속을 꼼꼼히 뒤지는 일이, 관능이 넘치는 그녀의 마음을 어떻게 집중시켰을지를 상상하기는 어렵지 않다. 어쨌든 콜레트는 여행할 때도 단출하게 떠나지 못하고 초콜릿, 치즈, 고기, 꽃, 바게트와 같은 필수품을 담은 바구니를 가져갈 것을 고집했는데, 그녀는 단편을 쓸 때도 그랬다. 떠들썩한 파티를 좋아

　　　　　　　　공감각

했던 하트 크레인은 중간에 파티장을 빠져나가 타이프라이터를 향해 달려가곤 했다. 그리고 처음에는 쿠바의 룸바를 다음에는 라벨의 볼레로를, 다음에는 감상적인 블루스를 틀었다. 맬컴 카울리는 그다음 일에 대해 이렇게 설명한다. "그는 벽돌처럼 붉은 얼굴에 번쩍거리는 눈을 하고 나타났다. 이미 윤기를 잃은 머리카락은 곤두서 있었다. 그는 깜빡 잊고 불을 붙이지 않은 5센트짜리 시가를 질겅질겅 씹고는 했다. 손에는 타이프 친 원고가 두세 장 들려 있었고 (⋯⋯) '이거 읽어봐'라고 말하곤 했다. '이것보다 더 위대한 시가 있겠냐고!'"

스탕달은 『파름의 수도원』을 쓸 때 아침마다 프랑스 법전을 두세 페이지씩 읽곤 했다. "적당한 분위기를 유지하기 위해서"라고 그는 말했다. 윌라 캐더는 『성경』을 읽었다. 알렉산드르 뒤마는 산문은 장밋빛 종이에, 소설은 푸른 종이에, 시는 노란 종이에 썼다. 규칙을 생명으로 알았던 그는 불면증을 고치고 규칙적인 습관을 들이기 위해, 매일 아침 7시까지 개선문을 찾아 그 밑에서 사과를 먹곤 했다. 키플링은 가장 검은 잉크를 찾았다. 그는 검은색의 순수한 무게가 자신의 말을 기억처럼 지울 수 없는 것으로 만들어주기라도 할 것처럼 "나를 위해 먹을 갈아줄 소년"을 두고 싶어했다.

조르주 상드의 연인 알프레드 뮈세는 상드가 사랑의 행위를 한 뒤 책상 앞으로 직행할 때마다 화가 났다고 고백했다. 그러나 볼테르만큼 노골적이지 않았던 것이 분명하다. 볼테르는 연인의 벌거벗은 등을 책상으로 삼곤 했다. 로버트 루이스 스티븐슨, 마크 트웨인, 트루먼 커포티는 누워서 글을 쓰곤 했는데, 커포티는 자신을 "완전히 누운 작가"라고 선언하기까지 했다. 문학도들은 헤밍웨이가 서서 글을 썼다는 얘기를 자주 듣지만 그가 그 전에 강박적으로 연필심을 뾰족하게 갈았다는 것은 잘 모른다. 헤밍웨이가 서서 글을 쓴 것은 자신이 간결한 산문의 수호자라는 생각 때문이 아니라 비행기 사고로 등을 다쳤기 때문이다. 토머스 울프, 버지니아 울프, 루이스 캐럴 모두 서서 쓰는 작가들이었다. 포는 어깨에 고양이를 올려놓고 글을 썼다. 로버트 헨드릭슨은 『문학적 삶과 그 밖의 다른 관심사』에서 올더스 헉슬리가 "코로 글을 쓴 일이 많았다"고 했다. 헉슬리는 『통찰의 기술』에서 "코로 글쓰기는 손상된 시력을 일시적으로 상당히 호전시킨다"고 썼다.

많은 비범한 작가들이 걷다가 영감을 얻었다. 특히 시인들이 그러한데, 가슴속에 소네트 시인이 들어 있어서 각운에 맞춰 걸어 다닌다. 워즈워스는 물론이고, 지평선을 찾으러 나가곤 했던 존 클레어는 지평선을 발견했다고 광적으로 생각하기도 했다. 그리고 A. E. 하우스먼은 시에 대해 정의해달라는 요청을 받았을 때, 기지를 발휘하여 다음과 같이 말했다. "내 시를 정의하는 것은 테리어 개가 쥐를 정의하는 것과 마찬가지다. 그러나 우리 둘 다 대상이 가슴속에 불러일으키는 증상으로 그것을 인식하는 것 같다. (……) 만약 그러한 증상이 속해 있는 범주에 이름을 붙여야 한다면, 분비라고 부르겠다." 점심 식사 후 맥주 한 잔을 마신 다음 4, 5킬로미터가량 산책을 한 그는 부드럽게 분비하곤 했다.

나는 이 모든 방법의 목적이 집중일 거라고 생각한다. 이 굳어진 환상에 대해 스티븐 스펜더는 에세이 「시작詩作」에서 다음과 같이 썼다.

육체는 언제나 마음의 집중을 흩어놓으려는 경향이 있다. 육체의 산만함에 대한 요구를 한 방향으로 돌릴 때 썩은 사과 냄새 맡기나 흡연이나 차 마시기 등 그 밖의 다른 것은 돌출되지 않는다. 또한, 시를 쓰는 집중적인 노력을 하는 동안 시인은 자신에게 육체가 있다는 것을 잊는다. 이것은 육체와 정신의 균형 상실을 의미하는데, 이 때문에 시인은 감각을 물질적 세계와 연결해주는 일종의 닻이 필요하다.

이것은 벤저민 프랭클린과 에드먼드 로스탠드를 비롯한 작가들이 욕조에 몸을 담근 채 글을 썼던 이유를 어느 정도 설명해준다. 1780년대에 최초로 미국에 욕조를 들여온 프랭클린은 사색에 잠긴 채 오랫동안 목욕하는 것을 좋아했다. 물속에서 사색했던 것이다. 고대 로마인들은 당나귀 젖이나 으깬 딸기로 목욕하는 것이 건강에 좋다고 생각했다. 나는 몇 시간씩 거품 목욕을 하면서 글을 쓸 수 있도록 욕조 가장자리에 소나무 판자를 붙여놓았다. 목욕하는 동안에는 물이 체중의 상당 부분을 받쳐주기 때문에, 몸이 가볍게 느껴지고 혈압은 떨어진다. 수온과 체온이 비슷해질 때쯤, 마음은 둥실 떠올라 자유롭게 여행한다. 어느 여름, 나는 욕조에 나른히 누워 17세기의 멕시코 시인 후아나 이네스 데 라 크루스와 그녀의 이탈리아 출신 연인 그리고 그녀의 격정적인 삶에 등장했던 여러 인물들의 극적인 독백으로 구성된 시극詩劇 한 편을 썼다. 나는 매끈한 바위산에서처럼 몇 세기 저편으로 미끄러져가고 싶었다. 목욕은 완벽했다.

낭만파 작가들은 아편을 좋아했는데, 콜리지는 글을 쓰기 전에 아편에 탐닉했다. 알코올로 영감의 불을 댕겼던 작가들을 열거하면 책 한 권은 될 것이다. T. S. 엘리엇의 강장제는 바이러스여서, 그는 감기에 걸린 채 글을 쓰는 것을 좋아했다. 감기에 걸렸을 때 머릿속은 페티코트처럼 출렁거렸고, 평상시의 논리적 연결은 해체되어 마음은 방황에 방황을 거듭했다.

책을 쓰는 동안 같은 음악만을 들어 1년 동안 한 곡을 천 번 이상 듣는 작가도 있다. 폴 웨스트는 소설 『꽃가루가 쉬는 꽃 속의 방』을 쓰는 동안 페르초 부소니의 소나티네를 쉬지 않고 들었다. 자신도 왜 그랬는지는 몰랐다. 존 애쉬베리는 먼저 산책을 하고, 다음에는 프랑스와 인도의 차를 섞어서 끓여 마시고, 그런 다음 후기낭만파의 작품(그는 내게 "프란츠 슈미트의 실내악이 도움이 됐어요"라고 말했다)을 듣는다. 어떤 작가들은 시끌벅적한 싸구려 컨트리뮤직에 집착하고, 어떤 작가들은 특정한 서곡이나 교향시에 집착한다. 나는 그들이 선택하는 음악이 책의 핵심을 둘러싸는 일종의 정신적 틀이 된다고 생각한다. 음악이 흘러나올 때마다 책의 배경이 되는 감정적 영토가 재창조되는 것이다. 그것은 일종의 연상기호의 구실을 하면서, 물신숭배적인 작가들을 각성된 안정 상태로 이끌어주는데, 이에 대해서는 뇌파검사를 해보면 분명히 밝혀질 것이다.

나는 친구들에게 집필 습관에 대해 질문하면서, 그들이 엉뚱한 얘기를 꾸며낼 거라고 확신했다. 도랑 속에 서서 블레이크의 〈예루살렘〉을 휘파람으로 분다는 식으로. 그러나 대부분은 습관이나 미신, 특별한 버릇은 전혀 없다고 단언했다. 나는 윌리엄 개스에게 전화를 걸어 추궁했다.

"무슨 이상한 집필 습관 없어?" 아무것도 아닌 척하고 물었다. 우리는 워싱턴대학에서 3년간 함께 근무한 적이 있었는데, 나는 그의 조용하고 지적인 풍모 뒤에는 진짜로 특이한 기질이 숨어 있다는 것을 알고 있었다.

"아니, 나야 너무 지루해서 미안하지." 그는 한숨을 쉬었다. 그가 식품 저장실의 계단에 편안히 주저앉는 소리가 들렸다. 그의 마음이 넘쳐나는 식품 저장실 같다는 것을 생각하면 그것은 아주 당연해 보였다.

"하루를 어떻게 시작하는데?"

"나가서 두어 시간쯤 사진을 찍고 오지."

"무슨 사진?"

"도시의 녹슬고, 버려지고, 짓밟힌 부분을 찍어. 주로 더럽고 부패한 부분." 그는 별것 아니라는 투로 말했다.

"더럽고 부패한 부분을, 매일 찍는다고?"

"거의 그렇지."

"그런 다음에 글을 쓰는 거야?"

"응."

"그런데 그게 이상한 게 아니라고 생각해?"

"나한테는 그래."

세계와 세계가 돌아가는 방식에 대해 재미있는 책을 2권 낸 조용하고 명민한 과학자 친구는 자신의 영감의 비밀은 '격렬한 섹스'에 있다고 말했다. 나는 더 이상 캐묻지 않았지만 그가 말라 보인다는 것을 눈치챘다. 시인 메이 스웬슨과 하워드 네메로프는, 매일 잠깐씩 머릿속에서 쏟아져 나오는 '위대한 구술자'(이것은 네메로프가 붙인 이름이다)의 말씀을 받아 적는 것을 좋아한다고 한다. 그리고 바위 속에 묻혀 있을 보석을 찾아 자신들이 받아 적은 것을 열심히 읽어보는 것이다. 그리고 시인 에이미 클램핏은 도시에서든 기차에서든 바닷가에서든 창문을 찾아 그 앞에 자리 잡고 앉는다고 했다. 배양접시 같은 유리가 시인의 생각을 명료하게 만드는 것이다. 소설가 메리 리 세틀은 잠자리에서 일어나자마자 꿈결 같은 기분이 사라지기 전에 타이프라이터로 직행한다. 『과잉과 리비도』 같은 비범한 책들을 통해 인간의 관능성과 변태의 영역에 대해 고찰한 알폰소 린지스는 이국적인 성애의 사례를 수집하기 위해 전 세계를 여행했다. 나는 그가 태국의 감옥(이곳에서는 사회의 해충들을 선별하다가 잠깐 시간을 내서 썼다), 에콰도르의 수녀원, 아프리카(이곳에서는 영화제작자 레니 리펜슈탈과 함께 해안에서 스쿠버다이빙을 하던 중이었다), 발리(이곳에서는 제사 의식에 참여하던 중이었다)에서 써 보낸, 절반은 시고, 절반은 인류학적 보고서인 아름다운 편지를 몇 장 가지고 있다.

자식이 합리적이고 정상적으로 행동하고, 합리적이고 정상적인 사람들과 교우한다고 믿고 싶어 하며, 썩은 사과 냄새를 맡거나 알몸으로 글을 쓴다고는 생각하고 싶어 하지 않는 부모들에게 이런 행위들에 관해 설명하기는 쉽지 않다. 부모들에게는 화가 J. M. W. 터너가 들끓는 격정 속에 있기 위해 돛대에 매달려 채찍질을 당하고, 사납기 짝이 없는 폭풍 속에서 항해하는 것을 좋아했다는 이야기는 하지 않는 것이 최선이다. 로마로 가는 길은 여러 갈래라는 격언이 있다. 그중에는 세균과 돌멩이로 가득 찬 울퉁불퉁한 길도 있고, 평탄하고 무미건조한 길도 있다. 나라면 부모님에게, 일을 시작하기 전에 장미꽃을 바라본다고 말할 것이다. 아니 나비가 날아올 때까지 장미꽃을 바라본다고 말하는 게 더 나을지도 모른다. 사실을 말하자면 나는 정신의 서랍(내 마음속에 들어 있는)을 열었다 닫았다 하는 외에, 욕조에서 글을 쓰고, 여름마다 한 시간 정도 참선을 하듯 꽃을 골라 꽃꽂이를 하고, 강박적으로 음악을 듣고(이때 내 감각을 살찌우는 것은 마르첼로의 오보에 협주곡 D단조 아다지오다), 매일 한 시간씩 속보로 산책을 한다. 뉴욕주의 산소의 절반은 한두 번 정도는 내 폐를 통과했을 것이다. 이렇게 하는 것이 도움이 되는지는 잘 모른다. 나의 뮤즈는 남성이고, 달처럼 빛나는 은빛 얼굴을 가지고 있으며, 내게 직접 말을 건네는 법이 없으니까.

후기
지구의 꿈
◆

그곳을 넘어서면 더 이상 감각이 우리를 이끌어주지 못하는 지점이 있다. 희열이란 일상적인 자아를 탈출하는 것, 그러나 여전히 내면에서 출렁임을 느끼는 것을 의미한다. 신비주의는 지금 이곳을 초월하여 제한된 언어로 설명할 수 없는 드높은 진실을 향해 가는 것이다. 그러나 그러한 초월 또한 혈관 속을 달리는 불, 가슴속의 떨림으로 감각에 기재된다. 유체 이탈 체험은 감각을 벗어버리는 것을 목표로 하지만 실제로는 그렇지 않다. 사람들은 새로운 관점으로 보기도 하지만, 그것은 여전히 시각적 경험이다. 원래 우리는 오로지 감각을 이용하여 삶의 과정을 보고, 추적하고, 이해했지만, 지금은 컴퓨터의 도움을 받을 수 있다. 우주인들은 맨눈으로 별을 살펴보기보다는 망원경의 모니터를 바라본다. 그러나 우리는 컴퓨터의 작업을 해석하기 위해, 모니터를 바라보기 위해, 판단하고 분석하기 위해, 보다 새로운 인공지능의 꿈을 설계하기 위해 끊임없이 자신의 감각을 사용한다. 우리는 결코 지각의 궁전을 떠나지 않을 것이다.

우리가 틀에 박혀 있다면, 그것은 궁전 같은 정교한 틀이다. 그렇지만 감옥 안의 죄수들처럼, 우리는 내부에서 자신의 갈비뼈를 움켜잡고 흔들어대며 내보내달라고 애원한다. 『성경』에서 신은 모세에게 달콤한 향을 사르면 당신이 기뻐하리라고 가르친다. 신에게 콧구멍이 있는가? 어떻게 신은 지상의 한 가지 냄새를 다른 것보다 낫게 여기는가? 부패는 성장과 해방에 필요한 주기를 완성한다. 썩은 고기는 역겨운 냄새를 풍기지만, 그것을 먹이로 삼는 동물들에게는 맛있는 냄새이다. 그것의 분비물은 토양을 비옥하게 해서 농작물을 잘 자라게 할 것이다. 신이 선택할 필요는 없는 것이다. 지각은 그 자체가 하나의 은총이다. 1829년, 괴테는 색의 이론에 관한 글에서 이렇게 썼다. "사람들은 헛되이 현상 너머에서 찾는다. 그러나 사람들이 찾는 것은 현상 자체 속에 있다."

사람들 간의 육체적 차이는 상당히 크다. 심장이 튼튼한 사람이 있는가 하면, 방광이 약한 사람도 있으며, 손이 유난히 튼

후기

실한 사람도 있고, 시력이 나쁜 사람도 있다. 그러므로 감각 또한 차이가 나는 것이 당연하다. 그래도 우리의 감각은 얼마나 비슷한가. 과학자들은 '빨간 파장'이란 660밀리미크론의 진동에 의해 생기며, 망막을 자극하여 붉은빛을 보게 한다고 정의 내린다. 뜨겁다 혹은 차갑다고 느끼는 것처럼, 농담濃淡도 마찬가지로 정밀하게 규정된다. 감각은 우리를 일치시키지만, 분열시킬 수도 있다. 감각적 차이는 순간적인 것일 수도 있고, 예술가들의 경우처럼 평생을 가는 것일 수도 있다.

올 겨울에 있었던 일이다. 어느 날 아침 깨어보니 갑작스런 폭설이 내려 쌓여 있었고, 집 앞의 상록수가 눈과 얼음의 무게에 못 이겨 반쯤 구부러져 있었다. 눈을 털어주지 않으면 가지가 부러질 것 같아서 삽을 들고 나가 나뭇가지를 두드리며 눈을 털어주기 시작했다. 갑자기 제일 커다란 나뭇가지 하나가 공중으로 떠오르며 눈이 얼굴로 쏟아져 내렸다. 눈은 햇볕처럼 뜨거웠다. 나는 둑이 터진 듯 쏟아져 내리는 눈을 향해 고개를 돌린 채 기둥처럼 조용히 서 있었다. 내 모든 감각은 팽팽히 긴장하고 있었다. 하지만 혼자 놀던 옆집 아이는 픽 소리와 함께, 어느 미친 여자가 자신이 만들어낸 폭풍 속에 갇혀 있는 모습을 보고 굉장히 놀란 듯했다. 곁눈질을 해보니 아이는 인상을 잔뜩 쓴 채 썰매 끈을 풀더니 저쪽으로 가버리는 게 보였다. 시간은 천천히 게으르게 지나갔다. 긴 시간이 흐르는 동안 나는 맘모스, 오리털, 빙하기, 느릿느릿 움직이는 새하얀 빙하, 극지방의 틈새로 쏟아져 내리는 눈사태를 생각했다. 아이에게는 똑같은 시간이 화살처럼 날아갔을 것이다.

우리는 편의상 다섯 가지 감각이 있다고 한다. 하지만 그 이상의 감각이 있음을 알고, 그것에 대해 탐색하고 싶어 하며, 그것을 인정하고 싶어 한다. 물을 찾는 사람들은 우리 모두가 공유하고 있는 전자기장의 감각에 반응하는 것이다. 나비나 고래 같은 동물들은 부분적으로 지구의 자기장을 읽음으로써 목적지를 찾아간다. 인간에게도 그러한 자기장에 대한 지각력이 있다 해도 놀랍지 않다. 역사상 인간은 오랫동안 유목민으로 살아왔다. 우리는 식물처럼 굴광성이고 햇빛을 좋아하지만, 이것은 시각과는 별개의 감각으로 평가되어야 한다. 고통은 다른 촉각의 세계와는 아주 다르다. 많은 동물들이 적외선, 열 감지, 전자기장을 비롯한 여러 가지 복잡한 지각 수단을 가지고 있다. 사마귀는 초음파를 사용하여 통신한다. 악어와 코끼리는 초저주파를 사용한다. 오리너구리는 자신의 먹이인 갑각류, 개구리, 작은 물고기의 근육에서 나오는 전기 신호를 포착하기 위해 안테나 역할을 하는 부리를 물속에서 앞뒤로 휘젓는다. 거미, 물고기, 꿀벌을 비롯한 여러 동물에게서 고도로 발달한 진동 감각은 인간에 대해서도 더욱 연구해야 할 필요가 있다. 우리는 물건을 집을 때 근筋 감각의 안내를 받아, 그것이 무거운지, 가벼운지, 매끈한지, 단단한지, 부드러운지를 금방 알아내고 어느 정도의 압력이나 저항이 필요한지를 파악한다. 우리는 끊임없이 중력을 느끼고 있으므로, 떨어질 때, 기어오를 때, 헤엄칠 때, 비정상적인 각도로 몸을 꺾을 때 어느 쪽이 위쪽인지, 어떻게 몸을 가눌 것인지 안다. 인체의 각 부분이 어떤 순간에 어떤 위치에 있는지 알려주는 자기수용감각自己受容感覺도 있다. 무릎이나 폐가 어디 있는지 뇌가 알지 못한다면, 걷거나 호흡하지 못한다. 복잡한 우주 감각도 우주정거장, 우주 도시, 장거리 우주여행의 시대에 진입하면서 좀 더 자세히 알아둘 필요가 있다. 우주에 체류하는 기간이 길어지면 생리적 측면뿐 아니라 감각의 변화도 생기는데, 그것은 부분적으로는 무중력 상태에서 거주하는 힘겨움(예를 들면, 체액이 위로 이동하면 얼굴이 붓는데, 그러면 뇌는 소변을 더 내보내거나 물을 덜 마셔서 과량의 물을 제거하라는 신호를 보낸다) 때문이고, 부분적으로는 감각의 안내판이나 표지가 없이 눈길이 닿는 곳마다 끝없는 공간이 펼쳐져 있는 우주의 무한함 때문이기도 하다.

종마다 각자의 생존 프로그램에 맞게 조절된 감각을 발전시켜왔으므로 우리의 감각을 다른 종의 감각 범위 안에 놓는 것은 불가능하다. 우리는 환경의 요구에 적응하기 위해 세계를 지각하는 고유의 방식을 발전시켰다. 물리학은 한계를 설정하지만, 생물학과 자연선택은 종의 감각적 가능성을 결정한다. 과학자나 철학자 같은 해설자들이 현실 세계에 대해 발언할 때, 하나의 신화, 편리한 허구에 대해 말한다. 뇌는 자신이 가지고 있는 감각 정보에 근거해서 세계를 구성하지만 뇌가 가진 정보는 전체의 단편에 불과하다. 우리는 감각의 지평을 확장시키는 속도계, 쌍안경, 망원경, 현미경을 통해 자신의 감각을 수정할 수 있다. 그런데 우리는 많은 도구를 통해 자연이 전혀 의도하지 않았던 일종의 감각의 포식자가 되어가고 있다. 물리학자들은 분자가 끊임없이 움직인다고 설명한다. 앞에 놓인 책은 사실 손 밑에서 꼼지락거리고 있는 것이다. 이러한 분자 수준의 움직임을 보지 못하는 것은 진화에 있어 별로 중요하지 않기 때문이다. 생존에 필수적인 감각 정보만을 전달받는다.

진화는 불필요한 능력으로 넘치게 하지 않는다. 예를 들면, 우리는 수백만 조의 숫자를 사용할 수도 있지만, 그런 능력은 기본적으로 무의미하다. 우리에게 무익한 것은 인간의 진화와 별 관련이 없는 것이다. 단세포생물은 고등동물에 비해 세계를 더욱 현실적으로 인식하고 있을 수도 있는데, 이들은 모든 자극에 대해 반응하기 때문이다. 반면, 우리는 몇 가지 감각만을 선택한다. 육체는 경험을 뇌로 보내어 사색하고 행동하기 전에 먼저 경험의 내용을 편집하고 정리한다. 바람이 분다고 해서 항상 손목의 털이 떨리지는 않는다. 햇살의 모든 변덕이 망막에 기록되지는 않는다. 우리가 느끼는 모든 것이 뇌에 메시지로 전달될 만큼 강하게 감지되지는 않는다. 나머지 감각들은 조용히, 그저 우리의 몸을 적실 뿐이다. 많은 감각들이 번역 과정에서 사라지거나 검열당한다. 그리고 어떤 경우든 신경이 곧장 신호를 보내는 것은 아니다. 일부는 침묵하고, 일부는 반응한다. 이렇게 해서 세계의 복잡성에도 불구하고, 인간의 세계는 다소 단순해지는 것이다. 육체가 추구하는 것은 진실이 아니라 생존이다.

우리의 감각은 또한 새로움을 갈망한다. 약간의 변화라도 생기면 감각은 그것을 포착하여 뇌에 신호를 보낸다. 변화와 새로움이 없으면 감각은 졸기 시작하고 거의 아무것도 기록하지 않는다. 아무리 달콤한 쾌락이라도 너무 오래 지속되면 그 떨림은 사라진다. 흥분이라 해도 그 상태가 지속되면 지루해지면서 배경으로 사라지는데, 우리의 감각은 변화, 새로운 것, 놀랄 만한 어떤 것을 포착하여 그것이 먹을 만한 것인지 갑작스러운 위험인지를 판단하도록 진화해왔기 때문이다. 육체는 전략 전술을 세우기 위해 복잡한 전쟁터를 누비는 장군처럼 세계를 날카롭게 관찰한다. 그래서 사람들이 도시의 소음과 시각적 공해에 점점 익숙해져 그러한 자극을 지속적으로 기록하지 않는 것은 가능할 뿐만 아니라 불가피한 일이기도 하다. 또 새로운 것은 항상 그 자체로 사람의 관심을 끌어당긴다. 새로운 것을 보고 놀라움을 느끼는 순간이 있다. 그것은 선명하고 강렬한 빛 속에서 점점 환해지고, 윤곽은 날카로워지며, 그 모습은 황홀해진다. 바라보는 것만도 하나의 계시고 새로운 감각적 호소다. 그러나 두 번째로 볼 때, 마음은 아, 또 저거, 라고 말한다. 그리고 흔한 것이 되면, 뇌는 몇 가지 특징만으로 재빨리 알아보고, 자세한 모습은 흘려보내기 시작한다. 뇌는 굳이 살펴보지 않는다. 그러면 놀랍게도 그것은 사라져버리고, 더 이상 특이한 사례가 아니라 일상적인 풍경의 일부가 된다. 우리는 완전히 '마스터'하기를 원하지만, 일단 그렇게 되면 마음 졸이는 아마추어의 세심한 지각력은 사라져버린다. "저건 낡은 모자야." 낡고 바랜 모자는, 그것을 쓰고 있는 사람이나 그것이 만들어지고 구겨진 시대에 대한 통찰을 제공해주지 못하는 것처럼 말한다. "오래된 뉴스야." 이러한 모순 어법으로 말한다. 뉴스는 새로운 것이고 사람들의 마음에 울림을 주어야 한다. 뉴스가 오래됐을 때, 그 진실은 어떻게 되는가? "그분은 역사가 되어버렸어." 그가 더 이상 새롭지 않고, 더 이상 신선하거나 자극적이지 않으며, 화석과 유적의 세계로 사라졌다는 의미로 그렇게 말한다. 그러나 우리의 삶은 대개 편안한 흐릿함 속에서 흘러간다. 감각에 의존하여 삶을 영위하기 위해서는 쉽게 자극이 되는 경이감, 넘치는 에너지가 필요한데, 대개의 사람들은 삶에 게으르다. 그들에게 삶은 죽음을 기다리는 동안에 일어나는 것이다. 지금으로부터 수천 년 뒤에, 우리는 세계를 다르게 지각하고, 다른 감각을 획득하고, 세계를 더욱 잘 아는 사람으로 진화할 것인가? 미래의 인간들은 세계에 대한 육체적 감각을 잃어버리고, 정열과 스릴에 넘치는, 감각과 꿈으로 포식했던 우리를 부러워하게 될까?

이글거리는 눈으로, 평소보다 좀 더 오래 바라보고, 입가에는 미소를 띠자. 심장이 달릴 준비가 되어 있을 때 가슴에서 작은 썰매를 달려보자. 관능적인 멋쟁이 커밍스가 〈96〉이라는 시에서 썼듯, 새로움은 성적 흥분에서 중요한 역할을 한다.

내 몸이 너의 몸과 함께 있을 때 나는 그것을
좋아한다. 그것은 너무도 새로운 것이다.
근육은 더욱 세지고 신경은 더 많아진다.
나는 네 몸을 좋아한다. 나는 네 몸의 움직임을.
네 몸이 움직이는 방식을 좋아한다. 나는 네 몸의

등뼈, 네 몸속의 뼈, 그 떨림과 단단함과 부드러움을 느끼고 싶고

그리고 다시 또다시 또다시 그것에 키스하고 싶다.

나는 너의 여기저기에 키스하는 것을 좋아한다.

나는 너의 전기 오른 짜릿한 솜털을 쓰다듬는 것을 좋아하고

벌어진 살 위로 전해오는 느낌을 좋아하며 (……) 그리고 너의

크고 사랑스러운 눈을 좋아한다

그리고 내 몸 아래에서 너무도 새로운 너

나는 그 짜릿함을 좋아하는지도 모른다

커밍스가 이 아름다운 연시를 썼을 때, 그는 낯선 여자가 방에 들어올 때 남자들의 테스토스테론이 얼마나 치솟는지를 밝혀낸 연구를 알지 못했다(혹은 알 필요가 있었다). 새로운 여자라는 사실 하나만으로 육체적으로 흥분되는 것이다. 낯선 남자가 방에 들어오면 여자들의 호르몬도 똑같이 상승한다. 사회적, 도덕적, 미학적, 종교적, 양육상의 혹은 어떤 신비스러운 이유 때문에, 우리는 단 한 사람과 평생을 함께 사는 것을 선택할 수도 있지만, 본능은 우리를 그냥 놓아두지 않는다. 새로운 것만큼 전율을 불러일으키는 것은 없다. 사랑에 관한 모든 것, 남녀 간의 아슬아슬한 유희, 밀었다 당겼다 하는 구애 과정, 헐떡거리는 사랑의 행위가 발전을 거듭하여, 건강한 자식을 낳고 기

를 수 있는 능력을 가진 두 사람이 생물학적 목적의식에 따라 짝을 짓게 되더라도, 우리가 항상 자연법칙에 따라 움직여야 한다는 의무를 느끼는 것은 아니다. 자극적인 사랑(줄타기를 하는 듯한)은 하루하루를, 배우자와 함께하는 새로운 모험으로 만든다.

인생은 우리에게 방어를 가르친다. 자기방어의 해자垓子에 도개교를 내리고, 다른 사람을 자신의 삶의 요새로 불러들일 때, 우리는 상처받기 쉬운 상태가 된다. 연인들은 자신들의 감각을 합치고, 전기 자극을 뒤섞고, 서로를 향한 감각을 북돋운다. 연인들이 서로의 몸을 탐할 때, 두 몸뚱이는 두 배의 크기가 된다. 두 사람은 말 그대로, 감정적으로 살을 섞는다. 성행위를 하는 동안, 남자는 자신의 일부를 여자의 몸속에 감추고, 그의 몸의 일부는 시야에서 사라진다. 그동안 여자는 자신의 몸 안쪽을 활짝 열어서 그 속에 또 하나의 기관을 보탠다. 마치 그것이 원래 거기에 있었던 것처럼. 이 거칠고, 경직되고, 위험천만한 세계에서 그것은 지극히 위험한 행위다.

우리는, 원하는 세계는 무엇이든 느낄 수 있을까? 캘리포니아 마운틴뷰에 있는 나사의 에임스연구소에서는 '가상현실' 장비를 완성하고 있다. 가면과 장갑으로 구성된 이 장비는 사람의 감각을 확장해주는 것으로, 그 생김새와 기능은 서사적인 무용담에 가끔씩 등장하는 신비로운 영웅들을 연상시킨다. 센서가 부착된 장갑을 끼면 가상 풍경 속에 들어가 그 속의 물건들을 움직일 수 있다. 가면을 쓰면 보이지 않는 상상의 세계가 생생하게 보이고 공간감까지 느껴진다. 화성의 모래언덕이 옆으로 지나가기도 하고, 안개 낀 오헤어공항이나 고장 난 우주정거장의 발전기가 눈앞에서 점점 확대되기도 하는 것이다. 가면을 쓰고 장갑을 낀 다음 직접 사건 현장에 들어가 증거를 수집할 수도 있는데, 멀찍이 서서 미궁에 빠진 살인사건을 지켜볼 이유가 어디 있겠는가. 손과, 마음과, 가면과, 감각의 그러한 속임수는 어떻게 가능해진 것일까?

인간 존재의 가장 큰 모순 가운데 하나는 우리가 맛보는 무수한 감각이 뇌에서 직접 지각되지 않는다는 점이다. 뇌는 고요하다. 뇌는 침침하다. 뇌는 아무것도 맛보지 않고, 아무것도 듣지 않는다. 뇌가 받아들이는 것은 달콤하게 녹아내리는 값비싼 초콜릿도 아니고, 새의 비상 같은 오보에 솔로도 아니며, 짜릿한 애무도 아니고, 산호 해안 저쪽으로 떨어지는 저녁 햇살을 받은 복숭아와 라벤더의 부드러운 빛깔도 아니다. 뇌는 오로지 전기 자극을 받아들인다. 뇌는 눈멀고, 귀먹고, 말 못 하고, 느끼지 못한다. 육체는 변환기, 즉 어떤 형태의 에너지를 다른 형태로 바꿔주는 장치고, 그것이 육체의 재능이다. 우리의 몸은 기계적 에너지를 받아들인 다음 그것을 전기적 에너지로 변환시킨다. '미스터 링컨'이라고 부르는 붉은 장미의 부드러운 꽃잎을 만질 때, 내 감각수용기는 그 기계적 접촉을 전기적 신호로 번역하고, 뇌는 부드럽다, 나긋하다, 가늘다, 살짝 말려있다, 이슬에 젖었다, 매끄럽다, 다시 말해 장미 꽃잎 같다고 해석한다. 월트 휘트먼은 "나는 육체의 전기를 노래한다"고 말했지만, 그는 자신의 통찰력이 어디까지 미치는지를 미처 몰랐을 것이다. 육체는 정말 전기로 노래하고, 마음은 그것을 교묘하게 분석하고 고찰한다. 그래서 어느 정도까지는, 실재는 만장일치의 허구다. 그러니 철학자들이 현상과 실재에 대해 논쟁하는 것은 얼마나 우스운 일인가. 우주는 다른 존재들에게는 다른 방식으로 인지될 것이다.

돌고래는 인간과 마찬가지로 복잡한 뇌를 가지고 있다. 돌고래에게도 언어와 문화와 감정이 있다. 돌고래에게도 저희들의 사회가 있고, 행동 기준과 가족과 문화가 있다. 그리고 돌고래는 인간이 자신만의 것으로 착각하고 있는 이 지구의 한 부분에 살고 있다. 우리가 녀석들로부터 배워야 할 것이 많은지도 모른다. 우리는 실재에 대한 우리의 충실함이 편리함과의 결혼에 지나지 않음을 잘 알고 있고, 그래서 무의식 속으로 퍼부어지는 자연의 가공하지 않은 경험, 세계의 꿈, 신화의 근원에 가깝게 가는 일을 우리들 속의 예언자, 무당, 수도승, 종교적 스승, 예술가들에게 맡겨놓는다. 이들은 기계적이고 분석적인 인식을 초월하여 더 높은 상태의 인식에 도달한다. "하늘 길을 가는 모든 새들이 인간의 오감으로는 알 수 없는 거대한 기쁨의 세계일지도 모른다." 윌리엄 블레이크는 이렇게 썼다. 우리는 동물의 감각으로부터 그리고 그것에 대해 배워야 할 것이 많다. 그렇게 하지 않는다면 우리는 어떻게 지구의 훌륭한 관리자가 되기를 희망할 수 있으며, 또 그러한 역할을 다할 수 있겠는가? 또 어떻게 지구상에 있는 생명의 그물망에서 우리가 일부를 차지한다는 것을 인식할 수 있겠는가? 또 외계인과 만난다고 하더라도 어떻게 그들의 마음을 이해하겠는가? 마음과 감각이 작용하는 법에 대해 배우지 않는다면, 어떻게 서로를 깊이 이해하고 공감하겠는가? 그토록 사적이고 즉흥적으로 느껴지는 우리의 감각은, 때로는 우리를 서로에게서 떼어놓고, 저 너머에 있는 것에 가닿게 만드는 것으로 보인다. 감각은 우리를 여태까지 살아온 모든 이들과 연결시켜주는 유전의 사슬의 연장이다. 그것은 시간과 공간과 모든 우연한 사건을 넘어서 우리를 다른 사람들, 동물들과 연결시켜준다. 감각은 인간과 비인간을, 한 영혼과 그의 많은 친척들을, 개인과 우주를, 지구상의 모든 생명을 다 이어준다. REM 수면 상태에 있을 때 뇌는 8~13헤르츠의 뇌파를 내보내는데, 이 주파수에서는 깜빡거리는 불빛도 간질 발작을 유발할 수 있다. 그런데 대지는 10헤르츠 정도로 부드럽게 진동한다. 그래서 우리는, 가장 깊이 잠들 때 지구의 떨림과 일치한다. 꿈을 꿀 때, 우리는 지구의 꿈이 된다.

그것은 신비에서 시작되었고 신비로 끝날 것이다. 삶의 매혹적인 큰 법칙과, 역시 매혹적인 사소한 현상들을 아무리 많이 탐구하고 해명하고 암기한다 해도, 여전히 거대한 미지의 영역이 남아서 우리를 유혹할 것이다. 불확실성이 낭만의 본질이라면, 삶을 뜨겁게 달구고 경이감에 불을 붙이는 불확실성은 언제나 존재할 것이다. 사람들이 아무리 정열적으로 탐구한다 해도, 우주는 여전히 수수께끼로 남아 있을 것이다. 로버트 루이스 스티븐슨은 이렇게 썼다. "나는 목적지에 가기 위해서가 아니라, 그냥 가기 위해서 여행한다. 나는 여행 그 자체를 위해 여행한다. 가장 멋진 일은 움직이는 것이다." 가장 멋진 일, 삶과의 가장 멋진 연애는 가능한 한 다양하게 사는 것, 힘이 넘치는 순종의 말처럼 호기심을 간직하고 매일 햇빛이 비치는 산등성이를 전속력으로 올라가는 것이다. 위험이 없다면, 그 모든 넓이와 계곡과 봉우리와 우회로에도 불구하고 감정의 영토는 무미건조할 것이고, 인생에 매력적인 지형은 전혀 없이 오직 끝

없는 거리뿐인 것처럼 여겨질 것이다. 그것은 신비에서 시작되었고 신비로 끝날 테지만, 그 사이에는 얼마나 거칠고 아름다운 땅이 가로놓여 있는가.

후기

찾아보기

◆

옮긴이 백영미

서울대학교 간호학과를 졸업했으며, 현재 전문 번역가로 활동하고 있다. 옮긴 책으로 『셜록 홈즈 전집』, 『의식 혁명』, 『진실 대 거짓』, 『호모 스피리투스』, 『내 안의 참나를 만나다』, 『텅 빈 요람』, 『마더 데레사의 단순한 길』, 『나는 내가 생각하는 내가 아니다』, 『티베트의 영혼 카일라스』, 『죽음 너머의 세계는 존재하는가』, 『타이타닉의 수수께끼』, 『히말라야에서 만난 성자』 등이 있다.

A Natural History
of
the Senses
감각의 박물학

초판 1쇄   2004년 7월 20일
개정판 1쇄   2023년 3월 7일

지은이 다이앤 애커먼
펴낸이 박진숙 | **펴낸곳** 작가정신
편집 황민지 조용우 | **디자인** 나영선
마케팅 김미숙 | **홍보** 조윤선 | **디지털콘텐츠** 김영란 | **재무** 이수연
표지 및 본문 디자인 석윤이
인쇄 및 제본 한영문화사

주소 (10881) 경기도 파주시 회동길 216 2층
대표전화 031-955-6230 | **팩스** 031-955-6294
이메일 editor@jakka.co.kr | **블로그** blog.naver.com/jakkapub
페이스북 facebook.com/jakkajungsin
인스타그램 instagram.com/jakkajungsin
출판 등록 제406-2012-000021호

ISBN 979-11-6026-304-6 03300